COTTA'S BIBLIOTHEK DER MODERNE

6

E. E. CUMMINGS
DER UNGEHEURE R A U M

R O M A N

Aus dem Amerikanischen von
Helmut M. Braem
und Elisabeth Kaiser

Cotta's Bibliothek
der Moderne

Die Originalausgabe erschien 1922 unter dem Titel
»The Enormous Room«

Lizenzausgabe mit freundlicher Genehmigung
des Verlages Die Arche, Zürich
Verlagsgemeinschaft Ernst Klett –
J. G. Cotta'sche Buchhandlung Nachfolger GmbH, Stuttgart

Printed in Germany 1982
Druck: Wilhelm Röck, Weinsberg
Bindung: G. Lachenmaier, Reutlingen

CIP-Kurztitelaufnahme der Deutschen Bibliothek
Cummings, Edward E.:
Der ungeheure Raum: Roman/E. E. Cummings.
Aus d. Amerikan. von Helmut M. Braem u. Elisabeth Kaiser. –
Stuttgart: Klett-Cotta, 1982.
(Cotta's Bibliothek der Moderne; 6)
Einheitssacht.: The enormous room [dt.]
ISBN 3-608-95123-7
NE: GT

INHALT

EINFÜHRUNG

Erschrecken Sie nicht.

– Aber ich habe bisher weder eines Ihrer Bilder gesehen noch auch nur eine einzige Zeile von Ihnen gelesen –

Na und?

Sie sind achtunddreißig?

Stimmt.

Und haben gerade Ihren zweiten Roman beendet?

Meinen sogenannten.

Mit dem Titel e-i-m-i?

Ja.

Wie wird das ausgesprochen?

«*Ei*» wie a-i, «*mi*» wie mi, Betonung auf dem «mi».

Was bedeutet das?

Bin.

Kann man *Bin* mit *The Enormous Room* vergleichen?

Durchaus.

Aber sie sind doch ganz verschieden, oder?

Als *The Enormous Room* erschien, erwarteten manche ein Kriegsbuch; sie wurden enttäuscht. Als *Eimi* erschien, erwarteten manche einen Zweiten *Enormous Room;* sie wurden enttäuscht.

Aber *The Enormous Room* behandelt doch den Krieg?

Der Krieg dient nur als Vorwand, einen riesigen Raum zu erforschen, der in so unglaublich weiter Ferne liegt, daß er uns mikroskopisch erscheint.

So haben Sie, als Sie dieses Buch schrieben, durch den Krieg hindurch etwas ebenso Gigantisches wie in ungemein weiter Ferne Liegendes beobachtet?

Als dieses Buch sich selber schrieb, beobachtete ich etwas, das in unsagbar weiter Ferne liegt – weiter als jede Sonne; etwas, das in seinen Ausmaßen noch unvorstellbarer ist als die gewaltigste aller Welten –

Und das wäre?

Das Individuum.

Schön. Und was ist mit *Bin*?

Einige Leute hatten gefunden, *The Enormous Room* sei kein Buch über den Bloß-Krieg, sondern über den Klassen-Krieg, und als dann *Eimi* kam, sagten sie – aha! noch so ein geharnischter Angriff auf den Kapitalismus.

Und sie wurden enttäuscht.

Sic.

Glauben Sie, daß diese enttäuschten Leute den Kapitalismus wirklich haßten?

Ich glaube, diese enttäuschten Leute haßten unwirklich sich selbst –

Und Sie hassen Rußland wirklich?

Rußland, so fand ich, war verderbenbringender als der Krieg. Wenn Nationalisten hassen, dann hassen sie einfach, indem sie Menschen töten und verwunden. Wenn Internationalisten hassen, dann hassen sie, indem sie Menschen kategorisieren und klassifizieren.

So waren also Ihre beiden Romane nicht das, was die Leute von ihnen erwarteten.

Eimi ist wieder das Individuum; ein noch komplexeres Individuum, ein noch unendlicherer Raum.

Eines – wie nennen Sie sich? Maler? Dichter? Bühnenautor? Satiriker? Essayist? Romancier?

Künstler.

Aber kein erfolgreicher Künstler – im landläufigen Sinn.

Seien Sie nicht albern.

Wahrscheinlich betrachten Sie Ihre Kunst doch als lebensnotwendig –

Unwahrscheinlich.

– für die Welt?

Für mich selbst.

Und die Welt, Mr. Cummings?

Ich lebe in so vielen, welche meinen Sie?

Ich meine die eintönige Alltagswelt, die mich und Sie und Millionen von Männern und Frauen einschließt.

Und?

Ist Ihnen je der Gedanke gekommen, daß die Leute in dieser unserer sogenannten Welt nicht an Kunst interessiert sein könnten?

Da da.

Ist das nicht schrecklich?

Wie?

Nun, wenn die Leute an Kunst interessiert wären, würden Sie als Künstler doch viel größere Anerkennung ernten –

Größere?

Natürlich.

Nicht tiefere.

Tiefere?

Liebe zum Beispiel ist tiefer als Schmeichelei.

Ah, aber – da Sie gerade davon sprechen – ist Liebe nicht ein bißchen altmodisch?

Ich wage es zu sagen.

Und man betrachtet Sie doch als einen Ultramodernen?

Ich wage es zu sagen

Aber ich wage es, zu sagen, daß Sie nicht genau zu sagen wagen, warum Sie Ihre Kunst als lebensnotwendig bezeichnen –

Dank meiner – ich wage es zu sagen – Kunst bin ich in der Lage, ich selbst zu werden.

So, so! Das klingt ja gerade, als könnte jemand, der kein Künstler ist, nicht er selbst werden.

Klingt es so?

Was glauben Sie, geschieht mit Leuten, die keine Künstler sind? Was glauben Sie, wird aus Leuten, die keine Künstler sind?

Ich glaube, nichts wird aus ihnen: Ich glaube, nichts geschieht mit ihnen; ich glaube, das Nichts wird aus ihnen.

Das Nichts?

Sie haben es vor wenigen Augenblicken umschrieben.

Wie?

«Diese unsere sogenannte Welt.»

Sie geben sich also der kindischen Täuschung hin, die ökonomischen Kräfte existierten nicht, eh?

Ich gebe mich hin.

Beantworten Sie mir eines: Existieren die ökonomischen Kräfte oder existieren sie nicht?

Glauben Sie an Gespenster?

Ich sagte: ökonomische Kräfte.

Na und?

Schön schön schön! Wo Ignoranz Seligkeit ist... Hören Sie, Sie tiefstapelnder Hochintellektueller –

Schießen Sie los.

– Ich fürchte, Sie haben nie gehungert.

Fürchten Sie nicht.

New York, 1932

E. E. Cummings

VORWORT
(1922)

«DENN DIESER, MEIN SOHN, WAR TOT UND IST WIEDER LEBENDIG GEWORDEN. ER WAR VERLOREN UND IST WIEDER GEFUNDEN WORDEN.»

Er war verloren beim Norton-Harjes Ambulance Corps.
Er war amtlich tot infolge amtlicher Fehlinformationen.
Er war begraben von der französischen Regierung.
Es dauerte fast drei Monate, ihn aufzufinden und ihn mit Hilfe einflußreicher und hilfsbereiter Freunde diesseits und jenseits des Atlantiks zum Leben zu erwecken. Die folgenden Dokumente erzählen diese Geschichte.

104 Irving Street,
Cambridge, December 8, 1917

Präsident Woodrow Wilson
White House
Washington, D.C.

Mr. Präsident:

Es mag ein Verbrechen sein, auch nur einen einzigen Augenblick von Ihrer Zeit in Anspruch zu nehmen. Aber ich bin fest überzeugt, daß es ein größeres Verbrechen wäre, Sie nicht endlich auf ein Verbrechen wider das amerikanische Bürgerrecht hinzuweisen, dessen sich die französische Regierung seit mehreren Wochen schuldig macht – trotz den unablässigen Protesten an den amerikanischen Botschafter in Paris und trotz den vom State Departement in Washington daraufhin vorgenommenen Nachforschungen, die mein Freund, Exzellenz..., veranlaßte.

Die Opfer sind zwei amerikanische Ambulanzfahrer: Edward Estlin Cummings aus Cambridge, Mass., und William Slater Brown.

Vor über zwei Monaten wurden diese beiden jungen Männer verhaftet, den verschiedensten Beleidigungen ausgesetzt, wie Verbrecher kreuz und quer durch Frankreich geschleppt und schließlich in einem Konzentrationslager bei La Ferté Macé eingesperrt. Dort müssen sie, den letzten Meldungen nach, immer noch ausharren und darauf warten, was der Innenminister nach den Untersuchungsergebnissen einer Kommission, die den Fall bereits am 17. Oktober bearbeitet hat, verfügen wird.

Gegen Cummings liegt – wie sowohl die privaten als auch amtlichen Berichte aus Paris feststellen – keine Anklage vor. Er hat diese schändliche Behandlung ausschließlich seiner engen Freundschaft mit dem jungen Brown zu verdanken, dessen einziges Verbrechen – soweit sich herausfinden läßt – wiederum darin besteht, daß einige seiner Briefe an Freunde in Amerika von einem übereifrigen französischen Zensor mißverstanden worden sind.

Es trägt nur zur Schmach und Ironie der Situation bei, daß der junge Cummings ein leidenschaftlicher Verehrer Frankreichs und treuer Anhänger seiner Freunde unter den französischen Soldaten ist – so leidenschaftlich und treu, daß er trotz den gesundheitlichen Schäden, die er aus dieser unverdienten Gefangenschaft davongetragen hat, auch noch die Ungerechtigkeit dieses Landes, für das er sein Leben aufs Spiel gesetzt hat, entschuldigt: mit der Erklärung, die gespannte Atmosphäre des ständigen Mißtrauens und der Verdächtigungen sei nur zu begreiflich, wenn man an die bitteren Erfahrungen denke, die Frankreich mit den Vertretern anderer Länder gemacht habe.

Seien Sie versichert, Herr Präsident, daß ich lange gewartet – mir kommt es wie eine Ewigkeit vor – und alle verfügbaren Hilfen erschöpft habe, ehe ich es wagte, Sie zu belästigen.

1. Nach vielen Wochen vergeblicher Bemühungen, etwas Entscheidendes beim amerikanischen Botschafter in Paris zu erreichen, gab Richard Norton vom Norton-Harjes Ambu-

lance Corps, zu dem die beiden Männer gehörten, die Angelegenheit entmutigt auf und riet mir, hier Unterstützung zu suchen.

2. Die Nachforschungen des State Department in Washington hatten folgendes Ergebnis:

I. Ein Telegramm aus Paris mit dem Inhalt, daß gegen Cummings keine Anklage vorliege und man ihn so schnell wie möglich entlassen werde.

II. Kurz darauf ein zweites Telegramm mit der Nachricht, daß man Edward Estlin Cummings nach den Antillen eingeschifft habe und er als vermißt gemeldet sei.

III. Eine Woche später ein drittes Telegramm, das diesen furchtbaren Irrtum korrigierte und mitteilte, die Botschaft erneuere ihre Bemühungen, Cummings ausfindig zu machen. Offenbar war sie über den Ort seiner Gefangenschaft noch immer nicht orientiert.

Nach diesen schmerzlichen und verwirrenden Erfahrungen wende ich mich nun an Sie, obwohl ich weiß, daß Sie in dieser Weltkrise mit der schwersten Aufgabe belastet sind, die je an einen Mann gestellt wurde.

Aber ich habe noch einen Grund, Sie um diese Gunst zu bitten. Ich spreche nicht nur für meinen Sohn – beziehungsweise nur für ihn und seinen Freund. Mein Sohn hat eine Mutter – so tapfer und patriotisch wie je eine Mutter, die ihren einzigen Sohn einer großen Sache weihte. Die Mütter unserer Jungen in Frankreich haben genauso viele Rechte wie unsere Jungen selbst. Die Mutter meines Jungen hatte ein Recht darauf, von den wochenlangen Ängsten und Sorgen verschont zu werden, die jene ungerechte Verhaftung und Gefangensetzung ihres Sohnes verursacht haben. Die Mutter meines Jungen hatte ein Recht darauf, daß ihr die grausame, durch ein unsinniges Telegramm hervorgerufene Verzweiflung erspart blieb; ein Telegramm, in dem es hieß, ihr Sohn sei durch ein U-Boot untergegangen. (Ein Irrtum, der – wie Mr. Norton daraufhin kabelte – schon sechs Wochen vorher entdeckt worden war.) Die Mutter meines Jungen und alle amerikanischen Mütter haben das Recht, vor allen unnötigen Ängsten und Sorgen bewahrt zu bleiben.

Verzeihen Sie, Herr Präsident, aber wenn ich an Ihrer Stelle wäre und Ihr Sohn würde in den Händen Frankreichs so widerrechtlich behandelt und die Mutter Ihres Sohnes müßte wochenlang so sinnlos in Höllenängsten schweben wie die Mutter meines Sohnes – ich würde etwas veranlassen, damit das amerikanische Bürgerrecht in den Augen Frankreichs künftig heilig wäre wie das Römische Recht in den Augen der Alten Welt. Damals genügte es, zu fragen: «Ist es gerecht, einen Mann zu züchtigen, der ein Römer – und nicht verurteilt ist?» Im heutigen Frankreich scheint es gerecht zu sein, einen Mann wie einen abgeurteilten Verbrecher zu behandeln, einen Mann, der Amerikaner, nicht verurteilt und erwiesenermaßen unschuldig ist!

Ihr sehr ergebener

EDWARD CUMMINGS

Dieser Brief gelangte ins Weiße Haus. Ob er mit Sympathie oder mit stiller Mißbilligung aufgenommen wurde, ist bis heute nicht bekannt. Ein Washingtoner Beamter, ein Freund in der Not und vor allem ein Freund dieser Sache, war so umsichtig, das Schreiben durch Boten zu übermitteln. Sonst wäre die Angst, der Brief könne «auf der Post verlorengegangen» sein, nur eine neue Sorge zu den endlosen Torturen gewesen; Torturen, die man den Eltern durch wechselweise falsche Informationen und behördliches Schweigen auferlegte. Zweifellos ruhte damals das staatliche Hörrohr auf dem Herzen der Welt; vielleicht war es da zu viel erwartet, daß wenigstens eine Postkarte an privates Herzweh verschwendet würde.

Jedenfalls wies dieser Brief darauf hin, wo die vermißten Jungen zu suchen wären – was die französische Regierung nicht hatte herausfinden können oder wollen, trotz dem unablässigen Drängen durch den amerikanischen Botschafter in Paris und trotz den unablässigen Bemühungen meines Freundes Richard Norton, dem Leiter der Norton-Harjes Ambulance Organisation, von der man sie weggeholt und entführt hatte.

Die Entlassung erfolgte bald darauf, wie aus dem unten angeführten Brief an Major ... vom Stab des Generalrichters in Paris hervorgeht.

20. Februar 1921

Sehr geehrter Herr ...

Ihr Brief vom 30. Januar, dem ich mit größter Spannung entgegensah, seit ich Ihr Telegramm erhalten hatte, erreichte mich heute morgen. Mein Sohn traf am 1. Januar in New York ein. Es ging ihm nach seiner Gefangenschaft gesundheitlich ziemlich schlecht: Untergewicht und eine üble Hautinfektion, die er sich im Konzentrationslager zugezogen hatte. Bedenkt man jedoch, wie außerordentlich groß die Ansteckungsgefahr in einem Internierungslager ist, so muß man ihm gratulieren; denn er gehört zu denen, die noch am besten dabei weggekommen sind. Die ärztliche Betreuung im Lager war genau so mangelhaft wie die sanitären Anlagen, so daß er erst nach seiner Entlassung, bei sachgemäßer Behandlung an Bord, eine Besserung verzeichnen konnte. Hier scheint ihn ein Monat fachärztlicher Aufsicht von dem schmerzhaften Andenken an die behördliche Gastfreundschaft befreit zu haben. Augenblicklich besucht er Freunde in New York. Wäre er hier, würde er sich gewiß mir und seiner Mutter anschließen und Ihnen für Ihr Entgegenkommen und Ihre Bemühungen danken.

W. S. Brown wird erfreulicherweise diese Woche mit der S. S. Niagara in New York erwartet. Die Nachricht seiner Entlassung und der anschließenden Heimreise kam telegrafisch. Was Sie von der nervlichen Anspannung, unter der er lebte, zur Erklärung seiner beanstandeten Briefe sagen, wurde durch Informationen aus erster Hand bestätigt. Derartige Quälereien, wie sie dieser Junge erfuhr, hätten auch eine weniger sensible Natur aufgebracht. Es spricht Bände für den Charakter der anderen, daß eine solche Behandlung nur einen einzigen seiner Kameraden empört und man selbst dieses Bekenntnis einer gesunden menschlichen Zuneigung als «verdächtig» bezeichnet hat. Wenn Sie Browns Verfassung mehr oder weniger hysterisch nennen, was soll man dann von der Verfassung jener Leute sagen, die eine solche Behandlung, wie er und sein Freund sie erfuhren, zuließen? Ich bin froh, daß Brown den von Ihnen erwähnten außerordentlich klugen und männlichen Brief an die Botschaft geschrieben hat. Wenn ich erst mit Brown sprechen kann, werde ich besser in der Lage sein, gewisse Dinge, über die ich mich vorerst jeden Urteils enthalten möchte, zu überblicken.

Ich möchte nur noch hinzufügen, daß ich Ihre allzu harmlose Beurteilung in bezug auf die Behandlung meines Sohnes keinesfalls teilen kann. Allein die Tatsache, daß – wie Sie selbst sagen – keine Anklage vorlag und man ihn wegen eines Verdachtes auch dann noch viele Wochen festhielt, als die Kommission den Fall untersucht und dem Innenminister vorgeschlagen hatte, man solle ihn entlassen, legt meines Erachtens völlig entgegengesetzte Schlüsse nahe. Ich kann es einfach nicht glauben, daß eine anständige Regierung nicht zugeben will, sie habe widerrechtlich gehandelt. Überdies war die «Internierung auf Verdacht» ja noch nicht das Schlimmste. Um nur ein Beispiel zu nennen: Erinnern Sie sich bitte, daß die Botschaft trotz mehrwöchigen ernsthaftesten Bemühungen um eine genaue Nachricht noch völlig im dunkeln tappte und schließlich telegrafierte, mein Sohn sei nach den Antillen eingeschifft und als überfällig gemeldet worden. Als die Botschaft dann den Irrtum feststellte, depeschierte sie, man werde abermals nichts unversucht lassen, meinen Sohn ausfindig zu machen. Offenbar haben es die betreffenden Stellen bis heute nicht für nötig gehalten, der Botschaft der Vereinigten Staaten mitzuteilen, wo dieser unschuldige amerikanische Bürger festgehalten wurde. Eine falsche Todesnachricht schien also die einleuchtendste Erklärung für sein Verschwinden zu sein. Hätte ich diese Nachricht widerspruchslos hingenommen, wer weiß, ob er dann noch am Leben wäre.

Es erscheint mir einfach unbillig, wenn eine Regierung, sofern sie sich selbst achtet, es ohne ausdrücklichen Protest duldet, daß einer ihrer Bürger ohne Anklage solch endlosen Beleidigungen und Quälereien von Seiten eines befreundeten Staates ausgesetzt wird. Ich betrachte in diesem Fall einen solchen Protest nicht nur als vaterländische Pflicht, sondern auch als ein Zeichen der Selbstachtung. Ich schätze sowohl meine eigene Regierung als auch die Frankreichs zu hoch und kann es deshalb nicht für möglich halten, daß man einem derartig widerwärtigen Vorfall nicht jene ernste Beachtung schenkt, die er verdient. Sollte ich mich aber irren und sollte der amerikanische Bürger von Seiten anderer Regierungen solche Beleidigungen und Schikanen ertragen müssen, ohne daß seine eigene Regierung dagegen protestiert und für Abhilfe sorgt, dann wäre es wohl an der Zeit, die Öffentlichkeit mit dieser demütigenden Wahrheit bekanntzumachen. Sie wird es mit großem Interesse lesen. Mein Sohn mag entscheiden, was er hierin unternehmen will.

Es freut mich zu hören, daß Ihr Sohn heimkehrt. Es wird mir ein Vergnügen sein, mich mit ihm zu unterhalten.

Ich kann Ihnen und den anderen Freunden nicht genug danken für das Entgegenkommen und die Hilfe, die ich von Ihnen empfing. Sollten Ihnen in meiner Angelegenheit und der meines Sohnes irgendwelche Ausgaben entstanden sein, so bitte ich Sie, diese begleichen zu dürfen. Jedenfalls bleibe ich für immer Ihr Schuldner.

Mit den besten Wünschen Ihr
EDWARD CUMMINGS

Ich stehe im Enthusiasmus in der Sache Frankreichs niemand nach. Seine Aufgabe war auch unsere Aufgabe – es war die Aufgabe der Zivilisation. Das Tragische daran ist nur, daß wir so lange brauchten, es einzusehen. Ich würde gern mein Leben dafür gewagt haben, wie es mein Sohn tat und weiter getan hätte, wenn nicht der Transport seines Regiments nach Übersee durch den Waffenstillstand hinfällig geworden wäre. Frankreich war im Innern genau so von Feinden belagert wie von außen. Einige der «Verdächtigen» stammten sogar aus Kreisen der Regierung. Der Innenminister kam ins Gefängnis. Die Furcht hatte Frankreich verwirrt, seine Existenz stand auf dem Spiel. Unter solchen Umständen muß man natürlich mit Ausschreitungen rechnen. Aber gerade in solchen Zeiten hat der amerikanische Bürger ein erhöhtes Recht darauf, von seiner eigenen Regierung den notwendigen Schutz zu erhalten.

EDWARD CUMMINGS

ICH BEGINNE EINE PILGERFAHRT

Mein Freund Brown und ich hatten erreicht, daß man uns drei Monate von unserer sechsmonatigen Verpflichtung als *Conducteurs Volontaires, Section Sanitaire Vingt-et-Un, Ambulance Norton Harjes, Croix Rouge Américaine* erließ. In dem AUGENBLICK, den die spätere Erfahrung groß zu schreiben lehrte, hatten wir gerade die unangenehme Arbeit hinter uns, die private Karre des *chef de section,* eines Herrn mit dem treffenden Namen Mr. A., zu reinigen und zu schmieren (*nettoyer* ist das richtige Wort). UNSER GROSSER PRÄSIDENT würde in seiner charakteristischen Art sagen: Die lebhafte Befriedigung, deren man uns bei der Erfüllung einer so bedeutsamen Aufgabe wie der Rettung der Zivilisation aus den Klauen der preußischen Barbarei verdächtigen konnte, wurde bis zu einem gewissen Grad gehemmt durch den völligen Mangel an herzlichen Beziehungen zwischen uns und dem Mann, den das Schicksal uns übergeordnet hatte. Oder, um es ganz simpel auszudrücken: Brown und ich kamen mit Mr. A. nicht aus. Wir waren uns grundsätzlich uneins über die Haltung, in der wir als freiwillig dienende Amerikaner die Poilus unterstützen sollten. Mr. A. verlangte nämlich: «Jungs, laßt die Finger von den dreckigen Franzosen», und: «Wir sind hier, um diesen Bastarden mal zu zeigen, wie man so was in Amerika macht», worauf wir damit antworteten, daß wir jede Gelegenheit zur Verbrüderung ergriffen. Da unserer Einheit acht dreckige Franzosen in verschiedenen Eigenschaften angegliedert waren (als Koch, Proviantmeister, Fahrer, Mechaniker usw.) und unsere Einheit wiederum zu einer Abteilung der französischen Armee gehörte, war die Verbrüderung sehr einfach.

Als er nun merkte, daß wir nicht die geringste Lust verspürten, seinen Idealen nachzueifern, beschränkte sich Mr. A. darauf (unterstützt vom *sous-lieutenant,* der als sein Dolmetscher fungierte – denn die französischen Sprachkenntnisse des *chef*, die er sich während mehrerer Jahre heldenhaften Einsatzes erworben hatte, bestanden mehr oder weniger aus «*Sar var*», «*Sar marche*», «*Deet donk moan vieux*»), uns das Recht abzusprechen, als *conducteurs* zu arbeiten; er begründete es damit, daß unsere äußere Erscheinung eine Schande für die ganze Einheit sei. Ich muß allerdings zugeben, daß Mr. A. damit nur die Tradition aufrecht erhielt, die ihm originalgetreu von seinem Vorgänger Mr. P., einem Harvard-Mann, überliefert worden war, der bis zu seiner Abkommandierung vom *Vingt-et-Un* ein Vergnügen darin fand, Brown und mir das Leben unerträglich zu machen. Ehe ich dieses peinliche Thema fallen lasse, bitte ich noch bemerken zu dürfen, daß – wenigstens soweit es mich betraf – diese Tradition durchaus begründet war, da ich nun einmal zur Schlamperei neige – plus dem, was *Le Matin* (wenn wir uns recht erinnern) treffend mit dem Spitznamen *La Boue Héroïque* bezeichnete.

Nachdem wir die *nettoyage* hinter uns hatten (was wir damals sehr geschickt machten, da Mr. A. so gütig war, uns jeden Wagen zum Waschen zuzuteilen, der für die Hände seines Fahrers und *aide* zu verdreckt schien), gingen wir los, um ein bißchen Wasser aufzutreiben. Brown war mit seiner Waschung schnell fertig. Ich bummelte solo von der Feldküche auf eines der beiden Zelte zu, die nachts höchst ungern an die vierzig drängelnde Amerikaner beherbergten, und hielt ein schon historisches *morceau de chocolat* in der Hand, als sich ein funkel- um nicht zu sagen nagelneuer Herr in einer verdächtig unauffälligen französischen Uniform in einem Renault, dessen peinliche Sauberkeit mein kürzliches Unterfangen beschämte, von zwei adretten Soldaten mit Blechmelonen zum *bureau* hinauffahren ließ. Das muß mindestens ein General sein, dachte ich und bedauerte den völlig unangezogenen Charakter meiner Uniform, die aus Overalls und einer Zigarette bestand.

Nachdem ich den Gentleman verstohlen beim Aussteigen und einem zeremoniellen Empfang durch den *chef* und den bereits erwähnten französischen Leutnant, der die Einheit als Dolmetscher begleitete, beobachtet hatte, verfügte ich mich schleunigst in eines der Zelte, wo ich Brown damit beschäftigt fand, in der Mitte all seine Habseligkeiten zu einem Haufen von erschreckendem Ausmaß aufzutürmen. Er war umringt von einem Schwarm jugendlicher Helden, die mich mit donnerndem Enthusiasmus begrüßten. «Dein Schlafgenosse haut ab», sagte einer. «Nach Paris», rief ein Mann, der schon seit drei Monaten versuchte, dorthin zu kommen. «Du meinst wohl, ins Gefängnis», bemerkte ein hartgesottener Optimist, dessen Veranlagung unter dem französischen Klima etwas gelitten hatte.

Obwohl mich Browns beharrliches, beredsames Schweigen verwirrte, brachte ich seine augenblickliche üble Situation sogleich in Zusammenhang mit der Ankunft des mysteriösen Fremden und stürzte sofort hinaus, um von einer der Blechmelonen Rang und geheime Mission dieser Persönlichkeit zu erfahren. Ich wußte, daß mit Ausnahme von uns beiden jeder in unserer Einheit seine *permission de sept jours* schon erhalten hatte – sogar zwei Männer, die später gekommen waren als wir und somit erst nach uns an der Reihe gewesen wären. Ich wußte auch, daß im Hauptquartier der Ambulance, 7 rue François premier, *se trouvait* Monsieur Norton, das oberste Haupt der Norton Harjes Brüderschaft, der meinen Vater von früher kannte. Ich zählte zwei und zwei zusammen und kam zu dem Schluß, daß dieser Potentat einen Abgesandten zu Mr. A. geschickt haben mußte, um sich die verschiedenen und mannigfachen Beleidigungen, denen ich und mein Freund ständig ausgesetzt waren, erklären zu lassen und vor allem unsre lang hinausgeschobene *permission* sicherzustellen. So war ich natürlich in Hochstimmung, als ich zum *bureau* stürmte.

Ich hatte nicht weit zu laufen. Der Geheimnisvolle kam mir auf halbem Wege entgegen, im Gespräch mit *monsieur le sous-lieutenant*. Ich schnappte die Worte auf: «Und Cummings» (das erste und letzte Mal, daß mein Name von einem Franzosen korrekt ausgesprochen wurde), «wo ist der?»

«Hier», sagte ich und machte eine Ehrenbezeigung, die keiner der beiden auch nur im geringsten beachtete.

«*Ah yes*», meinte der Geheimnisvolle undurchdringlich, in betont hygienischem Englisch. «Sie werden sofort Ihre Sachen zum Wagen bringen» – dann zu Blechmelone der Ersten, die auf okkulte Weise neben ihrem Meister auftauchte – «*Allez avec lui, chercher ses affaires, de suite.*»

Meine *affaires* befanden sich größtenteils in der Nähe der Küche, wo der *cuisinier, mécanicien, menuisier* usw. kampierten, die mir dort (vor etwa zehn Tagen) von sich aus einen Platz angeboten hatten und mir so die Demütigung ersparten, mit neunzehn Amerikanern in einem Zelt zu schlafen, das zu zwei Dritteln mit Dreck gefüllt war. Dorthin führte ich die Blechmelone, die alles mit erstaunlichem Interesse betrachtete. Ich warf *mes affaires* hastig auf einen Haufen (einschließlich einiger wertloser Dinge, die mich die B-m mitnehmen hieß, obwohl ich sie zurücklassen wollte) und tauchte mit einem Militärsack unter dem einen Arm und einer Bettrolle unter dem anderen wieder auf, wobei ich meine besten Freunde, die bereits erwähnten schmutzigen Franzosen, entdeckte. Sie glotzten alle aus einer Tür und blickten recht erstaunt drein. Mir schien so was wie eine Erklärung oder ein Abschied angebracht, und so hielt ich in meinem besten Französisch eine Rede:

«Gentlemen, Freunde, Kameraden – ich gehe jetzt von euch und werde morgen zur Guillotine geführt.»

«Na, nicht ganz bis zur Guillotine», bemerkte B-m mit einer Stimme, die mich trotz meiner guten Laune bis ins Mark erstarren ließ, während der Koch und der Zimmermann hörbar Luft holten und der Mechaniker sich an einem hoffnungslos zerschmetterten Vergaser festhielt.

Ein *voiture* der Einheit, ein F.I.A.T., stand schon klar zur Abfahrt. General Nemo untersagte mir nachdrücklich, mich dem Renault zu nähern (in dem bereits Browns Gepäck verstaut war), und winkte mich samt Bett, Bettrolle und allem anderen in den F.I.A.T.; dann sprang auch B-m hinein und ließ sich mir gegenüber in einer so steifen Haltung nieder, daß ich die Situation trotz meiner vorerwähnten Begeisterung, die Einheit im allgemeinen und Mr. A. im besonderen verlassen zu dürfen, nahezu bedrohlich fand. Durch die Windschutzscheibe sah ich meinen Freund mit B-m Nummer 2 und Nemo davonfahren. Dann – nachdem ich all *les Américains,* die ich kannte (drei an der Zahl), eilends Lebewohl zugewinkt und mich von Mr. A. (der gestand, es tue ihm ungemein leid, uns zu verlieren) überströmend verabschiedet hatte, bekam ich einen Stoß vom Schalthebel, und auf ging's, den andern nach.

Was immer mich auch für Ahnungen bei B-m Nummer 1' Haltung befielen: sie wurden völlig aufgehoben durch die überwältigende Freude, die ich empfand, als die verfluchte Einheit mit all ihren Eseln aus meinen Augen verschwand – durch die einmalige und unbestreitbare Sensation, unter dem geheimnisvollen Schutz von jemand und niemand irgendwohin und nirgendwohin zu fahren, herausgerissen zu sein aus den faulen Banalitäten einer offiziellen Nicht-Existenz in ein großes, helles Abenteuer, herausgerissen von einem *deus ex machina* in graublauer Uniform und ein paar Blechmelonen. Ich pfiff und sang und rief meinem *vis-à-vis* zu: «Sagen Sie, wer ist dieser ehrenwerte Herr, der so liebenswürdig war, meinen Freund und mich auf diese kleine Spazierfahrt mitzunehmen?» – worauf sich B-m, um das Gleichgewicht zu behalten, ans Fenster klammerte und zwischen den Sprüngen des ächzenden F.I.A.T.s ehrfurchtsvoll antwortete: «Monsieur le Ministre de Sûreté de Noyon.»

Da ich mir nicht im geringsten vergegenwärtigte, was dies bedeutete, grinste ich. Ein verständnisinniges Grinsen, das zwanglos über die schlaffen Wangen meines *confrère* glitt und dann ungeniert bei den bemerkenswerten und riesigen Ohren endete, die durch den übergroßen *casque* ins Unsichtbare gequetscht wurden. Meine Augen sprangen von diesen Ohren auf jenen Helm und beachteten zum ersten Mal ein Abzeichen, das einer aufzischenden kleinen Explosion oder einem wuschligen Haarzopf ähnelte. Es kam mir sehr lustig und ein bißchen verrückt vor.

«Wir sind also auf dem Weg nach Noyon, was?»

B-m zuckte die Achseln.

Im gleichen Augenblick wirbelte dem Fahrer seine Mütze weg. Ich hörte ihn fluchen und sah sie in unserem Kielwasser davonsegeln. Als der F.I.A.T. plötzlich stoppte, schnellte ich hoch und wollte mich schon hinausschwingen – hielt aber mitten im Sprung an und landete höchst verdutzt wieder auf meinem Sitz. B-m's Revolver, der bei meiner ersten Bewegung aus seinem Halfter gehüpft war, glitt wieder in sein Nest zurück. Der Eigentümer des Revolvers brummelte drohend. Der Fahrer (ein Amerikaner vom *Vingt-et-Un*) fuhr, anstatt auszusteigen und sich seine Mütze zu holen, den Wagen rückwärts. Mir war es, als ob man in meinem Kopf plötzlich vom Vierten in den Rückwärtsgang geschaltet hätte. Ich grübelte und schwieg.

Und los ging's wieder – noch schneller diesmal, um die verlorene Zeit einzuholen. In der berechtigten Vermutung, B-m verstehe kein Englisch, schwätzte der Fahrer durch das kleine Fenster:

«Um Himmelswillen, Cummings, was ist los?»

«Man hat mich geschnappt», sagte ich und lachte über die rührende *naïveté* dieser Frage.

«Haste denn was angestellt, daß sie dich verhaftet haben?»

«Vielleicht», erwiderte ich bedeutungsvoll und unbestimmt und hatte dabei das Gefühl einer neuen Würde.

«Nun, wenn nicht du, dann vielleicht – Brown?»

«Kann sein», entgegnete ich und versuchte, nicht zu begeistert zu erscheinen. Ich war tatsächlich noch nie so aufgeregt und stolz gewesen. Ich war bestimmt ein Verbrecher! Gut, gut, das regelte gottlob ein für allemal die Sache: mich sahen sie bei der *section sanitaire* nie wieder! Nie wieder Mr. A. mit seinen täglichen Unterrichtsstunden: Sauberkeit, Benehmen usw. Trotz meiner Lage fing ich an zu singen. Der Fahrer unterbrach mich:

«Hörte eben, wie du mit dem Blechdeckel französisch gesprochen hast. Washater'n gesagt?»

«Sagte, der Kerl im Renault sei der Oberste von der Polente in Noyon», antwortete ich aufs Geratewohl.

«Dann Gutnacht. Klingeln wir lieber ab, sonst kommst du mit dem da über Kreuz» – er deutete mit dem Kopf auf B-m, was der Wagen in ein großartiges Schleudern übersetzte; und B-m's Melone klingelte, während B-m durch den Schwung der Länge nach in den F.I.A.T. fiel.

«Jetzt hat's geklingelt», meinte ich – dann bemerkte ich höflich zu B-m: «Hübscher Wagen für den Verwundetentransport.» B-m antwortete nicht...

Noyon.

Wir steuern geradewegs auf etwas zu, das unangenehm an einen feudalen Kerker erinnert. Dem Fahrer wird gesagt, er habe zu einer bestimmten Zeit irgendwo zu sein und bis dahin mit dem Obersten Von Der Polente zu essen; er werde ihn gleich um die Ecke finden – (ich dolmetsche für B-m) – ach ja, und der Oberste Von Der Polente habe anscheinend speziell die Gesellschaft dieses ehrenwerten Amerikaners beim *déjeuner* gewünscht.

«Meint er mich?» fragte der Fahrer unschuldig.

«Sicher», antwortete ich ihm.

Von Brown und mir war nicht die Rede.

Nun steigen wir umständlich aus – B-m zuerst, ich langsam hinterher. Der F.I.A.T. rumpelt davon, während die Rückstrahlerglatze des Ehrenwerten ungefähr einen Meter herausragt; und das ehrenwerte Gesicht ist der Fopperei so gänzlich zum Opfer gefallen, daß ich laut auflache.

«*Vous avez faim?*»

Es war der vorher so wilde Mann. Ein Verbrecher, erinnerte ich mich, ist jemand, gegen den alles, was er sagt oder tut, später ausgenützt wird. Nachdem ich also die Sache eine Weile erwogen hatte, beschloß ich, unter allen Umständen bei der Wahrheit zu bleiben und antwortete: «Ich könnte einen Elefanten fressen.»

Hierauf führte mich B-m in die Küche, bot mir zum Essen einen Stuhl an und befahl dem Koch mit strenger Miene:

«Gib diesem großen Verbrecher im Namen der Französischen Republik etwas zu essen!»

Und zum ersten Mal seit drei Monaten schmeckte ich Essen.

Nachdem B-m seine Blechmelone abgesetzt und das Koppel gelockert hatte, hockte er sich neben mich, öffnete ein riesiges Klappmesser und fiel über den Teller her.

Eine der schönsten Erinnerungen, die mit diesem unwiederbringlichen Mahl verbunden sind, ist eine große, ruhige, kräftige Frau, die eilig hereinkam und bei meinem Anblick ausrief:

«Was ist denn das?»

«Ein Amerikaner, Mutter», antwortete B-m durch Bratkartoffeln.

«*Pourquoi qu'il est ici?*» Die Frau berührte mich an der Schulter, um sich zu vergewissern, daß ich aus Fleisch und Blut sei.

«Das wissen die Götter», sagte B-m liebenswürdig. «Ich nicht –»

«Ah, *mon pauvre*», sagte dieses herrliche Frauenzimmer. «Du wirst also Häftling hier. Die Gefangenen haben alle eine *marraine,* verstehst du, und die bin ich. Ich liebe sie und sorge für sie. Also hör zu: ich will gern auch deine *marraine* sein.»

Ich verbeugte mich und schaute nach etwas Trinkbarem aus, um ihr zuzuprosten. B-m bemerkte es. Mein Blick fiel auf ein großes Glas mit rotem *pinard.* «Na, trink nur», sagte mein Fänger lächelnd. Ich erhob das riesige Glas.

«*A la santé de ma marraine charmante.*»

– Diese Galanterie gewann den Koch völlig (einen kleinen, lebhaften Franzosen), und nun schaufelte er mehrere Schübe Kartoffeln auf meinen schon beinahe leeren Teller. Auch die Blechmelone sprach mir zu: «So ist's recht, iß und trink, du kannst es später vielleicht gut brauchen.» Und sein Messer guillotinierte dabei einen weiteren Ranken köstlichen Weißbrotes.

Schließlich, gesättigt von Delikatessen, entbot ich meiner *marraine* ein *adieu* und erlaubte B-m, mich zu begleiten (ich voran, wie immer): die Treppe hinauf und in eine kleine Bude, die im Glanz zweier Fallen prangte. An einem Tisch saß ein Mann, und der Mann hielt eine Zeitung in der Hand.

«*C'est un Américain*», stellte B-m vor. Die Zeitung trennte sich von dem Mann, der sagte: «Er sei willkommen. Machen Sie es sich hier bequem, Mr. Amerikaner» – und komplimentierte sich hinaus. Mein Fänger haute sich sogleich auf eine der Fallen.

Ich bat um die Erlaubnis, auf der andern dasselbe tun zu dürfen; die Gnade wurde mir schläfrig gewährt. Mit halbgeschlossenen Augen lag mein Ego da und dachte nach: über das köstliche Mahl, das es soeben genossen hatte, über all das, was ihm bevorstand, über die Freude, ein großer Verbrecher zu sein... und dann – da ich nicht im geringsten zum Schlafen gestimmt war – las ich den *Petit Parisien* bis zur letzten Seite, sogar bis zu *Les Voies Urinaires*.

Dabei fiel mir etwas ein – und ich weckte B-m und fragte: «Kann ich mal raus aufs *vespasienne?*»

«Unten», antwortete er schwerzüngig und nahm seinen Schlummer wieder auf.

In dem kleinen Hof rührte sich nichts. Als ich wieder hinaufging, trödelte ich ein wenig. Die Treppen waren unsagbar schmutzig. B-m schrie sich gerade selber an, als ich eintrat. Noch einmal las ich die Zeitung von vorn bis hinten. Es mußte so gegen drei Uhr sein.

Plötzlich erwachte B-m, streckte sich, schnallte seine Persönlichkeit um und murmelte, «Ist Zeit, komm.»

Le bureau de Monsieur le Ministre war, wie sich erwies, gleich um die Ecke. Vor der Tür stand der geduldige F.I.A.T. Er bekam von B-m feierlich mitgeteilt, wir hätten hier noch zu warten.

Ob ich Näheres gehört hätte – wollte der amerikanische Fahrer wissen.

Nachdem ich befriedigt festgestellt hatte, daß meine Finger

noch eine anständige Zigarette zu drehen verstanden, antwortete ich zwischen zwei Zügen: «Nein.»

Der Amerikaner rückte mir näher und flüsterte theatralisch: «Dein Freund ist oben. Vermutlich verhören sie ihn.» B-m schnappte das auf, und obwohl seine wiedererlangte Würde die «Gedrehte» ihres Gefangenen akzeptiert hatte, wurde sie jetzt auf einmal wütend:

«Nun ist's aber genug», rief er streng.

Und zog mich *tout-à-coup* die Treppe hinauf, wo ich Brown begegnete, der mit seiner B-m gerade aus dem *bureau* trat. Brown sah äußerst vergnügt aus. «Ich glaube, wir kommen wahrhaftig ins Gefängnis», versicherte er mir.

Durch diese Nachricht erfrischt, von hinten durch B-m gepufft und von vorn von M. le Ministre persönlich herangewinkt, trudelte ich in einen auffallend sauberen und ordentlichen, büromäßigen und alles in allem amerikanischen Raum von bescheidenen Ausmaßen, dessen Tür sofort hinter mir geschlossen und innen von meinem Begleiter bewacht wurde.

Monsieur le Ministre sagte:

«Heben Sie die Arme hoch.»

Dann durchsuchte er meine Taschen. Er fand Zigaretten, Bleistifte, ein Taschenmesser und etliche Francs. Er legte seine Schätze auf einen blanken Tisch und sagte: «Sie dürfen diese Sachen nicht behalten. Ich bin dafür verantwortlich.» Darauf sah er mich kalt an und fragte, ob ich sonst noch etwas habe.

Ich antwortete, ich besäße wohl noch ein Taschentuch.

Er fragte mich: «Haben Sie etwas in den Schuhen?»

«Meine Füße», sagte ich entgegenkommend.

«Hier herein», sagte er eisig und öffnete eine Tür, die ich bis dahin nicht bemerkt hatte. Ich verbeugte mich gebührend vor soviel Höflichkeit und betrat Zimmer Nummer 2.

Ich blickte in sechs Augen, die hinter einem langen Tisch saßen.

Zwei gehörten einer rechtsgelehrt aussehenden Person in Zivil mit einem gelangweilten Gesicht plus Schnurrbart von traumhaften Ausmaßen, mit dem der Eigentümer unablässig einen Gentleman imitierte, der nach einem Drink läutet. Zwei davon besaß ein prächtiger alter Geck (ein Gesicht aus Sprungschanzen und Rodelbahnen), auf dessen gewölbter Brust pompös die Rosette der Ehrenlegion hockte. Nummer fünf und sechs waren die von Monsieur, der sich längst gesetzt hatte, ehe ich überhaupt Zeit fand, meine leicht verwirrten Augen auf den Brennpunkt einzustellen.

Wie ich schon sagte: Monsieur sprach ein hygienisches Englisch.

«Wie heißen Sie?» – «Edward E. Cummings.» – «Ihr zweiter Vorname?» – «E-s-t-l-i-n», buchstabierte ich ihm vor. – «Wie sagen Sie das?» – Ich verstand nicht. – «Wie sagen Sie Ihren Namen?» – «Ach so», sagte ich und sprach ihn aus. Er erklärte dem Schnurrbart auf französisch, mein erster Name sei Edouard, mein zweiter «*E-es-tey-el-i-en*» und mein dritter «*Sey-ü-dö em-i-en-dschey-es*» – und der Schnurrbart schrieb alles auf. Dann wandte sich Monsieur wieder mir zu:

«Sind Sie Ire?»

«Nein», sagte ich, «Amerikaner.»

«Aber irischer Abstammung?» – «Nein, schottischer.» – «Sind Sie sicher, daß nie ein Ire unter Ihren Vorfahren war?» – «Soviel ich weiß», sagte ich, «war nie ein Ire darunter.» – «Vielleicht schon vor hundert Jahren?» beharrte er. – «Kaum möglich», sagte ich bestimmt. Aber Monsieur gab sich nicht geschlagen. «Ist Ihr Name nicht irisch?» – «Cummings ist ein sehr alter schottischer Name», leierte ich herunter, «ursprünglich hieß er Comyn. Ein Schotte, der Rote Comyn genannt, wurde von Robert Bruce in einer Kirche umgebracht. Er war mein Vorfahre, ein sehr berühmter Mann.» – «Aber Ihren zweiten Namen, woher haben Sie den?» – «Von einem Engländer, einem Freund meines Vaters.» Diese Antwort schien zumindest der Rosette einen gewaltigen Eindruck zu machen, denn sie murmelte mehrmals: «*Un ami de son père, un Anglais, bon!*» Monsieur, offensichtlich enttäuscht, erklärte dem Schnurrbart auf französisch, er solle niederschreiben, daß ich meine irische Abstammung verleugne; was der Schnurrbart dann auch tat.

«Was ist Ihr Vater in Amerika?» – «Pfarrer», antwortete ich. – «Welcher Kirche?» – «Unitarier.» Das verwirrte ihn. Doch dann hatte er eine Erleuchtung: «Ist das nicht dasselbe wie Freidenker?» – Ich erklärte auf französisch, das sei es nicht, und *mon père* sei ein frommer Mann. Schließlich befahl Monsieur dem Schnurrbart, Protestant niederzuschreiben, und der Schnurrbart gehorchte.

Von diesem Punkt an wurde unsere Unterhaltung in französisch weitergeführt, offenbar zum Ärger von Monsieur, zur Freude jedoch der Rosette und mit Zustimmung des Schnurrbarts. In Beantwortung ihrer Fragen klärte ich sie auf, ich sei fünf Jahre Harvard-Student gewesen (und verhehlte dabei nicht mein großes Erstaunen, daß sie nie von Harvard gehört hatten), sei dann nach New York gegangen, um Kunst zu studieren, hätte mich in New York als *conducteur volontaire* gemeldet und sei bald darauf, etwa Mitte April, nach Frankreich eingeschifft worden.

Monsieur fragte: «Sie lernten also Brown – auf dem *pacquebot* kennen?» Ich sagte, so sei es.

Monsieur blickte bedeutsam in die Runde. Die Rosette nickte mehrmals vor sich hin. Der Schnurrbart läutete.

Mir dämmerte, daß diese netten Leutchen mich zum unschuldigen Opfer eines verschlagenen Bösewichts stempeln wollten, und ich konnte ein Lächeln nicht verbeißen. *C'est rigolo*, sagte ich mir; da dürften sie ja in ihrem Element sein.

«Sie und Ihr Freund waren zusammen in Paris?» Ich sagte «Ja.» – «Wie lange?» – «Einen Monat – wir mußten auf unsere Uniformen warten.» Ein bedeutsamer Blick von Monsieur, erwidert von seinen Amtskollegen.

Monsieur beugte sich vor und fragte kalt und jedes Wort abwägend: «Was taten Sie in Paris?» worauf ich kurz und herzlich antwortete, «Wir amüsierten uns prächtig.»

Diese Antwort gefiel der Rosette ungemein. Sie wiegte den Kopf hin und her, daß ich schon dachte, er müsse gleich herunterkollern. Sogar der Schnurrbart schien erheitert. Monsieur le Ministre de Sûreté de Noyon biß sich auf die Lippe. «Na schön, schreiben Sie's hin», befahl er dem Rechtsgelehrten. Darauf nahm er das Verhör wieder auf:

«Sie hatten häufig Meinungsverschiedenheiten mit *lieutenant* A.?»

Ich mußte über diese taktvolle Formulierung laut lachen. «Ja, allerdings.»

«Warum?» fragte er – und so konterfeite ich «*lieutenant*» A. recht drastisch und gebrauchte dabei gewisse spezielle Ausdrücke, mit denen mich einer der zu unserer Einheit gehörenden «dreckigen Franzosen», ein *Parisien* und ein Meister des *argot*, ausgestattet hatte. Mein Wortschatz erstaunte meine Examinatoren, und einer von ihnen (ich glaube, der Schnurrbart) bemerkte spöttisch, ich hätte aus meiner Pariser Zeit allerhand gelernt.

Monsieur le Ministre fragte, ob es stimme, daß a) Brown und ich immer zusammen gewesen seien und daß wir b) die Gesellschaft der zu unserer Einheit kommandierten Franzosen der unserer amerikanischen Kameraden vorgezogen hätten? – was ich bejahte. Warum? wollte er wissen. So erklärte ich, wir seien der Ansicht, je mehr Franzosen wir kennten und je näher wir sie kennten, desto besser sei es für uns; verbreitete mich auch ein wenig darüber, wie notwendig es sei, daß sich die lateinischen und angelsächsischen Völker gut verstünden, wenn sie den Sieg erringen wollten.

Wieder nickte die Rosette zustimmend.

Monsieur le Ministre schien zu spüren, daß er an Boden verlor, denn er spielte unerwartet seinen Trumpf aus: «Sie wissen wohl, daß Ihr Freund an seine Freunde in Amerika und an seine Familie recht üble Briefe geschrieben hat.» – «Nein», antwortete ich.

Blitzartig verstand ich den Zweck von Monsieurs Besuch beim *Vingt-et-Un:* Der französische Zensor hatte einige von Browns Briefen aufgefangen und Mr. A. und Mr. A's Dolmetscher davon benachrichtigt, die dankbar den schlechten

Charakter Browns bestätigten und (in dem begreiflichen Wunsch, uns beide zugleich loszuwerden) außerdem versicherten, wir hätten immer zusammengehockt und ich sei daher als verdächtig anzusehen. Worauf sie angewiesen wurden, uns in der Einheit festzuhalten, bis Noyon eintreffen und eingreifen könne – daher also unser vergebliches Warten auf die längst überfällige *permission.*

«Ihr Freund», sagte Monsieur auf englisch, «war soeben gewesen hier. Ich frag ihn, ob er, wenn in einem Flugzeug über Deutsche fliegen, Bomben auf die Deutschen fallen lassen, und er sagt, nein, er will keine Bomben auf Deutsche fallen lassen.»

Ich muß gestehen, diese Lüge (denn eine solche war es) verblüffte mich. Erstens waren mir damals solche Erpressungsmethoden noch unbekannt. Zweitens erinnerte ich mich, daß Brown und ich und noch ein Amerikaner vor ungefähr einer Woche einen Brief geschrieben hatten, den wir – auf Anraten des *sous-lieutenant*, der die *Vingt-et-Un* als Dolmetscher begleitete – an das Under Secretary of State in French Aviation adressiert und worin wir darum gebeten hatten, in Anbetracht der Tatsache, daß die amerikanische Regierung das Rote Kreuz übernahm (das bedeutete: alle *sections sanitaires* wurden jetzt von den Amerikanern betreut, gehörten also nicht mehr länger zur französischen Armee), uns dreien grundsätzlich die Erlaubnis zu erteilen, weiterhin bei den Franzosen zu bleiben, und uns deshalb zur Esquadrille Lafayette abzukommandieren. Einer der «dreckigen Franzosen» hatte den Brief in seinem schönsten Stil für uns geschrieben, nachdem wir ihm die Einzelheiten dazu mitgeteilt hatten.

«Sie und Ihr Freund schreiben einen Brief an französische Luftwaffe?»

Hierin mußte ich ihn korrigieren: Wir seien zu dritt gewesen, warum also habe man den dritten Verbrecher nicht ebenfalls verhaftet, wenn ich fragen dürfe? Diese kleine Abschweifung jedoch ignorierte er und wollte wissen: Warum nicht an die amerikanische Luftwaffe? – worauf ich antwortete: Tja, weil mein Freund so oft zu mir gesagt hat, die Franzosen seien einfach die reizendsten Leute auf der Welt.

Dieser Schwinger warf Noyon um, aber nur für eine Sekunde.

«Hat Ihr Freund diesen Brief geschrieben?» – «Nein», antwortete ich wahrheitsgemäß. – «Wer hat ihn geschrieben?» – «Einer der Franzosen unserer Einheit.» – «Wie heißt er?» – «Das weiß ich wirklich nicht», antwortete ich und gelobte im stillen: was immer man auch mit mir anstellt, der Schreiber darf nicht darunter leiden. «Auf meine dringende Bitte hin», fügte ich noch hinzu.

Monsieur fragte mich, wobei er ins Französische zurückfiel, ob ich zögern würde, auf Deutsche Bomben abzuwerfen? Ich sagte, nein, das würde ich nicht. Und wie ich dazu käme, mich für fliegertauglich zu halten? Weil, erklärte ich ihm, ich 122 Pfund wöge und jeden Wagentyp und jedes Motorfahrzeug fahren könne. (Ich hoffte, er würde mich diese Behauptung beweisen lassen, denn dann, schwor ich mir, würde ich nicht eher anhalten, als bis wir in München wären; aber nein.)

«Wollen Sie damit etwa sagen, daß mein Freund sich nicht nur um den Dienst in der amerikanischen Armee zu drücken gedachte, sondern auch noch Verrat plante?» fragte ich.

«Nun, so kann man es doch wohl nennen, oder nicht?» entgegnete er kalt. Dann beugte er sich abermals vor und fuhr mich an: «Warum haben Sie an eine so hohe Stelle geschrieben?»

Ich lachte hell auf. «Weil der vortreffliche *sous-lieutenant*, der immer dolmetschte, wenn Mr. *lieutenant* A. nichts verstand, es uns geraten hat.»

Nach diesem Ausfall wandte ich mich an den Schnurrbart: «Schreiben Sie in die Zeugenaussage, daß ich, hier anwesend, mich entschieden weigere, etwas anderes zu glauben, als mein Freund sei ein ebenso leidenschaftlicher Verehrer Frankreichs und des französischen Volkes wie irgend jemand sonst in der Welt! – Erklären Sie ihm, er habe das aufzuschreiben», wies ich Noyon unnachgiebig an. Doch Noyon schüttelte den Kopf und sagte: «Wir haben guten Grund anzunehmen, daß Ihr Freund kein Freund Frankreichs ist.» Ich antwortete: «Das geht mich nichts an. Ich wünsche lediglich, daß meine Ansicht über meinen Freund schriftlich festgehalten wird, verstehen Sie?» – «Durchaus begreiflich», murmelte die Rosette; und der Schnurrbart schrieb es nieder.

«Was glauben Sie denn, warum wir uns freiwillig gemeldet haben?» fragte ich sarkastisch, als die Zeugenaussage abgeschlossen war.

Monsieur le Ministre war es offensichtlich recht unbehaglich zumute. Er rutschte in seinem Sessel hin und her und kniff sich ein paarmal ins Kinn. Die Rosette und der Schnurrbart diskutierten lebhaft miteinander. Schließlich fragte Noyon mit einer um Ruhe heischenden Handbewegung in einem nahezu verzweifelten Ton:

«*Est-ce-que vous détestez les boches?*»

Ich hatte gewonnen. Dies war eine reine Formfrage. Ich brauchte nur ja zu sagen, um als freier Mann den Raum verlassen zu können. Meine Examinatoren waren meiner Antwort sicher. Die Rosette beugte sich vor und lächelte ermunternd. Der Schnurrbart malte mit seiner Feder kleine *ouis* in die Luft. Und Noyon hatte jede Hoffnung aufgegeben, einen Kriminellen aus mir zu machen. Ich mochte unbesonnen sein, aber ich war unschuldig, das Opfer eines hochgescheiten verbrecherischen Kopfes. Man würde mich vielleicht noch ermahnen, meine Freunde das nächste Mal vorsichtiger auszuwählen, aber das würde alles sein...

Besonnen formte ich die Antwort:

«*Non. J'aime beaucoup les Français.*»

Flink wie ein Wiesel schnellte mir Monsieur le Ministre entgegen: «Es ist unmöglich, die Franzosen zu lieben und die Deutschen nicht zu hassen.»

Sein Triumph kümmerte mich nicht im geringsten. Die Verwirrung der Rosette amüsierte mich lediglich, und das Erstaunen des Schnurrbarts fand ich nur komisch.

Arme Rosette! Sie murmelte verzweifelt: «Mag seinen Freund, ganz richtig. Irrtum natürlich – schade – gut gemeint.»

Mit einem höchst widerwärtigen Zug in dem unfehlbaren Gesicht preßte der siegreiche Minister der *Sûreté* sein Opfer mit wiedergewonnenem Selbstbewußtsein: «Aber Sie geben doch sicher die von den *boches* begangenen Greueltaten zu?»

«Ich habe darüber gelesen», antwortete ich freundlich.

«Sie glauben nicht daran?»

«*Ça se peut.*»

«Und wenn dem so wäre – und es ist natürlich so –» (im Brustton der Überzeugung), «dann hassen Sie die Deutschen trotzdem nicht?»

«Oh, in einem solchen Fall muß sie selbstverständlich jeder hassen», versicherte ich mit vollendeter Höflichkeit.

Und meine Sache war verloren, für immer verloren. Ich atmete auf einmal freier. All meine Nervosität war verschwunden. Der Versuch der drei vor mir sitzenden Herren, meinem Freund und mir verschiedene Schicksale zuzuteilen, war unwiderruflich gescheitert.

Nach einer kurzen Beratung teilte mir Monsieur den Beschluß mit:

Ich fragte: «Einige Wochen?»

«Möglich», sagte Monsieur.

Damit war das Verfahren abgeschlossen.

Monsieur le Ministre führte mich wieder in Zimmer Nummer 1. «Da ich Ihnen Ihre Zigaretten abgenommen habe, die ich für Sie aufbewahre, werde ich Ihnen etwas Tabak geben. Möchten Sie lieber englischen oder französischen?»

Weil der französische (*paquet bleu*) stärker ist, und weil man von mir erwartete, ich würde englischen verlangen, sagte ich «französischen».

Mit sorgenvoller Miene ging Noyon zu einer Art Bücherschrank und nahm eine blaue Packung heraus. Ich glaube, ich bat um Streichhölzer, oder er gab mir die paar zurück, die er bei mir gefunden hatte.

Noyon, B-m und der große Verbrecher (alias ich) stelzten nun feierlich hinunter zu dem F.I.A.T. Mehr und mehr verwirrt fuhr uns der *conducteur* die kurze Strecke in einen Hof, der offensichtlich zu einem Gefängnis gehörte. Monsieur le Ministre beobachtete mich, wie ich mit meinem umfangreichen Gepäck ausstieg.

Es wurde von Monsieur im *bureau* des Gefängnisses sorgfältig untersucht. Monsieur ließ mich ein paarmal das Oberste zuunterst kehren und das Innere nach außen. Monsieur war über ein riesiges *coquille* höchst erstaunt: wo ich das herhabe? – Ich sagte, ein französischer Soldat habe es mir als *souvenir* gegeben. – Und mehrere *têtes d'obus?* – Auch *souvenirs*, versicherte ich ihm selig. Glaubte Monsieur denn, ich sei dabei geschnappt worden, wie ich die französische Regierung in die Luft fliegen lassen wollte, oder was sonst? – Aber hier, ein ganzes Dutzend Skizzenbücher, was enthalten die? – O Monsieur, Sie schmeicheln mir: Zeichnungen. – Von Befestigungsanlagen? – Kaum, nur von Poilus, Kindern und andren Ruinen. – Hmmm. (Monsieur untersuchte die Zeichnungen und stellte fest, daß ich die Wahrheit gesagt hatte.) Monsieur legte all den Kram in einen kleinen Sack, mit dem ich von dem großzügigen *Croix Rouge* ausgerüstet worden war (zusätzlich zu dem riesigen Militärsack). Etikettierte beide (in französisch): «Gegenstände aus dem Gepäck von Cummings und zum täglichen Gebrauch für unnötig befunden.» In dem soeben erwähnten Militärsack waren noch: Meine Pelzjacke, die ich von New York mitgebracht hatte, mein Bett, Decken und die Bettrolle, meine Zivilkleider und etwa zwanzig Pfund schmutzige Wäsche. «Die Bettrolle und das Faltbett können Sie in Ihre Zelle mitnehmen» – der Rest meiner *affaires* werde im *bureau* sicher verwahrt.

«Kommen Sie mit», schnauzte mich eine dünne Gefangenenwärter-Kreatur an.

Mit Bettrolle und Bett unterm Arm folgte ich ihm.

Wir hatten nicht weit zu gehen, nur ein paar Stufen hinauf. Ich erinnere mich, daß wir um eine Ecke bogen und dabei auf einen Platz hinuntersahen. Dort produzierte sich eine Militärkapelle zum blödsinnigen Vergnügen von einigen zerlumpten *civiles*. Mein neuer Fänger hielt einen Augenblick inne; vielleicht wurde seine patriotische Seele gerührt. Dann durchschritten wir eine Allee verschlossener Türen und hielten vor der letzten Türe rechts. Ein Schlüssel öffnete sie. Man konnte die Musik noch deutlich hören.

Die Tür eröffnete einen Raum, der etwa fünf Meter kurz und einen Meter schmal war; in der hintersten Ecke lag ein Bündel Stroh. Mein Geist hatte sich von dem läppischen Verhör zusehends erholt, und ich rief in echtem, nie zu vergessendem Jubel, während ich das überschritt, was die Türschwelle sein mochte: «*Mais, on est bien ici.*»

Ein schauerliches Krächzen verschluckte das letzte Wort. Ich dachte schon, das ganze Gefängnis werde jetzt von einem Erdbeben zerstört, aber es war lediglich meine sich schließende Tür...

Ich setzte die Bettrolle ab. Ich richtete mich auf.

Ich war ich selbst.

Eine unbeschreibliche Freude durchströmte mich nach drei Monaten der Demütigung, in denen ich beaufsichtigt und schikaniert und tyrannisiert und beleidigt wurde. Ich war ich selbst und mein eigener Herr.

In diesem verzückten Aufatmen (kaum darauf achtend, was ich tat) untersuchte ich das Strohbündel, entschied mich dagegen, schlug mein Bett auf, legte die Rolle darauf und begann, meine Zelle zu inspizieren.

Länge und Breite habe ich bereits erwähnt. Die Zelle war lächerlich hoch – vielleicht dreieinhalb Meter. Die Wand mit der Tür war einmalig. Die Tür befand sich nicht in der Mitte dieser Wand, sondern seitlich, so daß ein riesiger, taillenhoher eiserner Eimer, der in der andern Ecke stand, genug Platz hatte. Über die Tür und die anschließende Außenwand lief ein schmales Gitter. So konnte man immer einen Streifen Himmel sehen.

Ich pfiff fröhlich vor mich hin und ging drei Schritte auf die Tür zu. Sie war massiv gearbeitet, vermutlich ganz aus Eisen und Stahl: Ich war begeistert. Der Eimer erweckte meine Neugierde. Ich blickte über seinen Rand hinein. Auf dem Grunde saß friedlich ein frischer menschlicher Scheißhaufen.

Ich habe eine krankhafte Leidenschaft für Holzschnitte, vor allem, wenn sie den obligatorischen seelischen Höhepunkt einer antiquierten Romanze illustrieren. Ich besitze noch heute die meisterhafte Darstellung eines großen, bärtigen, verstörten Mannes, der ein zeitloses Gewand aus Ziegenfell trägt, in der riesigen Klaue kraftlos einen phantastischen Regenschirm hält und in einer irgendwie kubistischen Wildnis, deren Herrscher er zu sein glaubte, gebückt ein Anzeichen menschlicher Nähe examiniert.

Da erst fielen mir die Wände auf: Sie waren bis in Armeshöhe voller Ornamente, Sprüche, Bilder. Alles Bleistiftzeichnungen. Ich nahm mir vor, bei der ersten Gelegenheit um einen Bleistift zu bitten.

In dieser Zelle waren Deutsche und Franzosen eingesperrt gewesen. An der rechten Wand, nahe der Tür, hatte einer mühselig einen langen Goethe-Text angeschrieben. Am andern Ende dieser Wand erstreckte sich eine satirische Landschaft. Die Technik dieser Darstellung erschreckte mich. Es gab da Häuser, Männer, Kinder. Und Bäume. Ich fragte mich, wie ein Baum aussehe, und lachte lange.

Die hintere Wand bot das große und ausgezeichnete Porträt eines deutschen Offiziers.

Die linke Wand war mit einer Yacht geschmückt – eine segelnde 13. «Mein geliebtes Boot», stand in deutsch darunter. Dann die Büste eines deutschen Soldaten, stark idealisiert, ohne Furcht und Tadel. Daneben ein brutales Meisterwerk –: ein reitender Pfannkuchenbauch, der mit beängstigender Geschwindigkeit die spitze Kruppe eines durchsichtigen, wurstförmigen Pferdes hinabrutschte, das gleichzeitig in fünf verschiedene Richtungen davongaloppierte. Der Reiter sah gelangweilt drein, während er in der einen Faust die steifen Zügel hielt. Sein hochgeschwungenes Bein beschleunigte nur noch seinen Rutsch. Der Mann trug eine deutsche Soldatenmütze und rauchte. Ich beschloß, Pferd und Reiter abzuzeichnen, sobald man mir einen Bleistift gegeben hätte.

Schließlich entdeckte ich eine Zeichnung, um die ein schnörkeliger Spruch geschrieben war. Die Zeichnung stellte eine Topfpflanze mit vier Blüten dar. Die vier Blüten waren abgestorben. Ihr Tod war mit erschreckender Genauigkeit festgehalten. Die Zeichnung der hängenden Blätter offenbarte eine geheimnisvolle Absicht. Der Topf stand ziemlich wacklig auf einer Art Tisch. Rundherum lief eine Trauerschleife. Ich las: «*Mes dernières adieux à ma femme aimée, Gaby.*» Eine wuchtige Hand, ganz anders als die erste, hatte in stolzen

Lettern darüber geschrieben: «*Tombé pour désert. Six ans de prison – dégradation militaire.*»

Es muß etwa fünf Uhr gewesen sein. Schritte. Ein furchtbares Gerassel außen an der Tür – wer? Rums öffnete die Tür. Gefangenenwärter-Kreatur streckt mit sehr betonter Vorsicht ein Stück *chocolat* herein. Ich sage «*Merci*» und ergreife *chocolat*. Bums schließt die Tür.

Ich liege auf dem Rücken, das Zwielicht schiebt nebelblaue Träume durch den Spalt über dem Rums-Bums herein. Ich kann eben noch Blätter sehen – also ein Baum.

Dann drang von links und weit her ein hauchzartes Pfeifen, kühl wie ein geschälter Weidenzweig, und ich lauschte einer Melodie aus Petruschka, Petruschka, die wir in Paris im Châtelet gesehen hatten, *mon ami et moi*...

Die Melodie brach plötzlich ab – und ich beendete sie. In dieser Geheimsprache ging es eine halbe Stunde.

Es war dunkel. Ich hatte ein Stück von meinem Stück *chocolat* auf den Fenstersims gelegt. Als ich auf dem Rücken lag, huschte eine kleine Silhouette über den Sims und aß dieses Stück eines Stücks, wozu sie etwa vier Minuten brauchte. Dann sah sie zu mir herunter, ich lächelte ihr zu, und wir schieden voneinander, beide glücklicher als zuvor.

Meine *cellule* war kühl, und ich schlief bald ein.

(Dachte an Paris.)

...Erwachte an einem Gespräch, dessen Vibrieren ich deutlich durch die linke Wand spürte:

Gefangenenwärter-Kreatur: «Was?»

Eine modrige, modernde Maulwurfstimme, die an dumpfige Gänge und Löcher erinnerte, antwortete mit Spinnwebgeduld, die so weit jenseits der Verzweiflung lag, wie man sich nur vorstellen kann: «*La soupe.*»

«Aber die Suppe habe ich Ihnen doch eben gebracht, Monsieur Savy.»

«Muß noch ein bißchen was anderes haben. Mein Geld ist *chez le directeur*. Bitte, nehmen Sie mein Geld, das *chez le directeur* ist, und bringen Sie mir irgendwas anderes.»

«Gut, wenn ich nachher nochmal vorbeikomme, bringe ich Ihnen Salat, einen feinen Salat, Monsieur.»

«Danke, Monsieur», moderte die Stimme.

Bums! Und die G-K sagt zu jemand, während sie den Schlüssel in Monsieur Savys Tür umdreht und sich bemüht, die Stimme derart zu erheben, daß Monsieur Savy kein einziges Wort durch den Spalt über Monsieur Savys Rums-Bums entgeht:

«Dieser alte Trottel! Immerzu will er was. Was glaubst'n, wann's bei dem dämmert, daß er nie was kriegt?»

Fummeln an meiner Tür. Rums!

Die Gesichter standen im Eingang und blickten auf mich nieder. Ihr Ausdruck typisch gefangenenwärterisch, d.h. blöde glotzend, schwerfällig und unerschütterlich von sich eingenommen. Na wen ham wir denn da, is'n das für einer?

Die rechte Figur fiel gerade so weit nach vorn, daß sie eine Schüssel hereinschieben konnte.

Ich lächelte und sagte: «Guten Morgen, meine Herren. Der Eimer stinkt.»

Sie lächelten nicht und sagten: «Natürlich.» Ich lächelte und sagte: «Würden Sie mir bitte einen Bleistift bringen? Ich möchte mir die Zeit vertreiben.» Sie lächelten nicht und sagten: «Sofort.»

Ich lächelte und sagte: «Ich hätte gerne ein wenig Wasser, bitte.»

Sie schlossen die Tür und sagten «Später».

Bums und Schritte.

Ich betrachte die Schüssel, die mich betrachtet. Eine Schicht grünlichen Fetts versiegelt das Geheimnis ihres Inhalts. Ich strecke zwei Finger aus, um das Siegel zu verletzen. Sie fördern einen lahmen Fetzen *choux* und eine große, harte, nachdenkliche, feierliche, ungekochte Bohne zutage. Um das Wasser auszugießen (es ist lauwarm und glitschig), ohne etwas zu verunreinigen, ist der Deckel des *Ça Pue* zu lüften. Ich tat's.

Zurück blieben Bohnen und Kohlfetzen. Die ich eilig aß, wobei mir um meinen Bauch angst und bange war.

Ich verbringe viel Zeit damit, über den Bleistift zu fluchen, während ich die Wände betrachte – mein einzigartiges Interieur.

Plötzlich wird mir der unbestreitbare Zugriff der humoristischen Hand der Natur klar. In gewissen Situationen legt man ausdrücklich Wert auf *Ça Pue*. Als ich fertig bin, schnappe ich vor Gestank nach Luft, stolpere zu meinem Bett und überlege mein nächstes Vorhaben.

Das Stroh mag angehen. Bah, aber DRECKIG ist es. – Mehrere Stunden fließen...

Schritteundfummeln. Bums. Wiederholung des Versprechens an Monsieur Savy etc.

Gefangenenwärterisch und gefangenenwärterisch. Identischer Ausdruck. Ein Körper fällt gerade so weit nach vorn, daß er einen Ranken Brot und einen Schluck Wasser hereinschieben kann.

«Geben Sie Ihre Schüssel her.»

Ich gab sie, lächelte und sagte: «Was ist mit meinem Bleistift?»

«Bleistift?» G-K sah G-K an.

Dann rezitierten sie das folgende Wort: «Morgen.» Bumsundschritte.

So nahm ich eben Streichhölzer, brannte sie an und schrieb mit genau 60 Stück die erste Stanze einer Ballade. Morgen schreibe ich die zweite. Übermorgen die dritte. Am folgenden Tag den Refrain. Danach – na, mal seh'n.

Mein Pfeifen von Petruschka wurde an diesem Abend nicht erwidert.

So kletterte ich auf *Ça Pue*, mit dem ich mich jetzt ausgesöhnt hatte; Neumond öffnete schwere Schwingen im Dämmer, ferne Laute naher Dinge.

Ich sang ein Lied, das die «dreckigen Franzosen» uns beigebracht hatten, *mon ami et moi*. Das Lied wünscht *Bon soir, Madame de la Lune*... Ich sang es nicht laut, ganz einfach, weil der Mond wie eine Mademoiselle war und ich den Mond nicht beleidigen wollte. Meine Freunde: die Silhouette und *la lune* – ganz zu schweigen von *Ça Pue*, das schon beinahe ein Stück von mir war.

Dann legte ich mich nieder und hörte (ohne es zu sehen) die Silhouette etwas oder jemanden essen... und sah (ohne es zu hören) über dem zunehmenden Zwielicht den Weihrauch aus dem *Ça Pue* dünn aufsteigen.

Der nächste Tag. – Versprechen an M. Savy. Rums. «Mein Bleistift?» – «Sie brauchen keinen Bleistift, Sie kommen weg.» – «Wann?» – «Sofort.» – «Wann sofort?» – «In einer oder zwei Stunden: Ihr Freund ist schon weg. Machen Sie sich fertig.»

Bumsundschritte.

Alle sehr traurig über mich. Jedoch: *Je m'en fous pas mal.*

Eine Stunde vermutlich.

Schritte. Plötzliches Auffliegen der Tür. Pause.

«Kommen Sie raus, Amerikaner.»

Als ich mit Bett und Bettrolle hinausschwankte, bemerkte ich: «Es tut mir leid, Sie verlassen zu müssen», was G-K so wütend machte, daß er sich auf seinen nichtssagenden Schnurrbart biß.

Zum *bureau* geführt, wo ich einem sehr fetten Gendarmen übergeben werde.

«Das ist der Amerikaner.» Der s-f-G beäugte mich, und ich las meine Sünden in seinen Schweinsäuglein. «Nun los, wir haben noch ein Stück zu gehen», unterstand er sich, mürrisch zu kommandieren.

Er bückte sich höchstpersönlich, um stöhnend den einen Sack aufzuheben. Und ich klemmte Bett, Bettrolle, Decken und den weiten Überwurf unter den Arm, meinen über hundertsechsunddreißig Pfund schweren Militärsack unter den andern. Dann stutzte ich. Dann sagte ich, «Wo ist mein Stock?»

Der s-f-G bekam hierauf einen Anfall, der ihm ausgezeichnet stand.

Ich wiederholte höflich: «Als ich hierher ins *bureau* kam, hatte ich einen Stock.»

«*Je m'en fous de ta canne*», schäumte mein neuer Fänger nahezu unverständlich, und seine roten Teufelsaugen schwollen vor Wut.

«Dann bleibe ich hier», antwortete ich ruhig und setzte mich auf einen Sims inmitten meiner beachtlichen Schätze.

Eine *foule* von Gendarmen versammelte sich. Man nehme keinen Stock mit ins Gefängnis (ich war froh, jetzt zu erfahren, was mir bevorstand, und dankte diesen mitteilsamen Herren); Verbrecher dürften keine Stöcke besitzen; oder was glaubte ich, wo ich sei, in den Tuilerien vielleicht? fragte ein tapsiger Kintoppolizist.

«Sehr schön, meine Herren», erklärte ich. «Aber dann will ich Ihnen mal was sagen.» (Ich war rot wie eine Rübe.) «*En Amérique on ne fait pas comme ça.*»

Dieser hochgestochene Bluff hatte eine erstaunliche Wirkung, nämlich das taschenspielerhafte Verschwinden des s-f-G. Die zahlreichen Mitbrüder des s-f-G sahen besorgt drein und zwirbelten an ihren Schnurrbärten.

Ich saß auf dem Sims und begann, ein Papierchen mit dem zu füllen, was ich in meinen Taschen fand – jedenfalls keinen Tabak.

Sprudeln-Sprudeln-Zischen-Knall – der s-f-G ist wieder da, hat meinen großen Eichenast in seiner erhobenen Hand, verliert einfach schändlich die Fassung und schreit: «Ist es etwa dieser Prügel hier, was Sie Stock nennen? Ist er das? Das ist'r doch, nich? Was? Wie? Was zum...» und so weiter.

Ich strahlte ihn an, dankte ihm, erklärte, ein «dreckiger Franzose» habe ihn mir als *souvenir* gegeben, und ich wolle jetzt gerne folgen.

Ich schob den Griff unter den Knoten meines Sacks, zerrte das riesige Ding in Armhöhe und versuchte zweimal, es auf meine Schulter zu schleudern. Dies zu der Begleitung von SchnellSchnellSchnellSchnellSchnellSchnellSchnell... Beim dritten Mal brach mir der Schweiß aus, und ich torkelte vollbeladen auf die Beine.

Die Straße hinunter. In die *ville*. Neugierige Blicke von ein paar Fußgängern. Ein Fahrer stoppt seinen Wagen, um die Spinne und ihre ausländische Fliege zu beobachten. Ich kicherte bei dem Gedanken, wie lange ich mich nicht mehr gewaschen und rasiert hatte. Dann fiel ich beinahe, stolperte noch ein paar Schritte und setzte meine beiden Packen ab.

Vielleicht war die streng vegetarische Diät daran schuld. Auf jeden Fall kam ich mit meinen Bündeln keinen Schritt mehr weiter. Die Sonne schickte den Schweiß in kitzelnden Wellen über meine Nase. Meine Augen waren blind.

Hierauf bat ich den s-f-G, mir eines der Bündel tragen zu helfen, worauf er mir antwortete: «Ich tu' schon viel zuviel für Sie. Ein Gendarm ist nicht dazu da, das Gepäck eines Gefangenen zu tragen.»

Darauf sagte ich: «Ich bin aber zu schlapp.»

Er erwiderte: «Sie können ja etwas hierlassen und brauchen es nicht weiterzuschleppen; ich werde mich darum kümmern.»

Ich sah den Gendarmen an. Ich schaute ein gutes Stück in ihn hinein. Meine Lippen verzogen sich spöttisch. Meine Hände ballten sich zu Fäusten.

In diesem kritischen Augenblick kam ein kleiner Junge daher. Gott segne alle Männer zwischen sieben und zehn Jahren in Frankreich.

Der Gendarm machte mit folgenden Worten einen Vorschlag: «Haben Sie etwas Kleingeld bei sich?» Er wußte natürlich, daß der hygienische Beamte nichts Eiligeres zu tun gehabt hatte, als mich des letzten Cents zu berauben. Die Augen des Gendarmen blickten durchtrieben. Sie erinnerten mich an..., na, ist ja unwichtig. «Wenn Sie Kleingeld haben», sagte er, «können Sie das Kind anstellen, Ihnen was zu tragen.» Dann zündete er sich im Geiste eine Pfeife an und lächelte fettig.

Da war der s-f-G aber schief gewickelt. In der Uniform seines Verbrechers befindet sich rechts ein Taschenschlitz, völlig verdeckt von dem Gürtel, den sein Verbrecher stets zu tragen pflegt. Sein Verbrecher hat somit die Brüderschaft der Spitzel überlistet.

Das *gosse* wurde kaum mit meinem kleinen Bündel fertig, schaffte es aber mit dreimal Absetzen bis zum Bahnsteig. Dort gab ich ihm etwa zwei Cents (alles, was ich hatte), und es nahm sie mit dollargroßen Augen und rannte davon.

Ein kräftig gebauter, geschniegelter Apache, der nach Kölnisch und Zwiebeln roch, grüßte meinen s-f-G mit der Gendarmen eigenen Herzlichkeit. Mich betrachtete er zynisch, dann lächelte er in offenem Spott.

Mit einem kleinen pfeifenden Kreischen wackelte der ulkige Zug herein. Meine Fänger hatten es fertiggebracht, sich am falschen Ende des Bahnsteigs aufzustellen. Nun machten sie mir Beine mit SchnellSchnellSchnell.

Ich schaffte es, unter meine Last zu kriechen und schwankte am Zug entlang zu einem reservierten Wagen. Dort war schon ein anderer Verbrecher, ein sympathisch lächelnder kleiner Mann mit einer schönen Decke in einer wasserdichten Ölhaut. Wir·grinsten uns zu (nebenbei: die herzlichste Begrüßung, die ich je mit einem menschlichen Wesen ausgetauscht habe) und setzten uns einander gegenüber –: Er plus meinem Gepäck, das er mir hineinheben half, auf dem einen Platz, die Gendarmen-Doppelstulle, in der ich die *pièce de résistance* bildete, auf dem andern.

Die Maschine kam nach verschiedenen Finten in Fahrt; dies gefiel den Deutschen so, daß sie sieben Aufklärungsflugzeuge genau über den Bahnhof, Zug, uns *et tout* schickten. Alle französischen Abwehrgeschütze feuerten aus lauter Kameradschaft zugleich los. Die Hüter des Friedens schielten vorsichtig aus den Fenstern, und dann stritten sie sich über die Anzahl der Feinde, während sich ihre Gefangenen verständnisvoll zulächelten.

«*Il fait chaud*», sagte dieser göttliche Mann, Gefangener, Verbrecher, oder was sonst, als er mir ein Glas Wein in einem riesigen Blechbecher anbot, das er aus der *bidon* mit leicht zitternder, feinnerviger Hand eingegossen hatte. Er ist Belgier. Bei Kriegsausbruch freiwillig gemeldet. *Permission* in Paris um einen Tag überzogen. Als er sich bei seinem Offizier zurückmeldete, behauptete dieser, er sei ein Deserteur – «Ich sagte zu ihm: ‚Das ist aber komisch! Oder ist das etwa nicht komisch, daß ich dann freiwillig zu meiner Kompanie zurückgekehrt bin? Ich hätte gedacht, als Deserteur würde ich es vorgezogen haben, in Paris zu bleiben.'» Der Wein war verdammt kalt, und ich dankte meinem göttlichen Gastgeber.

Nie mehr habe ich solchen Wein geschmeckt.

Als ich Noyon verließ, hatten sie mir anstatt des Segens ein Stück Kommißbrot gegeben. Ich biß mit neuer Kraft hinein. Aber der göttliche Mann mir gegenüber brachte plötzlich eine Wurst hervor, deren eine Hälfte er einfach auf meine Knie legte. Er hatte die Wurst mit einem großen, scharfen Poilu-*couteau* halbiert.

So hat mir nie wieder eine Wurst geschmeckt.

Die Schweine rechts und links von mir hatten inzwischen ihre charakteristische Trägheit überwunden und mampften kiefermordende Bissen. Sie hatten ein ganzes Gedeck vor sich, ein wahres Picknick-Mahl, das eines Königs oder sogar Präsidenten würdig gewesen wäre. Vor allem der s-f-G ärgerte mich durch abwechselndes Schmatzen und Rülpsen. Solange er aß, hatte er die Augen halb geschlossen, und ein Nebel lag über der wollüstigen Wiese seines ordinären Gesichts.

Seine zwei rötlichen Augen verschlangen die Decke in ihrer wasserdichten Hülle. Nach einem gewaltigen Wein-Rülpser sagte er verquollen (da sein riesiger Schnurrbart mit speichelhellen, klebrigen Essensresten verkrustet war): «Für diese *machine* haben Sie *là bas* keine Verwendung. Sie wissen ja, wenn Sie erst dort sind, wird man Ihnen alles wegnehmen. Ich könnte das Ding gut brauchen. Ich wünsch' mir schon seit langem so'n Stück *caoutchouc*, weil ich mir ein *imperméable* machen will. Na?» (Rülpsen, Schlucken.)

In diesem Augenblick hatte ich eine Idee. Ich wollte die

Deckenhülle retten, indem ich die Aufmerksamkeit des Räubers auf mich zog. Zugleich konnte ich meinen angeborenen Sinn fürs Komische befriedigen. «Haben Sie einen Bleistift?» fragte ich. «Ich bin nämlich von Haus aus Maler und würde Sie gern zeichnen.»

Er gab mir einen Bleistift. Ich weiß nicht mehr, von wem das Papier kam. Ich brachte ihn in eine schweineähnliche Stellung, und das Bild wirkte so auf ihn, daß er sich auf den Schnurrbart biß. Der Apache fand es sehr drollig. Ich solle ihn auch gleich malen. Ich tat mein Bestes, obwohl ich protestierte, er sei zu schön für meinen Bleistift – eine Bemerkung, die er mit einem gemurmelten «Macht nichts, versuchen Sie es nur» abtat (wobei er seinen Schnurrbart in eine andere Form zwirbelte). O ja, ich versuchte es, o jaja. Soweit ich mich erinnere, erhob er gegen die Nase Einspruch.

Während der ganzen Zeit krümmte sich der göttliche «Deserteur» vor Vergnügen. «Wenn ich bitten darf, Monsieur», flüsterte er strahlend, «ich weiß, es wäre eine – zu große Ehre für mich, aber wenn Sie könnten – ich wäre Ihnen sehr ergeben...»

Tränen traten mir (ich weiß nicht warum) in die Augen.

Er nahm sein Bild ehrfürchtig in die Hand, betrachtete es eingehend und aufmerksam und verstaute es schließlich in seiner Brusttasche. Dann tranken wir. Als der Zug hielt, wurde der Apache überredet, auszusteigen und die *bidon* seines Gefangenen aufzufüllen. Dann tranken wir wieder.

Er lächelte, als er mir erzählte, er bekomme zehn Jahre. Vielleicht drei Jahre Einzelhaft und sieben Jahre Arbeitskommando beim Straßenbau? Das würde nicht mal so schlimm sein. Er wünschte nur, er wäre nicht verheiratet und hätte kein Kind. «Die Junggesellen haben es in diesem Krieg besser» – er lächelte.

Jetzt begannen die Gendarmen ihre Bärte zu säubern, ihre Bäuche abzubürsten, die Beine zu spreizen und ihr Gepäck zusammenzuraffen. Die rötlichen Augen, klein und grausam, erwachten aus der Trance der Verdauung und richteten sich hart und grausam auf ihr Opfer. «Sie werden's nicht mehr brauchen...»

Ruhig zog die zarte, gefühlvolle Hand des göttlichen Gefangenen die Deckenhülle ab. Ruhig reichte der lange, müde, schöne Arm sie dem Räuber zu meiner Linken. Mit befriedigtem Grunzen stopfte der Räuber sie in eine große Tasche, damit man sie möglichst nicht sehe. Ruhig sagten die göttlichen Augen zu den meinen: «Was können wir schon tun, wir Verbrecher?» Und wir lächelten uns zum letzten Male zu, diese Augen und meine Augen.

Ein Bahnhof. Der Apache steigt aus. Ich folge mit meinen zahlreichen *affaires*. Der göttliche Mann folgt mir – der s-G-f ihm.

Die Deckenrolle, in der meine große Pelzjacke lag, rollte sich immer weiter auf. Schließlich konnte ich sie einfach nicht mehr zusammenhalten.

Sie rutschte mir aus der Hand. Um sie aufzuheben, mußte ich den Sack vom Rücken nehmen.

Da eine Stimme, «Gestatten Sie, Monsieur» – und der Sack war verschwunden. Blind und taub humpelte ich mit der Rolle weiter, und so gelangten wir schließlich in den Hof eines kleinen Gefängnisses; der göttliche Mann beugte sich unter meinem großen Sack... Ich habe ihm nie gedankt. Als ich mich umwandte, hatten sie ihn weggeführt, und der Sack stand anklagend vor meinen Füßen.

Durch die völlige Wirrnis meiner betäubten Sinne schwirrt das Geplapper fremder Zungen. Eine hohe Jungenstimme ruft mich in belgisch, italienisch, polnisch, spanisch und – schönstem englisch an. «He, Jack, gib mir 'ne Zigarette, Jack...»

Ich blicke auf. Ich stehe auf einem winzigen, länglichen Platz. Eine Art Hof. Rundherum zweistöckige Holzbaracken. Schmale, rohe Treppen führen zu den Türen empor, die mit schweren Ketten und riesigen Vorhängeschlössern gesichert sind. Mehr Leitern als Treppen. Merkwürdig ausgeschnittene Fenster, kleiner als die Schlitze an einem Puppenhaus.

Sind das Gesichter hinter den Schlitzen? Die Türen bauchen sich unablässig unter dem Anprall der Körper, die sich von innen dagegen werfen. Die ganze billige *nouveau* Anlage am Zusammenbrechen.

Blick eins.

Blick zwei: genau vor mir. Eine Mauer mit vielen Gitterstäben vor einem winzigen Loch. Im Loch ein gutes Dutzend Grinsen. In den Gittern Hände, mager und bläulich weiß. Zwischen den Stäben Strecken dünner Arme – unablässiges Strecken. Die Grinsen springen zum Fenster, die dazu gehörigen Hände halten sich fest, die zu den Händen gehörenden Arme strecken sich mir entgegen... nur einen Augenblick: dann springen neue Grinsen von hinten heran und schlagen die ersten Grinsen nieder, die in sich zusammenfallen mit einem dünnen Klirren, als wäre Glas zersplittert: Hände verwelken und zerbrechen, Arme huschen davon, werden nach innen gesaugt.

In dem ungeheuren Potpourri des Elends hängt eine Gestalt, wird geschüttelt, aber nicht vertrieben. Hängt da wie ein Affe am Gitter. Hängt wie ein Engel an der Harfe. Ruft anmutig mit hoher, jungenhafter Stimme: «O Jack, gib mir 'ne Zigarette!»

Ein schönes Gesicht, dunkles lateinisches Lächeln, kräftige, musikalische Finger.

Ich watete plötzlich durch einen Haufen Gendarmen (die um mich herum standen und mit widerwärtiger Neugier beobachteten, wie ich auf all das hier reagierte). Schritt wütend auf das Fenster zu.

Trillionen Hände. Quadrillionen lüsterner Finger.

Der Engel-Affe nahm höflich die Zigarettenpackung in Empfang und verschwand damit in der heulenden Finsternis. Ich hörte seine hohe Jungenstimme Zigaretten verteilen. Dann sprang er wieder in den Blick, schwebte graziös gegen das Gitter und sagte, «Danke, Jack, bist ein feiner Kerl»... «Danke, *merci*, *gracias*...» Ein betäubendes Getöse des Dankes quoll von innen heraus.

«Stellen Sie Ihr Gepäck hier herein», sagte eine ärgerliche Stimme. «Nein, außer einer Decke dürfen Sie nichts mit in Ihre Zelle nehmen, verstanden?» Auf französisch. Offenbar sprach der Herr des Hauses. Ich gehorchte. Ein korpulenter Soldat führte mich wichtigtuerisch zu meiner Zelle. Meine Zelle liegt auf derselben Seite wie die des Affen-Engels – nur zwei Türen weiter. Die hohe Jungenstimme, inmitten eines fließenden Heiligenscheins ausgestreckter Hände, klang hinter mir her. Der Oberste selbst entriegelte einen Riegel. Ich marschierte kaltblütig hinein. Der dicke Soldat verschloß und verriegelte meine Tür. Vier Füße entfernten sich. Ich tastete in der Tasche und fand vier Zigaretten. Es tat mir leid, daß ich nicht auch sie noch dem Affen – dem Engel gegeben hatte. Erhob den Blick und sah – meine Harfe.

Durch das Gitter blickte ich auf den schmalen, morastigen Weg hinunter, auf dem ich gekommen war. Mit geschultertem Gewehr und einem riesigen Revolver an der Hüfte ging dort ein Wachposten stur auf und ab. Zu meiner Rechten erhob sich eine alte, von Moos überwachsene Mauer. Hier und da sproß eine Pflanze aus den Ritzen. Ihre Blätter sind von erfrischender Farbe. Ich fühlte mich unsagbar glücklich, warf mich umsichtig auf die blanken Bohlen und sang ein Lied nach dem andern – sang alle französischen Songs, die ich während meiner Zeit bei der Ambulance aufgeschnappt hatte; sang *La Madelon,* sang *AVec avEC Du* und *Les Galiots sont Lourds dans l'Sac* und schloß mit einer feurigen Wiedergabe der *Marseillaise,* worauf der Posten (der seine Runde bereits mehrere Male voll... – ich nahm es für Erstaunen – unterbrochen hatte) sein Gewehr abnahm und anerkennend fluchte. Verschiedene Gefängnisbeamte kamen an mir und meinen lebhaften Liedern vorüber; ich kümmerte mich überhaupt nicht darum. Einige unterhielten sich und zeigten zu mir herauf, und ich sang zum Dank für ihre Verwirrung noch lauter. Schließlich hörte ich auf, weil meine Stimme versagte.

Es dämmerte.

Als ich so genießerisch auf dem Rücken lag, sah ich durch die Stäbe meiner doppelt gesicherten Tür einen Jungen und ein Mädchen, beide etwa zehn Jahre alt. Ich sah sie auf die Mauer klettern und miteinander spielen – selbstvergessen und hingegeben im Dämmerlicht. Ich beobachtete sie lange, bis der letzte Tagesschimmer verblaßte – bis sie und die Mauer zu etwas Geheimnisvollem verschmolzen und nur der gelangweilte Umriß des Soldaten zurückblieb, der sich klein und schwach vor dem immer dunkler werdenden Ausschnitt des Herbsthimmels bewegte.

Schließlich wurde mir bewußt, daß ich Durst hatte – sprang auf und lärmte gegen die Stäbe. «*Quelque chose à boire, s'il vous plaît.*» Nach einer langen Debatte mit dem Wachsergeanten, der ärgerlich entschied: «Gib ihm was», kam ein Wärter meiner Bitte nach, verschwand aus dem Blickfeld und kehrte mit einem noch schwerer bewaffneten Wärter und einem Blechbecher voll Wasser zurück. Einer dieser Kerle bewachte das Wasser und mich, während sich der andere mit dem Vorhängeschloß abquälte. Die Tür wurde einen Spalt geöffnet, ein Wärter und das Wasser zwängten sich mühsam herein. Der andere Wärter blieb an der Tür, das Gewehr schußbereit. Der erste setzte das Wasser ab und nahm eine lotrechte Haltung ein, die, wie ich fand, Anerkennung verdiente. Ich sagte dementsprechend höflich «*Merci*», ohne mich von den Bohlen zu erheben. Unverzüglich ließ er eine scharfe Predigt vom Stapel; offenbar glaubte er, ich wolle mir mit dem Blechbecher einen Weg nach draußen feilen, und er empfahl mir unmißverständlich, mich zu beeilen. Ich lächelte, bat für meine angeborene Dummheit um Pardon (was ihn sichtlich erboste) und soff das sogenannte Wasser, ohne hineinzuschauen – ich hatte in Noyon bereits einiges gelernt. Mit einem langen, drohenden Blick auf ihren Gefangenen zogen sich die Herren der Wache zurück und verschlossen die Tür mit schier unglaublicher Vorsicht.

Ich lachte und schlief ein.

Nachdem ich (wie ich glaubte) vier Minuten geschlummert hatte, wurde ich von mindestens sechs Mann, die um mich herum standen, geweckt. Das Dunkel war undurchdringlich, und es war außergewöhnlich kalt. Ich blickte zu ihnen empor und versuchte zu begreifen, was ich nun schon wieder verbrochen haben sollte. Einer der sechs wiederholte: «Aufstehen, Sie kommen weg. *Quatre heures.*» Erst nach einigen vergeblichen Bemühungen gelang es mir, auf die Beine zu kommen. Die Wärter bildeten einen Kreis um mich, und dann marschierten wir die wenigen Schritte zu einem Lagerraum, wo mir mein großer Sack, der kleine Sack und meine Jacke ausgehändigt wurden. Ein Wärter mit einigermaßen erträglicher Stimme reichte mir dann eine halbe Tafel *chocolat* und sagte (allerdings nicht gerade freundlich): «*Vous en aurez besoin, croyez-moi.*» Ich fand auch meinen Stock; sie belächelten dieses «Möbelstück», bis ich ihnen klarmachte, wie man es gebrauchte, und das gebogene Griffende des Stockes in die Zurrung meines Sacks einhängte und so den ganzen Kram ohne Hilfe auf den Rücken warf. Dann wurde ich feierlich zwei neuen Wärtern – oder vielmehr Gendarmen – übergeben. So schoben wir drei denn los, zum Erstaunen des Wachpostens, dem ich ein vergnügtes und unerwidertes Adieu entbot. Ich sehe ihn noch heute vor mir, wie er uns blöde nachstarrte, ein merkwürdiger Schatten in der Finsternis, ehe er kehrtmachte.

Wir zuckelten zum selben Bahnhof, auf dem ich vor wenigen Stunden mit dem belgischen Deserteur und meiner vorherigen Bewachung ausgestiegen war. Ich war steif vor Kälte und gar nicht wach – aber trotzdem sonderbar erregt. Die Gendarmen zu meinen Seiten gingen verbissen und schweigsam neben mir her; beziehungsweise: sie antworteten nur einsilbig auf meine gelegentlichen Fragen. Jawohl, wir gingen zum Zug. So käme ich also woandershin? «*Be'n sûr.*» – «Wohin?»

«Sie werden schon sehen.»

Nach wenigen Minuten erreichten wir den Bahnhof, den ich nicht wiedererkannte. Das gelbe Flackern der Lampen, riesig und formlos im Dunst der Nacht, ein paar Gestalten auf dem kleinen Bahnsteig auf- und abschlendernd, gedämpfte Stimmen: alles schien so wundervoll anomal, so lächerlich verschwommen, so köstlich verrückt. Jede Figur war in ihr eigenes Gespenstsein gehüllt – viele Gespenster, jedes ging seinen Weg und wählte doch aus irgendeinem Grund gerade dieses unwirkliche Fleckchen Erde, diese sumpfige, unbehagliche Düsternis. Sogar meine Wärter unterhielten sich nur flüsternd. «Paß du auf ihn auf, ich schau mal nach dem Zug.» Damit verschwand der eine im Nebel. Ich lehnte mich schwindlig gegen die nächste Mauer (mein Gepäck hatte ich einfach fallen lassen) und starrte in das von wispernden Schatten erfüllte Dunkel. Ich erkannte *officiers anglais,* die hilflos auf und ab schritten, gestützt von ihren Stöcken; da und dort unterhielten sich französische Leutnants miteinander; der unwahrscheinlich gefühlsarme Stationsvorsteher sah von weitem aus wie die Kreuzung zwischen einem Stehaufmännchen und einem Kobold; Gruppen von *permissionnaires* fluchten träge oder rissen verzweifelt Witze oder stolzierten mit wütendem Gefuchtel auf und ab. «*C'est d'la blague. Sais-tu, il n'y a plus de trains?*» – «*Le conducteur est mort, j'connais sa sœur.*» – «*J'suis foutu, mon vieux.*» – «*Nous sommes tous perdus, dis-donc.*» – «*Quelle heure?*» – «*Mon cher, il n'y a plus d'heures, le gouvernement français les défend.*» Plötzlich brachen aus der geschwätzigen, öden Nacht eine Handvoll *Algériens*; sie staksten vor Übermüdung, ihre Augen glühten offenbar aus sich selbst – und sie waren gesichtslos in der Finsternis, die so schwarz war wie sie. Zu dreien und fünfen umdrängten sie den Kobold; er jammerte und schüttelte seine welke Faust vor ihren Gesichtern. Kein Zug da. Er war von der französischen Regierung beschlagnahmt worden. «Woher soll ich wissen, wie die Poilus rechtzeitig zu ihrem Regiment kommen sollen? Natürlich werdet ihr alle miteinander Deserteure sein, aber ist das meine Schuld?» (Ich dachte an meinen Freund, den Belgier, der in diesem Augenblick in einer Zelle jenes Gefängnisses lag, das ich durch ein Wunder eben verlassen hatte.)... Einer dieser feinen Kerle vom unzivilisierten, unwissenden und unkriegerischen Algerien war betrunken und wußte dies auch, ebenso wie zwei seiner großartigen Freunde, die verkündeten, wenn schon kein Zug komme, müsse er in einem nahe gelegenen Bauernhaus einen guten Schlaf tun, in einem Bauernhaus, das einer von ihnen in der undurchdringlichen Finsternis auszumachen glaubte. So wurde der Betrunkene also in die Dunkelheit hineingeführt, und die harten Schritte seiner Freunde steuerten sein taumeliges Geschlürfe außer Hörweite... Einige der Schwarzen Männer setzten sich in meine Nähe und rauchten. Ihre riesigen Gesichter, Blöcke kraftvollen Dunkels, kippten vor Müdigkeit vornüber. Ihre ungeheuren, zarten Hände lagen grell auf ihren Knien.

Der Gendarm, der vorhin weggegangen war, kam jetzt zurück, wie aus dem Dunst gestoßen. Der Zug nach Paris würde *de suite* einlaufen. Wir waren gerade rechtzeitig gekommen, unsre Eile war also nicht umsonst gewesen. Alles war in Ordnung. Und kalt war's, nicht?

Mit dem greulichen Miniaturgetöse eines verrückt Spielzeugs schnaufte der Zug nach Paris ängstlich in den Bahnhof herein...

Wir stiegen ein, wobei man pflichtgemäß darauf achtete, daß ich nicht türmte. Tatsächlich hielt ich die sogenannten Reisenden beinahe eine Minute auf, als ich versuchte, ohne jede Hilfe mein unförmiges Gepäck in den Wagen hineinzuschieben. Dann stolperten meine Fänger und ich schwerfällig in ein Abteil, in dem ein Engländer und zwei Französinnen saßen. Meine Gendarmen stellten sich zu beiden Seiten der Tür auf, wodurch der Angelsachse aufwachte und die leise Unterhaltung der Frauen kurz stockte. Ruck – wir fuhren ab.

Ich bin eingekeilt zwischen einer *française* zu meiner Linken und einem *anglais* zu meiner Rechten. Dieser ist schon nichts mehr begreifend in Schlaf gesunken. Jene (eine Frau um die dreißig) unterhält sich angelegentlich mit ihrer Freundin, der ich gegenüber sitze. Sie muß einmal sehr hübsch gewesen sein, ehe sie Schwarz trug. Die Freundin ist auch eine *veuve*. Wie nett sie miteinander plaudern – über *la guerre*, Paris, die schlechte Versorgung; plaudern mit wohlklingenden Stimmen und beugen sich ein wenig zueinander vor, um den Tölpel an meiner Seite nicht zu stören. Der Zug rast schleichend dahin. Die beiden Gendarmen sind eingeschlafen, und der eine umklammert dabei automatisch den Türgriff. Fürchtet, ich könnte fliehen. Ich versuche alle möglichen Stellungen, denn ich bin hundemüde. Die beste ist immer noch, den Stock zwischen die Beine zu nehmen und das Kinn darauf zu stützen. Aber sogar das ist unbequem, denn der Engländer ist mehr und mehr auf mich herabgesunken und schnarcht beachtlich. Ich sehe ihn mir näher an – vermutlich ein Etonianer. Mit einer gewissen guterzogenen Gutgenährtheit. Aber diese Haltung – na ja, *c'est la guerre*. Die Frauen flüstern. «Und wußtest du schon, meine Liebe, daß sie in Paris wieder Angriffe gehabt haben? Meine Schwester hat es mir geschrieben.» – «In einer großen Stadt ist eben immer was los, meine Liebe.» –

Ruck – langsamer, immer langsamer. RUCK-RUCK.

Draußen ist es hell. Man sieht die Welt. Es gibt noch eine Welt, die *gouvernement français* hat sie nicht beschlagnahmt, und die Luft muß herrlich frisch sein. Im Abteil ist es heiß. Die Gendarmen riechen übel. Wie ich rieche, weiß ich. Was für höfliche Frauen.

Enfin, nous voilà. Meine Wächter erwachten und gähnten betont. Ich sollte nicht meinen, sie seien eingeduselt gewesen. Es ist Paris.

Ein paar *permissionnaires* riefen «Paris». Die Frau mir gegenüber sagte «Paris, Paris». Ein einziger Schrei barst aus den verrückten schläfrigen Gehirnen, die mit uns gereist waren – ein wütender und wundervoller Schrei, der den ganzen Zug durchlief... Paris, wo man vergißt, Paris, das FREUDE heißt, Paris, wo unsre Seelen leben, Paris, die Herrliche, *enfin* Paris.

Der Engländer erwachte und fragte mich schwerzüngig: «Sagen Sie, wo sind wir?»

«Paris», antwortete ich und stakste vorsichtig über seine Füße, als ich mein Gepäck aus dem Abteil schaffte. Es war Paris.

Meine Wärter jagten mich durch den Bahnhof. Der eine (ich sah es erst jetzt) war älter als der andere und beinahe hübsch mit seinem Van Dyck-schwarzen, lockigen Bart. Er sagte, es sei noch zu früh für die *métro*, sie sei geschlossen. Wir müßten einen Wagen nehmen. Er würde uns zum andern *gare* bringen, von dem unser nächster Zug abfuhr. Wir müßten uns beeilen. Wir tauchten aus dem Bahnhof und seiner irren Menschenmenge auf. Wir stiegen in einen Wagen, an dem irgend etwas angeschrieben stand. Die Fahrerin, ein kräftiges, rotwangiges, schönes Mädchen in Schwarz, zog mein Gepäck für mich hinein mit einer Gebärde, die mich durch und durch beglückte. Ich dankte ihr, und sie lächelte mir zu. Der Wagen fuhr durch den Morgen dahin.

Wir stiegen aus. Wir gingen zu Fuß weiter. Der Wagen war nicht der richtige Wagen. Wir mußten zum Bahnhof laufen. Ich war schwach und halbtot vor Müdigkeit, und als mir die Jacke schon zum zweiten Mal von meinem lahmen Arm fiel, blieb ich stehen. «Wie weit ist es noch?» Der ältere Gendarm erwiderte kurz, «*Vingt minutes.*» Ich sagte zu ihm: «Würden Sie mir helfen, meine Sachen zu tragen?» Er dachte nach und befahl dann dem Jüngeren, er solle meinen kleinen mit Papierkram gefüllten Sack tragen. Der grunzte nur, «*C'est défendu.*» Wir gingen ein Stück weiter, und ich brach wieder zusammen. Ich hielt völlig erledigt an und sagte: «Ich kann nicht mehr.» Es war für meine Eskorte ganz offensichtlich, daß ich nicht mehr konnte, so brauchte ich nichts weiter zu erklären. Überdies war ich längst jenseits aller Erklärungen.

Der Ältere strich seinen Bart. «Schön», sagte er, «kommen Sie für einen *fiacre* auf?» Ich schaute ihn bloß an. «Wenn Sie mit einem *fiacre* fahren wollen, werde ich ihn mit Ihrem Geld, das ich zwar bei mir habe, Ihnen aber nicht aushändigen darf, bezahlen und mir eine Notiz machen, daß von dem vollen Betrag das Fahrgeld zum *gare* abgezogen wurde. Dann brauchten wir natürlich nicht zu Fuß zu gehen, sondern könnten zum *gare* fahren.»

«*S'il vous plaît*», war alles, was ich auf diesen Redefluß zu antworten vermochte.

Während dieser Vorschriftenausdeutung waren etliche *fiacres libres* vorbeigefahren, doch jetzt schien sich keiner mehr anzubieten. Nach einigen Minuten aber kam wieder einer und wurde sogleich angerufen. Nervös (denn er fühlte sich unsicher in der großen Stadt) fragte der Ältere den *cocher,* wo der *gare* sei. «*Laquelle?*» entgegnete der *cocher* ärgerlich. Und als es ihm erklärt wurde – «*Naturellement, je connais, pourquoi pas?»* –, stiegen wir ein. Ich wurde in die Mitte beordert, und dann wurden meine zwei Säcke und die Pelzjacke auf uns alle draufgepackt.

So fuhren wir in der frühmorgendlichen Kühle durch die Straßen, fuhren durch die Straßen, in denen nur wenige göttliche Menschen waren, die mich anstarrten und einander heimlich anstießen, fuhren durch die Straßen von Paris... und die verschlafenen Wege erwachten durch den Hufschlag der Pferde, und die Menschen erhoben ihre Köpfe und starrten.

Wir fuhren am *gare* vor, ich erinnerte mich vage an ihn. War es D'Orléans? Wir stiegen ab, und die Staatsaktion des Bezahlens wurde von dem Älteren offensichtlich recht geschickt vorgenommen. Der *cocher* warf mir einen Blick zu, sagte, was eben in Paris *cochers* zu *fiacre*-Pferden in Paris sagen, und zog gelangweilt an den Zügeln. Wir betraten den Bahnhof, und ich ließ mich aufatmend auf eine Bank fallen; der Jüngere, der sich höchst feierlich neben mich setzte, ordnete mit einer durch und durch weiblichen Geste seinen Waffenrock, die sowohl Stolz als Nervosität verriet. Langsam sahen meine Augen wieder klarer. Auf dem Bahnhof sind eine Menge Leute. Ihre Zahl nimmt minütlich zu. Es sind viele Mädchen darunter. Ich bin in einer neuen Welt – einer Welt eleganter Weiblichkeit. Mein Blick verschlingt die unnachahmlichen Details der Kostüme, die unaussprechlichen Nuancen der Haltung, den unbeschreiblichen *démarche* der Midinette. Keine gleicht der andern. Sie haben sogar hier und dort an Rock, Bluse oder Hut einen frechen Farbtupfen. Sie sprechen nicht über *la guerre*. Unglaublich. Sie wirken schön, diese *Parisiennes*.

Und gleichzeitig mit meiner Freude über die frischen Dinger um mich herum wird mir bewußt, wie verwahrlost ich bin. Das Kinn erzählt meiner Hand von einem fünf Millimeter langen Bart, von dem jedes einzelne Haar vor Schmutz starrt. Ich fühle die Dreckkrusten unter den Augen. Die Hände sind rauh vor Schmutz, die Uniform ist verfleckt und in hunderttausend Richtungen zerknittert. Die Wickelgamaschen und Schuhe sehen einfach prähistorisch aus...

Meine erste Bitte war, man möge mir gestatten, das *vespasienne* aufzusuchen. Der Jüngere wollte sich keine unnötige Verantwortung aufbürden; ich solle warten, bis der Ältere zurückkehre. Da komme er gerade. Ich möge ihn fragen. Der Ältere gewährte gütig meine Bitte und nickte seinem Kameraden bedeutungsvoll zu, von dem ich nun zu diesem Geschäft begleitet und dann sofort wieder zurück zur Bank geführt wurde. Danach berieten sich die Gendarmen über etwas ungemein Wichtiges. Der Zug, der jetzt hätte abgehen sollen (sechs Uhr soundso viel), fuhr heute nicht. Wir mußten deshalb auf den nächsten warten, der um zwölf Uhr und etwas abging. Dann betrachtete mich der Ältere eine Weile und sagte beinahe freundlich: «Möchten Sie gern eine Tasse Kaffee trinken?» – «Sehr gern», antwortete ich aufrichtig. – «Kommen Sie mit», befahl er, wobei er wieder in sein Berufspathos zurückfiel. «Und du» (zum Jüngeren), «paßt auf sein Gepäck auf.»

Von all den schönen Frauen, die ich gesehen hatte, war die schönste die große und tonnenförmige Dame, die in unmittelbarer Nähe des Bahnhofes für *deux sous* eine Tasse wirklich heißen und echten Kaffee ausschenkte, wobei sie vergnügt mit ihren vielen Kunden schnatterte. Von allen Getränken, die ich je getrunken habe: ihres war das würdigste und köstlichste. Ich erinnere mich noch genau, daß sie ein enganliegendes, schwarzes Kleid trug, in dem sich ein riesiger und gütiger Busen regelmäßig hob und senkte. Ich hing über meiner kleinen Tasse, betrachtete die flinken, dicken Hände der Tonnendame, ihr rundes, nickendes Gesicht, ihr breites, schnelles Lachen. Ich trank zwei Kaffees und bestand darauf, daß unsre Zeche von meinem Geld bezahlt wurde. Von allen Menschen, die ich je freihalten werde, wird mir mein Fänger das größte Vergnügen bereitet haben. Sogar er empfand die Ironie der Situation, wenn er es auch für unter seiner Würde hielt, dies zu zeigen.

Madame la vendeuse de café, ich werde Sie nicht so schnell vergessen.

Nachdem wir gefrühstückt hatten, schlug mein Wächter einen Spaziergang vor. Einverstanden. Ich hätte jetzt Bäume ausreißen können; denn der Kaffee war sehr stark gewesen. Überdies würde es etwas Besonderes sein, *me promener sans* über 136 Pfund Gepäck. Wir schoben los.

Als wir beschwingt und ohne Hast durch die jetzt bevölkerten *rues* der Umgebung dahinschlenderten, gestattete sich mein Wächter, mit mir zu plaudern. Ob ich Paris gut kennte? Er kenne es genau. Aber er sei seit vielen Jahren (ich glaube acht) nicht mehr in Paris gewesen. Es sei eine schöne Stadt – und riesig dazu. Aber verändere sich ständig. Ich hätte einen Monat in Paris verbracht, während ich auf meine Uniform und meine Abkommandierung zu einer *section sanitaire* wartete? Und mein Freund sei auch dabeigewesen? Hmmm-mm.

Ein typischer Zwerg von Pariser Polypen entdeckte uns. Der Ältere grüßte ihn mit grenzenlosem Respekt – dem Respekt eines schäbigen, linkischen Diakons vor einem gut angezogenen Einbrecher. Sie wechselten einige wohlgesetzte Worte, in französisch natürlich. «Was ham Sen da?» – «'nen Amerikaner.» – «Was hatern gemacht?» – «Hmmm» – Mysteriöses Achselzucken und danach Geflüster ins Ohr des Großstadtrowdys. Der Kerl begnügte sich mit einem «Ähhääää» – und sah mich an, als wollte er mich von der Erde verschwinden lassen. (Ich betrachtete inzwischen angelegentlich den Morgen.) Dann gingen wir weiter, verfolgt von den vernichtenden Blicken des Pariser Polypen. Offenbar wurde ich mit jeder Minute mehr zum Verbrecher. Wahrscheinlich sollte ich schon morgen erschossen werden und nicht (wie ich irrigerweise angenommen hatte) erst übermorgen. Ich schlürfte die Frühe mit erneuter Kraft und dankte dem Himmel für den Kaffee, für Paris – und war mit Gott und der Welt zufrieden. Ich würde eine große Rede halten (in *Midi*-Französisch). Ich würde dem Exekutionskommando sagen: «Meine Herren, *c'est d'la blague, tu sais? Moi, je connais la sœur du conducteur...*» Sie würden mich fragen, wann ich zu sterben wünschte. Ich würde antworten: «Verzeihung, Sie wollten mich wohl fragen, wann ich unsterblich zu werden wünsche?» Und ich würde antworten: «Was macht das schon? *Ça m'est égal, parce qu'il n'y a plus d'heures – le gouvernement français les défend.*»

Der Ältere war erstaunt, daß ich lachte. Wahrscheinlich wäre er noch überraschter gewesen, wenn ich getan hätte, wonach mich plötzlich gelüstete: ihm herzhaft auf die Schulter zu schlagen.

Alles war *blague*. Der *cocher*, das *café*, die Polizei, der Morgen und schließlich und endlich auch die ausgezeichnete französische Regierung.

Wir waren etwa eine halbe Stunde gebummelt. Da erkundigte sich mein Führer und Beschützer bei einem *ouvrier*, wo die *boucheries* seien. «Rechts vor Ihnen ist eine», hieß es. Und richtig, keinen Block weiter. Wieder mußte ich lachen. Na ja, es waren ja acht Jahre her.

Der Ältere kaufte in den nächsten fünf Minuten eine Menge Sachen ein: *saucisse, fromage, pain, chocolat, pinard rouge*. Eine unangenehm aussehende Bürgerin, der das Mißtrauen mir gegenüber in Schlagzeilen auf der Stirn geschrieben stand, bediente uns mit raschen, abgehackten Bewegungen. Ich haßte sie und weigerte mich daher, auf den Rat meines Führers zu hören und etwas zu kaufen (denn es sei noch lange hin bis zur nächsten Mahlzeit), sondern gab mich mit einer Tafel Schokolade zufrieden – eine minderwertige Schokolade, wenn auch nicht zu vergleichen mit dem, was ich in den folgenden drei Monaten essen mußte. Dann gingen wir den gleichen Weg zurück und gelangten, nachdem wir uns mehrmals verlaufen und zurechtgefragt hatten, zum Bahnhof, wo der Jüngere getreulich über meine zwei *sacs* und die Pelzjacke wachte.

Der Ältere und ich setzten uns, und der Jüngere ging spazieren. Ich erhob mich, um eine *Fantasio* an dem zehn Schritt entfernten Stand zu kaufen, worauf der Ältere hochschnellte und mich auf dem Hin- und Rückweg begleitete. Ich glaube, ich fragte ihn, was er lesen wolle, und er sagte «Nichts». Kann sein, daß ich ihm eine Zeitung kaufte. So warteten wir, und jeder im *gare* glotzte uns an oder belächelte uns wie die Offiziere mit ihren *marraines* oder zeigte mit den Fingern auf uns wie die dürren Damen und verlebten *bonshommes* –: Wir waren die Zielscheibe des Spotts für den ganzen Bahnhof. Obwohl ich las, fühlte ich mich keinesfalls wohl in meiner Haut. Wollte es denn nie ZWÖLF werden? Da kehrt der Jüngere zurück, ein blitzblanker und irgendwie hygienischer Anblick. Er setzt sich links neben mich. Uhren werden angeberisch gezogen. Es ist Zeit. *En avant.* Ich hänge mich unter mein Gepäck.

«Wohin gehen wir jetzt?» fragte ich den Älteren. Er zwirbelte die Spitze seines Schnurrbarts und antwortete: «Mahsey.»

Marseille! Ich war wieder einmal sehr glücklich. Ich hatte mir schon immer gewünscht, diesen großen Mittelmeerhafen kennenzulernen, wo es andere Farben und so seltsame Bräuche gibt und wo die Leute beim Sprechen singen. Aber merkwürdig, daß wir über Paris fuhren – welch eine große Reise hatten wir doch vor uns! Dies alles verwirrte mich. Vielleicht sollte ich deportiert werden. Aber warum von Marseille aus? Wo lag Marseille überhaupt? Wahrscheinlich irrte ich mich in der Richtung. Aber schließlich, was machte das schon? Wenigstens kehrten wir jetzt den zeigenden Fingern, den spöttischen Gesichtern und dem halb unterdrückten Kichern den Rücken...

Zwei dicke und achtbare *bonshommes,* die beiden Gendarmen und ich füllten ein Abteil. Meine Wärter und ich schwiegen. Die anderen unterhielten sich angeregt und pausenlos. Ich schaute hinaus in die vorbeifließende Landschaft und döste glücklich vor mich hin. Die Gendarmen dösten zu beiden Seiten der Tür. Der Zug raste träge über die Erde, an Bauernhäusern vorbei, durch Felder und an Wäldern entlang... das Sonnenlicht leckte über mein Auge und umspielte meine schläfrigen Sinne mit Farbflecken.

Erwachte an Eßgeräuschen. Meine Beschützer vertilgten, mit dem Messer in der Hand, ihr Fleisch und Brot, hoben gelegentlich ihre *bidons* hoch und ließen den dünnen Strahl in ihre Kehlen fließen. Ich knabberte ein bißchen *chocolat*. Auch die *bonshommes* saßen schon über ihrer Mahlzeit. Der ältere Gendarm beobachtete mich, wie ich auf der *chocolat* herumkaute, und befahl mir, «Hier, nehmen Sie ein bißchen Brot.» Ich muß zugeben, nach allem, was ich bisher erlebt hatte, überraschte mich das. Ich blickte ihn stumm an und fragte mich, ob die *gouvernement français* den Verstand verloren habe. Er gab sich erstaunlich ungezwungen: Seine Mütze lag neben ihm, sein Waffenrock war aufgeknöpft, er lümmelte sich undiszipliniert herum – sein Gesicht schien sich in das eines Bauern verwandelt zu haben, es sah fast offen und entspannt aus. Ich nahm den angebotenen Knust und biß kräftig hinein. Brot war Brot. Dem Älteren gefiel offenbar mein Appetit; sein Gesicht wurde noch gelöster, als er bemerkte: «Brot ohne Wein schmeckt nicht», und mir seine *bidon* reichte. Ich trank so viel, wie ich gerade noch für anständig hielt, und dankte ihm: «*Ça va mieux.*» Der *pinard* stieg mir sofort zu Kopf, ich fühlte meine Sinne von einer angenehmen Wärme umkost, und meine Gedanken durchströmte wohlige Befriedigung. Der Zug hielt, und der Jüngere sprang mit den beiden leeren *bidons* hinaus. Als sie und er zurückkehrten, genoß ich noch einen *coup*. Von diesem Augenblick bis zu unserer Ankunft am Ziel gegen acht Uhr kamen der Ältere und ich blendend miteinander aus. Als die Herren an ihrer Station ausgestiegen waren, wurde er beinahe familiär. Ich war in bester Laune, leicht betrunken und scheußlich müde. Nun, da die beiden Wärter und ich allein im Abteil waren, brach die Neugierde, die bisher vor lauter Etikette und Fängerstolz zurückgedrängt war, schnell durch. Warum ich überhaupt hier sei? Ich sähe doch ganz vernünftig aus. – Weil mein Freund ein paar Briefe geschrieben habe, sagte ich ihnen. – Ich selbst hätte nichts angestellt? – Ich erklärte ihnen: *nous étions toujours ensemble, mon ami et moi;* das war das einzige, was ich wußte. – Es war einfach köstlich, wie diese Erklärung die Situation aufhellte. Der Ältere vor allem war ungeheuer erleichtert. – Zweifellos würde ich, sagte er, sofort nach meiner Ankunft auf freien Fuß gesetzt werden. Leute wie mich stecke die französische Regierung nicht ins Gefängnis. – Dann bestürmten sie mich mit Fragen über Amerika, die ich phantasievoll beantwortete. Wenn ich mich recht erinnere, erzählte ich dem Jüngeren, die Gebäude in Amerika seien durchschnittlich neunhundert Meter hoch. Er schüttelte ungläubig den Kopf, aber schließlich überzeugte ich ihn doch. Dann war ich mit Fragen an der Reihe: Wo mein Freund geblieben sei? – Es sehe so aus, als hätte mein Freund am Morgen meines Ankunftstages Gré (oder wie es hieß) verlassen. – Ob sie wüßten, wo er hingekommen sei? – Das dürften sie nicht sagen. Er sei ihnen als höchst gefährlich geschildert worden. – So redeten und redeten wir: Wie lange ich französisch gelernt hätte? Ich spräche es recht gut. Ob es schwer sei, englisch zu lernen? –

Doch als ich zur Plattform hinaustrat, um mich zu erleichtern, war mir bereits wieder einer von ihnen auf den Fersen.

Schließlich wurden Uhren gezogen, Waffenröcke zugeknöpft, Mützen aufgesetzt. Mit mürrischer Stimme wurde ich aufgefordert, mich bereitzumachen; wir näherten uns dem Ziel unserer Reise. Als ich meine vorherigen Gesprächspartner betrachtete, erkannte ich sie kaum wieder. Mit ihren Mützen hatten sie auch wieder die Maske des Wilden Mannes aufgesetzt. Mir war, als hätte ich die vergangenen Stunden geträumt.

Wir stiegen an einer kleinen, schäbigen Station aus, von der man glauben konnte, sie sei irrtümlich aus dem Spundloch der *gouvernement français* herausgekleckert. Der Ältere stöberte den Stationsvorsteher auf, der nichts zu tun hatte und in einem Miniaturwarteraum Siesta hielt. Der erste Eindruck dieses Kaffs war niederschmetternd; aber ich sagte mir, dies sei schließlich nur ein Knotenpunkt, von dem aus wir einen Zug nach Marseille nehmen würden, und versuchte, bei Stimmung zu bleiben. Doch schon den Namen der Station, Briouse, fand ich deprimierend. Und nun kam auch noch der Ältere mit der Nachricht, unser Zug fahre heute nicht mehr, und der nächste gehe erst am frühen Morgen ab; ob wir uns zu Fuß aufmachen sollten? Ich könne meinen großen *sac* und die Jacke aufgeben. Den kleinen *sac* solle ich tragen – es sei ja nur ein paar Schritte weit.

Mit einem Blick auf das trostlose Briouse erklärte ich mich mit dem Marsch einverstanden. Für einen kurzen Spaziergang war es eine schöne Nacht – nicht zu kalt, und der Himmel versprach, seinen Mond herauszuhängen. Der *sac* und die Jacke wurden nun vom Älteren aufgegeben; der Stationsvorsteher betrachtete mich und grunzte hochmütig (er hatte gehört, daß ich Amerikaner war), und dann gingen meine Beschützer und ich los.

Ich bestand darauf, daß wir im erstbesten Café auf meine Rechnung eine Flasche Wein tränken. Der Vorschlag wurde von meiner Eskorte angenommen. Sie ließen mich zehn Schritte vorangehen und warteten, bis ich den Raum durchquert hatte, ehe sie mir zum Schanktisch folgten – nicht aus Höflichkeit, versteht sich, sondern weil (wie ich bald merkte) Gendarmen unter diesem Himmelsstrich nicht besonders populär waren und somit der Anblick von zwei Gendarmen mit einem Gefangenen die *habitués* zu einer gewaltsamen Befreiung hätten veranlassen können. Als wir das Café verließen (eines der trostlosesten, das ich je sah, mit einer fürchterlichen *patronne*), wurde ich eindringlich darauf aufmerksam gemacht, ja in ihrer beider Nähe zu bleiben, auf keinen Fall aber zwischen ihnen zu gehen, da wir einige Dörfler treffen würden, ehe wir auf die Landstraße nach Marseille kämen. Dank ihrer Vorsicht und meines Gehorsams wurde es nichts mit der Befreiung, ja unsere Gesellschaft erregte nicht einmal die Neugier der wenigen, griesgrämigen Bewohner des unfreundlichen Städtchens Briouse.

Erst einmal auf der Landstraße, fühlten wir uns alle merklich erleichtert. Der *sac* voll verdächtiger Briefe, den ich auf meiner Schulter trug, war zwar nicht so leicht, wie ich gedacht hatte, aber der *pinard* von Briouse hatte mich in Fahrt gebracht. Auf der Straße kein Mensch weit und breit; die Nacht hüllte uns locker ein und war nur hie und da zerrissen von zögernden Mondstrahlen. Mir kamen einige Bedenken, als ich sah, daß es bergauf ging und die Straße stellenweise sehr schlecht war. Aber das unbekannte Abenteuer, das vor mir lag, und das köstliche Schweigen der Nacht (in dem unsere Worte eigenartig rasselten – wie Zinnsoldaten in einer plüschgefütterten Schachtel) trieben mich in einen Zustand geheimnisvoller Glückseligkeit. Wir, der Ältere und ich, unterhielten uns über lauter sonderbares Zeug. Wie ich bereits vermutete, war er nicht immer Gendarm gewesen. Er hatte unter Arabern Dienst getan. Sprachen waren sein Steckenpferd, und daher hatte er das Arabische mühelos aufgeschnappt – darauf war er sehr stolz. Zum Beispiel: für «gib mir was zu essen» sagten die Araber so –; wenn man Wein wollte, sagten sie so oder so. «Schöner Tag heute», hieß wieder anders. Er meinte, ich könne es genau so schnell lernen wie französisch. Er war der festen Überzeugung, englisch sei leichter als französisch, wovon er sich nicht abbringen ließ. Wie sei denn nun die amerikanische Sprache? Ich erklärte ihm, es sei so eine Art *Argot*-Englisch. Als ich ihm einige Sätze vorsagte, war er verblüfft – «Es klingt wie englisch!» rief er und zählte seinen Wortschatz englischer Redewendungen auf, damit ich sie billige. Ich bemühte mich eifrig, mit seiner Hilfe die schwierige Aussprache des Arabischen nachzuahmen. Was mußte Amerika doch für ein merkwürdiges Land sein, fand er…

Nach zwei Stunden Marsch befahl er Halt, damit wir uns ausruhen konnten. Wir legten uns ins Gras am Straßenrand. Der Mond schlug sich immer noch mit den Wolken herum. Die Felder zu beiden Seiten lagen in völliger Finsternis. Ich kroch auf Händen und Knien dem Klang silbrig-rieselnden

Wassers nach und fand einen kleinen Quellbach. Hingestreckt, mit dem Gewicht auf den Ellbogen, trank ich durstig aus dem Schwarz. Es war eisig, geschwätzig und springlebendig.

Dann sagte der Ältere mechanisch «*alors*», wir standen auf, und ich lud meine verdächtigen Äußerungen auf die Schulter, welche die Wiederaufnahme des Kampfes mit einem neuralgischen Schmerz kommentierte. Ich schleppte mich weiter, und meine Füße wurden immer schwerer und schwerer. Ein aufgescheuchter Vogel flatterte mir beinahe ins Gesicht. Hin und wieder stach irgendein Laut der Nacht ein nichtssagendes, winziges Loch in den riesigen Vorhang der klammen Dunkelheit. Bergauf jetzt. Jeder Muskel schmerzte, in meinem Kopf drehte sich alles, mein Körper machte nicht mehr länger mit, ich reckte mich ein bißchen – und schrak zurück: Von Angesicht zu Angesicht stand ich einem kleinen, hölzernen Mann gegenüber, der verlassen in einem niedrigen Gehölz hing.

Ein hölzerner Körper, verzerrt vor Schmerzen, in den dünnen Beinen mit absurd großen Füßen und grotesk gekrümmten Zehen geknickt. Seine kleinen, steifen Arme bildeten kurze, harte, gleichmäßige Winkel zur Straße. Um die verkümmerten Lenden war ein gewichtiger, komischer Fetzen drapiert. Auf einer der erschreckend zerbrechlichen Schultern hockte lächerlich der drollige Klumpen des halslosen Kopfes. In dieser wortlosen Puppe lag eine grausam instinktsichere Wahrheit, eine erfolgreich gefährliche Anzüglichkeit, eine unirdische Gewalt rechtwinkliger Bewegung.

Das ausgelöschte Gesicht und meines betrachteten einander im Schweigen des unerträglichen Herbstes.

Wer war dieser hölzerne Mann? Wie ein schneidender, schwarzer, automatischer Schrei in dem schwammigen Organismus der Düsternis hing die grobe, unerwartete Skulptur seiner Qual; der Riesenmund der Nacht spie nachdrücklich die eckige, wahre Sprache seines gemarterten Leibes aus. Im

Traum eines mittelalterlichen Heiligen hatte ich ihn früher schon gesehen, wie er, von munteren Engeln umringt, zwischen zwei Räubern hing. Heute nacht war er allein – abgesehen von mir und des Mondes winziger Blüte, die durch die Fetzen der Wolkenfragmente sproß.

Welch ein Irrtum: der Mond und ich und er waren ja gar nicht allein... Vor mir auf der Straße hoben sich zwei Silhouetten ab. Die Gendarmen warteten. Ich mußte mich beeilen, sie einzuholen und mich durch mein Bummeln nicht verdächtig zu machen. Ich hastete vorwärts, mit einem letzten Blick über die Schulter zurück... der hölzerne Mann sah uns nach.

Als ich sie erreicht hatte und mit einem Rüffel rechnete, überraschte mich die ruhige Stimme des Älteren, «Wir haben's nicht mehr weit», worauf er gelassen weiter in die Nacht hineintrabte.

Wir waren noch keine halbe Stunde gegangen, als mehrere dunkle, viereckige Umrisse vor uns auftauchten: Häuser. Ich wurde mir klar, daß ich Häuser nicht besonders mochte – vor allem jetzt, als sich meine Wächter wieder völlig wandelten: Waffenröcke wurden zugeknöpft, Pistolenhalfter zurechtgerückt, und ich mußte jetzt in der Mitte gehen und mit den beiden Schritt halten. Nun wurde die Straße durchgehend mit Häusern beleidigt – mit Häusern allerdings, die keinesfalls so groß und voller Leben waren, wie ich sie nach meinen Träumen von Marseille erwartet hatte. Wir schienen vielmehr in eine winzige und ziemlich scheußliche Stadt zu kommen. Ich erlaubte mir zu fragen, wie sie heiße. «Mahsey» war die Antwort. Das verwirrte mich einigermaßen. Schließlich führte uns die Straße zu einem Platz, und ich sah die Türme einer Kirche im Himmel kauern; zwischen ihnen hindurch lugte freundlich verlegen der runde, gelbe, dicke Mond ... niemand rührte sich in den kleinen Gassen, alle Häuser wahrten das Geheimnis des Mondes.

Wir marschierten weiter.

Ich war zu müde zum Denken. Ich empfand die Stadt lediglich als eine einzige Unwirklichkeit. Aber woran lag das? Da ging es mir auf: es war das Mondbild einer Stadt. Diese Straßen mit ihren Häusern existierten nicht, sie waren nur eine groteske Spiegelung der prächtigen Persönlichkeit des Mondes. Dies war eine Schein-Stadt, erschaffen vom hypnotischen Mondlicht. – Aber als ich mir den Mond näher betrachtete, schien auch er nur das Gemälde eines Mondes zu sein, und der Himmel, in dem er hauste, ein dünnes Echo von Farben. Würde ich nur tüchtig blasen, so zerspränge der gesamte scheue Mechanismus mit einem zarten, lautlosen Krachen. Ich durfte es nicht, wollte ich nicht alles verlieren.

Wir bogen um eine Ecke, dann um noch eine. Meine Führer besprachen sich und blickten suchend umher, ich verstand aber nicht, wo sie hin wollten. Dann nickte der Ältere in Richtung eines langen, plumpen, dunklen Blocks, keine hundert Meter weit, der (soviel ich sehen konnte) entweder eine Kirche oder ein Grabmal war. Darauf gingen wir zu. Nur zu bald sah ich, wie häßlich das Gebäude war. Grau, lang, Steinmauern, nach der Straßenseite hin umschlossen von einem endlosen Zaun in eintöniger, langweiliger Farbe. Jetzt erst merkte ich, daß wir auf ein abschreckendes und ungewöhnlich schmales Tor in der langen grauen Mauer zugingen. Keine Menschenseele tauchte auf, diese Wüstenei zu beleben.

Der Ältere läutete am Tor. Ein Gendarm mit Revolver beantwortete sein Läuten und ließ den Älteren sofort ein, während der Jüngere und ich zu warten hatten. Allmählich war ich davon überzeugt, dies sei die Gendarmerie der Stadt, wohin ich für die Nacht in Gewahrsam gebracht werden sollte. Ich gebe gerne zu, mir sank das Herz bei dem Gedanken, in Gesellschaft jener Menschengattung schlafen zu müssen, die ich von allen zwischen Himmel und Erde am meisten verabscheute. Doch da war der Pförtner mit dem Älteren schon zurückgekehrt, und mir wurde barsch befohlen, mein Gepäck aufzunehmen und mitzukommen. Ich folgte meinen Führern durch einen Gang, eine Treppe hinauf und in einen dunklen, kleinen Raum, in dem eine Kerze brannte. Geblendet vom Licht und schwindlig vor Müdigkeit von dem Zehn-oder-zwölf-Meilen-Marsch, ließ ich mein Gepäck fallen, lehnte mich gegen die nächstbeste Wand und versuchte herauszufinden, wer jetzt mein Peiniger sein würde.

Hinter einem Tisch erhob sich ein Mann meiner Größe und musterte mich. Er mochte etwa vierzig Jahre alt sein. Sein Gesicht war kränklich, bläßlich und lang. Er hatte buschige, halbkreisförmige Brauen, die so weit überhingen, daß seine Augen nur wie aus Schlitzen blinzelten. Seine Wangen waren derart ausgehöhlt, daß sie sich nach innen wölbten. Nimmt man es genau, so hatte er keine Nase, sondern einen großen Schnabel, der so ungewöhnlich schmal war, daß sein Gesicht wie ein schwerer Treppensturz aussah und das unwesentliche Kinn vollständig auslöschte. Sein Mund war aus zwei langen, unsteten Lippen geformt, die nervös zuckten. Sein kurzgeschnittenes schwarzes Haar war zerzaust, seine Bluse, an der ein *croix de guerre* hing, vorne offen; und seine gamaschenlosen Unterschenkel staken in Pantoffeln. Er erinnerte mich ein wenig an Ichabod Crane. Er hatte einen Hühnerhals: bestimmt mußte er den Kopf zurücklegen, wenn er trank, wie es die Hennen tun, damit die Flüssigkeit ihre Kehle hinunterrinnt. Die Art jedoch, wie er sich aufrecht hielt, und auch das krankhafte Einkrallen seiner Finger und sein nervöses «Äh-hä, Äh-hä», das seine unsicheren Sätze interpunktierte wie wacklige Kommas, erinnerten mich weit mehr an einen Hahn: einen von den Motten angefressenen Hahn, der sich selbst ungemein wichtig nahm und sich vor ein paar ihn bewundernden Hennen brüstete, die irgendwo im Hintergrund seines Bewußtseins saßen.

«*Vous êtes äh-hä l'Am-é-ri-cain?*»

«*Je suis Américain*», gab ich zu.

«*Eh-bie-en äh-hä äh-hä* – Wir haben Sie bereits erwartet.» Er betrachtete mich voller Neugier.

Hinter dieser krankhaften und unsteten Gestalt entdeckte ich sein treffendes Ebenbild, das die Wand schmückte. Man hatte den Hahn als Brustbild *à la* Rembrandt in der sprungbereiten Figur eines Fechters, mit dem Rapier in der Hand und mit riesigen Handschuhen, getreu konterfeit. Die Ausführung dieses Meisterwerkes ließ einiges zu wünschen übrig, aber das Ganze verriet doch so etwas wie Feuer und Schwung des Modells – Eigenschaften, die ich in dem Wesen vor mir nur schwer finden konnte.

«*Vous êtes äh-hä* K*jü*-M*öngss?*»

«Wie?» sagte ich, völlig verwirrt durch diese ungewohnte Worttrennerei.

«*Comprenez vous fran-çais?*»

«*Un peu.*»

«*Bon. Alors, vous vous ap-pel-lez* K*jü*-M*öngss, n'est-ce-pas? Edouard* K*jü*-M*öngss.*»

«Oh», sagte ich erleichtert, «ja.» Es war wirklich erstaunlich, wie er das G einrahmte.

«*Comment ça se prononce en anglais?*»

Ich sagte es ihm.

Er antwortete wohlwollend, wenn auch leicht verwirrt, «*Äh-hä äh-hä äh-hä – Pour quoi êtes vous ici,* K*jü*-M*öngss?*»

Diese Frage machte mich für einen Augenblick so wütend, wie ich es nie in meinem Leben gewesen war. Dann aber vergegenwärtigte ich mir den Irrsinn dieser Situation und lachte. – «*Sais pas.*»

Der Fragebogen fuhr fort:

«Sie waren beim Roten Kreuz?» – «Jawohl, in der Norton Harjes Ambulance, *Section Sanitaire Vingt-et-Un.*» – «Sie hatten dort einen Freund?» – «Gewiß.» – «*Il a écrit, votre ami, des bê-tises, n'est-ce-pas?*» – «So sagte man mir. *N'en sais rien.*» – «Was für ein Mensch war Ihr Freund?» – «Er war ein prächtiger Kerl und immer *très gentil* zu mir.» – (Eigenartig verlegen bemerkte der Fechter) «Aber Ihr Freund hat Sie in eine üble Situation gebracht.» – (Worauf ich mit breitem Grinsen antwortete) «*N'importe,* wir sind *camarades.*»

Eine Flut gestotterter Äh-häs folgte dieser Antwort. Der Fechter oder Hahn oder was immer er auch sein mochte, nahm die Lampe und den Schlüssel und sagte: «*Alors, viens avec moi, K*jü-*M*öngss.» Ich wollte den *sac* aufnehmen, aber er sagte mir, dieser würde im Büro aufbewahrt (wo wir uns befanden). Ich sagte, ich hätte einen großen *sac* und meine Pelzjacke in Briouse aufgegeben, und er versicherte mir, sie würden mir mit dem Zug nachgesandt werden. Dann entließ er die Gendarmen, die mein Verhör neugierig verfolgt hatten. Als ich aus dem *bureau* geführt wurde, fragte ich geradeheraus: «Wie lange muß ich hier bleiben?» – worauf er antwortete, «*Oh, peut-être un jour, deux jours, je ne sais pas.*»

Zwei Tage in einer Gendarmerie dürften reichen, dachte ich. Wir gingen hinaus.

Hinter mir schlürfte ah-hä-end der pantofflige Hahn. Vor mir her tanzte unbeholfen mein riesiger Schatten. Er hüpfte die ausgetretene Treppe hinunter. Er bog nach rechts ab und verschwand.

Wir standen in einer Kapelle.

Das schüchterne Licht, das mein Führer hielt, hatte sich plötzlich geduckt, es schlug sinnlos und zwecklos mit grellen Fäusten auf eine dicke, riesige, feuchte Finsternis ein. Links und rechts bohrten sich durch schräge Rechtecke farbigen Glases die Einbrecher der trüben Mondstrahlen. In der klammen Öde vor mir tobte ein dunkler, unheimlicher Kampf –: das murmellose Gewühl brutaler Schatten. Die beklemmend schwere Luft rang mit meinen Lungen. Meine Nüstern wehrten sich gegen den ungeheuren Luftklumpen, dem ein süßlicher, unangenehmer Geruch anhaftete. Starrend grub ich das blasse Aas der Finsternis aus –: einen Altar, behütet von der Häßlichkeit lichtloser Kerzen, auf dem unerbittlich die Gebrauchswerkzeuge zum Verspeisen Gottes standen.

Sollte ich etwa beichten – mein schuldbeladenes Gewissen erleichtern, ehe ich in die Ruhe einging? Das waren heitere Aussichten für den kommenden Morgen.

... der gemessene Akzent des Fechters sagte: «*Prenez votre paillasse.*» Ich wandte mich um. Er beugte sich über eine formlose Masse in der Ecke. Die Masse wuchs halb bis zur Decke hoch. Sie bestand aus Strohsäcken. Ich zerrte an einem – grobe Leinwand, gestopft mit prickligem Stroh. Ich lud ihn auf meine Schulter. «*Alors.*» Er leuchtete mir zu der Tür, durch die wir hereingekommen waren. (Ich war irgendwie froh, diese Stätte verlassen zu dürfen.)

Zurück, einen Gang entlang, noch weitere Treppen hinauf –: uns gegenüber eine kleine, verschrammte Doppeltür, an der die zwei größten Vorhängeschlösser hingen, die ich je gesehen hatte. Da ich nicht weiter konnte, blieb ich stehen, worauf er einen riesigen Schlüsselbund hervorholte. Fummelte an den Schlössern herum. Kein Lebenszeichen – die Schlüssel kreischten überraschend laut in den Schlössern, die teuflisch leicht nachgaben – die beiden elenden kleinen Türen flogen auf.

Ich stolperte mit meinem *paillasse* in die quadratische Schwärze. Es war unmöglich, die Größe des dunklen Raumes zu beurteilen, aus dem kein Laut drang. Vor mir ein Pfeiler. «Legen Sie sich bei dem Pfosten hin und schlafen Sie hier heute nacht, morgen *nous allons voir*», ordnete der Fechter an. «Sie brauchen ja wohl keine Decke», fügte er hinzu. Die Türen schlugen zu, das Licht und der Fechter verschwanden.

Ich brauchte keine zweite Einladung zum Schlafen. Völlig angezogen fiel ich auf meinen *paillasse* – so müde wie nie zuvor und nie mehr seitdem. Aber ich hielt die Augen offen: denn rings um mich her erhob sich ein Sturm außergewöhnlicher Laute... der bisher leere und winzige Raum wuchs auf einmal ins Ungeheure: gespenstische Schreie, Flüche, Gelächter dehnten ihn zur Seite und nach hinten, streckten ihn zu unvorstellbarer Tiefe und Breite, schoben ihn zu beängstigender Nähe ineinander. Aus allen Richtungen wurde ich von mindestens dreißig Stimmen in elf verschiedenen Sprachen (ich unterschied holländisch, belgisch, spanisch, türkisch, arabisch, polnisch, russisch, schwedisch, deutsch, französisch und – englisch) zwanzig Minuten lang wild bombardiert, aus Entfernungen von zwanzig Metern bis zu wenigen Zentimetern. Doch mein Schock blieb nicht auf das Gehör beschränkt. Nachdem ich fünf Minuten so gelegen hatte, sah ich (in einem vorhin unbemerkten Lichtfleck, der in der Nähe der Tür leuchtete) zwei seltsame Gestalten –: die eine ein gutgebauter Mann mit einem großen, schwarzen Bart, die andre ein schwindsüchtiger Kerl mit kahlem Kopf und hängendem Schnurrbart, beide nur bekleidet mit knielangen Hemden, beide barfuß und mit nackten, haarigen Beinen. Sie wandelten den Saal herunter und urinierten ausgiebig in einer Ecke ganz in meiner Nähe. Als sie diesen Akt vollzogen hatten, wandelten die Gestalten wieder zurück, wurden von unsichtbaren Mitbewohnern meiner neuen Schlafstätte mit hagelnden Flüchen bedacht und verschwanden im Dunkel.

Ich dachte so bei mir: was müssen die Gendarmen dieser Gendarmerie doch für Sprachkünstler sein –

und schlief ein.

«*Vous ne voulez pas de café?*»

Wie ein Schuß weckte mich diese drohende Frage einer heiseren Stimme. Halb heruntergerutscht von meinem *paillasse*, sah ich plötzlich in ein jugendliches, pickliges Gesicht über mir, vor dessen Augen eine rote Quaste baumelte. Ein Junge in belgischer Uniform beugte sich über mich. In der einen Hand hielt er einen knapp zur Hälfte mit Spülwassersoße gefüllten Eimer. Wütend fuhr ich ihn an: «*Au contraire, je veux bien.*» Und sank auf die Matratze zurück.

«*Pas de quart, vous?*» feuerte mir das Gesicht entgegen.

«*Comprends pas*», antwortete ich und überlegte, was in aller Welt dies heißen solle.

«Engländer?»

«Amerikaner.»

Im selben Augenblick schob sich auf geheimnisvolle Weise ein kleiner Blechbecher aus dem Dunkel und wurde eilends aus dem Eimer gefüllt, worauf die Quaste bemerkte: «Ihr Freund hier», und verschwand.

Ich zweifelte nicht mehr daran, völlig verrückt geworden zu sein.

Man hatte den Becher dicht neben mir abgesetzt. Ich wagte nicht, mich ihm zu nähern, sondern stützte den schmerzenden Körper auf meinen tattrigen Ellbogen und blickte bestürzt um mich. Meine Augen, die sich mühsam durch eine feuchte, dunkle und wahrhaft gespenstische Atmosphäre bohrten, nahmen nur da und dort lebhafte Schemen hin und her huschender Menschenwesen wahr. Meine Ohren unterschieden englisch, etwas, das ich für einen deutschen Dialekt hielt, das aber belgisch war, holländisch, polnisch und etwas, das mir russisch zu sein schien.

Zitternd ob diesem Chaos suchte meine Hand den Becher. Der Becher war nicht warm; der Inhalt, den ich hastig hinunterschluckte, nicht einmal lau. Er schmeckte langweilig, beinahe bitter, sämig, klebrig, abscheulich. Sobald der tödliche Schluck in meinen Unterleib gesickert war, erwachten meine Lebensgeister wieder – wie bei einem Selbstmörder, der nach Einnehmen der vernichtenden Dosis plötzlich anderen Sinnes wird. Ich fand es zwecklos, mich zu erbrechen. Ich setzte mich auf. Ich blickte um mich.

Das Dunkel schwand zusehends aus der stickigen, verpesteten Luft. Ich saß auf meiner Matratze am Ende eines eigenartigen Raumes voller Pfeiler, die irgendwie kirchlich aussahen. Ich erkannte sogleich, daß der Raum außerordentlich lang war. Meine Matratze glich einer Insel. Rundherum – in Entfernungen von anderthalb Zentimetern bis zu drei Metern (wo etwa die Grenze des noch deutlich Erkennbaren lag) – klebten einander erschreckend ähnliche Dinger. Manche waren blutig. Andere bestanden aus einem bläulichen Ring, der einen schaumig gelben Kern hielt. Hinter mir klatschte ein Batzen Speichel zwischen seine Genossen. Es war wohl ratsam, aufzustehen.

In diesem Augenblick glaubte ich am anderen Ende des Saales eine geierähnliche Silhouette aus dem Nichts aufspringen zu sehen. Sie stürmte einige Schritte in meine Richtung, schrie heiser «*Corvée d'eau!*» – blieb stehen, bückte sich offensichtlich zu einem *paillasse* hinab, zerrte den Besitzer auf die Beine, schüttelte ihn, lief dann zum nächsten und machte es bei sechs weiteren genau so. Da die *paillasses,* die auf drei Seiten von mir in Abständen von etwa dreißig Zentimetern nebeneinander und stets mit dem Kopf zur Wand lagen, offenbar zahllos waren, fragte ich mich, warum sich der Geier mit sechsen begnügte. Auf jeder Matratze lag die schlechte Nachahmung eines menschlichen Wesens, bis an die Ohren in eine Decke gewickelt, aus einem Becher wie dem meinen trinkend und im hohen Bogen mitten in den Raum speiend. Der schwere Mief schlafender Leiber schlug mir in Wellen aus drei Richtungen entgegen. Ich hatte den Geier in dem irrsinnigen Durcheinander, das am anderen Ende des Saales entstanden war, aus den Augen verloren. Man konnte meinen, er sei auf sechs Minen getreten. Gelegentliche Pausen in dem minutenlangen verrückten Getöse wurden von explodierenden Därmen scharf interpunktiert – zum großen Vergnügen zahlloser Irgendwers, deren genauen Standort das Dämmer wachsam verhüllte.

Ich spürte, daß ich für etliche, die ich undeutlich daliegen sah und die in vielen unverständlichen Sprachen über mich redeten, der Brennpunkt war. Jetzt erst fiel mir auf, daß neben jedem Pfeiler (auch dort, wohin ich in der vergangenen Nacht ahnungslos meinen *paillasse* geworfen hatte) jeweils ein hoher Eimer stand, der von Urin überfloß und von einer großen Lache umgeben war. Mein *paillasse* lag zwei Zentimeter neben der nächsten Pfütze. In weiter Ferne stieg so etwas wie ein Mann aus dem Bett und erreichte nach mehreren vergeblichen Versuchen den ihm zunächst stehenden Eimer. Die unsichtbar Liegenden brüllten ihm in sechserlei Sprachen nach.

Auf einmal löste sich dicht neben mir aus dem Düster eine schöne Gestalt. Ich grinste blöde in klare, harte Augen. Und er sagte freundlich:

«Dein Freund ist hier, Johnny, und will dich sehen.»

Eine Welle der Freude durchlief meinen Körper, verjagte Schmerz und Betäubung; meine Muskeln tanzten, die Nerven bebten. Nicht endenwollender Festtag.

Brown lag auf seinem Feldbett, wie ein Eskimo in eine Decke gewickelt, die bis auf Nase und Ohren alles verhüllte.

«Hallo, Cummings», sagte er lächelnd. «Stell dir vor, hier gibt's einen, der ist mit Vanderbilt befreundet und hat Cézanne gekannt.»

Ich betrachtete Brown kritisch. Es war eigentlich nichts auffallend Verrücktes an ihm – es sei denn seine enthusiastische Erregung, die aber meinem springteufelähnlichen Auftreten zugeschrieben werden konnte. Er sagte: «Hier gibt es welche, die sprechen englisch, russisch, arabisch. Es sind die tollsten Leute hier! Warst du in Gré? Ich hab' mich dort die ganze Nacht mit Ratten herumgeschlagen. Riesige

Dinger. Hätten mich beinahe aufgefressen. Und von Gré nach Paris? Ich hatte ständig drei Gendarmen um mich, die aufpassen sollten, daß ich nicht ausreiße; aber sie schliefen fortwährend ein.»

Allmählich wurde ich unsicher, ob ich nicht selber noch schliefe. «Bitte, und ganz ehrlich», bat ich. «Ganz *entre nous:* träume ich, oder ist das hier ein Irrenhaus?»

Brown lachte und sagte: «Als ich vor zwei Tagen hier eintraf, hab ich das auch geglaubt. Als ich in Sichtweite des Hauses kam, winkten eine Menge Mädchen aus den Fenstern und riefen mir zu. Ich ging erst hinein, als ein komischer Zwerg, den ich für einen Irren hielt, auf mich zustürzte und schrie: ‚*Trop tard pour la soupe!*' – Das hier ist das *Camp de Triage de la Ferté Macé,* Orne, Frankreich, und all diese netten Leutchen hier hat man als *espions* eingesperrt. Nur ein paar von ihnen können ein französisches Wort, und das ist *soupe!*»

Ich sagte: «Mein Gott, ich hatte geglaubt, Marseille liege irgendwo am Mittelmeer und das hier sei eine Gendarmerie.»

«Aber wir sind doch in *M-a-c-é!* Eine kleine öde Stadt, wo jeder kichert und dich auslacht, wenn er erst einmal merkt, daß du ein Gefangener bist. Ich hab's schon zu spüren bekommen.»

«Willst du damit etwa sagen, daß auch wir *espions* sind?»

«Natürlich!» rief Brown begeistert. «Gott sei Dank! Und wir werden's bleiben. Jedesmal, wenn ich an die *section sanitaire,* an A. und seine Banditen und das ganze verlotterte, bürokratische *Croix Rouge* denke, muß ich lachen. Cummings, ich sag' dir, das hier ist das schönste Fleckchen auf der Welt!»

Ich sah den *Chef de Section Sanitaire Vingt-et-Un* vor mir: dieses Strebergesicht. Angeberische englische Offiziersimitation. Dicke Waden, knarrende Ledergamaschen. Jeden Tag das gleiche Lied: «Ich möcht ma wiss'n, was mit euch Burschen los is. Seht doch aus wie anständige Kerle. Gut erzogen. Aber immer lauft ihr verdreckt rum. Da meckert ihr ständig, daß ich euch nich einen Wagen zuteile – Ich schäme mich, das is's. Ich will nich, daß unsere Einheit 'n Schandfleck is. Wir woll'n doch diesen lausigen Franzosen zeigen, was Amerikaner sin. Woll'n ma zeigen, daß wir denen überlegen sin. Diese Bastarde ham ja keine Ahnung, was'n Bad is. Un dann lungert ihr Kerls auch noch bei diesen dreckigen Froschfressern rum, die hier die Küche und alle Drecksarbeit mach'n. Was glaubt ihr denn, wie ich euch da 'ne Schangs geben soll? Ich überlaß euch gern 'nen Wagen; is mir nur recht, wenn ihr Jungens 'nen Spaß habt. Aber ich riskier's einfach nich, das is's. Wenn ihr wollt, daß ich euch auf Außendienst schick, dann rasiert euch und macht euch sauber und *keep away from them dirty Frenchmen.* Wir Amerikaner sin hierhergekommen, um diesen lausigen Bastarden mal'n bißchen was beizubringen.»

Ich lachte in heller Freude auf.

Ein schrecklicher Tumult unterbrach mein Vergnügen. «*Par ici!*» – «Aus dem Weg, du verdammter Polack!» – «M'sieu', M'sieu'.» – «Hierher!» – «*Mais non!*» – «*Godverdomme!*» Ich wandte mich erschrocken um und sah, daß vier Mann meinen *paillasse* in den Klauen hatten und ihn anscheinend nach allen Richtungen zerreißen wollten.

Der eine war ein gut rasierter jüngerer Mann mit lebhaften Augen, drahtig und muskulös, und ich erkannte in ihm den, der mich «Johnny» gerufen hatte. Er hielt den Strohsack am einen Zipfel fest und stritt sich mit dem Mann des gegenüberliegenden Zipfels: einem tapsigen Kerl, der sich in ein Narrengewand aus den erstaunlichsten Lumpen und Flicken gekleidet hatte, mit einem verfilzten Kopf, auf dem dreckige Haarwische wild zu Berge standen, und der breiten, drolligen, eindrucksvollen, fast edlen Figur eines Tanzbären. Den dritten Zipfel des *paillasse* hatte brutal eine zwei Meter hohe Mischung aus gelbem Haar, rotem Straßenlümmelgesicht und himmelblauen Hosen ergriffen; der Kerl wurde von jenem untersetzten, herausgeputzten Schuft in belgischer Uniform mit pickeliger Schurkenfratze und einem verboten frechen Blick unterstützt, der mich mit der Frage geweckt hatte, ob ich Kaffee wolle. Obgleich ich von dem ordinären

Stimmaufwand völlig betäubt war, wurde mir doch irgendwie klar, daß diese Streitmächte nicht um den Besitz der Matratze rangen, sondern um den Vorzug, mir die Matratze bringen zu dürfen.

Noch ehe ich in dieser heiklen Sache reden konnte, rief eine Kinderstimme dicht an meinem Ohr: «*Met-tez la pail-lasse ici! Qu'est ce que vous al-lez faire? C'est pas la peine de dé-chi-rer une pail-lasse!*» – im selben Augenblick stürmte der Strohsack mit Kobaltschritten auf mich zu, vorwärtsgetrieben im siegreichen Kampf der belgischen Uniform und des Straßenlümmelgesichts, während sich der Gutrasierte und der tapsige Bär immer noch verzweifelt an ihre Zipfel klammerten. Der Anstürmende wurde mit erstaunlicher Kraft von dem mit der Kinderstimme – einem hoppelnden, kleinen gnomenhaften Menschen mit einem empfindsamen Gesicht, auf dem das Leid viele Spuren hinterlassen hatte – in Empfang genommen und unwillig neben Browns Bett niedergelegt, wo auf unerklärliche Weise Platz geschaffen worden war. Der Gnom kniete sich sofort auf den Strohsack, um liebevoll einige Falten zu glätten, die sich bei dem Streit gebildet hatten, wobei er langsam und Silbe um Silbe betonend ausrief: «*Mon Dieu. Main-te-nant, c'est mieux. Il ne faut pas faire des choses comme ça.*» Der Gutrasierte sah ihm mit stolz verschränkten Armen zu, während Quaste und Hose mich siegesbewußt fragten, ob ich eine Zigarette hätte – und als jeder eine erhalten hatte (auch der Gnom und der Gutrasierte, der die seine würdevoll entgegennahm), setzten sie sich ohne Umschweife auf Browns Bett – das nichts Gutes ahnte und protestierend ächzte – und überfielen mich heißhungrig mit Fragen. Der Bär, der dreinschaute, als wäre nichts geschehen, ordnete inzwischen zufrieden sein zerknittertes Kostüm und begann (wobei er versonnen in die Ferne blickte), mit ungewöhnlich zarten Fingern eine verkümmerte, alte Pfeife zu stopfen, mit einem Zeug, das wie eine Mischung von Holz und Dünger aussah.

Ich beantwortete immer noch ihre Fragen, als eine quarrende Stimme plötzlich über unseren Köpfen drohte: «*Balai? Vous. Tout le monde propre. Surveillant dit. Pas moi, n'est-ce pas?*» – Ich schoß hoch und erwartete einen Papagei vor mir zu sehen.

Es war die geierähnliche Silhouette.

Sie hielt einen ausgedienten Besen in ihrer Klaue oder Faust: Magere Beine in abgetragenen Hosen, kraftvolle Schultern, darüber ein grobes Hemd, das am Hals offenstand, muskelbepackte Arme und ein verrücktes, ordinäres Gesicht, das unter den Schild einer Mütze gestopft war. Zu diesem Gesicht gehörte eine steile Nase, ein hängender Schnurrbart, grausame, wässrige, kleine Augen, ein streitsüchtiges Kinn und eingefallene Wangen, die scheußlich lächelten. In diesem *ensemble* lag gleichermaßen etwas Brutales und Lächerliches, Kraftstrotzendes wie Pathetisches.

Wieder fand ich keine Gelegenheit den Mund aufzumachen, denn der Straßenlümmel in himmelblauen Hosen schnippte seine Kippe dem Bären vor die Füße und rief: «Da haste noch was dazu, Polack!» – sprang vom Bett, ergriff den Besen und überschüttete den Geier mit einem Schwall Godverdommes, die ihm dieser reichlich zurückgab. Dann beugte sich das rote Gesicht ganz nahe zu meinem, und da sah ich zum erstenmal, daß es vor kurzem noch jung gewesen sein mußte – «Hör mal, ich fege für dich», übersetzte es freundlich. Ich dankte ihm; und der Geier rief, «*Bon. Bon. Pas moi. Surveillant. Airry faire pour tout le monde.* Heh, heh» – und sauste davon; hinter ihm drein, Härri und die Quaste. Ich betrachtete so von der Seite die große, drollige, merkwürdige, fast stolze Gestalt des Bären, die sich voller Würde leicht nach vorn neigte und mit ihren musikalischen Fingern das feuchte, sagenhafte Bißchen Tabak erstaunlich zart in die Pfeife stopfte.

Ich wußte nicht, daß dies ein LIEBLICHER BERG[1)] war ...

Der Gutrasierte (der seiner Raucherei völlig hingegeben zu sein schien) und der hoppelnde Gnom, die das *arrangement* mit meinem *paillasse* getroffen hatten, wollten sich nun mit

Brown und mir unterhalten. Der Gutrasierte setzte sich auf Härris Platz, der Gnom dagegen weigerte sich, dort niederzusitzen, wo die Quaste gehockt hatte (was er damit begründete, das Bett sei bereits mehr als ausgelastet), und lehnte sich gegen die graue, feuchte, widerliche Wand. Er ließ es sich jedoch nicht nehmen, uns auf das Bord über Browns Kopf aufmerksam zu machen, das er selbst gebastelt hatte, und versprach mir *tout de suite* den gleichen Luxus. Er war Russe und hatte Frau und *gosse* in Paris. «*Je m'ap-pelle Monsieur Auguste à votre ser-vice*» und seine ruhigen hellen Augen glänzten. Der Gutrasierte sprach ein gebildetes, perfektes Englisch. Er hieß Fritz und war Norweger, Heizer auf einem Schiff. «Mach dir bloß nichts aus diesem Kerl, der gesagt hat, du sollst fegen. Er ist verrückt. Sie nennen ihn John, den *Baigneur*. Er war nämlich früher *baigneur*. Jetzt ist er *Maître de Chambre*. Sie hatten mich dafür vorgeschlagen – aber ich hab gesagt: ‚Scheiß drauf, ich hab keine Lust!' Soll er's nur machen, das ist doch nichts für mich; von morgens bis abends beklagen sie sich und reiten auf einem herum. ‚Gebt lieber dem den Posten, der ihn haben will', habe ich gesagt. Dieser verrückte Holländer ist schon zwei Jahre hier. Sie wollten ihn entlasten, aber er dachte gar nicht daran, der hing viel zu sehr am Suff ‚(ein Jargon, den ich mir nur gar zu gerne aneignete)' und an den Mädchen. Doch nachher haben sie John den Posten genommen und ihn diesem kleinen Ri-schaar gegeben, dem Doktor. Es ist aber auch eine feine Sache, *baigneur* zu sein. All das verdammte Zeug, was du da trinken kannst, und ein Mädchen, so oft du eins haben willst. Er hatte noch nie im Leben ein Mädchen gehabt, dieser Rischaar.» Sein Lachen war hart, klar, zynisch. «Bommel, der kleine Belgier, der eben hier war, ist schwer scharf auf Mädchen. Er und Härri. Kriegen ständig *cabinot*. Ich war erst zweimal dort, seit ich hier bin.»

Währenddessen füllte sich der ungeheure Raum langsam mit trübem Licht. Am anderen Ende fegten verbissen sechs Gestalten und brüllten einander durch die Staubwolken wie

Dämonen zu. Ein siebenter, Härri, trottete kreuz und quer, spritzte Wasser aus einem Eimer und hüllte alles in einen dichten, blasphemischen Nebel von Godverdommes. An drei Seiten (mit Ausnahme nämlich der nächstliegenden Wand, die über die einzige Tür verfügte) lagen in Abständen von ein bis anderthalb Metern etwa vierzig *paillasses* mit dem Kopfende zur Wand. Auf jedem (ein halbes Dutzend ausgenommen, deren Eigentümer noch nicht mit Kaffeetrinken fertig oder zum *corvée* abgeteilt waren) lag ein kopfloser, fest in seine Decke gehüllter Rumpf; nur die Schuhe schauten unten hervor.

Die Teufel arbeiteten sich auf uns zu. Härri hatte jetzt auch einen Besen und half ihnen. Sie kamen näher und näher. Sie steuerten immer mehr aufeinander zu und vereinigten so ihre getrennten Schmutzhaufen zu einem einzigen, barbarisch stinkenden Berg an der Tür. Besen wurden in der Ecke an die Wand gelehnt. Die Männer schlenderten zurück zu ihren *paillasses*.

Monsieur Auguste, dessen Französisch nicht mit Fritz' Englisch hatte Schritt halten können, nahm die Gelegenheit wahr und schlug vor «*Main-te-nant que la chambre est tout propre, allons faire une pe-tite pro-me-nade, tous les trois.*» Fritz begriff sofort und stand auf. Er strich über sein jungfräuliches Kinn und meinte, «Tja, ich werde mich wohl noch rasieren, ehe der verdammte *planton* kommt» – und Monsieur Auguste, Brown und ich brachen auf, um durch den Saal zu wandern.

Er war rechteckig, etwa 25 auf 12 Meter, machte einen unverkennbar kirchlichen Eindruck – zwei Reihen hölzerner, acht bis neun Meter hoher Säulen, die in Abständen von viereinhalb Metern errichtet waren, stiegen zu einer gewölbten Decke empor. Wenn man mit dem Rücken zur Tür stand und den Raum hinabblickte, sah man zu seiner Rechten in der Ecke (wo die Besen abgestellt waren) sechs Urineimer. An der rechten langen Wand, gleich hinter dieser Ecke, waren ein paar Bretter so zusammengenagelt, daß sie einen zweiseitigen, gut einen Meter hohen Wandschirm bildeten und damit auf das *cabinet d'aisance* hinwiesen, zu dem ein kleiner, deckelloser Blecheimer – der gleiche wie die anderen sechs – gehörte und das übliche Brett, das man auf den Eimer legen konnte oder auch nicht, ganz wie man wollte. Die Dielen rund um die Bude und die Eimer hatten sich dunkel verfärbt, offenbar vom ständigen Überschwappen des Inhalts.

In der rechten langen Wand befanden sich etwa zehn große Fenster, deren erstes von dem äußerst primitiven *cabinet* beschlagnahmt war. In den übrigen Wänden waren keine Fenster – beziehungsweise: man hatte sie mit Bedacht ihrer Bestimmung entzogen. Dennoch hatten es die Männer verstanden, sich ein paar Gucklöcher zu machen – eins in der Wand bei der Tür und eines auf der linken Seite. Aus dem einen sah man auf das Tor hinaus, durch das ich gekommen war, vom anderen aus überblickte man einen Teil der Straße, auf der ich das Tor erreicht hatte. Die Fenster auf den drei Seiten waren offensichtlich aus gutem Grund verbarrikadiert: *les hommes* sollten nichts von dem sehen, was draußen in der Welt vorging. *Les hommes* durften sich dafür sattsehen an einem kleinen Abstellschuppen, einem Mauerwinkel des anschließenden Flügels und einer öden, starren seelenlosen Landschaft aus struppigen Bäumen in der Ferne – denn dies war die Aussicht aus den zehn Fenstern zur Rechten. Die Verantwortlichen hatten sich nur in einer Hinsicht verrechnet: ein winziger Abschnitt des Stacheldrahtverhaus, das an der Ecke des oben erwähnten Gebäudes begann, war von diesen Fenstern aus noch sichtbar, und diese Fenster (so erzählte man mir) waren jedesmal, wenn die Mädchen ihren Spaziergang machten, von sich kabbelnden Männern belagert. Man erzählte mir auch, einer der *plantons* sehe seine Aufgabe darin, *les femmes* von dieser Ecke ihres *cour* mit dem Bajonett fernzuhalten, um sie der Sicht ihrer Verehrer zu entziehen. Außerdem mußte jeder, der bei irgendeinem Kontakt mit dem anderen Geschlecht ertappt wurde, mit *pain sec* oder *cabinot* rechnen. Zudem fielen die *promenades des hommes et des femmes* ungefähr in die gleiche

Zeit, so daß die *hommes* oder *femmes*, die oben blieben, weil sie ein Lächeln oder Winken ihrer Freundin oder ihres Liebhabers erhaschen wollten, auch noch auf den Rundgang verzichten mußten …

Wir hatten nacheinander aus den Fenstern geguckt und gingen gerade quer durch den Saal zur andern Seite hinüber – zwischen uns Monsieur Auguste –, als Brown plötzlich in englisch ausrief, «Guten Morgen! Wie geht es Ihnen?» Ich blickte über Monsieur Auguste weg und erwartete, so einen wie Härri oder wenigstens wie Fritz zu sehen. Wie aber erstaunte ich, als ich eine magere, majestätische, offensichtlich gebildete Gestalt erblickte, untadelig gekleidet: frisches, wenn auch kragenloses Hemd, säuberlich gestopfte Hose, der man noch die letzten Spuren einstiger Bügelfalten ansah, fadenscheiniger, aber ausgezeichnet sitzender Gehrock und auf Hochglanz geputzte (freilich altmodische) Schuhe. Das war das erste Mal, daß ich seit meiner Ankunft in La Ferté einem ausgeprägten Typ gegenüberstand: der Apotheose beleidigten Adels, dem gedemütigten Opfer unglücklicher Umstände, dem durch und durch ehrenwerten Gentleman, der einmal bessere Tage gesehen hat. Überdies umgab ihn etwas unwiederbringlich Englisches, ja pathetisch Viktorianisches – man konnte meinen, eine Seite Dickens schüttle meinem Freund die Hand. «Graf Bragard, ich möchte Ihnen meinen Freund Cummings vorstellen.» Er begrüßte mich mit klangvollem und höfischem Akzent von nicht zu verleugnender Kultur und streckte mir graziös seine blasse Hand entgegen. «Ich habe von Brown schon viel über Sie gehört und mir aufrichtig gewünscht, Sie kennenzulernen. Es ist mir ein Vergnügen, mit einem Freund meines Freundes Brown bekannt zu werden – einem geistesverwandten und intelligenten Menschen im Gegensatz zu diesen Schweinen hier» – er wies verächtlich in den Saal. «Ich sehe, Sie gehen spazieren. Ich darf mich Ihnen wohl anschließen?» Monsieur Auguste meinte taktvoll, «*Je vais vous voir toute à l'heure, mes amis*», und verließ uns mit herzlichem Händedruck und einem eifersüchtigen, mißtrauischen Seitenblick auf Browns respektablen Freund.

«Sie sehen heute ausgezeichnet aus, Graf Bragard», sagte Brown liebenswürdig.

«Es geht mir auch ganz gut», antwortete der Graf. «Es ist – das wissen Sie natürlich ebenso wie ich – eine ungeheure Zumutung, auf jeden Luxus verzichten zu müssen, wenn man in vollendetem Stil zu leben gewohnt war. Dieser Schmutz» – er sprach das Wort unbeschreiblich bitter aus –, «dieses Zusammenpferchen der Menschen wie Vieh – sie behandeln uns hier nicht besser als Schweine. Die Kerle lassen ihren Dung im selben Raum fallen, wo sie schlafen – was kann man von solch einem Stall schon erwarten? *Ce n'est pas une existence*» – sein Französisch war geschmeidig und fehlerlos.

«Ich habe meinem Freund erzählt, daß Sie Cézanne kannten», sagte Brown. «Als Maler interessiert ihn das natürlich sehr.»

Graf Bragard blieb erstaunt stehen und zog seine Hände langsam unter den Rockschößen hervor. «Aber nein!» rief er überrascht. «Das ist ja ein kaum glaubliches Zusammentreffen! Ich bin selbst Maler. Vielleicht ist Ihnen schon dieses Abzeichen hier aufgefallen» – er deutete auf eine Plakette, die er an seinem linken Rockaufschlag befestigt hatte, und ich beugte mich vor und las die Worte: Im Kriegsdienst. «Ich trage sie immer», sagte er mit einem Lächeln distinguierten Schmerzes und nahm wieder seinen Gang auf. «Die hier haben ja alle keine Ahnung, was sie bedeutet, aber ich trage sie trotzdem. Ich war im Auftrag der *London Sphere* an der Front. Habe Schützengräben und so was gemalt. Wurde gut bezahlt – bekam fünfzehn Pfund die Woche. Warum auch nicht? Gehöre zur R.A.» (Royal Academy). «Meine Spezialität waren Pferde. Ich malte die schönsten Pferde Englands, unter anderem auch den Einzug des Königs beim letzten Derby. Kennen Sie London?» Wir verneinten. «Wenn Sie je nach London kommen, gehen Sie ins ...» (ich habe den

Namen vergessen) «Hotel, es ist eins der besten dort. Hat eine wundervolle, große Bar, ist ausgezeichnet eingerichtet – wirklich in erlesenem Geschmack. Es kann Ihnen bestimmt jeder sagen, wie Sie zum ... kommen. Dort hängt über der Bar auch eines meiner Bilder: *Straight-jacket*» (oder so ähnlich). «Es stellt das Pferd des Marquis von ... dar, das beim letzten Derby gewann. Ich war 1910 in Amerika. Kennen Sie vielleicht Cornelius Vanderbilt? Ich habe einige seiner Pferde gemalt. Wir wurden die besten Freunde, Vanderbilt und ich. Er hat für ein Bild hübsch was gezahlt – wissen Sie, so drei-, fünf-, sechstausend Pfund. Als ich abreiste, gab er mir diese Karte – Moment, ich habe sie hier irgendwo –.» Er blieb erneut stehen, suchte einen Augenblick in seiner Brusttasche und zog dann eine Visitenkarte hervor. Auf der einen Seite las ich den Namen «Cornelius Vanderbilt» – auf der andern, in kühner Handschrift: «Meinem lieben Freund Graf F. A. de Bragard», darunter das Datum. «Er wollte mich gar nicht fortlassen.»

Ich ging dahin wie im Traum.

«Haben Sie Ihr Skizzenbuch und Farben dabei? Wie schade. Ich nehme mir immer und immer wieder vor, meine Sachen aus England kommen zu lassen, aber Sie wissen ja – hier kann man einfach nicht malen. Völlig unmöglich – überall Schmutz, und diese verdreckten Leute – und wie das stinkt! Bah!»

Ich mußte einen Anlauf nehmen, um ihn zu fragen: «Wie sind Sie denn überhaupt hierhergekommen?»

Er zuckte die Achseln. «Wie? – ja, das fragen Sie mich zu Recht. Ich kann es Ihnen nicht sagen. Es muß wohl irgendein unerklärlicher Irrtum gewesen sein. Sobald ich hier ankam, sprach ich mit dem *Directeur* und dem *Surveillant*. Der *Directeur* sagte, er wisse von nichts – der *Surveillant* gestand mir vertraulich, es sei ein Versehen der französischen Regierung, ich würde bald entlassen. Er ist gar nicht so übel. Na, so warte ich eben: Ich hoffe mit jedem Tag auf die Order der englischen Regierung für meine Entlassung. Das Ganze ist einfach lächerlich. Ich habe das auch der Botschaft geschrieben. Sowie ich nur einen Fuß aus diesem Loch hinausgesetzt habe, werde ich die französische Regierung auf zehntausend Pfund verklagen – als Schadenersatz für meine verlorene Zeit. Stellen Sie sich vor – ich hatte Verträge mit zahlreichen Abgeordneten des Oberhauses – da brach der Krieg aus, und ich wurde von der *Sphere* an die Front geschickt – und nun bin ich hier, jeder Tag bedeutet unwiederbringliche Verluste für mich, ich verkomme in diesem furchtbaren Loch. Die Zeit, die ich schon verschwendet habe, hat mich bereits ein Vermögen gekostet.»

Er blieb dicht vor der Tür stehen und sprach pathetisch: «Man könnte genau so gut tot sein.»

Er hatte den Satz kaum beendet, als ich entsetzt zusammenfuhr: Draußen auf dem Gang flammte plötzlich genau jener furchtbare Lärm auf, der Scrooge Marleys Geist ankündigte – ein gräßliches Klirren und Kettengerassel. Wäre Marleys durchsichtige Gestalt jetzt einfach aus der Wand getreten und hätte sich zu der Dickens'schen Figur an meiner Seite gestellt – ich wäre weniger überrascht gewesen als über das, was wirklich geschah.

Die Türen öffneten sich mit unheimlichem Dröhnen, und mitten im Dröhnen stand eine zarte, kleine, seltsame Person, die entfernt an einen alten Mann erinnerte. Das Hauptmerkmal des Gespenstes war etwas peinlich Nacktes, das auf dem völligen Mangel aller Voraussetzungen und Vorzüge des Alters beruhte. Hilflos und gebrechlich trug sein kleiner, gebückter Körper ungewöhnlich schwer an einem Kopf von absurder Größe, der sich jedoch auf dem fleischlosen Hals erschreckend lebhaft bewegte. Trübe Augen saßen in den glattrasierten Falten des völlig hoffnungslosen Gesichts. Neben den Knien hingen die Hände: schmal und kindlich. In den schlaffen Mund hatte sich eine dünne Zigarette geklemmt und rauchte sich bedächtig von selbst.

Auf einmal deutete die Gestalt mit spinnenhafter Unbedingtheit auf mich.

Ich dachte, jetzt ist es aus.

Eine mechanische Stimme sagte in der Nähe meiner Füße: «*Il vous faut prendre des douches*» – ich glotzte dumm. Vor mir schwebte das Gespenst. Es sah an mir vorbei und betrachtete das Fenster. «Sie müssen baden», fügte es nach einigem Nachdenken in englisch hinzu – «Kommen Sie mit.» Plötzlich wandte es sich um. Es eilte zur Tür. Ich folgte. Seine hastigen, totengleichen Puppenhände schlossen und verriegelten im Nu geschickt die Türen. «Kommen Sie», sagte seine Stimme.

Es eilte vor mir her. Durch zwei schmutzige Stockwerke, hinunter über schmale, ausgetretene Treppen. Dann bog es nach links ab und ging durch eine bereits offenstehende Tür.

Ich stand in der feuchten, sonnenlosen Morgenluft.

Es eilte nach rechts, am Gebäude entlang. Ich folgte mechanisch. In der Ecke, die ich eben vom Fenster aus gesehen hatte, begann der zweieinhalb Meter hohe Stacheldrahtzaun. Das Wesen blieb stehen, holte einen Schlüssel hervor und schloß das Tor auf. Ein Meter Stacheldraht schwang nach innen. Es trat ein, ich hinterher.

In Sekundenschnelle war das Tor hinter mir verschlossen, und es ging an einer Wand entlang, die im rechten Winkel zu der vorherigen lag. Ich schritt dem Wesen nach. Eben noch war ich in einer freien Welt gewesen: Jetzt war ich wieder Gefangener. Der Himmel hing noch über mir, der naßkalte Morgen umfächelte mich; Mauern aus Stacheldraht und Stein aber sagten mir, daß der Augenblick der Freiheit verweht war. Ich kreuzte nun einen Weg; nicht breiter als das Tor. Zu meiner Linken trennte mich Stacheldraht von dem berühmten *cour*, in dem *les femmes se promènent* – ein Rechteck, etwa 15 Meter breit und 60 lang, mit einer Mauer am entgegengesetzten Ende und im übrigen mit Stacheldraht umgeben –, zu meiner Rechten graue, steinerne Einförmigkeit, die Langeweile des Regelmäßigen und Senkrechten, die grausame Schwere des Schweigens...

Automatisch war ich die sechs oder acht Schritte hinter

dem fliehenden Gespenst hergeeilt, als sich – rechts über mir – der graue Stein zu einem weiblichen Dunkel ballte, welches das Harte, Winklige auflöste im modrigen Ausbruch verquollenen, sich windenden Gelächters. Ich stockte, sah empor und stieß mit dem Blick auf ein Fenster, das mit vier wilden Fragmenten gedrängten GESICHTS ausgefüllt war: vier fahle, zottige Scheiben, hungrig starrend; vier Paar seltsam schwelender, flinker Augen; acht Lippen, die in zähem, zahnlosem Kichern bebten. Plötzlich erhob sich über und hinter diesen Terrors ein einziger Horror der Schönheit – ein jugendlich kraftvoller Kopf, ein elfenbeinernes, wirkliches Gesicht, eine Nacht von festem, lebendigem, eisigem Haar, ein weißes, großes, schreckliches Lächeln.

...Das Wesen wenige Schritte vor mir rief: «Kommen Sie!» Die Köpfe verschwanden wie durch Zauberei.

Ich stürzte vorwärts, trat durch eine schmale Tür in einen Raum von etwa fünfundzwanzig Quadratmetern, in dem sich ein kleiner Ofen, ein Holzstoß und eine Leiter befanden. Das Wesen plumpste durch eine zweite, noch schmalere Tür in einen öden, rechtwinkligen Raum, wo ich mich zu meiner Linken einer großen Zinnbadewanne und zur Rechten zehn hölzernen Zubern gegenübersah, die, jeder etwa ein Meter im Durchmesser, an der Wand entlang standen. «Ausziehen», befahl das Gespenst. Ich tat's. «Steigen Sie gleich in den ersten da.» Ich kletterte in den Zuber. «Sie müssen an der Kette ziehen», sagte das Gespenst und schleuderte seine Zigarette in die Ecke. Ich blickte hoch und entdeckte eine Kette, die von einem Behälter über meinem Kopf herunterbaumelte. Ich zog – und wurde von einem Schwall stechend eisigen Wassers begrüßt. Ich sprang aus dem Zuber. «Hier, Ihr Handtuch. Trocknen Sie sich ab» – es händigte mir einen Lappen aus, der kaum größer war als ein Taschentuch. «Los, los!» Ich zog mich an: naß und zitternd und alles in allem hundeelend. «Gut. Kommen Sie.» Ich folgte ihm; wieder durch den Raum mit dem Ofen, dann den Stacheldrahtweg hinunter. Ein heiserer Schrei quoll aus dem Hof, der voll war von Frauen, Mädchen und Kindern, darunter ein paar Säuglinge. Ich glaubte, einen der vier Terrors, die mich durchs Fenster willkommen geheißen hatten, zu erkennen – ein achtzehnjähriges Mädchen mit einem unsauberen, schwammigen Körper, der sich gegen das schmuddlige Kleid drängte. Ihre knochigen Schultern erstickten in einem Schal, der mit ausgekämmten Haaren übersät war. Ein riesiger, leerer Mund, eine rote Nase zwischen den bläulichen Wangen, die im Krampfhusten erzitterten. Dicht am Stacheldraht ging eine Gestalt, die mich an Gré erinnerte, mit geschultertem Gewehr und einem Revolver am Gürtel monoton auf und ab.

Der Geist jagte mich durch das Tor und an der Mauer entlang ins Haus, wo er, anstatt die Treppe hinaufzugehen, auf einen langen, düsteren Korridor wies, an dessen Ende ein rechteckiger Lichtfleck schimmerte. «Gehen Sie zum Spaziergang», sagte er kurz und verschwand.

Mit dem Gelächter der FÜNF noch in den Ohren und einer nicht geraden klaren Vorstellung vom Sinn des Daseins stolperte ich den Gang hinunter und rannte gegen eine schwerfällige Gestalt mit Stiernacken und dem üblichen Revolver, die wütend fragte: «*Qu'est-ce que vous faites là? Nom de Dieu!*» – «*Pardon. Les douches*», erwiderte ich, noch völlig verdattert von dem Zusammenstoß. – In wütendem Französisch fragte er, «Wer hat Sie zu den *douches* gebracht?» – Einen Augenblick war ich ratlos – dann fiel mir die Bemerkung von Fritz über den neuen *baigneur* ein: «Ri-schaar», antwortete ich gelassen. – Der Bulle schnaubte zufrieden. «Gehn Sie in den *cour*, aber ein bißchen schnell», befahl er. – «*C'est par là?*» fragte ich höflich. – Er starrte mich verächtlich an, ohne zu antworten. So nahm ich es auf meine Kappe, durch die nächste Tür zu gehen, und hoffte nur, er werde wenigstens so anständig sein, nicht auf mich zu schießen. Sowie ich die Schwelle überschritt, befand ich mich wieder im willkommenen Freien. Keine zehn Schritte vor mir entdeckte ich Brown; er lungerte mit etwa dreißig andern in einem *cour* herum, der etwa ein Viertel so groß war wie derjenige der Frauen. Ich schlenderte zu einem kleinen, verlotterten Tor im Stacheldraht und suchte die Klinke (da ich kein Vorhängeschloß sah), als eine erschrockene Stimme brüllte, «*Qu'est-ce que vous faites là!*» und ich blöde in die Mündung eines Gewehrs glotzte. Brown, Fritz, Härri, Bommel, Monsieur Auguste, der Bär und nicht zuletzt Graf de Bragard unterrichteten sofort den erregten *planton*, ich sei ein *Nouveau*, der gerade von den *douches* komme, wohin ich von Monsieur Ri-schaar geführt worden sei, und man müsse mich unbedingt in den Hof lassen. Der ängstliche Hüter des Himmels wollte sich durch diesen höheren Blödsinn nicht narren lassen und blieb hart. Glücklicherweise schrie da der stiernackige *planton* vom Tor her, «Laß ihn rein.» So wurde ich eingelassen – zur Genugtuung meiner Freunde und wider bessere Einsicht des Wächters über den *cour*, der etwas von Hab'-schon-mehr-als-genug-zu-Tun vor sich hin murmelte.

Ich hatte mich in der Größe des Männerhofes nicht geirrt: Er war sicher nicht mehr als zwanzig Meter lang und fünfzehn breit. Da ich die Rufe der *femmes* deutlich hören konnte, merkte ich, wie dicht die beiden *cours* nebeneinanderlagen. Sie waren durch eine drei Meter hohe Steinmauer, die ich bereits (vom Weg zu den *douches*) kannte, voneinander getrennt; diese Mauer bildete die eine Seite des *cour des femmes*. Im *cour* der Männer lief parallel dazu eine noch höhere Steinmauer – die beiden restlichen Seiten waren aus dem üblichen *fil-de-fer barbelé*.

Der *cour* war schlicht möbliert: In der Mitte der gegenüberliegenden Seite stand innerhalb des Stacheldrahts ein hölzernes Schilderhaus; ein merkwürdiges Gehäuse, das sich als Schwester der Bude oben im Saal entpuppte, schmückte die Mauer zur Linken, die zwischen den beiden *cours* entlang lief, während weiter oben an dieser Mauer eine waagerechte Eisenstange zwei Meter über dem Boden aus dem Stein vorsprang und am andern Ende auf einem Holzpfosten ruhte – was den Gefangenen offenbar Gelegenheit geben sollte, ein bißchen Gymnastik zu treiben. In der rechten oberen Ecke stand ein kleiner Holzschuppen, der in zweiter Linie ein beschränktes Obdach für *les hommes* bot, in erster Linie aber für einen höchst seltsamen Wasserwagen da war, der aus einem hölzernen Faß auf zwei Rädern und aus einer Deichsel bestand – sie konnte unmöglich für ein größeres Wesen als einen winzigen Affen gedacht sein (wie sich aber zeigen sollte, hatte ich sie des öfteren zu lenken); parallel zu der zweiten Steinmauer, jedoch in sicherer Entfernung davon, lagen ein paar Eisenträger – ein barbarisch kalter Sitz für jene Unglücklichen, die sich nicht lange auf den Beinen halten konnten. In der Nähe des Schuppens entdeckte ich Nummer 2 und 3 der Unterhaltungsspiele: eine riesige eiserne Kanonenkugel und die fast zwei Meter lange eiserne Achse eines verschrotteten Wagens; daran durften die Gefangenen ihre Kräfte erproben und sich ihre Zeit vertreiben (mit der sie nichts mehr anzufangen wußten, hatten sie sich erst einmal an der Eisenstange vergnügt); und schließlich erklärten ein Dutzend räudiger Apfelbäume, die mit der widerspenstigen Erde um ihr bißchen Leben kämpften, aller Welt, der *cour* sei eigentlich kein *cour*, sondern ein *verger*.

«*Les pommiers sont pleins de pommes;*
Allons au verger, Simone ...»

Die Beschreibung des *cour* wäre unvollständig, würde man die dem *planton* auferlegten mannigfaltigen Pflichten nicht aufzählen: zu verhüten, daß die Männer die Reckstange zu etwas anderem als zu Klimmzügen benützten; denn schwang man sich hinauf, so konnte man in den *cour* der Frauen hinübersehen; aufzupassen, daß niemand etwas über die Mauer in besagten *cour* warf; der Kanonenkugel auszuweichen, da diese die mysteriöse Angewohnheit hatte, der Neigung des Bodens nachzugeben und in erstaunlicher Schnelle auf das Schilderhaus zuzurollen; jeden, der das *cabinet d'aisance* benutzte, streng zu bewachen, damit er es nicht als Sprungbrett über die Mauer benütze; aus dem gleichen Grund zu verhindern, daß sich jemand auf die Eisenträger stellte; jeden zu beobachten, der den Schuppen betrat; darauf zu achten, daß ein jeglicher genau an die Wand neben dem *cabinet* urinierte; die Apfelbäume zu beschützen, in die unablässig gutgezielte Holzstücke und Steine flogen und die heiligen Früchte verscheuchten; dafür zu sorgen, daß niemand ohne Erlaubnis durch das Tor im oberen Zaun ein- oder ausging; Zeichen, Worte, Andenken oder andere Unsittlichkeiten zu melden, welche von den Gefangenen mit Mädchen ausgetauscht wurden, die an den Fenstern des Frauenflügels standen (eines dieser Fenster war es, aus dem man mich vorhin willkommen geheißen hatte) – doch auch die Namen besagter Mädchen mußten gemeldet werden, denn es war *défendu*, daß sich ein – ganz gleich welcher – Teil eines weiblichen Wesens am Fenster zeigte, während die Männer ihren Spaziergang machten; alle *rixes* im Keim zu ersticken und vor allem zu verhüten, daß die Männer die Wagenachse als Waffe zum Angriff oder zur Verteidigung verwandten; und schließlich: ein Auge auf den *balayeur* zu werfen, wenn er und sein Schubkarren das zweite Tor unweit des Schilderhauses am andern Ende passierten, um abzuladen.

Nachdem man mich mit den vielerlei *défendus* vertraut gemacht hatte, durch welche die Handlungsfreiheit beim Spaziergang eingeschränkt wurde, fuhren meine Freunde fort, den ansonsten etwas langweiligen Morgen zu beleben, indem sie eine Regel nach der anderen verletzten. Fritz machte fünfzehn Klimmzüge und saß dann plötzlich rittlings auf der Reckstange, was ihm einen Verweis einbrachte; Bommel kegelte mit der Kanonenkugel nach dem *planton* und entschuldigte sich wortreich in schlechtem Französisch; Härri, der Holländer, schleuderte die Wagenachse lässig über den halben *cour* hinweg, wobei er um ein Haar den Bären getroffen hätte; bei der nächsten Gelegenheit warf der Bär einen großen Stock gewandt in einen der heiligen Bäume, worauf ein verschrumpelter Apfel zu Boden fiel, um den sich wenigstens zwanzig Leute minutenlang stritten – und so ging es in einem fort. Die meisten Frechheiten erlaubten sie sich wegen einiger Mädchen, die sich dem Zorn der Obrigkeit widersetzt hatten und den Morgen von ihren Fenstern aus genossen. Die Eisenträger dienten als Rennstrecke. Der Bretterschuppen wurde erklommen. Der Wasserwagen wurde von seinem rechtmäßigen Platz weggeschoben. *Cabinet* und *pissoir* wurden schändlich mißbraucht. Durch das Tor gingen andauernd Männer aus und ein, die behaupteten, sie seien durstig und müßten schnell mal um die Ecke, um einen Schluck Wasser aus dem Faß dort zu trinken. Ein Brief wurde heimlich über die Mauer in den *cour des femmes* geworfen.

Der *planton*, der sich all dies gefallen lassen mußte, war ein ernster Jüngling mit klugen Augen – weit auseinanderstehend in der blassen, ausdruckslosen Ellipse seines Gesichts, an deren unterer Rundung ein bißchen Flaum hing wie ein Federchen an einem Ei. Alles andere an ihm war durchaus normal, außer seinen Händen, die kein Paar bildeten. Die Linke war beträchtlich größer und aus Holz.

Zuerst war ich darüber etwas verwundert, erfuhr aber bald, daß alle *plantons* krankgeschrieben waren – mit wenigen Ausnahmen, die den festen Stab des *Surveillant* bildeten und von denen der Stiernackige ein Prachtsexemplar darstellte. Es waren denn auch *réformés;* solche schickte *le gouvernement français* von Zeit zu Zeit nach La Ferté und ähnlichen Stätten zu einer kleinen Exkursion; sobald sie sich in dieser heilsamen Umwelt erholt hatten, wurden sie wieder in die Schützengräben verfrachtet, damit sie dort ihren Beitrag für der Welt Sicherheit, Demokratie, Freiheit usw. leisteten. Ich erfuhr auch, daß man auf die einfachste Weise ins *cabinot* kommen konnte; man brauchte nur einen *planton*, vor allem einen *planton* vom Stamm, wie zum Beispiel den Stiernackigen (der im Ruf stand, auf diesem Gebiet besonders empfindlich zu sein), mit dem Ausdruck *embusqué* zu beleidigen. Dieses Verfahren schlug nie fehl. Wie wirksam es war, das konnten viele *hommes* und erst recht die Mädchen (von denen die *plantons* noch mehr verachtet wurden, da sie bei jeder Gelegenheit über das schwache Geschlecht zu triumphieren pflegten) mit ihren häufigen Anfällen von schwindsüchtigem Husten beglaubigen, die man deutlich vom entferntesten Ende des einen *cour* bis zum andern hörte.

In gut zwei Stunden erfuhr ich über La Ferté erstaunlich viel. Es war ein allgemeines Auffanglager, in das aus den verschiedensten Teilen Frankreichs geschickt wurden: a) Männer, die der *espionnage* verdächtig waren, und b) Frauen der bekannten Sorte, *qui se trouvaient dans la zone des armées*. Es wurde mir erklärt, es sei *pas difficile*, solche Glieder der menschlichen Gesellschaft aufzutreiben. Bei den Männern genügte es, Ausländer zu sein, vorausgesetzt, daß ihr Land neutral war (z. B. Holland); was die Mädchen anbetraf, so schloß die *zone des armées* – insofern als die Alliierten sich ständig zurückzogen (wie vor allem in Belgien) – immer wieder neue Städte ein, deren *petites femmes* dann automatisch arretiert wurden. Deswegen waren längst nicht alle Frauen in La Ferté *putains*. Es gab viele *femmes honnêtes;* sie waren die Frauen von Gefangenen, die ihre Männer zu bestimmten Zeiten im Flur unter dem Männerquartier treffen durften, wohin beide Teile von den *plantons* achtsam getrennt geführt wurden. Diese Frauen standen natürlich nicht unter Anklage. Sie waren freiwillig Gefangene, die das Leben in der Nähe ihrer Männer der Freiheit vorzogen. Viele von ihnen hatten Kinder, einige auch Säuglinge. Sodann gab es gewisse *femmes honnêtes,* die ihre Staatsangehörigkeit – wie so manchen aus dem Saal der Männer – die Freiheit gekostet hatte. Margherite, die *blanchisseuse,* zum Beispiel war eine Deutsche.

La Ferté Macé war genau genommen kein Gefängnis, sondern ein *Porte* oder *Camp de Triage:* das heißt die dorthin geschickten Personen mußten auf einen Untersuchungsausschuß warten, der aus einem Beamten, einem *avocat* und einem *capitaine de gendarmerie* bestand. Dieser Ausschuß inspizierte das Lager und untersuchte jeden einzelnen Fall, um zu entscheiden, wie weit der oder die Angeklagte sich schuldig gemacht hatte. Wurde er oder sie von der Kommission für schuldig befunden, so schickte man sie in ein reguläres Gefangenenlager *pour la durée de la guerre;* waren sie unschuldig, so wurden sie (theoretisch) freigelassen. Alle drei Monate einmal kam der Ausschuß nach La Ferté. Es muß hinzugefügt werden, daß es *prisonniers* gab, deren Fall schon zwei-, drei-, vier- und sogar fünfmal ergebnislos bearbeitet worden war. Manche *prisonnières* saßen ein Jahr, ja bis zu achtzehn Monaten in La Ferté.

Die Vorgesetzten in La Ferté waren der *Directeur* – der Oberbonze –, der *Surveillant*, dem die *plantons* unterstanden und der sich vor dem *Directeur* als Lagerverwalter zu verantworten hatte, und der *Gestionnaire,* der die Bücher führte. Als Gehilfen hatte der *Surveillant* einen Schreiber, der gelegentlich den Dolmetscher spielen mußte. Zweimal in der Woche kam ein französischer Militärarzt (*médecin major*), der ernste Fälle behandelte und die Frauen in regelmäßigen Abständen auf venerische Krankheiten untersuchte. Die tägliche Behandlung harmloser Leiden und leichter Verletzungen hatte Monsieur Ri-schaar (Richard) übernommen, der wahrscheinlich weniger von Medizin verstand als sonst jemand auf der Welt und der genau so *prisonnier* war wie wir, sich aber durch seine tadellose Führung eine bequemere Unterkunft erworben hatte. Einer der *balayeurs* wurde von Zeit zu Zeit aus den Reihen der Gefangenen La Fertés vom *Surveillant*, dem stellvertretenden *Directeur*, zum Küchengehilfen bestimmt. Der Koch selbst gehörte zum Stamm – wie auch Margherite und Richard – und war wie sie ein *boche*. Das hätte eigentlich verwundern sollen; aber der *Directeur* stellte im Aussehen, Auftreten und Handeln zweifellos genau das dar, was das Wort *boche* an Möglichkeiten in sich schließt.

«Er ist ein Hundesohn», sagte Brown liebevoll. «Sie brachten mich zu ihm, als ich vor zwei Tagen hier ankam. Sobald er mich erblickte, bellte er: ‚*Imbécile et inchrétien!*‘ Dann nannte er mich noch alles mögliche, unter anderem den SCHANDFLECK meines Landes, einen VERRÄTER an der heiligen Sache der Freiheit, einen SCHIMPFLICHEN Feigling und

GEMEINEN, kriecherischen Spion. Als er mit allem durch war, sagte ich, ‚*Je ne comprends pas le français.*' Da hättest du ihn sehen sollen!»

Die Trennung der Geschlechter blieb zwar – das soll nicht abgestritten werden – ohne Erfolg, aber sie wurde mit vorbildlicher Grausamkeit betrieben. Die Strafen bestanden für Männer wie für Mädchen in *pain sec* und *cabinot.*

«Was um alle Welt ist *cabinot?*» erkundigte ich mich.

Es gab mehrere *cabinots.* Für jedes Geschlecht eins, und dann noch ein paar extra. Brown wußte darüber genau Bescheid durch Härri und Bommel, die fast ihre ganze Zeit im *cabinot* verbrachten. Die Zellen waren etwa zweieinhalb Quadratmeter groß und knapp zwei Meter hoch. Sie hatten kein Licht und keinen Fußboden (drei *cabinots* lagen im Erdgeschoß), und der Boden war immer naß und stand oft mehrere Zentimeter unter Wasser. Der Arrestant wurde bei Strafantritt nach Tabak durchsucht, seines *paillasse* und der Decke beraubt und gebeten, auf ein paar Brettern auf dem Boden zu schlafen. Man brauchte nicht einmal einen Brief an jemand vom andern Geschlecht zu schreiben oder etwa einen *planton embusqué* zu nennen, um im *cabinot* zu landen. Eine Frau zum Beispiel, eine Ausländerin, hatte den Brief an ihre Gesandtschaft, anstatt ihn über das *bureau* zu leiten (wo alle Briefe vom Schreiber gelesen wurden, ob sie auch nichts Nachteiliges über die Vorgesetzten oder Verhältnisse in La Ferté enthielten), nach draußen geschmuggelt und *attrapait vingt-huit jours de cabinot.* Sie hatte bereits dreimal geschrieben und die Briefe ordnungsgemäß dem *Surveillant* ausgehändigt, jedoch nie eine Antwort erhalten. Fritz, der nicht einmal ahnte, warum er eingesperrt war, und sich wie verrückt bemühte, mit seiner Botschaft in Verbindung zu kommen, hatte ebenfalls mehrere Briefe geschrieben, wobei er darauf achtete, nur nackte Tatsachen festzustellen, und seine Post auch jedesmal pflichtschuldigst abgegeben; aber er hatte nie etwas bestätigt erhalten. Man mußte daraus folgern, daß Briefe von Ausländern an ihre Botschaft zwar der Vorschrift gemäß vom *Surveillant* entgegengenommen wurden, jedoch selten – wenn überhaupt je – aus La Ferté abgingen.

Brown und ich unterhielten uns ausgelassen über das gottgesandte Wunder, daß wir der *Vingt-et-Un* entkommen waren, als ein gütig aussehender Mann um die Fünfzig mit spärlichem, grauem Haar und einem Benjamin-Franklin-Gesicht auf der andern Seite des Zaunes aus der Tür kam, durch die ich nach meinem Zusammenprall mit dem Stiernackigen getreten war. «*Planton*», rief er dröhnend der Holzhand zu. «*Deux hommes pour aller chercher l'eau.*» Härri und Bommel waren mit dem vorsintflutlichen Wasserwagen schon am Tor – Härri schob hinten, Bommel zog an der Deichsel. Nachdem sich der Hüter des *cour* versichert hatte, daß der andere *planton* an der Ecke des Gebäudes wartete, um die beiden zu ihrem Ziel zu begleiten, kam er herbei und öffnete das Tor. Nicht weit vom *cour* entfernt stieß die Mauer, die ihn nach der einen Seite hin abschloß (und die parallel zu der Trennmauer der beiden *cours* verlief), auf das Gefängnisgebäude. Und hier war ein riesiges, mit zwei Vorhängeschlössern gesichertes Doppeltor, durch das die Wasserholer jetzt auf die Straße traten. Man sagte mir, weiter oben in der Straße, einige hundert Meter etwa, sei ein Hydrant. Der Koch (ich meine Benjamin F.) brauchte zweimal am Tag drei bis sechs Wagen voll Wasser. Es hatte sich eingebürgert, daß die Holer als Entgelt für die Arbeit des Holens eine Tasse Kaffee bekamen. Ich nahm mir vor, bei der nächsten Gelegenheit auch Wasser zu holen.

Härri und Bommel hatten ihren dritten und letzten Gang hinter sich und kehrten aus der Küche zurück. Sie schmatzten noch mit den Lippen und wischten sich mit dem Handrücken über den Mund. Ich starrte verloren in den trüben Himmel, als jemand von der Tür herüberbrüllte:

«*Montez les hommes!*»

Es war der Stiernackige. Wir reihten uns im *cour* auf, gingen durch die Tür an einem kleinen Fenster vorbei, das – wie ich erfuhr – zur Küche gehörte, den feuchten Flur entlang und die drei Treppen hinauf zum UNGEHEUREN RAUM. Hängeschlösser wurden aufgeschlossen, Ketten rasselten, die Tür flog auf. Wir traten ein. Stumm empfing uns der UNGEHEURE RAUM. Hinter uns flog die Türe zu und wurde vom *planton* verschlossen, den wir dann die ausgetretenen und altersschwachen Treppen wieder hinabsteigen hörten.

In der folgenden halben Stunde, zwischen dem Morgenspaziergang und dem Mittagessen – dem nächsten Punkt auf dem Programm – sammelte ich ergiebige Auskünfte über die Tagesordnung in La Ferté. Jeder Tag wurde durch die Schreie der *plantons* wie folgt eingeteilt:

1) «*Café*». Um 5.30 in der Frühe kamen ein *planton* oder *plantons* zum Saal herauf. Ein Mann ging in die Küche hinab und holte dort einen Eimer Kaffee.

2) «*Corvée d'eau*». Von Zeit zu Zeit wählten die Leute im UNGEHEUREN RAUM einen der ihren zum «*maître de chambre*» – oder grober ausgedrückt: zum Boss. Wenn der *planton* für den Kaffeeholer die Tür öffnete, mußte der *maître de chambre* mehrere Männer wecken (meistens sechs, die reihum bestimmt wurden), damit sie sofort die Eimer mit Urin und Exkrementen zur Tür trügen. Nachdem der Kaffee gekommen war, schleppten der *maître de chambre* und seine Mannschaft besagte Eimer und einige saubere Wassereimer ins Erdgeschoß, wo ein *planton* bereits auf sie wartete, um sie zu einer Senkgrube zu führen, die ein paar Meter hinter dem *cour des femmes* lag. Hier wurden die vollen Eimer ausgeleert – außer gelegentlich ein oder zwei Urineimern, die der *Surveillant* in den kleinen Garten des *Directeur* gießen ließ, wo dieser, wie man sich zuflüsterte, eine Rose für seine Tochter züchtete. Von der Senkgrube wurden die Leute des *corvée* zu einer Pumpe geführt, wo sie ihre Wassereimer füllten. Dann marschierten sie wieder zum Saal hinauf, um die leeren Eimer in einer Reihe an der Wand entlang aufzustellen – mit Ausnahme des einen, der ins *cabinet* kam. Die Wassereimer wurden dicht daneben abgesetzt. Die Tür wurde wieder verschlossen, und der *planton* ging hinunter.

Während die Männer des *corvée* ihre Pflichten erfüllten, genossen die andern ihren Kaffee. Danach erst machte sich der *corvée* über den Kaffee her. Der *maître de chambre* gestattete seiner Gruppe nicht länger als fünfzehn Minuten zu frühstücken. Dann brüllte er:

3) «*Nettoyage de chambre*». Einer besprengte den Boden aus einem der Eimer, die gerade heraufgebracht worden waren. Die andern der Mannschaft fegten den Saal und vereinigten ihre Haufen zu einem kleinen Berg vor der Tür. Das dauerte ungefähr eine halbe Stunde.

4) Nach dem Fegen hatten die Männer bis 7.30 nichts mehr zu tun. Dann erschien der *planton* und verkündete sein «*A la promenade les hommes*». Die Leute vom *corvée* trugen jetzt das Ergebnis ihrer vorherigen Arbeit hinunter. Die andern gingen in den *cour* – oder auch nicht, je nach Lust und Laune. Der Morgenspaziergang war freiwillig. Um 9.30 rief der *planton:*

5) «*Montez les hommes!*» Wer am Morgenspaziergang teilgenommen hatte, wurde jetzt die Treppe hinauf in den Saal geführt; der *corvée* trug die Exkremente hinunter, die sich in der Zeit des Spazierganges oben angesammelt hatten; daraufhin waren alle für eine halbe Stunde oder eben bis zehn Uhr eingeschlossen; dann kam wieder ein *planton* herauf und kommandierte:

6) «*A la soupe les hommes!*» Alle eilten zu dem Gebäudeflügel hinunter, der gegenüber dem *cour des hommes* lag und wo bis etwa 10.30 Mittag gegessen wurde; anschließend hieß es:

7) «*Tout le monde en haut!*» Man hielt nun im Saal eine zweieinhalbstündige Verdauungspause. Um ein Uhr kam ein *planton* herauf und gab entweder bekannt:

8) «*Les hommes à la promenade!*» (in diesem Fall war der Nachmittagsspaziergang freiwillig) oder: «*Tout le monde en bas*», woraufhin alle wohl oder übel hinunter mußten und «*plucher les pommes*» – die Kartoffeln (das *pièce de résistance* von *la soupe*) wurden mal von den Männern, mal von den Mädchen geschält und geschnitten. Um 3.30 hieß es dann wieder:

9) «*Tout le monde en haut!*» Die Welt ging hinauf, die Leute vom *corvée* trugen Exkremente hinunter, und alle wurden bis 4 eingeschlossen; danach erschien ein *planton*, der ausrief:

10) «*A la soupe*», das war das Abendbrot, beziehungsweise das *dîner*. Nach dem Essen konnte man eine Stunde spazierengehen, sofern man dazu Lust hatte, wenn nicht, durfte man in den Saal zurückkehren. Um acht Uhr machte der *planton* seine letzte Runde und verkündete:

11) «*Lumières éteintes!*»

Der schrecklichste Ruf der *plantons*, der nicht in ihrem normalen Dienstplan der *planton*-Rufe enthalten war, hieß: «*A la douche les hommes!*» – worauf alle, selbst die Kranken, Toten und Sterbenden, zum Baden hinunter mußten. Obwohl *les douches* nur alle *quinze jours* verabreicht wurden, fand sie doch jeder so entsetzlich, daß der *planton* sogar unter den *paillasses* nach Männern suchen mußte, die immer noch lieber dort sterben wollten, als in den Duschraum zu gehen.

Als ich bemerkte, der *corvée d'eau* müsse doch recht unangenehm sein, erklärte man mir, er habe auch sein Gutes. Denn auf dem Weg, der vom Haus zur Senkgrube führte, könne man leicht ein verstohlenes Zeichen mit den Frauen austauschen, die alles daransetzten, um zu dieser Zeit am Fenster zu sein. Deshalb wohl übernahmen Härri und Bommel gegen eine kleine Gegenleistung häufig die *corvées* ihrer Freunde. Die Mädchen, so klärte man mich auf, hatten ihren *corvée* (wie auch die Mahlzeiten) gleich nach den Männern, und da die *plantons* sagenhaft dumm waren, ergab es sich hin und wieder, daß sich beide Teile begegneten.

In diesem Augenblick fragte mich jemand, wie mir meine *douche* gefallen habe.

Ich ließ gerade einen Schwall unflätiger Schimpfworte los, als ich von jenem greulichen Klirren und Rasseln unterbrochen wurde, das jedesmal dem Öffnen der Tür vorausging. Eine Sekunde später flog sie weit auf; im Eingang stand der Stiernackige mit einem riesigen Schlüsselbund in den Klauen und schrie:

«*A la soupe les hommes!*»

Sein Brüllen verlor sich in einem furchtbaren Durcheinander, in einem rücksichtslosen Gerenne und Gejage; denn jeder wollte, mit dem Löffel in der·Hand, der erste an der Tür sein. Brown sagte ruhig, wobei er seinen Löffel unter dem *paillasse* hervorzog, auf dem wir gesessen hatten: «Du bekommst unten einen, versteck ihn gleich, sobald du ihn hast, sonst wird er dir geklaut.» Wir schlossen uns der drängelnden, brüllenden Menge bei der Tür an – zusammen mit Monsieur Bragard, der den Morgenspaziergang nicht mitgemacht hatte und der zu vornehm war, um sich zu beeilen, wenn es um einen solch niedrigen Trieb wie den Hunger ging. Ich war noch nicht so verhungert, als daß mir die schlagartige Veränderung nicht aufgefallen wäre, die mit den Bewohnern des UNGEHEUREN RAUMES vor sich ging. Selbst Circe kann die Männer nicht in solch schweinische Bestien verwandelt haben. Unter diesen animalisch verzerrten Gesichtern erkannte ich die meiner verschiedenen Bekannten kaum wieder. Jedoch war die vom Ruf des *planton* ausgelöste Verwandlung nicht nur erstaunlich, sondern auch unheimlich – aber kein bißchen erschütternd. Diese vor Wollust flackernden Augen, dieses obszöne Grinsen auf verzerrten Lippen, diese Leiber, die sich geil und ungezügelt wanden und drängten, waren für mich von einer gewissen irrsinnigen Schönheit. Vor dem Herrn ihres Schicksals klebten etwa dreißig Kreaturen widerlich und hemmungslos in einem einzigen Chaos der Gier zusammen – eine wogende Masse vitaler Unmenschlichkeit. Während ich dieses grausige, seltsame Wunder betrachtete, diese herrliche Offenbarung der unheilvollen Alchimie HUNGER, fühlte ich, daß auf einmal der letzte Rest Individualismus verschwand – aufgesogen von einem tanzenden, stürmenden Pulsschlag.

Der Stiernackige bellte:

«*Est-ce que vous êtes tous ici?*»

Ein schrilles Gebrüll aller Sprachen antwortete ihm. Er blickte geringschätzig um sich – blickte auf die dreißig schreienden Gesichter, von denen ihn jedes am liebsten aufgefressen hätte – samt Ledergamaschen, Revolver und allem Drum und Dran. Dann kommandierte er:

«*Allez, descendez!*»

Drängend, stoßend, streitend, brüllend – so schoben wir uns langsam durch die Tür. Lächerlich. Entsetzlich. Ich fühlte mich wie eine glorreiche Mikrobe auf Gedeih und Verderb in den riesigen, absurden Lärm eingeschlossen. Brown ging neben mir. Ein wenig vor uns protestierte Monsieur Augustes Stimme. Graf Bragard bildete die Nachhut.

Als wir endlich den Flur erreicht hatten, war mir der Atem völlig abgepreßt worden. Erst auf dem Gang, der etwas breiter war als die Treppen, konnte ich wieder Luft holen und um mich sehen. Brown brüllte mir ins Ohr:

«Sieh dir nur die Holländer und Belgier an! Die sind immer vorne dran, wenn's was zu essen gibt.»

Tatsächlich, die ersten dieser sonderbaren Prozession waren John-der-Bademeister, Härri und Bommel. Doch Fritz war gleich der nächste und schubste seine Vordermänner. Ich hörte Monsieur Auguste mit seiner Kinderstimme schreien:

«*Si tout-le-monde veut marcher dou-ce-ment nous allons ar-ri-ver plus tôt! Il faut pas faire comme ça!*»

Dann plötzlich verebbte das Gebrüll. Das *mêlée* löste sich auf. Wir marschierten in graden Reigen. Brown sagte:

«Der *Surveillant!*»

Am Ende des Flurs, dem Küchenfenster gegenüber, ging es eine Treppe hinauf. Auf der dritten Stufe von unten stand Er (wippte vor und zurück, wand unablässig die mageren Finger auf dem Rücken nervös ineinander, hatte das *képi* so weit ins Leichengesicht gezogen, daß sein Schild beinahe die unsteten, tiefliegenden Augen verdeckte, die unter den wuschligen Augenbrauen hervorblinzelten, und hatte seinen pompösen Hahnenkörper in eine funkelnde Uniform gekleidet, die Wickelgamaschen straff angezogen und das *croix* poliert) – stand er, der Fechter. Er wirkte so frisch ausstaffiert, daß ich mir das Lachen nicht verkneifen konnte. Und diese Haltung – zu ulkig: Napoleon läßt sein Auge über das französische Heer schweifen.

Die erste Reihe unsrer Kolonne war bei ihm angelangt. Ich glaubte, es ginge jetzt durch die Tür, hinaus ins Freie – wie auf meinem Weg von *les douches* zu *le cour*. Die Spitze bog jedoch scharf rechts ab und dann noch einmal scharf links; da sah ich auch schon einen kleinen Speisesaal, der bisher von der Treppe fast völlig verdeckt gewesen war. Im selben Augenblick passierte ich bereits den Fechter und betrat den Saal. Ich befand mich in einem annähernd quadratischen Raum mit mehreren Säulenreihen. Als die Kolonne in die Halle eingeschwenkt war, hatte sie kurz gestockt. Jetzt erst merkte ich, warum es so langsam vorangegangen war: Kaum war man über die Schwelle getreten, so schob man sich an einem Tisch vorbei und erhielt dort vom Küchentisch ein Stück Brot. Als Brown mit mir an den Tisch trat, lächelte und nickte ihm der Brotverteiler freundlich entgegen, dann suchte er einen großen Ranken heraus und steckte ihn Brown so schnell zu, als täte er etwas Verbotenes. Brown stellte mich vor, worauf sich Lächeln und Aussuchen wiederholten.

«Er glaubt, ich sei Deutscher», flüsterte mir Brown zu, «und du auch einer.» Dann laut zum Koch: «Mein Freund braucht einen Löffel. Er ist erst heute morgen gekommen und hat noch keinen.»

Der großartige Kerl am Brottisch sagte hierauf zu mir: «Gehn Sie zu dem Fenster da drüben und richten Sie von mir aus, man solle Ihnen einen Löffel geben, dann werden Sie einen fassen.» Ich durchbrach die wartende Schlange, ging auf das Küchenfenster zu und wandte mich an ein Schelmengesicht dahinter:

«*Une cuillère, s'il vous plaît.*»

Das Schelmengesicht, das mit hoher, schwacher Stimme vor sich hingeträllert hatte, fragte kritisch, wenn auch nicht unfreundlich:

«*Vous êtes un nouveau?*»

Ich bestätigte dies und sagte, ich sei erst spät in der letzten Nacht eingetroffen.

Er verschwand, kam wieder, händigte mir einen Blechlöffel und einen Becher aus und sagte:

«*Vous n'avez pas de tasse?*» – «*Non*», sagte ich.

«*Tiens. Prends ça. Vite.*» Und dabei deutete er mit dem Kopf auf den *Surveillant* hinüber, der die ganze Zeit hinter mir auf der Treppe stand.

Aus den Worten des Kochs hatte ich geschlossen, man werde mir etwas zuwerfen, das ich dann «fassen» müßte; nun aber erleichterte mich der wahre Sachverhalt. Als ich wieder in den *salle à manger* zurückkehrte, wurde ich von Rufen und Winken empfangen und sah, daß dort *tout le monde* lärmend auf Holzbänken saß, die zu beiden Seiten eines ellenlangen Tisches aufgestellt waren. Auf der einen Bank war eine winzige Lücke, wo Brown mir mit Hilfe von Monsieur Auguste, Graf Bragard, Härri und einigen anderen Mitgefangenen einen Platz freigehalten hatte. In Sekundenschnelle war ich über die Bank geklettert, zwängte mich mit Löffel und Becher in die Lücke und harrte der Dinge, die da kommen sollten.

Der Lärm war einfach furchtbar. Genau genommen war er grenzenlos. Hier und dort flackerten in der akustischen Finsternis wild die Flammen derber, unverblümter, absurder Flüche auf. Optisch war das alles nicht weniger phänomenal: sich schüttelnde, schwankende, leichenhafte Gestalten hockten da und prahlten, hämmerten mit ihren kleinen Löffeln und brüllten heiser und frech. Offensichtlich hatte man *Monsieur le Surveillant* völlig vergessen. Dann plötzlich weitete sich das Gebrüll ins Unerträgliche. Der Schelm watschelte wehleidig herein, vom *chef* persönlich gefolgt, und beide trugen eine riesige Schüssel mit irgendwas Dampfendem. Mindestens sechs Leute erhoben sich gleichzeitig, fuchtelten mit den Armen und plärrten: «*Ici*» – «*Mais non, ici*» – «*Mettez le ici*» –

Die Träger setzten ihre Bürden vorsichtig ab, die eine am Kopfende des Tisches, die andere in der Mitte. Die vor den

Schüsseln Sitzenden standen jetzt auf. Dann nahm jeder seinen leeren Teller und gab ihn an den Nachbarn weiter. Die Teller gelangten zu den Schüsseln, wurden unter wüsten Beschuldigungen und Protesten gefüllt – «*Mettez plus que ça*» – «*C'est pas juste, alors*» – «*Donnez-moi encore des pommes*» – «*Nom de Dieu, il n'y en pas assez*» – «*Cochon, qu'est-ce qu'il veut?*» – «Halt die Schnauze!» – «*Godverdomme*» – und kehrten schließlich einer nach dem andern wieder zurück. Wer seinen Teller hatte, machte sich sofort schlabbernd darüber her. Endlich stand auch vor mir diese noch leicht dampfende, urinfarbene, kreisrunde Flüssigkeit, in der glasige, unentschlossene Schnipfel roher Kartoffeln schwammen. Ich folgte dem Beispiel meiner Nachbarn und beschäftigte mich mit *La Soupe*. Sie war lauwarm und völlig geschmacklos. Dann untersuchte ich das Brot: Es hatte einen bläulichen Schimmer und schmeckte modrig und säuerlich. «Wenn du es in die Suppe brockst», riet mir Brown, der mich von der Seite her beobachtete, «ist beides genießbarer.» Ich versuchte es. Es war ein voller Erfolg. Wenigstens hatte man jetzt das Gefühl, man bekomme etwas in den Bauch. Zwischen jedem Schluck stieg mir der Geruch des Brotes in die Nase. Es roch nach einem alten Speicher, auf dem Papierdrachen und andrer Trödelkram im schweigenden Dämmer allmählich verstauben.

Brown und ich waren mit unserer Suppe gerade fertig, als man links hinter uns das Schnarren eines Schlosses hörte. Ich drehte mich um und sah, wie in der Ecke des *salle à manger* eine schmale Tür mysteriös erzitterte. Schließlich flog sie auf und gab den Blick frei auf eine Art kleinen Schanktisch und ein Gelaß, das voller Sachen war; offenbar Lebensmittel und Tabak. In dem Gelaß hinterm Schanktisch stand eine breithüftige, energisch aussehende Dame. «Das ist die Kantine», sagte Brown. Wir kletterten über die Bank, mit dem Löffel in der Hand, das Brot daraufgespießt, und gingen auf die Dame zu. Ich hatte natürlich kein Geld, aber Brown versicherte mir, daß ich noch heute den *Gestionnaire* zu Gesicht bekäme und mit ihm sprechen könne, damit er mir etwas von meinem Geld auszahle, das die Gendarmen aus Gré, als sie mich hier ablieferten, dem *Surveillant* in Verwahrung gegeben hatten. Eventuell könne ich ja auch etwas von meinem Konto bei Norton-Harjes in Paris abheben. Bis dahin habe er *quelques sous*, die sich ausgezeichnet in *chocolat* und Zigaretten umsetzen ließen. Die füllige Dame strahlte eine angenehme Ruhe aus, etwas ungemein Schlichtes, wodurch mir Browns Vorschlag noch anziehender schien. Außerdem hatte ich ein unangenehmes Gefühl in der Magengegend, dank der einzigartigen Qualität des soeben genossenen Essens, und mir wurde wahrhaftig warm bei dem Gedanken an so etwas Solides wie *chocolat*. So erstanden wir (beziehungsweise Brown) ein *paquet jaune* und Schokolade, die garantiert nicht von Menier war. Die noch verbleibenden *sous* verschwendeten wir an ein Glas roten, herben *pinard*. Feierlich und glücklich stießen wir erst auf die Gastgeberin dieser großen Stunde an, dann tranken wir uns gegenseitig zu.

Außer uns stand keiner vor der Kantine, so daß ich mich ein bißchen zur Schau gestellt fühlte. Als jedoch Härri, Bommel und John-der-Bademeister heransprengten und Zigaretten verlangten, war meine Befangenheit schnell verflogen. Überdies war der *pinard* ausgezeichnet.

«Na, los da! Stellt euch auf!» schrie der Stiernackige heiser, als wir fünf gerade in Fahrt kamen; wir ordneten uns in den Zug der Mitgefangenen ein, die ihr Brot und ihren Löffel in der Faust hielten und einmütig gähnend, rülpsend und trompetend dem Ausgang zuschoben.

«*Tout le monde en haut!*» brüllte der *planton*.

Langsam zottelten wir durch den schmalen Flur und an der Treppe vorbei (die jetzt von ihrer napoleonischen Last frei war), den Gang entlang und die knarrenden, ausgetretenen, feuchten Stufen hinauf und (nach der üblichen Pause, während der die Eskorte mit Ketten und Schlössern rasselte) hinein in den UNGEHEUREN RAUM.

Das war so etwa um zehn Uhr dreißig.

Womit ich mich von zehn Uhr dreißig bis nach dem Abendessen (beziehungsweise der 4-Uhr-Suppe) beschäftigte, was ich schmeckte, tat, roch, sah und hörte – geschweige berührte – ich weiß es nicht mehr. Ob es dieses Glas *pinard* war (zusätzlich zu oder vielmehr zusammen mit der völligen Erschöpfung durch meine Reise am Vortag), das mich vorübergehend das Tor des Vergessens durchschreiten ließ, oder ob es die helle Erregung über meine ultra-neue Umgebung war, die für meinen sogenannten Verstand einfach zuviel wurde – ich weiß es wahrhaftig nicht. Sicher dürfte sein, daß ich den Nachmittagsspaziergang mitmachte. Danach muß ich wohl hinaufgegangen sein, um im UNGEHEUREN RAUM auf mein Abendessen zu warten. Von dort bin ich (nach der festgesetzten Zwischenzeit) zweifellos hinuntergegangen, um *La Soupe Extraordinaire* zu fassen... ja, denn ich erinnere mich noch genau an den Schrei, der mich plötzlich wieder in die Welt der Wirklichkeit zurückriß... und, mein Gott, ich hatte gerade erst ein Glas *pinard* getrunken... da hieß es –

«*A la promenade*»,... wir hielten unsere Löffel und unser Brot fest in den Händen und schritten *en queue* durch die Tür des Eßsaals, wandten uns dann nach rechts und wurden aus der Tür, die der Küche gegenüber lag, ins Freie gespien. Ein paar Schritte – und schon gingen wir durch das kleine Tor im Stacheldrahtzaun des *cour*.

Da ich mich nach meinem abermaligen Besuch der Kantine recht wohl fühlte und über meine Verdauung des seltsamen Abendessens wahrhaftig nicht klagen konnte, war ich beinahe wieder klar im Kopf. Graf Bragard hatte zwar auf den Abendspaziergang verzichtet, um im UNGEHEUREN RAUM bleiben zu können, dafür entdeckte ich aber in der Menge die mir jetzt schon vertrauten Gesichter der drei Holländer – John, Härri und Bommel – und auch den Bären, Monsieur Auguste und Fritz. Im Verlauf der nächsten Stunde machte ich – wenn auch nicht persönlich, so wenigstens optisch – noch mit fast einem Dutzend anderen Bekanntschaft.

Einer war ein komischer, kindischer Kauz von vielleicht fünfunddreißig, der eine schwarze Weste trug, ein Paar fadenscheinige Hosen, ein kragenloses gestreiftes Hemd mit goldenem Kragenknopf, der offenstand, eine ausgeweitete Mütze (die er sich so weit ins Gesicht gezogen hatte, daß ihr Schild beinahe seine buschigen Augenbrauen, ja sogar seine Schlitzaugen verdeckte), und dazu wahrlich passende Segeltuchschuhe. Sein Gesicht war nichtssagend und leer. Er steckte meistens bei Fritz und tat – wenn sich ein Mädchen aus dem Fenster lehnte – alles, den starken Mann zu spielen, was neben der natürlichen, athletischen Haltung seines Mentors einfach absurd wirkte. Er versuchte (und glaubte offenbar, es gelinge ihm) englisch oder wenigstens englische Worte zu sprechen; aber abgesehen von ein paar Obszönitäten, die er erstaunlich flüssig von sich gab, machte ihm sein Wortschatz allerhand zu schaffen. Selbst wenn er sich mit Fritz auf dänisch unterhielt, was recht häufig geschah, kamen ihm die Worte äußerst ungeschickt über die Lippen; dadurch hatte man den Eindruck, einen Gedanken zu begreifen oder gar zu formulieren erfordere vom Verstand gemeinhin eine maßlose Anstrengung. Er war unbeschreiblich eitel und setzte sich bei jeder Gelegenheit in Pose. Ansonsten war er gutartig – auf seine einfältige Art. Man muß ihm außerdem zugestehen, daß er sich nie unterkriegen ließ. Nachdem er schwankend ein paar Minuten unter dem Gewicht der Stange ausgehalten hatte, die Fritz, angefeuert vom Blick einer Frau, mit Leichtigkeit vierzehnmal stemmte, brach der kleine Mann plötzlich zusammen – aber nichts von Verlegenheit in seinem schmalen Gesicht! Im Gegenteil, er schien völlig mit sich zufrieden zu sein und heischte mit der Haltung, die er jetzt einnahm, nachdrücklich Anerkennung. Wenn er sich aufrichtete und seinen Brustkasten vorwölbte, ähnelte er ein bißchen einem Zwerghahn. Schlich er aber dicht hinter Fritz her, sah er wie ein zerbrechlicher Affe aus – so ein Affe auf der Stange, der allenfalls zu ein paar ungeschickten Possen fähig ist. Er hieß Jan.

Auf dem schweren Eisenträger saß wundervoll selbstvergessen einer mit roten Backen und blauen Augen; er hatte einen dunklen Anzug an, der offensichtlich sehr gepflegt wurde, und trug eine kleine Mütze auf dem Kopf. Dieser Mann verhielt sich, im Gegensatz zu den andern Spaziergängern im *cour*, bemerkenswert zurückhaltend. Seine Ausgeglichenheit strahlte eine herrliche Ruhe aus. Seine Augen waren auffallend sanft. Sie wollten anscheinend nichts von den Menschen und Dingen hier aufnehmen. Er war scheu wie ein Wild – das nahm mich sofort für ihn in. Vielleicht hatte er Angst. Niemand kannte ihn oder wußte etwas über ihn. Ich entsinne mich nicht mehr, wann wir erfuhren, wie er hieß; jedenfalls nannten Brown und ich ihn den Schweiger.

Ein außergewöhnliches Menschwesen schlenderte über den *cour*; es fühlte sich durch die Bestien Härri und Bommel sichtlich eingeschüchtert, brachte es aber trotzdem fertig, seinerseits etliche Mitgefangene einzuschüchtern. Dieses Wesen ekelte mich schon an, als ich es mir zum ersten Mal genau betrachtete. Eine zur Fülle neigende Gestalt, gut gekleidet – aber beachtenswert erst vom Hals an aufwärts. Was für ein Kopf! Ein riesiger Schädel, über der hohen Stirn ein dichter Staubwedel weicher, nach hinten gekämmter Haare – Haare von aufdringlichem Blond, die über den roten, speckigen Nacken bis fast auf die Schultern fielen. In dieser Pianisten- oder Künstlermähne, die mit den Schritten ihres Besitzers *en masse* auf und ab tanzte, versuchten sich zwei große, abstehende und brutal weiße Ohren zu verbergen. Ein Reynard-Gesicht, halb klassischer Grieche, halb Jude, ausgesprochen verschlagen und einfach widerwärtig. Unter den beachtlichen Nüstern flammte ein dem Haar ähnlicher, blonder Schnurrbart – oder schon eher Schnauzbart –; er wölbte sich erstaunlich weit vor und vermochte wenigstens einen Teil des blassen, weibischen, großen Mundes zu verdecken, dessen Lippen sich von Zeit zu Zeit ein geradezu fötales Lächeln anmaßten. Auf dem fliehenden, schwachen Kinn sproßte ein blonder Spitzbart.

Die Wangen waren schwammig. Die ständig schwitzende Stirn war übersät mit zahllosen rötlichen Pockennarben. Sprach dieses Wesen mit einem anderen, so war es widerlich aalglatt, und selbst seine Gesten wirkten ölig wie seine Haut. Es trug ein Paar geschwollener, gelenkloser Hände, deren Knöchel sich im Fett verloren, und mit diesen Händen glättete es hin und wieder die Luft. Es sprach leise und fließend französisch, stets ganz hingerissen von den Ideen, die es entwickelte und die unablässig von seinem Schnurrbart trieften. Eine Aura der Kriecherei umgab dieses Wesen. Sein Haar, Bart und Hals sahen aus, als wären sie falsch, als wollten sie sich jeden Augenblick auflösen, als hielte nur seine schmierige Beredsamkeit sie zusammen.

Wir nannten ihn Judas.

Neben ihm ging ein großer, weibischer Mensch, der zwar mühsam das Tempo, nicht aber den Schritt hielt und dessen untadeliger, düsterer Anzug lose um eine bejahrte, hastende Anatomie schlotterte. Er trug eine große, schwarze Mütze über seinem hageren, auffallend glatt rasierten Gesicht, dessen hervorstechendstes Merkmal eine rote Nase war; sie schnüffelte hin und wieder, als litte ihr Eigentümer an einer starken Erkältung. Dieser Mensch verkörperte Alter, Sauberkeit und Verzweiflung. Abgesehen von der Nase, die sofort auf sich aufmerksam machte, bestand sein Gesicht aus ein paar großen Flächen, die zusammenhanglos nebeneinanderlagen und erregte Empfindungen ausdrückten. Seine Bewegungen waren ungeziert. Er hatte sozusagen etwas Gebildetes an sich. Er konnte nicht älter als fünfundvierzig sein. Jeder Zoll an ihm Sorge. Vielleicht hatte er Angst, er müsse bald sterben. Brown sagte, «Er ist Belgier, ein Freund von Graf Bragard, er heißt Monsieur Pet-äärs.» Gelegentlich machte Monsieur Petäärs mit leiser und dünner Stimme eine feine, empfindsame Bemerkung. Dann hüpfte sein Adamsapfel auf und ab in dem langen, schlaffen, runzligen, mageren Hals, der dem Hals eines Truthahns ähnelte. Dieser Truthahn lebte in der ständigen Furcht vor dem nahenden Thanksgiving-Day. Ab und zu blickte Petäärs schräg nach oben, als erwartete er das Beil. Seine Hände waren friedliche, ungeschickte und nervöse Krallen. Sie zitterten. Man konnte meinen, diese knochigen, runzligen Dinger würden sich mit Vergnügen um eine Kehle schließen.

Brown machte mich auf jemand aufmerksam, der mitten im *cour* hockte und sich mit seinem breiten Rücken gegen einen der erbärmlichen Bäume lehnte. Diese Gestalt war äußerst malerisch gekleidet: Sie trug einen dunklen, sombreroartigen Hut mit einer breiten, abgeknickten Krempe, ein hellrotes Zigeunerhemd aus auffallend gutem Stoff mit weiten, lose fallenden Ärmeln, und bauschige Cordhosen, denen zwei braune, wohlgeformte, nackte Füße entsprangen. Als er sich leicht zur Seite wandte, sah ich sein goldbraunes Gesicht – wohl das schönste Gesicht, das ich je gesehen habe und das von einem erstaunlich vollen, prächtigen, schwarzen Bart umrahmt war. Seine edlen Züge gingen fließend ineinander über, die Augen waren sanft und außerordentlich empfindsam, und der nachtfarbene Schnurrbart über dem zarten und festen Mund verschmolz mit dem seidigen wundervollen Dunkel, das über seine Brust fiel. Dieses Gesicht war so schön und erhaben, daß es, als ich es zum ersten Male sah, das Chaos rundherum mühelos aufhob. Um die feingemeißelten Nasenflügel lag eine leise Verachtung. Die Wangen wußten von Sonnen, von denen ich nichts ahnte. Die bloßen Füße waren durch Länder gewandert, die sich kaum erträumen lassen. Während er feierlich unter dem dürftigen und dürren *pommier* im Dreck und Lärm des *cour*'s saß ... lebte hinter seinen Augen eine Welt des Fremden und des Schweigens. Eine anmutige, göttergleiche Gestalt. Dieses Wesen hätte ein Prophet aus einem Land nahe der Sonne sein können. Vielleicht ein Gott, der von seinem Weg abgekommen war und sich herabgelassen hatte, Gefangener der *gouvernement français* zu werden. Zumindest aber ein Prinz aus einem dunklen Sehnsuchtsland, ein König über ein goldfarbenes Volk, der, wann immer er wollte, zu seinen Springbrunnen und seinen Huris zurückkehren konnte. Ich erkundigte mich über ihn und erfuhr, daß er mit Pferd und Wagen, mit Weib und Kindern durch viele Länder reiste und leuchtende Farben an die Frauen und Männer dieser Länder verkaufte. Wie sich später herausstellte, gehörte er zu den LIEBLICHEN BERGEN; doch es war ein langer und mühseliger Weg, den ich nach dort zu gehen hatte. Deshalb will ich jetzt auch nichts mehr von ihm erzählen – außer, daß er Joseph Demestre hieß.

Wir tauften ihn den Wanderer.

Ich war noch ganz erstaunt über mein großes Glück, im selben jämmerlichen Hof mit solch einer außerordentlichen Persönlichkeit zusammensein zu dürfen, als eine heisere, stark belegte Stimme vom Tor her rief: «*L'américain!*»

Es war ein *planton*, sogar der oberste *planton*, vor dem alle gewöhnlichen *plantons* gewaltigen Respekt hatten und den alle Nurmänner gewaltig haßten. Es war der *planton*, mit dem zusammenzuprallen ich kurz nach meinem Besuch im *bain* die große Ehre hatte.

Die Holländer und Fritz waren sofort in einem Rudel am Tor und schrien in vier Sprachen zugleich, «Welcher?»

Der *planton* geruhte nicht, sie zu beachten. Er wiederholte bärbeißig «*L'américain!*» Dann gab er ihrer hysterischen Fragerei ein bißchen nach: «*Le nouveau.*»

Brown sagte zu mir, «Wahrscheinlich will er dich zum *Gestionnaire* bringen. Jeder, der hier ankommt, wird ihm vorgestellt. Er verwahrt das Geld für einen; zweimal in der Woche kann man was davon abheben. Aber man bekommt jedesmal höchstens 20 Francs. Ich halt' solange dein Brot und den Löffel.»

«Wo zum Teufel ist der Amerikaner?» schrie der *planton.*

«*Me voici.*»

«Kommen Sie mit.»

Ich folgte seinem Rücken und Hinterteil und Pistolenhalfter durch das kleine Tor im Stacheldrahtzaun in das Gebäude, wo er kommandierte «Gehen Sie voraus!»

«Wohin?» fragte ich.

«Geradeaus», sagte er brummig.

Ich ging voraus. «Links!» brüllte er. Ich bog ab. Eine Tür. «*Entrez*», befahl er. Ich tat's. Ein nichtssagender Herr in französischer Uniform saß an einem Tisch. «*Monsieur le médecin, le nouveau.*» Der Arzt stand auf. «Machen Sie Ihr Hemd auf.» Ich tat's. «Hosen runter.» Ich tat's. «In Ordnung.» Als mich der *planton* wieder hinausführen wollte, fragte der Arzt interessiert: «Engländer?» «Nein», sagte ich, «Amerikaner.» «*Vraiment*» – er betrachtete mich eingehend. «Sind Sie Südamerikaner?» «Vereinigte Staaten», erklärte ich. «*Vraiment*» – er blickte mich neugierig, jedoch nicht aufdringlich an. «*Pourquoi vous êtes ici?*» «Ich weiß nichts», sagte ich und lächelte höflich – «außer, daß mein Freund ein paar Briefe geschrieben hat, die vom französischen Zensor abgefangen wurden.» «Hm», machte er. «*C'est tout.*»

Und ich zog ab. «Vorausgehen!» schrie der Schwarze Halfter. Ich ging denselben Weg zurück und war gerade dabei, durch die Tür, die auf den *cour* führte, hinauszugehen–: «Halt! *Nom de Dieu!* Voraus!»

«Wohin?» fragte ich völlig verwirrt.

«Hinauf», sagte er barsch.

Ich wandte mich zu der Treppe linker Hand und stieg hinauf.

«Nicht so schnell», keuchte er hinter mir her.

Ich ging langsamer. Wir kamen ins nächste Stockwerk. Ich war davon überzeugt, in dem *Gestionnaire* einen hitzigen Mann vorzufinden – wahrscheinlich war er ein magerer, schmächtiger Mensch, der mir gleich aus der nächsten Tür entgegenstürzen und «Hände hoch» brüllen würde (wie immer das auf französisch heißen mochte). Die Türe mir gegenüber stand offen. Ich lugte hinein. Der *Surveillant*, mit den Händen auf dem Rücken, sah voller Genugtuung, wie ich den Gang entlang ging. Ich fragte mich: soll ich mich verbeugen? als ein Trippeln und Kichern mich ablenkte und ich nach links in einen dunklen und unwahrscheinlich schmutzigen Flur blickte. Frauenstimmen … Mich schlug's fast der Länge nach hin vor Überraschung. Äugten diese Schattengesichter nicht verlangend aus den Türen zu mir heraus? Wie viele Mädchen mochten das sein – es klang, als wären es hundert –

«*Qu'est-ce que vous foutez?*» etc., und der *planton* gab mir einen kräftigen Schubs zur nächsten Treppe hin. Ich ging artig hinauf und mußte an den *Surveillant* denken: eine Spinne, die zierlich in der Mitte ihres ruchlosen Netzes hängt und auf eine Fliege wartet, um sie langsam zu Tode zu quälen …

Am Ende der Treppe stand ich wieder vor einem Flur. Eine geschlossene Tür deutete auf die Existenz eines Wesens hin, das genau über dem heiligen Haupt des *Surveillant* wohnte. Damit ich nicht unnötig Zeit mit langem Raten verlieren sollte, durfte ich über der Tür in großen Lettern lesen:

GESTIONNAIRE

Ich fühlte mich unsagbar verloren. Ich näherte mich der Tür. Ich wollte sie sogar schon aufmachen.

«*Attends, Nom de Dieu!*» Wieder knuffte mich der *planton,* faßte die Tür ins Auge, klopfte zweimal und rief respektvoll: «*Monsieur le Gestionnaire*» – wonach er mich voll tiefer Verachtung anschaute und sein glattes Schweinsgesicht beinahe kreisrund wurde.

Ich sagte zu mir, mag dieser *Gestionnaire* auch sein, wer er will: er muß ein grausamer Mensch sein, ein entsetzlicher Mensch, ein Mensch ohne Gnade und Barmherzigkeit.

Von drinnen ertönte schläfrig eine schwere, gelangweilte, angenehme Stimme: «*Entrez!*»

Der *planton* riß die Tür auf, stand auf der Schwelle stramm und warf mir jenen Blick zu, den *plantons* Eiern zuwerfen, wenn *plantons* Hunger haben.

Ich überschritt die Schwelle, wobei ich vor (hoffen wir's) Wut zitterte.

Vor mir saß an einem Tisch ein fettes Menschwesen, das einen schwarzen Fez trug. Sein Gesicht wurde beherrscht von einer riesigen Nase, auf der unsicher das *pince-nez* balancierte. Im übrigen war besagtes Gesicht groß, schnurrbärtig, sehr deutsch und hatte drei Kinne. Merkwürdige Kreatur. Sein Bauch wurde von der Tischplatte leicht eingedrückt, und auf der Tischplatte lagen ein paar riesige Bände – ähnlich jenen, wie sie der Protokollengel beim Jüngsten Gericht vor sich haben dürfte –, ein paar Tintenfässer, unzählige Federn und Bleistifte und einige beängstigend aussehende Akten. Der Mensch hatte einen feierlichen und semi-bedrückenden Anzug an, der weit genug zugeschnitten war, um dem dicken Bauch genügend Bewegungsfreiheit zu lassen. Sein Rock war aus jenem ganz dünnen schwarzen Zeug, wie es Sekretäre, Zahnärzte und noch öfter Buchhändler tragen. Wenn ich je rechtschaffene deutsche Backen gesehen habe – und sei es auch nur auf Karikaturen –, dann waren es die hier. Es war ein rundes, feistes, rotes, freundliches Biertrinker-Gesicht, das mich sofort an gewaltige Meerschaumpfeifen, deutsche Vereins-Mottos, schaumige Würzburger Seidel und Jacob Wirths (es war einmal) Bratwurst erinnerte. Das Menschwesen hatte gerötete, lustige Stecknadeläuglein. Wie ein Weihnachtsmann. Seine ungewöhnlich großen, roten Hände hätten in der Deutschen Küche auf der 13. Straße sechs Seidel gleichzeitig packen können. Ich atmete erleichtert auf.

Man sah *Monsieur le Gestionnaire* an, daß er sich krampfhaft bemühte, mit Hilfe seines bebänderten Zwickers und Buchhändlerjacketts (ganz zu schweigen von einer bemerkenswerten goldenen Uhrkette mit Medaillon, die über seinen umfangreichen Äquator lief) den Eindruck zu erwecken, er besäße durchaus die nötige Würde, die seinem ehrenwerten und verantwortungsvollen Amt entsprach. Diese Würde jedoch erlitt ihr Waterloo in den freimütigen und einfältigen Augen und erst recht in der Dreifaltigkeit des fröhlichen Kinns – so daß ich am liebsten «*Wie geht's*» gerufen und ihm auf den breiten Rücken geklopft hätte. Welch ein Tier! Ein zufriedenes Tier, ein knolligrundes Tier; der einzige in Gefangenschaft lebende Hippopotamus – frisch vom Nil.

Wie es die Situation erforderte, betrachtete er mich mit begreiflicher Neugier. Ja, er betrachtete mich geradezu naiv. Als wäre ich Heu. Vielleicht gefiel ihm als Hippopotamus mein heufarbener Kopf. Vielleicht wollte er mich fressen. Er grunzte und entblößte dabei tabakgelbe Fangzähne und zwinkerte mit seinen Äuglein. Schließlich formte er schwerzüngig den folgenden ungemein eindrucksvollen Satz:

«*C'est l'américain.*» Ich war sehr erfreut und sagte, «*Oui, j'suis américain, Monsieur.*»

Er rollte sich vor lauter Verwunderung über eine solch unerwartete Schlagfertigkeit in seinem ächzenden Sessel zurück. Verwirrt studierte er mein Gesicht und schien leicht verlegen, weil vor ihm *l'américain* stehen sollte und weil *l'américain* dies offen zugab und weil alles so wundervoll klar war. Ich sah einen zweiten Satz, noch inhaltsschwerer als der erste, unter seiner schwarzen Weste emporsteigen. Kette und Uhrtäschchen wabbelten in der Vorahnung. Ich war fasziniert. Welch ungeheuerlicher Tropfen Weisheit würde sich jetzt seinen mühsamen Weg aus ihm herausbahnen? Die wulstigen Lippen schmatzten freundlich lächelnd.

«*Voo parlez français.*»

Einfach köstlich. Der *planton* hinter mir war anscheinend durch das kongeniale Betragen von *Monsieur le Gestionnaire* verstimmt und scharrte mit dem Fuß auf der Schwelle. Die Karten zu meiner Rechten und Linken, Karten von Frankreich, von den Mittelmeerländern, ja sogar von Europa, waren beschämt. Ein etwas anämischer und demütiger Zweifüßler, der mit schmerzvoll ehrerbietigem Gesicht in der Ecke stand, wo ich ihn bis jetzt gar nicht bemerkt hatte, sah auf einmal erleichtert drein. Ich vermutete – und ich vermutete richtig –, daß dies kleine Geschöpf der Dolmetscher von La Ferté war. In seinem blutleeren Gesicht saß genau so ein Kneifer, wie der Hippopotamus einen trug – aber ohne das lange schwarze Band. Ich nahm mir vor, ihm einen Schreck einzujagen und sagte zu dem Hippo, «*Un peu, Monsieur*», worauf das kleine Geschöpf ganz käsig wurde.

Der Hippopotamus bemerkte wohlwollend: «*Voo parlez bien*» und ließ den Zwicker fallen. Dann wandte er sich an den wachsamen *planton:*

«*Voo poovez aller. Je vooz appelerai.*»

Der wachsame *planton* deutete eine Ehrenbezeigung an und schloß die Tür hinter sich. Der befezte Würdenträger wandte sich seinen Akten zu und liebkoste sie mit seinen großen Händen, wobei er vergnüglich grunzte. Schließlich zog er eine Akte heraus und fragte träge:

«*De quel endroit que vous êtes?*»

«*De Massachusetts*», antwortete ich.

Er rollte sich herum und starrte tölpelhaft auf das Bleichgesicht, das tödlich verlegen war, es aber fertig brachte, mit einfältigem Grinsen zu stammeln, dies sei ein Teil der Vereinigten Staaten.

«Uh», machte der Hippopotamus.

Dann sagte er, ich sei inhaftiert worden, und ich bestätigte ihm, ich sei inhaftiert worden.

Dann sagte er: «Brauchen Sie Geld?» und stellte sich, ehe ich noch antworten konnte, schwerfällig auf die Füße, beugte sich über den Tisch zu mir herüber und knuffte mich freundlich.

«Uh», machte der Hippopotamus, setzte sich wieder und klemmte seinen Zwicker auf die Nase.

«Ich habe Ihr Geld hier», sagte er. «Sie dürfen sich davon hin und wieder etwas abheben. Wenn Sie wollen, können Sie 20 Francs abheben. Sie können zweimal in der Woche was abheben.»

«Ich würde gern 20 Francs abheben», sagte ich, «damit ich mir in der Kantine etwas kaufen kann.»

«Sie müssen mir aber eine Quittung geben», sagte der Hippopotamus. «Sie wollen also 20 Francs abheben, na schön.» Prustend und grunzend fabrizierte er etwas Handgeschriebenes; ein eigentümliches und irgendwie zusammenhangloses Gesudel.

Das Blaßgesicht trat jetzt einen Schritt vor und fragte mich höflich: «*Hugh er a merry can?*» – worauf wir über meine Herkunft und Amerika eine brillante Konversation in Pidgin-Englisch begannen, bis wir unterbrochen wurden von einem:

«Uh.»

Der Hip war fertig.

«Unterschreiben Sie hier», sagte er, und ich tat's. Er blätterte in einem der Wälzer und trug irgendwas neben meinem Namen ein, den ich mit Vergnügen in der Liste der Hausgenossen entdeckte. Er war viele Male niedergeschrieben, ausradiert und wieder geschrieben worden.

Monsieur le Gestionnaire betrachtete meine Unterschrift. Dann sah er auf, lächelte und nickte jemand hinter mir einen Gruß zu. Ich drehte mich um. Da stand der (schon vor einer Weile lautlos eingetretene) Fechter höchstpersönlich, wand nervös die Hände hinter dem Rücken und betrachtete mich, wie ein Wärter einen seltenen Affen betrachtet, der gerade aus seiner Heimat bei Hagenbeck eingetroffen ist.

Der Hip öffnete eine Schublade. Nach längerem Wühlen fand er ein paar Geldscheine, zählte zwei davon ab, leckte zeremoniell seinen dicken Daumen, zählte sie noch einmal nach und reichte sie mir dann umständlich herüber. Ich griff nach ihnen wie ein Affe nach der Kokosnuß.

«Wollen Sie noch – ?» fragte der *Gestionnaire* den Fechter und deutete mit dem Kopf auf mich.

«Nein, nein», antwortete der Fechter und verbeugte sich. «Ich habe ihn schon gesprochen.»

«Rufen Sie den *planton!*» befahl *Monsieur le Gestionnaire* dem kleinen Geschöpf. Das kleine Geschöpf rannte diensteifrig hinaus und rief mit schwacher Stimme «*Planton!*»

Ein mürrisches, aber respektvolles «*Oui*» brummte von unten herauf. Gleich darauf trat der *planton* der *plantons* respektvoll ein.

«Der Spaziergang ist schon vorbei, bringen Sie ihn gleich in den Männersaal», sagte der *Surveillant*, während der Hippo (unendlich erleichtert und sehr stolz auf sich) in seinem ächzenden Sessel zusammensackte.

Nachdem ich mich vor dem Hippopotamus verbeugt und «*Merci*» gesagt hatte – allerdings zollte er meiner Höflichkeit nicht die geringste Aufmerksamkeit – und nun meiner Eskorte gehorsam die zwei Treppen hinunter folgte, kam ich mir wie ein Handkoffer in den Klauen eines Gepäckträgers vor. Als wir durch den dunklen Flur im Erdgeschoß gingen, bedauerte ich, daß mich diesmal kein Geflüster und Gekicher begleitet hatte. Wahrscheinlich hatte der verärgerte *planton* dafür gesorgt, daß sich *les femmes* in ihren Räumen ruhig verhielten. Am Ende des Ganges stiegen wir die Treppen wieder hinauf, wo dann der *planton* aller *plantons* die Tür aufschloß und entriegelte und ich vom UNGEHEUREN RAUM verschlungen wurde.

Ich konnte meine Freude nicht verbergen, lief auf Brown zu und fuchtelte mit den Geldscheinen. Sofort scharte sich eine Meute um mich. Auf dem Weg zu meinem Bett – eine Entfernung von etwa neun Metern – wurde ich von Härri, Bommel und dem Bade-John auf die Schultern geklopft, von Monsieur Auguste beglückwünscht und von Fritz begrüßt. Kaum war ich dort angekommen, als ich mich auch schon im Mittelpunkt einer beachtlichen Menge sah. Leute, die bisher noch nicht mit mir gesprochen, ja sogar über mein ungewaschenes und unrasiertes Äußeres die Nase gerümpft hatten, überschütteten mich jetzt mit überhöflichen Ausdrücken. Judas hörte plötzlich auf, im Saal hin und her zu gehen, äugte kurz zu mir herüber, eilte dann geschmeidig in meine Nähe und machte ein paar ölige Komplimente. Monsieur Auguste, Härri und Fritz rieten mir alle zugleich, mein Geld zu verstecken, gut zu verstecken. Es gibt hier so welche, weißt du... die kennen da nichts, du verstehst... ich verstand und brachte zur großen Enttäuschung der lärmenden Mehrheit meinen Reichtum auf seinen kleinsten Umfang, stopfte ihn in meine Hosentaschen und pfropfte ein bißchen sperrigen Kleinkram obendrauf. Dann blickte ich à la William S. Hart[2)] gelassen um mich, um jede unangebrachte Erregung einzudämmen. Die Neugierigen und Enthusiasten zogen sich einer nach dem andern zurück, und ich blieb mit den wenigen, die ich bereits als meine Freunde betrachtete, allein. Und mit diesen Wenigen vertrieben Brown und ich uns noch die Zeit bis zum *Lumières Eteintes*.

So ganz nebenbei tauschte ich (im Verlauf der nächsten zwei Stunden) eine beträchtliche Menge Zweibeiner gegen etliche äußerst bemerkenswerte Individuen ein. Auch erhielt ich in dieser begrenzten Zeitspanne alle möglichen höchst aufschlußreichen Berichte über Leben und Gewohnheiten einiger Leute –: der prächtigsten Kerle, die ich je traf und, soweit ich mir das vorstellen kann, je treffen werde. Im Gefängnis erfährt man Millionen von Sachen, sofern man *l'américain* aus *Mass-a-chu-setts* ist. Als das ominöse und beängstigende Rasseln außen an der Tür ankündigte, daß die Fänger kamen, um den Gefangenen eine gute Nacht zu entbieten, befand ich mich noch mitten im Gespräch und war bereits ein paarmal um die Welt gereist. Bei dem kreischenden Geräusch löste sich unser kleiner Kreis wie durch Zauberhand sternförmig auf: Ich stand verwirrt der wiederkehrenden Realität gegenüber.

Die Tür knallte auf. An der kaum noch erkennbaren Gestalt des *planton* im Eingang merkte ich erst, daß der Saal im Dunkel lag. Einer hatte eine Kerze (die ich schon während unserer Unterhaltung auf dem Tisch in der Mitte des Raumes gesehen hatte) auf ein Bord neben dem *cabinet* gestellt. Eben noch hatten ein paar Männer beim Kerzenlicht Karten gespielt – nun lag alles regungslos auf dem Boden an drei Wänden des UNGEHEUREN RAUMES entlang. Der *planton* trat ein. Ging auf das Licht zu. Nuschelte, ob alles anwesend sei, was etliche Stimmen mehr oder weniger rüpelhaft bejahten. Stolzierte auf und ab, gab dem *cabinet* einen Tritt, ließ eine Taschenlampe aufblitzen und ging dann den Saal hinauf und schaute nach jedem *paillasse*, ob er belegt sei. Durchquerte den Raum am oberen Ende. Kam auf meiner Seite herunter. Der weiße Kreis stach in meine Augen. Der *planton* stockte. Ich starrte blöde und müde in das Grell. Das Licht glitt über mich und mein Bett. Die rauhe Stimme hinter dem Grell sagte:

«*Vous êtes le nouveau?*»

Monsieur Auguste zu meiner Linken sagte gelassen:

«*Oui, c'est le nouveau.*»

Der Lampenträger brabbelte und rumste (nachdem er eine Sekunde vor Browns Bett stehengeblieben war, um ein Bild reinster Unschuld zu betrachten) zur Tür hinaus, die hinter ihm und einem zweiten *planton*, den ich bisher nicht bemerkt hatte, zubumste. Eine wahre Symphonie von «*Bonne nuit*», «*Dormez bien*» und ähnlichen herzlichen Ermahnungen begleitete das Ab der Autoritäten; aus mehreren Ecken des Saales wurde ihnen in allen möglichen Sprachen angeraten, von ihren Frauen zu träumen, im Bett nur ja auf sich achtzugeben, sich nicht zu erkälten und alle möglichen persönlichen Bedürfnisse zu erledigen, ehe sie sich niederlegten. Langsam verebbte die Symphonie und ließ mich in einem Zustand tiefsten Wunderns, todmüde und sehr glücklich, auf meinem *paillasse* zurück.

«Ich hau mich hin», sagte ich ins nachbarliche Dunkel.

«Bin schon dabei», sagte Browns Stimme.

«Bei Gott», sagte ich, «das ist der schönste Ort, wo ich je in meinem Leben war.»

«Der schönste Ort der Welt», sagte Browns Stimme.

«Dem Himmel sei Dank, den A. sind wir los – und die *Section Sanitaire* auch», grunzte ich, während ich meine Schuhe dort verstaute, wo man sich ein Kopfkissen gewünscht hätte.

«Amen», sagte Browns Stimme.

«*Si vous met-tez vos chaus-sures en des-sous de la pail-lasse*», sagte Monsieur Augustes Stimme, «*vous al-lez bien dor-mir.*»

Ich dankte ihm für den Rat und tat's. Ich streckte mich aus in einer Ekstase von Glück und Müdigkeit. Es gab nichts Besseres als dies. Schlafen.

«Haste'ne *godverdomme* Zigarette?» fragte Härris Stimme Fritz.

«Keine einzige verdammte», antwortete Fritz' Stimme kühl.

Schnarcher begannen bereits in verschiedenen Tonhöhen aus verschiedenen Entfernungen und verschiedenen Richtungen. Die Kerze flackerte unruhig, als ob sie und das Dunkel bis auf den Tod miteinander kämpften, die Dunkelheit aber gewönne.

«Ich hol mir 'nen Priem von John», sagte Härris Stimme.

Drei oder vier *paillasses* weiter weg unterhielt man sich unterdrückt. Ich hörte schläfrig zu.

«*Et puis*», sagte eine Stimme, «*je suis réformé*...»

EINE SAMMLUNG VON PORTRÄTS

Der Leser möge mir gestatten, an dieser Stelle meiner Erzählung einige rein äußerliche Bemerkungen einzuflechten.

Bisher beschrieb ich meine Pilgerreise aus dem Sumpf der Verzagtheit, der bereits als *Section Sanitaire Vingt-et-Un* (und in Germaine stationiert) bekannt ist, über die Geheimnisse von Noyon, Gré und Paris nach dem *Porte de Triage de La Ferté Macé,* Orne. Mit dem Abschluß meines ersten Tages als eingetragenes Mitglied dieser Institution liegt ein wesentlicher Teil meiner Reise hinter mir. Mit meinem zweiten Tag in La Ferté fängt ein neuer Abschnitt an. Dieser Abschnitt endet mit meiner Entlassung und schließt die Entdeckung der LIEBLICHEN BERGE mit ein, von denen zwei – zum einen der Wanderer (den andern möchte ich noch nicht verraten) – bereits gesichtet wurden. Es ist wie mit einer großen grauen Schachtel, in der bunt durcheinander viele Spielsachen liegen. Jedes Stück unterscheidet sich grundsätzlich von der stets unveränderlichen zeitlichen Dimension, die es lediglich mit allen andern zusammenhält. Ich möchte dies für jene Leser klarstellen, die nicht den außerordentlichen Vorzug genossen haben, im Gefängnis gesessen zu sein. Wer jedoch schon einmal im Gefängnis war, weiß sofort, wie ich es meine – vor allem dann, wenn er die schwerwiegende Erfahrung des Gefängnisses auf Grund eines ihm völlig unbekannten Urteils gewonnen hat. Wie könnte man da überhaupt etwas erleben und sich später auch noch daran erinnern, besäße man nicht diesen individuellen Abstand zur ZEIT AN SICH. Anders gesprochen: wenn für solch einen Gefangenen ein Tag wie der andere ist, wo ist dann überhaupt die ZEIT? Offenbar ist es so: hat sich der Gefangene erst einmal an seine Umwelt gewöhnt und sich damit abgefunden, daß alles Grübeln darüber, wann er seine Freiheit wiedererlangen werde, die Stunden seiner Einkerkerung nicht verkürzt und ihn nur unglücklich (um nicht zu sagen krank) macht – dann folgen die

Ereignisse nicht mehr chronologisch aufeinander; was immer geschieht, und sei es in Verbindung mit einem anderen davon völlig unabhängigen Geschehen, geschieht doch nicht in einem zeitlichen Ablauf, sondern jedes Geschehen steht für sich selbst und ist nicht gebunden an Minuten, Monate und andere Vorrechte der Freiheit.

Darum beabsichtige ich nicht, dem Leser ein Tagebuch meiner wechselnden Existenz und Nichtexistenz in La Ferté zuzumuten – nicht, weil ihn solch ein Tagebuch schrecklich langweilen würde, sondern weil Tagebuch oder Zeiteinteilung als Methode dem Zeitlosen unmöglich gerecht werden können. Ich will (vielmehr) aus jener grauen Schachtel aufs Geratewohl gewisse (für mich) mehr oder weniger erstaunliche Spielsachen herauslesen – vielleicht gefallen sie dem Leser, vielleicht auch nicht; doch wie dem auch sei: ihre Farben und Formen und Konstruktionen sind ein Teil des JETZT – sind ohne Zukunft und Vergangenheit, was aber nur jene wissen, die sich sozusagen mit einer Amputation der Welt abgefunden haben.

Ich habe bereits gesagt, daß La Ferté ein *Porte de Triage* war – ein Ort also, wo Verdächtige jeder Art von *le gouvernement français* zusammengetrieben wurden und ihre Verurteilung durch eine Kommission abzuwarten hatten. Wenn die Kommission entschied, daß sie böse Menschen waren oder gefährliche Menschen, unerwünschte Menschen oder schwierige Menschen oder Menschen, die irgendwie undurchsichtig schienen, dann wurden sie von La Ferté in ein «richtiges» Gefängnis geschickt – nach Précigné in der Provinz Sarthe. Über Précigné liefen die grauenhaftesten Gerüchte um. Man raunte sich zu, es sei von einem großen Wassergraben umgeben, überall seien mehrfache neun Meter hohe Stacheldrahtzäune, und die ganze Nacht seien Scheinwerfer auf die Wälle gerichtet, um den Gefangenen die Flucht unmöglich zu machen. Wer erst einmal in Précigné sei, der sitze «drin» für immer, nämlich *pour la durée de la guerre;* diese *durée* war das Thema gelegentlicher und bedrückender Spekulationen

– gelegentlich aus den schon erwähnten Gründen geistiger Gesundheit; bedrückend aus Ungründen der Verpflegung und der Entbehrungen, des Schmutzes und anderer Lappalien. La Ferté war also ein Sprungbrett entweder in die Freiheit oder nach Précigné; die Chancen, in die Freiheit zu gelangen, waren – diesmal ohne jede Spekulation – weit geringer, als die jetzt berühmt gewordene Formulierung des 18. Zusatzantrages weismachen will. Aber die hervorragende, unnachahmliche und alles in allem gütige französische Regierung gab sich nicht damit zufrieden, uns großmütig Précigné zu bescheren. Dahinter lauerte ein *cauchemar* mit dem wahrhaft poetischen Namen Isle de Groix. Wer nach Isle de Groix kam, war erledigt.

So sagte der *Surveillant*, als er einmal durch ein kleines Fenster zu uns allen (und mir persönlich) heraussprach –

«Ihr seid keine Gefangenen. O nein. Wirklich nicht. So sollte man das nicht nennen. Gefangene werden nicht so behandelt wie ihr. Ihr habt noch einmal Glück gehabt.»

Ja, ich hatte *de la chance*, aber das war dem *pauvre M. le Surveillant* nicht kund geworden. Was jedoch meine Leidensgenossen anbetraf – jedenfalls sieht es so meine Wenigkeit –, muß ich leider sagen, daß er sich irrte. Denn wer wurde für La Ferté bestimmt? Jeder, den die Polizei in dem schönen Land Frankreich auftrieb und der a) kein Verräter war und b) nicht beweisen konnte, daß er kein Verräter war. Unter Verrat sind alle anstößigen freien Gedanken und Handlungen zu verstehen, die *en temps de guerre* in ein Loch geworfen und zugedeckt werden, mit der naiven Vorstellung, aus ihren Kadavern wüchsen Veilchen, deren Duft alle guten und aufrechten Menschen entzückte und so diese wertvollen Bürger ihre Sorgen vergessen ließe. Fort Leavenworth zum Beispiel verströmt sogar jetzt noch einen Duft, der gewissen Amerikanern höchst angenehm in die Nase steigt. Wie vieler La Fertés Frankreich sich rühmen konnte (und soviel ich weiß, immer noch rühmt), mag der Himmel wissen. Immerhin wurde in dieser Republik, wie man so hört, eine Amnestie verkündet. Doch zurück zu der Bemerkung des *Surveillant*.

J'avais de la chance. Denn ich bin von Beruf Maler und Schriftsteller. Meine besten Freunde dagegen, alle zutiefst verdächtige Charaktere, die meisten von ihnen Verräter, die sich allesamt glücklich schätzen durften, daß ihre Halswirbel noch funktionierten, konnten (von wenigen Ausnahmen abgesehen) weder ein Wort lesen noch schreiben – noch konnten sie *faire la photographie,* wie es Monsieur Auguste kichernd nannte (und worüber ich vor Stolz errötete); das Schlimmste aber war: die Mehrheit dieser dunklen Kriminellen, die man bei ihren schändlichen Anschlägen gegen die Ehre Frankreichs geschnappt hatte, waren außerstande, französisch zu sprechen. Eigenartig. Oft dachte ich über die unbeschreibliche und unauslöschliche Weisheit der Polizei nach, die sich keineswegs von dieser Tatsache abschrecken ließ – welche weniger gescheite Köpfe zu dem Gedanken verleitet hätte, solche Männer seien entweder zu dumm oder zu primitiv, die Kunst des Betruges zu beherrschen –; sie schoß vielmehr auf ihre hilflose Beute mit jenem sagenhaften Mute herab, der das Privileg der Polizisten in aller Welt ist, und drängte ihre Beute dann in die La Fertés dieser mächtigen Nation zusammen, deren öffentliche Gebäude, wenn ich mich recht erinnere, zumindest teilweise die Inschrift trugen

Liberté. Egalité. Fraternité.

Und ich fragte mich, was Frankreich mit Monsieur Auguste anfangen könne, der (weil er ein Russe war) verhaftet wurde, als seine Arbeitskameraden in der Munitionsfabrik *la grève* machten, und dessen Frau ihn nach Paris zurücksehnte, weil sie hungerte und ihr Kind immer bleicher und kränklicher wurde. Wenn Monsieur Auguste, dieser wüste, einssechzig große Schurke, wieder einmal flennte (vermutlich muß man hin und wieder auch mal an seine Frau oder sein Kind denken, sofern man sie liebt) – «*et ma femme est très gen-tille, elle est fran-çaise et très belle, très, très belle, vrai-ment elle n'est pas comme moi, un pe-tit homme laid, ma femme est grande et belle, elle sait bien lire et é-crire, vrai-ment; et notre fils ... vous de-vez voir notre pe-tit fils ...»* –, dann sprang er plötzlich auf und schrie, wobei er sich bei Brown und mir unterhakte:

«*Al-lons, mes amis! Chan-tons ‚Quackquackquack'!*»

Worauf wir zusammen in dieses Lied einfielen, das uns Monsieur Auguste mit großem Eifer gelehrt hatte und dessen Absingen ihn immer wieder unsagbar begeisterte:

«*Un canard, déployant ses ailes*
(*Quackquackquack*)
Il disait à sa canarde fidèle
(*Quackquackquack*)
Il chantait (*Quackquackquack*)
Il faisait (*Quackquackquack*)
Quand» (laut meiner Schreibweise)
«*finirons nos desseins,*
Quack.
Quack.
Quack.
Qua-
ck.»

Ich glaube, ich werde noch ewig staunen über die Ekstasen dieses WUNDERVOLLEN ENTERICHS. Und darüber, wie sich Monsieur Auguste, dieser Gnom von einem Mann, im hellen Lachen nach hinten warf, weil der geistreiche Schluß des Liedes auf einem so tiefen Ton endete, daß wir alle auf der Strecke blieben.

Oder der Schulmeister.

Ein kleiner, zerbrechlicher alter Mann. Seine Hosen waren ihm viel zu weit. Wenn er (in seiner unsicheren und erschrokkenen Art) auf und ab ging, warfen sie die lächerlichsten Falten. Lehnte er sich gegen einen Baum im *cour* mit der uralten und nicht weniger zerbrechlichen Pfeife in der Tasche, aus welcher der (im Verhältnis zu seinem Eigentümer einfach riesige) Pfeifenstiel herausragte, dann sprang sein Drei-Nummern-zu-großer-Kragen so weit vor, daß der verschrumpelte Hals nicht dicker als der weiße Schal erschien, der über dem Zwei-Nummern-zu-großen-Hemd flatterte. Der Alte trug stets einen Rock, der ihm bis über die Knie reichte – einen Rock, den ihm offensichtlich einmal jemand samt Knien geschenkt hatte. Und der Rock hatte so breite Schultern, daß sie an den Ellbogen wie Flügel überstanden, wenn der Alte im UNGEHEUREN RAUM an dem kleinen, dreibeinigen Tisch saß und bedächtig schrieb, wobei eine mächtige Feder seine schwache, knochige Hand führte. Auf seiner ebenfalls zu großen Mütze war oben ein kleiner Knopf, der wie ein Nagelkopf aussah und den Eindruck erweckte, diese alte Puppe habe einmal ihr armes graues Haupt verloren und sei wieder repariert worden, indem man den Kopf dort auf den Hals nagelte, wo er ordnungsgemäß hingehörte. Welch dunklen Verbrechens mag dieses Wesen verdächtigt worden sein? Durch irgendein Versehen hatte er drei Schnurrbärte – zwei davon waren Augenbrauen. Er war Lehrer in Elsaß-Lothringen, wo auch seine Schwester lebte. Wenn er mit einem spricht, zieht sich sein Gesicht zu einem freundlichen Dreieck zusammen. Jeden Morgen machen die Druckknöpfe an seinem Schlips klick! Und auf geht's: fortgetragen von seinem Zelluloidkragen, leicht verwirrt über sich selbst, sanft verwirrt über die Welt. Beim Essen schielt er zur Seite, während er die Suppe zwischen seine starren Lippen schiebt. Dort, wo einmal die Wangen gewesen sein mögen, sind zwei Löcher. Schulstunden verbergen sich in seinen Runzeln. Glocken scheppern im Alter der Augen. Hat er womöglich den Kindern erzählt, daß es so ungeheure Dinge wie Frieden und guten Willen gibt ... zweifellos ein Jugendverderber ... er ist gänzlich unfähig, sich aufzuregen, völlig verschüchtert und verscheppert. Und er hatte sich immer so heiß zu wissen gewünscht, ob es in Amerika – wilde Pferde gebe.

Ja, wahrscheinlich war der Schulmeister ein notorischer Aufrührer. Die Wege der allwissenden französischen Regierung sind – wie die Wege Gottes – wunderbar. Aber wie ist es mit Emile?

Emile-der-Landstreicher. Sind dem Leser vielleicht die Karikaturen von Mr. F. Opper bekannt? Wenn nicht, dann wird er an dieser Persönlichkeit wohl kaum Gefallen finden. Emile-der-Landstreicher war ein Grübler. Sah man an seinen Beinen hinauf, so lief sein Hosenboden nach oben und nach den Seiten voller Arglist davon. Wie oft bin ich *après la soupe* hinter dir, Emile, hinter dir, Landstreicher, hinaufgegangen – langsam die elenden Treppen hinauf, eine Stufe um die andere hinter deinen schlotternden Hosen, die den Takt angaben. Emile besitzt eine Schärpe, die er sich um seine stattlichen Lenden windet, wodurch er seine sonst stets flüchtigen, selbständigen Hosen mit einem wichtigen Individuum verbindet – seinem Magen. Sein Gesicht ist unrasiert. Er ist ungeschoren. Wie alle Belgier hat er bei Tag und Nacht einen Priem zwischen den Kiefern hängen, den er draußen in der Stadt kauft. Denn in seiner Eigenschaft als Diesoderjenes (zum Beispiel als Assistent der Kehrer) wandert er hin und wieder (natürlich unter vorschriftsmäßiger Bewachung) vor die Tore, die nichtgrüblerische Männer nie durchschreiten durften. Seine F. Opper-Seele späht aus unsicheren kleinen Augen. Wenn er sich einmal in eine Diskussion eingelassen hat – sei es über die Menschenrechte, den Kartoffelpreis oder die Kunst der Kriegsführung –, dann bleibt Emile-der-Landstreicher an diesem Thema kleben – und nicht weniger an seinem Zuhörer. Das eigenartigste ist: er nimmt alles schrecklich ernst. Er nimmt es schon verräterisch ernst. Hat er einen Mann zu Tode geredet und von ihm ein feiges Zugeständnis völliger Niederlage erhalten, dann tapst Emile schlingernd davon. Kaum ist er etwa fünf Meter weit weg, stürzt er sich plötzlich wieder auf sein Opfer – nachdem er sich blitzschnell umgedreht hat, so schnell, daß es nicht einmal jemand bemerkte; das Opfer krümmt sich erneut unter der Rute von Emile-des-Landstreichers unersättlicher Geschwätzigkeit – gibt zu, bekennt, bittet um Verzeihung –, und Emile tapst schlingernd davon ... um gleich wieder herumzufahren und zurückzustürzen auf seinen schon den Tränen nahen Widersacher: zischt und donnert mit verjüngter Kraft, einer Kraft, die alles (einschließlich jeder Logik) vernichtet, was sich ihr entgegenstellt. Für einen Belgier jedoch ist er erstaunlich gutartig; schlingernd verrichtet er seine Arbeit und saugt glücklich an seinem Priem. Wahrlich kein allzu schädliches Individuum ... warum also hielt ihn die französische Regierung hinter Schloß und Riegel, frage ich mich? Zweifellos war es seine fatale Beredsamkeit, die ihn in die Klauen von *La Misère* trieb. Gendarmen sind in manchen Dingen empfindlich. Sie können keine irreführenden Behauptungen über das wahrscheinliche Schicksal des Kartoffelpreises vertragen – denn es ist ihre Pflicht und ihr Vorrecht, alles übelzunehmen, was sich gegen die Regierung wendet; und da zu der Regierung der Landwirtschaftsminister (oder so einer) gehört, und da zum Minister Soeiner natürlich die Kartoffeln gehören, darf keiner frei herumlaufen, der (und sei es auch nur geringfügig oder andeutend) eine Kartoffel beleidigt. Ich wette, Emile-der-Landstreicher hat zwei Kartoffeln beleidigt.

Wir haben aber auch noch den Fall des Mannes mit der Goldgelben Mütze. Der Mann mit der Goldgelben Mütze war sowohl optisch wie in jeder anderen Hinsicht wundervoll. Ehe der Zulu kam (von diesem später), stand er ein wenig einsam abseits. Der Zulu jedoch spielte mit ihm. Er jagte den Zulu dauernd um die Bäume im *cour* herum, lief weg, äugte um den Stamm, schnappte den Zulu am Rock und stieß manchmal so was wie ein Lachen aus. Bevor der Zulu kam, war er einsam, weil niemand etwas mit dem kleinen Mann in der Goldgelben Mütze zu tun haben wollte. Nicht, weil er sich unbeliebt gemacht hätte – im Gegenteil, er benahm sich ausgezeichnet –, sondern weil er nicht sprechen konnte. Genauer gesagt: er konnte keine Worte formen. Kein Wunder, daß der kleine Mann mit der Goldgelben Mütze schüchtern war. Als ich ihn einmal fragte, warum man ihn eingelocht habe, antwortete er im scheuesten Ton, den man sich denken kann: Guu. Alles in allem: er war wundervoll. Unbewußt fürchtete natürlich jeder, verrückt zu werden – jeder, mit Ausnahme derer, die schon verrückt geworden waren und sich so in der angenehmen Lage befanden, keine Angst mehr zu kennen. Die noch Gesunden waren deshalb geneigt, ihre glücklicheren Leidensgenossen anzuschreien und sonstwie zu ärgern – wenn nicht, wie im Falle vom Bade-John, der Verrückte von etlichen handfesten Gentlemen seiner eigenen Nationalität beschützt wurde. Der kleine Mann aber wurde von allen Seiten angeschrien und geärgert. Er drängte sich niemand auf, blieb einsam abseits – wenigstens sprachen seine großen, blauen, ausdruckslosen Augen dafür – und verdrückte sich, wenn es Streit gab. Manchmal amüsierte er sich über diese Raufereien, aber hinterher setzte er sich unter ein Apfelbäumchen und sann so lange über die Nicht-Existenz nach, bis er sich genug dafür bestraft hatte. Ich begreife immer noch nicht, warum die *gouvernement français* ihn in La Ferté brauchte, es sei denn – aha, so ist's: Er war sicher ein superintelligenter Schwindler, der im Kabinett des größten Kabinettsministers des größten Kabinettsministers Kabinettspapiere geraubt hatte; ein Verbrechen, das die demoralisierende Enthüllung nach sich zog, Präsident Poincaré sei in der vergangenen Nacht in einem unfairen Handgemenge mit einer defaitistisch gesinnten Wanze überrascht worden... und der ganze angebliche Schwachsinn des kleinen Mannes mit der Goldgelben Mütze war nur ein geschickt ausgeführter Bluff... und wahrscheinlich sammelte er, selbst noch zur Zeit unserer Begegnung, Beweise von so schändlicher Art, daß sie nicht einmal vom *Défaitisté*-Organ selbst hätten veröffentlicht werden können – Beweise nämlich gegen die unschuldigen und pflichttreuen *plantons*... ja, jetzt erinnere ich mich auch wieder: Ich fragte ihn auf französisch, ob es nicht ein schöner Tag sei (weil es wie immer regnete und nur er und ich uns zum Spaziergang hinausgewagt hatten), und da blickte er mir ins Gesicht und sagte scheu lächelnd Woo. Dies dürfte wohl die Theorie bestätigen, er sei ein schlauer Kopf, denn die Buchstaben Woo standen (doch ganz offenbar) für Wilhelm Ober Olles, was wiederum auf österreichisch hieße: Nieder mit Yale. Jaja. *Le gouvernement français* hatte recht, wie immer. Jemand erzählte mir mal, der kleine Kerl sei Österreicher, und der Schweiger sei Österreicher, und sie seien – im Vertrauen gesagt – beide Österreicher! Und darum habe man sie eingesperrt: genau wie Soundso (der Türke) natürlich inhaftiert sei, und Soundso, ein Pole, natürlich unvermeidlicherweise selbsverständlich (*en temps de guerre*) eingesperrt sei. Und mich, einen Amerikaner – habe man mich nicht auch eingesperrt? Ich sagte, MICH allerdings, und den Freund MEINIGEN auch.

Einmal sah ich die Goldgelbe Mütze scheu zum Schweiger hinüberschleichen. Sie blickten einander an, beide zutiefst verlegen, beide wohl voller Angst, sie müßten etwas Österreichisches zueinander sagen. Der Schweiger schaute weg. Das Gesicht des kleinen Kerls wurde leer und einsam, und er ging auf Zehenspitzen still zurück zu seinem Apfelbäumchen.

«Soundso, der Türke» zog eines Nachts mit *paillasse* und all seinen Sachen – nachdem er, schwer bewacht von drei Gendarmen, mit dem Spätzug aus Paris gekommen war — auf den gerade freien Platz, der mein Bett vom nächsten Bett zur Rechten trennte. Von den gewissen fünf üblichen Unterhaltungen, die es in La Ferté Macé gab – nämlich 1. spucken, 2. Karten spielen, 3. *plantons* ärgern, 4. den Mädchen schreiben und 5. raufen –, hatte ich ein besonderes Talent nur für Punkt 1. Nachdem ich mich oft und lange mit mehreren mir überlegenen Künstlern aus dem Fenster gelehnt und versucht hatte, entweder das Schilderhaus oder einen vorspringenden Sims oder eine Pfütze zu treffen, auf die wir uns schließlich in spitzfindigen und langwierigen Diskussionen geeinigt hatten, war ich nicht unbedingt ein Meister in der Kunst des Spuckens geworden, aber doch ein

Konkurrent, mit dem man rechnen mußte, wenigstens, was die Zielsicherheit anlangte. Spucken im Bett war nicht nur unterhaltend, es war – aus klimatischen und anderen Gründen – auch eine Notwendigkeit. Der leere Platz zu meiner Rechten gab einen sehr angenehmen, ja höchst bequem gelegenen Spucknapf ab. Nicht jeder, ja nur ein paar genossen solch einen Vorzug. Doch jeder mußte bei Nacht spucken. Als ich nun im Bett lag und bereits dreimal in meinen Spucknapf gespuckt hatte, wurde ich durch eine Erscheinung in säuberlich gebügeltem Pyjama aufgeschreckt, die sich aus der Dunkelheit neben mir erhob. Ich saß auf und sah mich einem kleinen (und soweit ich dies erkennen konnte), jüdischen Gespenst gegenüber, einem Gespenst mit gefühlvollen Augen und mildem Protest in der Mitte der beredten Backen. Der spricht arabisch, sagte ich mir – aber wer hörte je von einem Araber im Pyjama? So entschuldigte ich mich ehrerbietig und erklärte auf französisch, ich sei durch seinen Besuch ebenso überrascht wie erfreut. Am andern Morgen tauschten wir unsere Visitenkarten aus, die Visitenkarten der Gefangenen –: er rauchte eine von meinen und ich eine von seinen Zigaretten, wobei ich erfuhr, daß er ein Türke war, dessen Bruder in Paris bei einem Konditor arbeitete. Mit graziösen und höflichen Manieren wühlte er in seinem nicht überreichlichen Gepäck herum und brachte, zu meinem Entzücken und Erstaunen, die herrlichsten kandierten Früchte heraus, die ich je gegessen hatte. Seine Freigebigkeit war ebenso auffallend wie seine Bildung. Schon nach fünfzehn Minuten waren wir Freunde. Später saß er abends häufig auf Browns oder meinem Bett und erzählte uns, er könne immer noch nicht glauben, daß man ihn eingesperrt habe – und er sagte das mit einer stillen Verwunderung, die wir außerordentlich anziehend fanden. Er war nicht im geringsten verärgert, wenn wir ihn über die arabische, türkische und persische Sprache ausholten, und auf dringendes Bitten schrieb er einiges für uns auf – mit einer Schlichtheit und Eleganz, die einfach bezaubernd war. Ich habe viele tröstliche Stunden damit verbracht, für mich allein dazusitzen und diese rhythmischen Fragmente abzuschreiben. Wir fragten schüchtern an, ob er vielleicht singen könne, worauf er nur errötete, als erinnerte er sich an etwas viel zu Fernes und Schönes, um es erwähnen zu dürfen – oder vielleicht träumte er auch nur davon.

Alles in allem: er war wirklich zu höflich, als daß man ihn in La Ferté nicht dringend gebraucht hätte.

In der Annahme allerdings, wir benötigten einen Tanzlehrer, irrte sich die französische Regierung wohl – ich erlaube mir, dies zu behaupten, weil ich mich noch gut entsinne, daß besagter Zweifüßler nur kurz bei uns war. Wohin er ging, weiß der Himmel, aber er ging voller Freude. Ein eitler, blonder Junge von vielleicht achtzehn in blauen Cordsamthosen, der eine breite Schärpe trug und uns allen aufdringlich erklärte:

«*Moi, j' suis professeur de danse.*»

Er fügte hinzu, daß er bis jetzt «*vingt diplômes*» verliehen bekommen habe. Die Holländer konnten nichts mit ihm anfangen, aber wir mochten ihn ganz gern – ebenso, wie man einen etwas absurden Pfau gern mag, der aus irgendeinem Grund auf dem Misthaufen leuchtet, in dem man für das ewige Einstweilen wohnt. Von ihm weiß ich sonst nichts mehr, außer daß er beim Sprechen mit dem Gehaben eines Bravado die Fäuste schüttelte und jeden mit «*mon vieux*» anredete. Als er bläßlich, sein Gepäck umklammernd, abreiste, da war es, wie wenn von unserem Misthaufen ein Schmetterling fortgeflogen wäre. Ich vermute, Monsieur Malvy sammelte leidenschaftlich Schmetterlinge – ehe er selbst gesammelt wurde. Ich werde ihn mal besuchen müssen im Santé – oder was für einer Gesundheitsabteilung er vorsteht – und ihn als einer von denen, die er nach La Ferté Macé geschickt hat, darüber ausfragen.

Beinahe hätte ich den Bären vergessen – Nummer zwei, nicht zu verwechseln mit dem Kippensammler. Ein großer, grauer Bauer, der von «*mon petit jardin*» erzählte, ein Anarchist, der (zum Verdruß des Schulmeisters) fast ständig an dem komisch-füßigen Tisch Briefe schrieb (die er sich voll offensichtlich tiefer Befriedigung laut vorlas), mit der Überschrift: «Meine Brüder»; er feuerte sie in diesen Briefen zu noch größeren Leistungen an und erklärte ihnen, die Zeit sei reif, alle Menschen auf der Welt seien Brüder usw., usw. Ich mochte den Bären gern. Er war von einer ungeschlachten Offenheit, die zwar schockierte, aber einen doch immer bezwang. Selbst sein Französisch war ungeschlacht und schokkierend. Ich glaube kaum, daß er ein gefährlicher Bär war. Wäre ich die französische Regierung gewesen, ich hätte ihn beeren lassen, wie es ein Bär nach Herzenslust tun soll und muß. Am meisten liebte ich ihn vielleicht wegen seiner ungeschickten Art, mit der er eine Idee auftischte – er grub sie mit seiner mächtigen Pfote aus ihrer Höhle heraus, und das in einer Weise, die einfach jeden begeistern mußte – außer *le gouvernement français*. Wenn ich mich recht erinnere, hatte er

VIVE LA LIBERTÉ

in Blau und Grün auf seine breite, haarige Brust tätowiert. Ein feiner Bär. Ein Bär, den kein Stoß gegen die Schnauze, kein Hunger, keine Schläge je das Tanzen lehren konnten... aber ich habe wohl eine Schwäche für Bären. Natürlich wurde keiner dieser Bärenbriefe je befördert – so etwas tat *Le Directeur* nicht –, noch erwartete der Bär, daß sie irgendwo anders landeten als im Papierkorb des Büros von La Ferté; er schrieb also, weil es ihm Spaß machte; was wiederum bedeutet: er war ein echter Künstler – und darum mochte ich ihn mehr als nur eben so –. Eines Tages trottete er davon – ich hoffe, zu seinem dornigen Acker und seinen Kindern und seinen Brüdern und all den Dingen, die für einen Petz schön und lebenswichtig und begehrenswert sind.

Während ich mein Gastspiel an der Orne gab, türmten der junge Russe und der Barbier. Der erstere war ein riesiger und sehr kräftiger Junge von neunzehn Jahren oder auch weniger, der zu unsrer Gesellschaft erst stieß, nachdem er einen Umweg gemacht hatte über monatelange Einzelhaft bei Wasser und Brot und ähnlichen Denkzetteln dafür, daß Irren menschlich ist usw. Im Gegensatz zu Härri, den er an Körperkraft womöglich noch übertraf, war er sehr still. Niemand gab sich mit ihm ab. Ich holte mehrmals in der Stadt Wasser mit ihm und fand, er sei wirklich ein prächtiger Kamerad. Er lehrte mich die russischen Zahlen bis zehn und stand voll Verständnis den Schwierigkeiten gegenüber, die ich mit 10 und 9 hatte. Einmal nahm er die Kanonenkugel und warf sie so hart gegen die Mauer, die den *cour* der Männer vom *cour des femmes* trennte, daß sie wackelte und sich ein Stein löste. Darauf wurde die Kanonenkugel (zum Kummer ihrer täglichen Werfer, Härri und Fritz) von vier schwitzenden *plantons*, die in Erfüllung ihrer vaterländischen Pflicht beinahe gefallen wären, weggeschafft. Sein Freund, der Barbier, hatte im UNGEHEUREN RAUM ein kleines Bord, das über und über mit einer erstaunlichen Menge von Flaschen, Zerstäubern, tonischen Mitteln, Puder, Scheren, Rasiermessern und anderen tödlichen Werkzeugen vollgepfropft war. Es blieb mir immer ein *mystère*, daß unsere Fänger bei ihren fast allwöchentlichen Durchsuchungen nach Messern diese Menge doch offensichtlich gefährlicher Waffen duldeten. Hätte ich nicht Browns Rasierapparat benutzen dürfen, wäre ich mit dem Barbier wahrscheinlich näher bekannt geworden. Ich mied seine Instrumente der Hygiene weder wegen des Preises noch seiner Technik, sondern aus Angst, ich könnte mich anstecken. Nicht daß ich mich bis zum Exzeß rasiert hätte – im Gegenteil, der *Surveillant* meckerte häufig, ja sogar zweimal in der Woche (wenn ich meine Francs von Norton Harjes abhob) an mir herum; er meinte, ich sei doch aus guter Familie, hätte (ganz anders als meine Kameraden) eine gute Erziehung genossen, und so solle ich mich auch reinlich und sauber halten und den verlausten Analphabeten ein leuchtendes Beispiel sein – wobei er listig hinzufügte, das «Hospital» sei das Richtige für uns, für meinen Freund und mich, und wenn wir dort wohnten, könnten wir Gentlemen unter uns sein und unser Essen aufs Zimmer bekommen, ohne in den *salle à manger* zu müssen; außerdem sei das Essen dort nach unserem Geschmack, ein ausgezeichnetes Essen, vorzüglich gekocht... all dies (so sagte der *Surveillant* mit der juckenden Handfläche des Grand Central Portiers, der auf ein Trinkgeld wartet) für eine Lappalie; wenn ich nur wollte, könnte ich es ihm gleich bezahlen – worüber ich wütend grinste und mich nur der egoistische Gedanke an mein eigenes Wohl davon abhielt, ihn aus dem Fenster zu werfen. Zu Ehren des Barbiers sei gesagt: er hat sich mit seinem Gewerbe nie bei mir aufgedrängt, obgleich die «*Soi-même*»-Lektionen des *Surveillant* (wie Brown und ich sie nannten) das Entzücken unsrer zahlreichen Freunde waren und durch diese auch zu seinen wachsamen Ohren gekommen sein mußten. Er war ein gutaussehender, zurückhaltender Mann von etwa dreißig, mit rasiermesserscharfen Augen – und das ist alles, was ich von ihm weiß, außer, daß eines Tages der Junge Russe und der Barbier, anstatt vom *cour* gleich ins Haus zu gehen, eine kleine Tür im Winkel zwischen der Mauer und der Küche benützten – und das so erfolgreich, daß wir sie nie wieder sahen. Viele Stunden später erst merkten die wachsamen Hüter unserer Sicherheit, die löwenherzigen *plantons*, was geschehen war – obwohl eine dreieinhalb Meter hohe Mauer erstiegen und ein paar leichtere Hindernisse genommen weden mußten und der Sturm ins Freie (wie ein unpatriotisch Gesinnter versucht wäre zu sagen) fast vor ihren Augen stattfand. Aber schließlich – wer weiß? Vielleicht hat die französische Regierung ihre Flucht stillschweigend geduldet, nachdem sie – durch ihr unvergleichliches Spionagesystem – herausgefunden hatte, daß der Barbier und sein junger Freund mit einem bis zum Rand gefüllten Zerstäuber voll T.N.T. nach dem Leben des *Surveillant* trachteten? Nichts war nach all dem wahrscheinlicher. Tatsächlich verschwanden einige extra-scharfe Rasiermesser (vom *Soi-même*-gesinnten *Surveillant* dem arglistigen Frisör im Interesse der öffentlichen Gesundheit überreicht) und ebenso ein Messer, das der *cuisine* gehörte und dem Barbier zum Kartoffelschälen geliehen worden war – er hatte sich beklagt, daß die übersteigerten Sicherheitsmaßnahmen, mit denen wir gewöhnlich schichtweise zu diesem Zweck ausgerüstet wurden, eine Beleidigung für ihn und seinen Beruf seien –, jene Messer also verschwanden in der reichlich dicken Luft von Orne zusammen mit dem Barbier *lui-même*. Ich erinnere mich noch gut an ihn, wie er im UNGEHEUREN RAUM liebevoll mit seinem Messer Äpfel zerschnitt und sie mit dem Jungen Russen teilte. In der Nacht der Flucht wurde uns – um unsere Moral aufrecht zu erhalten – rührenderweise gesagt, beide Flüchtlinge seien ergriffen worden, noch ehe sie den Stadtrand erreicht hätten, und man habe sie zurückgebracht, um sie zu bestrafen, worunter man unter anderem *travaux forcés à perpétuité* verstand – *verbum sapientibus*, wer Ohren hat zu hören usw. Auch wurde eine nächtliche Untersuchung eingeleitet: Ein *planton* zählte uns dreimal, teilte dann die Gesamtsumme durch drei und verschwand.

Soi-même erinnerte mich an einen fröhlichen Geist, der unsere kleine Gesellschaft ein wenig mit seinem Witz und Charme bereicherte. Von Brown und mir wurde er – nach einem aufregenden Vorfall, den ich höchstens andeutungsweise erzählen kann – mit dem schönen Titel *Même le Balayeur* bedacht. Der genannte Vorfall ereignete sich gleich wenige Tage nach meiner Ankunft. Offenbar (ich war im *cour* beim Nachmittagsspaziergang) hatten es einige der männlichsten Kerle des UNGEHEUREN RAUMS abgelehnt, unter anderem Härri und Bommel *bien entendu,* zu *promener* und wollten in ihrer Behausung bleiben. Nun geschah dies aber auf Grund einer kleinen Verabredung mit drei oder sogar noch mehr Mädchen – so mit Celina, Lily und Renée –, die ebenfalls den Spaziergang verweigert hatten und es tatsächlich im Laufe des Nachmittags fertigbrachten, aus ihren Quartieren im zweiten Stock zu entkommen, den Gang entlang und die

Treppe hinaufzulaufen und auf den Flur zu gelangen, wo sich die einzige und gut verschlossene Tür zum UNGEHEUREN RAUM befand. Der nächste Akt dieser kleinen Komödie (oder Tragödie, wie sich für die Teilnehmer herausstellte; denn die Männer und Frauen wurden zu ein paar Tagen *cabinot* und *pain sec* verknackt) könnte den Titel tragen: «Liebe findet immer Wege». Wie die Tür geöffnet und das Schloß von innen erbrochen werden konnte usw., ist (natürlich) für jeden, der sich in der Kunst des Einbrechens auskennt, ein völliges Rätsel. Jedenfalls gelang es, und das im Bruchteil einer Sekunde. Nun wollen wir den Vorhang fallen lassen, und der Leser möge sich mit dem bezeichnenden Ruf «Eisener» zufrieden geben, der zu jedem guten Theater gehört.

Ich fürchte, der *Surveillant* mißtraute seinem *balayeur*. *Balayeurs* wurden ständig gewechselt, weil *balayeurs* (im beschämenden Gegensatz zu den *plantons*) nun einmal samt und sonders Menschen waren. Aus diesem bedauerlichen Grund trugen sie stets Briefchen zwischen *les hommes* und *les femmes* hin und her. Und darum wurde jetzt der *balayeur* – ein gutgebauter, helläugiger, behender Mann mit Humor und starkem Einfühlungsvermögen für Männer, Frauen und Dinge im allgemeinen wie besonderen – vor die Schranken eines aus dem Stegreif gebildeten Gerichts berufen, das *M. le Surveillant* nach dem Spaziergang im UNGEHEUREN RAUM abhielt. Ich möchte mich nicht in Einzelheiten der Anklage verlieren, die in gewissen Fällen ans Licht gebracht wurden, sondern mich auf die Wiedergabe des letzten Satzes seiner Rede beschränken, die sogar Demosthenes Ehre gemacht hätte: «*Même le balayeur a tiré un coup!*»

Das genannte Individuum protestierte zaghaft gegen den Vorwurf von *M. le Surveillant,* während die Zuhörer brüllten und tobten vor unbarmherzigem Lachen. Ich habe den *Surveillant* selten so mit sich selbst zufrieden gesehen wie nach der Prägung dieses *bon mot*. Nur die Furcht vor seinem Vorgesetzten, diesem menschenfressergleichen *Directeur*, hielt ihn davon ab, allen Beteiligten die Strafe zu erlassen für etwas, das schließlich (vom europäischen Standpunkt aus) ein reiner Akt der Menschlichkeit war. Da dem *Même* niemand auch nur das geringste nachweisen konnte, wurde er nicht in den Kerker geworfen. Aber er verlor seinen Posten als Kehrer – was für ihn gewiß genau so übel war – und wurde von diesem Tage an ein ganz gemeiner Bewohner des UNGEHEUREN RAUMES wie wir alle.

Sein Nachfolger Garibaldi war ein Prachtskerl.

Wie die Allmächtige französische Regierung in ihrer Allmächtigen Weisheit für Garibaldi je einen Platz unter uns fand, ist mehr als ich verstehen kann und will. Eine halbe Portion in verschossener, blaugrauer französischer Uniform. Wenn er schwitzte, schob er das *képi* auf der sorgenvollen Stirn, über der drohend eine schwere Haarlocke hing, vor und zurück. Soweit ich mich an Garibaldis wahnsinnig schwierigen, ja komplizierten Stammbaum erinnere, hatte ihn seine englische Mutter seinem italienischen Vater in Frankreich beschert. Nun, wie es mit dieser Trilogie auch gewesen sein mag – jedenfalls hatte er abwechselnd in der italienischen, französischen und englischen Armee gedient. Da weder ein Untertan König Ponzis (es sei denn, man würde Garibaldi als Italiener bezeichnen, was er offensichtlich nicht war) noch Caruso oder sonst einer in La Ferté Macé residierte, noch ein geeigneter Bürger vom *Merry England*, mußte sich Garibaldi – vor allem am Spieltisch – in einer merkwürdigen Sprache verständlich machen, die man irrigerweise für französisch halten konnte. Mit Brown und mir sprach er eine nicht weniger merkwürdige Sprache, aber eine klar definierbare: nämlich Cockney Whitechapel Englisch. Er zeigte uns einen garantiert echten Ausweis, der bescheinigte, daß seine Familie in einer caritativen Organisation in der Nähe Whitechapels Liebesgaben erhalten hatte und sie laufend weiter empfing – und ferner, daß ihr Anspruch auf diese Liebesgaben durch Armut ihrer Verhältnisse völlig gerechtfertigt sei. Nachdem er uns die kostbare

Bescheinigung gezeigt hatte, wurde Garibaldi (wie ihn alle nannten) hoffnungslos verworren. Es sei ihm Unrecht getan worden. Immer sei er mißverstanden worden. Sein Leben sei eine Serie mysteriöser Drangsale und Enttäuschungen gewesen. Ich persönlich möchte annehmen, daß Garibaldi wegen Diebstahls völlig nichtigen Ramsches eingesperrt worden war, damit er in der VORHÖLLE von La Ferté Buße tue. Zu dieser Mutmaßung kam ich, als der Gescheite nach seinem verschwundenen Messer eine Suche organisierte – doch bevor ich diese bezaubernde Geschichte berichte, ist es unumgänglich notwendig, daß ich den Leser mit dem Gescheiten bekannt mache.

Man stelle sich einen großen, gutgekleideten, athletischen Mann vor, mit aufrechter Haltung, sauber und ordentlich, intelligent, nie verzagt, stets überlegen, noch recht jung (vielleicht neunundzwanzig) und schon völlig kahl. Er gewinnt jede Nacht beim *banque*-Spiel genug, um es sich leisten zu können, einen weniger Glücklichen für seinen *corvée d'eau* zu dingen. Folglich trinkt er jeden Morgen den üblen Kaffee im Bett, raucht dann lässig ein oder zwei Zigaretten, dreht sich noch mal auf die Seite und steht erst während des vormittäglichen Spaziergangs auf. Nachdem er sich erhoben hat, zieht er sein Rasiermesser ab (niemand begreift, wie er es fertigbringt, daß er ein regelrechtes Rasiermesser behalten darf), seift dann ausgiebig Gesicht und Hals ein, wobei er in seinen einfach erstklassigen Spiegel blickt, der Tag und Nacht über seinem Kopf hängt – oberhalb eines kleinen Bordes, auf dem er eine vollständige Toilettenausrüstung ausbreitet, ehe er daran geht, den bedeutungslosen Bart zu vernichten, den ihm sein Spiegel weist. Hat er den Bart restlos vernichtet, nimmt er eine ausgedehnte Waschung in einem der drei oder vier Eimer vor, die im UNGEHEUREN RAUM stehen, und zwar in dem Eimer, den man ihm einmütig für seinen persönlichen und alleinigen Gebrauch zugebilligt hat. Zu all dem singt er laut und gefühlvoll das prächtige, geistreiche Liedchen:

«Triiiff mich heut' Naaacht im Traaaumland,
Uunter dem siilbernen Mooond,
Triiiff mich im Traaaumland,
Im wundersaamen Traaaumland,
Wo Uunsere Liiiebe wooohnt.»

Sein englischer Akzent ist bewunderungswürdig. Seine Muttersprache, das Holländische, spricht er lebhaft und bestimmt. Godverdommets gibt es bei ihm nicht. Außer holländisch und englisch spricht er ein klares Französisch und ein gepflegtes Belgisch. Ich glaube, er spricht ein halbes Dutzend Sprachen. Und ich habe den Eindruck, daß er zu den Menschen gehört, die in keiner Situation totzukriegen sind. Er ist einer von denen, die sich noch aus der schwierigsten Lage herauswinden – und das spielend. Er ist einer von denen, die ihre Zeit abwarten und die Gegenwart dadurch erträglich machen, daß sie ihre begüterten Mitgefangenen einen nach dem andern von ihren Banknoten befreien. Er ist bei weitem der kühlste Spieler, den ich je beobachtet habe. Nichts bringt ihn auf. Wenn er an einem Abend zweihundert Francs verliert – ich möchte wetten, am nächsten Abend gewinnt er sie wieder zurück; und noch fünfzig dazu. Es ist ihm völlig gleich, wen er zum Gegner hat – ob den Dummen, den Schlauen, den Bösen, den Vorsichtigen, den Verzweifelten, den Hoffnungslosen. Er hat nicht das geringste Mitleid, nicht die leiseste Furcht. In einem meiner zahlreichen Taschenbücher steht folgende, wörtlich wiedergegebene Notiz:

Spieltisch: 4 starre Blicke spielen *banque* mit 2 Zigaretten (1 tote) & Einer Pfeife die klirrenden Gesichter herausgerissen durch Magerkeit flaschengesteckter Kerze (Geburt von X) wo der Gescheite sitzt, der Gewinne anhäuft, (morgens) singt: «Triff Mich ...»

Was entschlüsselt soviel heißt wie: Judas, Garibaldi und der Holländische Kapitän (den der Leser *de suite* kennenlernen wird) – Garibaldis Zigarette ist ausgegangen, so besessen ist er – spielen *banque* mit vier gespannten und scharf konzentrierten Individuen, die sein oder auch nicht sein können: der Schulmeister, Monsieur Auguste, der Barbier und Même – wobei der Gescheite (wie fast immer) als Bankhalter fungiert. Die Kerze, durch deren schwindsüchtige Beleuchtung die verschiedenen Gesichter zu einem wilden Ganzen zusammengerissen werden, steckt im Hals einer Flasche. Das Licht über all dem sowie die rhythmische Anordnung der Gestalten ergeben eine sinnliche Integration, welche an die Geburt Christi eines Alten Meisters erinnert. Der Gescheite, der seinen üblichen Morgentriller längst hinter sich hat, ist die Ruhe selbst. Er wird gewinnen – er häuft und häuft, weil er das nötige Kleingeld hat und es sich leisten kann, aus jedem Spiel ein großes Spiel zu machen. Alles, was er bräuchte, ist der Rechen eines *croupier*, damit er seine unparteiische und gänzlich leidenschaftslose Haltung vervollständigen könnte. Er ist der geborene Spieler, ist der Gescheite – und ich möchte behaupten, daß Kartenspielen in Kriegszeiten als ein verruchtes Verbrechen galt, und ich zweifle nicht daran, daß er schon Karten spielte, ehe er nach La Ferté kam; ich möchte sogar annehmen, daß Spielgewinne in Kriegszeiten ein geradezu unbeschreibliches Verbrechen sind, und da ich weiß, daß er schon früher beim Kartenspielen gewann, so haben wir eine gute und triftige Erklärung für die Anwesenheit des Gescheiten in unserer Mitte. Der Hauptgegner des Gescheiten war Judas. Es war jedesmal ein köstliches Vergnügen für uns, wenn Judas am Abend schwitzte, Gesichter schnitt und schwitzte und verlor und verlor und schließlich blank war.

Der Kapitän aber, wie ich von einigen Gefangenen erfuhr, die eines Tages das Gepäck des Gescheiten aus dem UNGEHEUREN RAUM schafften (als er uns aus unbekanntem Grund verließ, um die Vorzüge der Freiheit zu genießen), der Kapitän bezahlte auf dem *gare* dem Beherrscher des Spieltisches 150 Francs – armer Kapitän! Auf seinem freien Bett räkelte sich der Hummer, worauf ihn der *Garde-Champêtre* und Judas unter dem lebhaften Beifall von *tout le monde* voller Wut durch den ganzen UNGEHEUREN RAUM rollten. Aber ich wollte ja von dem Nachmittag erzählen, als der Beherrscher sein Messer verlor; also will ich sofort damit beginnen: Brown und ich lagen auf unseren Betten ausgestreckt, als sich presto ein Sturm am andern Ende des UNGEHEUREN RAUMES erhob. Wir richteten uns auf und sahen den Gescheiten, wie er tobend auf eine ständig anwachsende Gruppe Mitgefangener einschrie, ihnen drohte und sie einschüchterte. Nachdem er mit ein paar scharfen rhetorischen Peitschenhieben gewisse Möglichkeiten abgetan hatte, die von den mutigsten der Zuhörer in Erwägung gezogen waren, um ihn zu beruhigen, zu überreden und zu dämpfen, ging er auf den nächstbesten *paillasse* zu, drehte ihn um und um, schlitzte ihn dann mit einem Taschenmesser säuberlich vom Bug zum Heck auf, zerrte das Stroh heraus und durchwühlte mit gründlicher Hast die peinlich geringen Habseligkeiten des Eigentümers. Schweigen. Niemand, schon gar nicht der Besitzer des *paillasse*, sagte etwas. Dann wandte sich der Gescheite zum nächsten Bett, bearbeitete es genau so, durchsuchte es und machte sich darauf ans dritte. Er bewegte sich wie eine geölte Maschine. Er ackerte die ganze Länge des Saales durch, wobei er bei seiner Prozedur nur hin und wieder eine Matratze ausließ – warf die *paillasses* durcheinander und drehte *sacs* und Schachteln von innen nach außen; er sah bleicher aus als sonst, im übrigen aber blieb sein Gesicht unberührt und ausdruckslos. Brown und ich warteten gespannt darauf, was er wohl mit unseren Sachen machen würde. Als er zu unseren Betten kam, hielt er inne, überlegte offenbar einen Augenblick, ließ dann unsere *paillasses* in Ruhe und kramte nur so obenhin in unseren Militärsäcken, wobei er so was murmelte wie: «Könnte ja jemand reingesteckt haben.» Dann nahm er die Jagd wieder auf. «Was, zum Teufel, hat der Kerl?» fragte ich Fritz, der unbekümmert neben uns stand, in dessen Augen aber sich eine diebische Freude spiegelte. «Der verdammte Narr hat sein Messer verloren», antwortete Fritz. Nachdem der Gescheite seine Runde beendet hatte, durchsuchte er auch noch jeden einzelnen – außer uns und Fritz – und sank dann erledigt auf seinen *paillasse*, wobei er hin und wieder brummelte: «Laßt mich den bloß erwischen.» Ich glaube, er hat ihn nie erwischt. John-der-*Baigneur* sagte, es sei ein schönes Messer gewesen. «Wie sah es denn aus?» fragte ich neugierig. «Es hatte eine nackte Frau auf dem Griff», antwortete Fritz mit vergnügt funkelnden Augen.

Und jeder bedauerte, es sei wirklich jammerschade, daß der Gescheite es verloren habe, und jeder fing verstohlen an, wieder Ordnung zu schaffen und seine Sachen aufzuräumen.

Mich belustigte vor allem das kleine Bißchen in der graublauen französischen Uniform. Als die Suche sich seinem *paillasse* näherte, sauste er plötzlich zu Brown herüber (seine schwitzende Stirn schwitzte noch mehr als sonst, und das *képi* saß völlig verrückt auf seinem Kopf) und schob Brown hastig sein langvermißtes neusilbernes Klappmesser zu; Brown hatte es von einem beim *Vingt-et-Un* erstanden, den wir «Lord Algie» nannten: Eine schlanke, weibische, zerbrechliche, makellose Kreatur, die *en route* war, Offizier zu werden, und deren Geckenallüren der feiste A. – zweifellos gegen finanzielle Vergütung – unermüdlich entgegenkam. Jenes Messer hatte der bleiche und am ganzen Leib zitternde Garibaldi gerade an diesem Tag im *cour* «gefunden» – was über die Maßen befremdend war, denn der Schatz wurde schon seit Wochen vermißt.

Womit wir jetzt beim Kapitän wären, dessen vortreffliche Lagerstatt bereits erwähnt wurde. Er war Holländer, einer der Stärksten, Freundlichsten und Heitersten, saß gern auf dem Wasserwagen im Schuppen und rauchte am Nachmittag stillvergnügt sein Pfeifchen. Seine stämmige, straffe Gestalt in schweren Hosen und Jersey-Pullover wurde von einem bronzenen Gesicht gekrönt, das ein solch herrliches Stück übernatürlicher Schöpfung und so gütig und markant war, wie ich es nie zuvor gesehen habe. Er besaß eine schöne, klangvolle Stimme und gab sich sehr einfach. Er hatte drei Söhne. Eines Abends waren etliche Gendarmen zu ihm gekommen und hatten ihm mitgeteilt, er sei verhaftet, «da haben meine drei Söhne und ich sie aus dem Fenster in den Kanal geworfen».

Ich sehe heute noch das offene Lächeln, die vierschrötige Güte der Wangen, die Augen wie kühle Schlüssel – und sein Herz immer auf See.

Der kleine Maschinen-Einsteller (*le petit bonhomme avec le bras cassé*, wie er sich selbst nannte und was sich auf seinen kurzen, gelähmten linken Arm bezog) war so ganz anders, daß ich ihn gleich als nächsten vorführen möchte. Er war etwas größer als Garibaldi, etwa so groß wie Monsieur Auguste. Er und Monsieur Auguste ergaben zusammen einen prächtigen Anblick, bei dem ich mir vorkam, als entstammte ich einem Volk von Riesen. Ich fürchte, Brown und ich bedauerten den Maschinen-Einsteller bloß, weil wir Riesen waren – doch das lag nicht allein an uns; denn der Maschinen-Einsteller kam mit seinen Sorgen zu uns, wie ein kleines und hilfloses Kind zu einem Großen und Allmächtigen kommt. Und der Himmel weiß, daß wir ihn nicht nur bedauerten, sondern auch gern mochten, und wann immer wir dem Maschinen-Einsteller in seinen oft lächerlichen Kümmernissen helfen konnten, dann haben wir es wohl auch getan. Die Hilfe, von der ich spreche, war rein seelischer Art; denn der gewaltige Stolz des winzigen Maschinen-Einstellers machte jede materielle Hilfe von vornherein unmöglich. Alles, was wir Abend um Abend für ihn tun konnten, war, ihn *chez nous* zu unterhalten (wie wir auch unsere anderen Freunde unterhielten); das hieß also, er kam jeden Abend oder wenigstens jeden zweiten Abend nach seines Tages Mühen zu uns – er war nämlich Co-*balayeur* bei Garibaldi und ein unermüdlicher Arbeiter; nie wieder bin ich einem Mann begegnet, der seine Arbeit so ernst nahm und so viel aus ihr machte – also, er kam zu uns und saß dann ganz bescheiden und voller Respekt auf einem unserer Betten im oberen Teil des UNGEHEUREN RAUMES, rauchte seine kleine schwarze Pfeife, sprach aufgeregt und rastlos und wütend über *La*

Misère und sich und uns, wobei er oft lautlos, aber bitter weinte, und strich hin und wieder kurz und heftig ein Streichholz an der Sohle seines breiten, beinahe quadratischen Schuhes an. Sein kleines, erregbares, gewissenhaftes, hartnäckiges, schwieriges Selbst lebte nur in einer einzigen Dimension – der irgendwie schönen Dimension der TRAUER. Er war Belgier, und zwar einer von den beiden Belgiern, für die ich je ein gewisses Interesse empfand, denn der Maschinen-Einsteller hätte ebensogut ein Pole oder ein Trugbild oder ein Eskimo sein können – so wenig beeinflußte die Nationalität seine Seele. Da lag nämlich der Hase im Pfeffer: der Maschinen-Einsteller hatte eine Seele. Man lege einem ganz normalen Mann Handschellen an, sage ihm, er sei ein faules Ei, behandle ihn grob, sperre ihn ins Kittchen oder so was Ähnliches (Sie sehen, ich habe stets auf die feine, aber durchaus notwendige Unterscheidung von *M. le Surveillant* zwischen La Ferté und einem GEFÄNGNIS geachtet), und er wird zum Tier: entweder zu einem Kaninchen, das heißt also verängstigt; oder zu einem Mondkalb, das heißt blöde; oder zu einer Hyäne, das heißt wie Härri, der Holländer. Wenn aber durch einen fatalen, einfach unvergleichlich fatalen Zufall dieser Mann eine Seele hat – ja, dann haben wir, haben wir wahrhaftig und in der schlimmsten Form das, was in La Ferté Macé jeder, der es an sich erfahren hat, *La Misère* nannte. Monsieur Augustes rührende Bemühungen, heiter zu bleiben und seiner zarten Veranlagung die natürliche Spannkraft zu erhalten, beschützten ihn etwas vor *La Misère*. Aber der Maschinen-Einsteller war verloren und verkauft. Von Natur aus äußerst *sensible*, verkörperte er geradezu *l'âme sensible*. Seine *sensibilité* bürdete ihm nicht nur die selbst erlittene, unentschuldbare Ungerechtigkeit auf, sondern auch die unvergleichliche, überwältigende, totale Ungerechtigkeit, die im UNGEHEUREN RAUM jeder erlitten hatte und *en masse* Tag und Nacht noch erlitt. Wären seine Leiden nicht ganz realen Tatsachen entsprungen, so hätte man von Verfolgungswahn sprechen können. Aber wie die Sache stand, war es völlig unmöglich, es ihm leichter zu machen – es sei denn durch eines: FREIHEIT; nicht nur durch seine persönliche Freiheit, sondern genau so durch die Freiheit jedes einzelnen seiner Mitgefangenen. Sein großer Kummer ließ sich nicht einfach dadurch aus der Welt schaffen, daß man das UNRECHT mit seiner Entlassung teilweise wieder gutmachte, dieses unbeschreibliche und schreiende und nach Rache lechzende UNRECHT, das an all denen begangen worden war, die aßen, schliefen, weinten und Karten spielten unter diesem abscheulichen und unnachgiebigen SYMBOL, das über der unabänderlichen Infamie unseres gemeinsamen Lebens stand. Wollte man den Kummer beschwichtigen, so mußte eine grelle Blitzspindel mit einem Schlag das menschliche und materielle Gefüge einäschern, das sich ständig zwischen unserem schmutzigen und erbärmlichen Selbst und der unaussprechlichen Sauberkeit der Freiheit erhob.

Brown erinnert sich noch, daß der kleine Maschinen-Einsteller sagte oder andeutete, er sei in seiner Jugend Sozialist oder Anarchist oder so was gewesen. Kein Wunder, daß wir den Vorzug seiner Gesellschaft genossen. Man kann wahrhaftig nicht glauben, dieser arme Sozialist hätte durch die große und gute französische Regierung mehr zu erdulden gehabt als so mancher C. O. (Kriegsdienstverweigerer aus religiöser Überzeugung) durch die große und gute amerikanische Regierung; oder – da ja alle großen Regierungen *per se* gut sind und umgekehrt – als ganz allgemein so mancher Mann, der nun mal während der gerade hinter uns liegenden kriegsmäßigen Augenblicke mit dem Talent des Nachdenkens gestraft war; während einer Epoche also, da die g. und g. Nationen von ihren Untertanen das genaue Gegenteil von Denken verlangten; besagtes Gegenteil wird gewöhnlich GLAUBEN genannt. Damit diese Behauptung den Maschinen-Einsteller oder womöglich mich selbst – furchtbarer Gedanke – bei einigen Angehörigen der Amerikanischen Legion nicht in Mißkredit bringe, möchte ich schleunigst versichern, daß der Maschinen-Einsteller eine höchst moralische Person war. Ja, seine Moral war manchmal geradezu erschreckend, vor allem, wenn er sich zu den Insassen des weiblichen Quartiers aufmachte. Wohlverstanden: der Maschinen-Einsteller war durchaus ein Mensch; er beförderte – vorausgesetzt, daß er den Absender leiden konnte – ohne zu murren an die *adorée* des Absenders einen Brief. Das war einfach eine gute Tat für einen Freund – bedeutete jedoch keineswegs, daß er die Wahl des Freundes billigte, die er vielmehr aus strikten ethischen Grundsätzen unerschütterlich und energisch – und das sogar dem Freunde offen ins Gesicht – verurteilte. Für diesen kleinen Mann von etwa fünfundvierzig, mit einem ergebenen Weibe, das in Belgien auf ihn wartete (ein Weib, das er mehr verehrte und liebte als sonst etwas auf der Welt, ein Weib, dessen Treue zu ihrem Gatten, dessen Glaube und Vertrauen zu ihm in allen Briefen wiederklang, die der kleine Maschinen-Einsteller – wenn wir drei allein waren – uns jedesmal vorlesen wollte, wobei er nie über die ersten paar Sätze hinauskam, weil er dann völlig zusammenbrach und vom Scheitel bis zur Sohle schluchzte), für solch einen kleinen Menschen war die Reaktion auf *les femmes* mehr als natürlich. Sie war geradezu unvermeidlich.

Es gab zwei Sorten von Frauen – für ihn wenigstens nur zwei. Das waren die *femmes honnêtes* und *les putains*. In La Ferté, belehrte er uns – und als *balayeur* mußte er es ja wissen – lebten nur drei Damen der ersten Klasse. Mit einer von ihnen unterhielt er sich oft. Sie erzählte ihm ihre Geschichte. Sie war Russin, stammte aus einer ausgezeichneten Familie und hatte unbehelligt in Paris gelebt – bis zu dem Tag, da sie an ihre Verwandten einen Brief schrieb, der die folgende verräterische Empfindung verriet:

«*Je m'ennuie pour les neiges de la Russie.*»

Der Brief war – wie bei Brown – vom französischen Zensor gelesen worden, worauf sie auf der Stelle verhaftet und von ihrer Wohnung in Paris nach La Ferté Macé übergeführt wurde. Sie sei ebenso klug wie tugendhaft und habe nichts mit ihren sündigen Schwestern gemein – so erzählte uns der Maschinen-Einsteller mit einem raschen Aufflackern der Freude. Jene Schwestern seien schlecht und unanständig (bei diesen Worten verknotete sich seine kleine Stirn, und seine buschigen Augenbrauen stürzten zornig zusammen) und eine Schande für ihr Geschlecht – und dieser unbarmherzige Joseph berichtete nun wütend und abgehackt, wie er erst am vorigen Tag die peinliche, nicht mißzuverstehende Aufforderung einer Madame Potiphar abgewiesen habe, indem er der Versuchung wie ein guter Christ den Rücken wandte und aus dem Saal geschritten sei, wobei er den Besen mit den tugendhaften Händen fest umklammerte.

«*M'sieu Jean*» (das war ich), «*savez-vous*» – er ließ seinen Daumennagel verächtlich zwischen den Zähnen knacken – «ÇA PUE!»

Dann fügte er hinzu: «Und was würde meine Frau sagen, wenn ich zu ihr heimkäme und ihr das verehrte, was mir diese Kreatur verehrt hat? Die reinen Tiere» – schrie der kleine Maschinen-Einsteller –, «alles was sie wollen, ist ein Mann; sie fragen nicht danach, wer es ist – wenn's nur ein Mannsbild ist. Aber mich kriegen sie nicht!» – und er warnte uns, wir sollten uns ja vorsehen.

Höchst aufschlußreich, ja geradezu wertvoll war die Zeugenaussage des Maschinen-Einstellers über die mehr oder weniger regelmäßigen «Untersuchungen» *des femmes* (vorgenommen vom selben Arzt, der mich am ersten Tag in La Ferté «untersucht» hatte); vermutlich zum Schutze der Öffentlichkeit. *Les femmes*, so erzählte der Maschinen-Einsteller, der öfters Augenzeuge dieses Vorgangs gewesen war, standen plappernd, lachend und – welch ein Verbrechen – Zigaretten rauchend in einer Reihe vor dem *bureau* von *M. le Médecin Major*. «*Une femme entre. Elle se lève les jupes jusqu'au menton et se met sur le banc. Le médecin major la regarde. Il dit de suite ‚Bon. C'est tout.' Elle sort. Une autre entre. La même chose. ‚Bon. C'est fini'... M'sieu Jean: prenez garde!*»

Und er strich heftig ein Streichholz unter dem schwarzen, fast quadratischen Schuh an, der am Ende seines kleinen, abgetragenen Hosenbeins saß, beugte dabei seinen schmalen Körper nach vorn und schwang die Flamme in einem großen Bogen nach oben. Und die Flamme ließ sich auf seiner kleinen schwarzen Pfeife nieder. Und seine Wangen saugten, bis sie sich begegneten und ein langgezogenes, störrisches Geräusch entstand, und mit der Wiederkehr seiner Wangen stieg ein schmaler, farbloser Fetzen – möglicherweise Rauch – in die Luft. – Das ist kein Tabak. Wissen Sie, was das ist? Das ist Holz! Und ich sitze hier und rauche Holz in meiner Pfeife, während meine Frau krank vor Sehnsucht ist... «*M'sieu Jean*» – und dabei schiebt er sich mit hervortretenden Kiefern und den vereinten, sich sträubenden Augenbrauen mir entgegen – «*Ces grands messieurs qui ne se foutent pas mal si l'on* CRÈVE *de faim, savez-vous, ils croient chacun qu'il est Le Bon Dieu* LUI-*Même. Et M'sieu Jean, savez-vous, ils sont tous*» – schiebt sich in mein Gesicht, und die welke Hand macht von selbst eine jämmerliche Faust – «*Ils. Sont. Des.* CRAPULES*!*»

Und sein gespenstischer, verschrumpelter kleiner Spielzeugarm versuchte, einen Ausfall gegen diese erhabenen Existenzen zu machen. Oh *gouvernement français*, ich finde es nicht klug von DIR, daß DU diese erschreckende Puppe nach La Ferté abgeschoben hast. An DEINER Stelle hätte ich sie in Belgien bei ihrer kleinen Puppenfrau gelassen; denn wenn die Leiche einer Regierung aufgefunden wird, dann sitzt immer so eine kleine Puppe auf ihr und zerrt und zieht mit ihrer kleinen Hand, um das mikroskopische Messer herauszubekommen, das fest in dem toten Fleisch ihres Herzens steckt.

Nur an einem einzigen Tag sah ich ihn glücklich – wenigstens beinahe glücklich. Das war, als uns eine belgische Baronin aus unerfindlichem Grund besuchte und von den köstlich respektvollen und sich ausgezeichnet benehmenden STAATLICHEN FÄNGERN mit Verbeugungen und Speis und Trank bewirtet wurde – «und ich habe schon in Belgien von ihr gehört, sie ist eine große Dame, sehr einflußreich und so gütig. Ich fiel vor ihr auf die Knie und beschwor sie im Namen meiner Frau und *Le Bon Dieu*, Fürsprache für mich einzulegen. Und sie hat es sich notiert und sagte, sie wolle dem belgischen König schreiben, und ich würde in wenigen Wochen frei sein, Frei!»

Der kleine Maschinen-Einsteller – ich weiß es ganz zufällig – kam schließlich von La Ferté nach – Précigné.

... In der Küche arbeitete ein bemerkenswerter Mensch. Der Holzschuhe trug. Und unablässig halblaut vor sich hinsang, während er in den riesigen schwarzen Kesseln rührte. Wir, das heißt Brown und ich, wurden mit Afrique erst nach und nach bekannt. Man konnte Afriques Bekanntschaft nicht auf einen Schlag machen. Man kam Afrique nur langsam näher. Man war im *cour*, starrte auf verfaulte und abgestorbene Bäume, als eine Gestalt von der *cuisine* herüberschlenderte, ihre großen hölzernen Füße rhythmisch hinter sich herzog und eine bunte Schärpe von ihrer Taille abwickelte, während sie leise, wie immer, ein herzhaftes und – ich fürchte – nicht druckreifes Liedchen vom Paradies vor sich hinsang. Die Gestalt steuerte geschäftig durch das kleine Tor des *cour*, wobei sie immer noch ihre Schärpe abwickelte, geradewegs auf das *cabinet* an der Mauer zu, welche die beiden Geschlechter voneinander trennte – und schleifte einen Schwanz von ständig wachsender Länge auf dem Boden hinter sich her. Als das *cabinet* erreicht war, trennten sich Schwanz und Gestalt. Jener fiel träge in den grenzenlosen Schmutz, diese verschwand mit der Geschwindigkeit eines Springteufelchens in dem Häuschen. Aus dem Häuschen nach wie vor das gleiche Liedchen,

«le paradis est une maison...»

– Oder: Da ist eine biegsame, zögernde Ausgeglichenheit, höchst intelligent, zweifellos empfindsam, die trocken ein Feuerwerk treffender Anspielungen abschießt, welche das Gewebe der Dummheit unausweichlich und lüstern durchdringen; teilt ein ums andere Mal kurze, scharfe Nicht-

Dummheiten aus, eindeutig und ohne Kompromisse, frisch und stets pfeilschnell. Die Ausgeglichenheit hält eine Zigarette in der Hand, die Zigarette hat sie sich soeben bedächtig aus einem Zeug gedreht, das sie sich aus etlichen liebevoll aufgehobenen Kippen verschaffte (von denen es in Afriques Taschen immer genug gibt). Ihr weder altes noch junges, aber ausdrucksstarkes Gesicht beherbergte ein Paar graublaue, geistreiche Augen, und Gesicht und Augen sind durch die offene Tür eines kleinen Raumes auf uns gerichtet. Der kleine Raum liegt hinter der *cuisine;* ein kleiner Raum, voll vom unaussprechlich reinen und zarten Geruch frischgeschlagenen Holzes. Wir geben vor, dieses Holz zum Anheizen zu spalten und zu schichten. In Wahrheit aber genießen wir es, uns mit Afrique zu unterhalten und dabei dem öden und matschigen *cour* entkommen zu sein und (unter den wachenden Augen des Kochs, der Schildwache spielt) etwas Kaffeeähnliches mit etwas Zuckerähnlichem darin zu trinken. Und all das nur, weil der Koch glaubt, wir seien *boches*, und als Koch und *lui-même* ein *boche* unermüdlich um unser Wohl besorgt ist.

Afrique spricht über *les journaux,* und wie mächtig sie sich anstrengen, die Wahrheit zu verschweigen; oder er erzählt, wie ihn einmal in der Nacht ein Eingeborener überfiel, der mit einem zwei Meter langen Speer bewaffnet war – irgendwann und irgendwo auf der Welt; oder er prophezeit, die Deutschen würden über die Schweiz in Frankreich einmarschieren; oder er bringt uns bei, auf arabisch zu zählen und zu fluchen; oder er führt als Kesselflicker in Südfrankreich ein vergnügtes Leben – schläft unter einem Baum vor einer kleinen Stadt...

Und Le Chef grunzt, ohne seine alten Augen von dem widerspenstigen Kohlkopf zu lassen, den er gerade entblättert:

«*Dépêche-toi, voici le planton*»,

und wir fühlen uns irgendwie wohl. Denn es ist ungewohnt und angenehm warm in der *cuisine*. Und Afrique ist ein springlebendiger Geist, der war und sah und beobachtete und durchschaute und wußte – ein bißchen hier, ein wenig dort, ganz einfach: überall. Sein Steckenpferd ist die Politik, die Afrique den unschätzbaren Vorteil bot, beobachten zu können, ohne beobachtet zu werden – bis er nach La Ferté kam; dort tat Afrique überhaupt nichts anderes mehr als ununterbrochen beobachten, und dabei erkannte er, daß ihm ein wesentlicher Blickwinkel der Beobachtung gratis beschert wurde. *Les journaux* und Politik sind die Hauptthemen, von denen Afrique, ohne je zu ermüden, mehr erzählen kann als ein Buch, ein Buch, so dick wie meine beiden Daumen –

«*Mais oui, ils ont cherché de l'eau et puis je leur donne du café*», begehrt Monsieur, oder richtiger Mynheer *le chef*, auf; der *planton* widerspricht stur, wir hätten jetzt eigentlich oben zu sein; Afrique rührt eifrig in einem großen schwarzen Topf, blinzelt uns gelassen zu und singt verträumt:

«*Le Bon Dieu, Saoûl comme un cochon...*»

Nun ich das Angenehme der Küche erwähnt habe, gehört es vielleicht hierher, daß ich über das Unangenehme von Braunbrot berichte. Er war Belgier und kaute deshalb Tag und Nacht seinen Priem, dessen Saft er aus dem unaussprechlich schwerfälligen Gesicht eines zu groß gewachsenen Bauern spie. Die einzigen englischen Worte, die er konnte, waren «ME *too*» – sobald einer, der gerade von irgendwoher Geld bekommen hatte, Zigaretten herumreichte. Dazu möchte ich noch erklären, daß der Name, den er von uns erhielt, die Abkürzung eines mysteriösen Lautes ist oder vielmehr eines rollenden Ausrufs, den der *Surveillant* tat, während er sich aus dem kleinen Fenster zum *cour* herauslehnte und die Namen jener *fortunati* verkündete, für die Briefe (vom *Secrétaire*, alias dem schwachäugigen Zweifüßler, pflichtschuldigst geöffnet, gelesen und inhaltlich gebilligt) auf unbegreiflichem Wege aus dem *mystère* der Außenwelt zu uns hereingedrungen waren. Der *Surveillant*, dessen Brillengläser bebend einen Brief oder eine *carte postale* inspiziert hatten – während *les hommes* im Dreck atemlos auf sein leises Murmeln warteten –, rief (zur großen Enttäuschung aller anderen) überzeugt:

«Boo-r-Ownbread»,

worauf diese Dreimetergestalt in ihren knarrenden schwarzen Ledergamaschen herbeischwankte, den Priem unter großen Anstrengungen zur Seite schob und einfältig lächelnd sagte:

«*Oui, Monsieur le Surveillant.*»

Im übrigen war er unwahrscheinlich stumpfsinnig und oftmals mürrisch, und seine Freunde ähnelten ihm sehr; sie teilten seine Nationalität, und an ihren mürrischen Stumpfsinn erinnere ich mich nur ungern. Er war Belgier, das genügt. Damit will ich sagen, daß ich nun mal so unmenschlich bin und mich nicht darum schere, was aus ihm wurde oder für welches stumpfsinnige und mürrische Verbrechen er in La Ferté unter den gütigen Augen der französischen Regierung büßte.

Ist wohl auch einerlei, da sich meine Suche nach Gründen sowieso als zwecklos erwies – das dürfte auch dem Leser inzwischen aufgegangen sein. Ich finde, man rührt besser überhaupt nicht an ein schlummerndes *mystère* – oder vielleicht doch? Denn der Mann Der Zu Spät Spielte hat es nicht gemacht und umgab dadurch das Unerklärliche mit einem Nimbus des Verschwommenen. Vielleicht fühlte er in seinem blonden, hungrigen, verstörten Wesen, daß eine Verhaftung wegen Berufsausübung (als Mitglied eines Orchesters) nach der Sperrstunde in Paris eine offensichtliche Demütigung bedeutete, die man nicht noch zu analysieren brauchte. Sei es wie es wolle, ich beschließe meine Porträtsammlung mit seiner eigenen Bemerkung, die diese Bilder recht hübsch einrahmt:

«Jeder ist wegen irgendwas hier.»

APOLLYON

Die Bewohner des Ungeheuren Raumes, an deren Porträts ich mich im vorhergehenden Kapitel versucht habe, hausten – sieht man von wenigen Ausnahmen ab – schon zur Zeit meiner Ankunft dort. Was nun in La Ferté Macé über allem stand, was den Tod lebenswert und das Leben todeswert machte, das war der kinetische Aspekt dieser Institution durch die Ankünfte der *nouveaux* verschiedener Nationalitäten – gleichgültig ob sie einzeln oder gruppenweise erfolgten – wurde unser sonst mehr oder minder einfaches Dasein wunderbar kompliziert und unsere angefaulte Wurstigkeit von einer glücklichen Gewalt durcheinandergeschüttelt. Ehe ich jedoch an diesen Aspekt herangehe, möchte ich zu meinem eigenen wie zu des Lesers Vorteil diesen Stillstand noch deutlicher machen, indem ich einige bezeichnende Elemente vorführe, welche die für die Auflösung bestimmten Kandidaten bei ihrem Einlaß in unseren auserwählten, um nicht zu sagen distinguierten, Kreis begrüßten. Oder: ich möchte kurz Apollyon und die Mittel seiner Macht beschreiben – und diese Mittel waren drei an der Zahl: Angst, Frauen und Sonntag.

Mit Apollyon meine ich einen ganz bestimmten bösen Feind. Einen bösen Feind, der, zurückgezogen in dem prächtigen Luxus seines privaten *bureau* (das in der Regel, soweit ich beobachten konnte – und ich beobachtete es –, niemand von geringerem Rang als der *Surveillant* betreten durfte), all das, was innerhalb der schützenden Mauern von La Ferté einmal Mensch gewesen war, mit Hilfe der drei mächtigen Mittel, um die es hier geht, zu der unvorstellbaren Gemeinheit seines Willens zwang. Ich meine einen Apollyon, wie er im Buche steht, einen Satan, dessen Wort furchtbar ist, nicht, weil es alles tut, um ungerecht zu sein, sondern weil es unfaßbar allmächtig ist. Kurz: ich meine *Monsieur le Directeur*.

Zuerst werde ich über *Monsieur le Directeur's* stärkste Waffe sprechen.

Drei Mittel waren es, mit denen die Angst den ehemaligen menschlichen Wesen eingeflößt wurde, deren Anwesenheit in La Ferté Appollyon seinen Posten verdankte. Die drei Mittel waren: seine Untergebenen, die seine Macht so fürchteten, daß sie ihre Energie nur darauf lenkten, auch in uns eine ähnliche Empfindung zu erzeugen; zwei Arten der Bestrafung als Waffe besagter Untergebener gegen jeden von uns, der sich weigerte, im Herz seines Herzens diese verheerende Empfindung aufkommen zu lassen; und schließlich, seiner unaussprechlichen Persönlichkeit gegenübergestellt zu werden.

Nach dem Dämon kam der *Surveillant*. Ich habe den *Surveillant* bereits beschrieben. Ich möchte jedoch noch hinzufügen, daß meiner Meinung nach der *Surveillant* der anständigste Vorgesetzte in La Ferté war. Diesen Tribut zolle ich ihm gern und aufrichtig. Zu mir wenigstens war er freundlich; bei den meisten anderen zeigte er sich durchaus umgänglich. Ich glaube aufrichtig und gern, daß es dem *Surveillant* völlig an jener angeborenen Eigenschaft mangelte, mit der dieser Gentleman, sein Vorgesetzter, den (meiner Ansicht nach) vorbildlichen Repräsentanten der ALLMÄCHTIGEN FRANZÖSISCHEN REGIERUNG abgab: Ich glaube, der *Surveillant* fand keine Freude daran, grausam zu sein, er war nicht ganz ohne Mitleid oder Verständnis. Ich erweise ihm daher als einer Persönlichkeit Respekt. Allerdings kümmert es mich wenig, ob es ihm als Werkzeug des TEUFELS im lodernden Feuer der HÖLLE zu heiß sein wird oder nicht.

Nach dem *Surveillant* kamen der *Secrétaire*, Monsieur Richard, der Koch und die *plantons*. Den ersten beschrieb ich ausführlich, weil er ein gehorsames und unwichtiges – wenn auch durchaus verantwortliches – Rad in der Maschine der Zersetzung war. Zu Monsieur Richard, dessen Porträt im Bericht meines ersten Tages in La Ferté miteingeschlossen ist, möchte ich noch sagen, daß er über einen höchst komfortablen Raum verfügte, der mit primitiven und doch eindrucksvollen Arzneien angefüllt war; die Wände dieses komfortablen Raumes waren wundervoll geschmückt mit etwa fünfzig Magazin-Titelbildern, die den weiblichen Körper in allen Stadien der Entkleidung darstellten, Titelbilder, die meist von so amourösen Zeitschriften stammten wie *Le Sourire* und dem alten Muster an Unanständigkeit, *La Vie Parisienne*. Auf seinem Fensterbord hielt sich Monsieur Richard eine Geranie, deren abgehärmtes und ältliches Symbol der Freude er (in seinen freien Minuten) ohne Zweifel besonders liebevoll begoß. Der Koch ist dem Leser schon bekannt. Ich erlaube mir zu erklären, daß ich den Koch hoch einschätze – wenn ich davon absehe, daß der Kaffee, der *tous les matins* zum UNGEHEUREN RAUM heraufgebracht wurde, jeden Tag aus demselben Bodensatz plus einer kräftigen Injektion Wintergrünbeere bestand – aus dem einfachen Grund, daß der Koch unsere Fänger und vor allem Apollyon mit gutem Kaffee versorgen mußte; womit er dagegen *les hommes* versorgte, war völlig unwichtig. Das gleiche gilt vom Zucker: Unser Morgenkaffee, diese wasserdünne, schwarze, schmutzige, stinkende Brühe, schmeckte nicht im geringsten süß, während der Kaffee für die Vorgesetzten, und der Kaffee, den Brown und ich zur Belohnung fürs «Wasserholen» bekamen – so viel Zucker enthielt, wie man sich nur wünschen konnte. Der arme Koch wurde eines Tages zum Dank für seine Rationierung auch noch bestraft, nachdem sich seine Leidensgenossen beschwert hatten. Es war an dem Tag, als ein untadelig gekleideter Stenz erschien – er hatte den TEUFEL pflichtschuldigst gewarnt, er werde des TEUFELS Küche besichtigen; meines Wissens war es ein höherer Beamter aus Orne. Judas (damals *chef de chambre*), der sich von der ungeteilten Entrüstung seiner sämtlichen Mitgefangenen – von ganz wenigen abgesehen, aus denen die Angst bereits Kaninchen oder Mondkälber gemacht hatte – unterstützt wußte, trug am Morgen den Eimer (den an diesem Tag verabredungsgemäß keiner von uns angerührt hatte) hinunter, trug ihn den Gang entlang und wieder eine Treppe hoch, wo er dem *Directeur,* dem *Surveillant* und dem Schönen Fremden begegnete, die freundschaftlich und verbindlich miteinander plauderten. Judas setzte den Eimer ab; verbeugte sich; und dann bat er als Sprecher des ganzen männlichen Geschlechts von La Ferté Macé darum, man möge einmal den Kaffee kosten. «Verzeihen Sie, Messieurs, aber von uns kann ihn keiner trinken», so erzählte er, habe er gesagt. Was dann geschah, ist maßlos komisch. Der *petit balayeur,* ein Augenzeuge des Vorfalls, beschrieb es mir folgendermaßen:

«Der *Directeur* röhrte ‚COMMENT?' Er war furchtbar zornig. ‚*Oui, Monsieur*', sagte der *maître de chambre* ergeben. – ‚*Pourquoi*?' donnerte der *Directeur*. – ‚Weil er nicht genießbar ist', sagte der *maître de chambre* ruhig. – ‚Ungenießbar? Unsinn!' schrie der *Directeur* wütend. – ‚Seien Sie, bitte, so freundlich und versuchen sie ihn, *Monsieur le Directeur*.' – ‚Ich ihn versuchen? Warum sollte ich? Der Kaffee ist ausgezeichnet, viel zu gut für euch. Es ist einfach lächerlich –' – ‚Warum versuchen wir ihn nicht alle?' schlug der *Surveillant* einlenkend vor. – ‚Ja, warum nicht?' sagte der BESUCH entgegenkommend. – ‚Versuchen? Kommt nicht in Frage. Es ist einfach unglaublich und ich werde Maßnahmen –' ‚Wenn Sie nichts dagegen haben, würde ich aber gern ein wenig probieren', sagte der BESUCH. – ‚Aber selbstverständlich, natürlich, wenn Sie es wünschen', stimmte der *Directeur* dienernd zu. ‚Geben Sie mir eine Tasse Kaffee, Sie!' – ‚Mit Vergnügen, Monsieur', sagte der *maître de chambre*. Der *Directeur* – M'sieu Jean, Sie wären vor Lachen herausgeplatzt – ergriff die Tasse, führte sie zum Mund, schluckte mit entsetztem Gesicht (die Augen sprangen ihm beinahe aus dem Kopf) und knirschte: ‚KÖSTLICH!' Der *Surveillant* nahm eine Tasse; nippte; kippte den Kaffee weg mit einer Miene, als hätte man ihn in die Augen geschlagen, und machte: ‚Ah!' Der *maître de chambre* – M'sieu Jean, der hat's hinter den Ohren – schöpfte den Kaffee für die dritte Tasse vom Boden des Eimers und reichte sie höflich und mit tiefer Verbeugung dem BESUCH. Der nahm sie, führte sie an die Lippen, wurde grün im Gesicht und schrie ‚*Impossible!*' M'sieur Jean, wir alle – der *Directeur,* der *Surveillant,* der *maître de chambre* und ich – wir waren fest davon überzeugt, er werde sich erbrechen. Er war grün wie eine Gurke und lehnte sich einen Augenblick an die Wand; als ihm besser wurde, sagte er mit schwacher Stimme – ‚DIE KÜCHE'. Der *Directeur* sah verstört drein und rief zitternd, ‚Wahrhaftig! Jetzt wollen wir uns mal den Koch dieses unmöglichen Kaffees vornehmen! Ich hatte keine Ahnung, daß meine Männer solch einen Kaffee bekommen. Es ist einfach unglaublich! Ja, das ist es, eine Frechheit!' – Und sie wankten die Treppe hinunter zum Koch; und, M'sieur Jean, sie durchsuchten die Küche – und was glauben Sie? Sie fanden zehn Pfund Kaffee und zwölf Pfund Zucker – alles gut versteckt –, die sich der Koch von unseren Rationen auf die Seite gelegt hatte. So ein Aas, dieser Koch!»

Ich muß dazu noch sagen, daß der Morgenkaffee, der sich daraufhin eine Woche lang gewaltig verbesserte, bald wieder auf sein früheres Niveau zurücksank.

Der Koch amtierte, wie ich hinzufügen möchte, dreimal in der Woche an einem kleinen Tisch links am Eingang zum Speisesaal. Dort stand er und warf jedem (jedem, der eintrat), einen Brocken des seltsamsten *viande* zu, das zu kauen ich je das Vergnügen hatte – schmecken konnte man es nicht. Es war blaß und ledern. Brown und ich schenkten das unsrige oft noch an den hungrigsten Tagen weg; das klingt, als wären wir freigiebig gewesen; in Wirklichkeit aber machten wir diese Geschenke nur, weil wir den Fleischbatzen einfach nicht essen konnten, ja kaum seinen Anblick ertrugen. Wir mußten unsere Geschenke heimlich verteilen, denn der *chef* suchte uns immer extragute Stücke aus, und wir wollten die Gefühle des *chef* doch nicht verletzen. Oft wurde energisch gegen das *viande* protestiert, aber der Koch beschwichtigte die Leute immer wieder – das Fleisch war ja auch nicht seine Schuld; denn unter den elenden Kadavern, die ich häufig sah, wenn sie in die Küche gebracht wurden, mußte der Koch auswählen, was dem empfindlichen Magen des Herrn der HÖLLE zusagte – und dann den weniger empfindlichen Verdauungsorganen seiner Untergebenen; und erst, nachdem jeder *planton* ein Stück *viande* nach seinem plantonischen Geschmack erhalten hatte, kamen die Gefangenen, die Männer und Frauen, dran.

Alles in allem habe ich den Koch nie um sein eigenartiges und schwieriges, ja greuliches Amt beneidet. Mit den Männern *en masse* durfte er sich nicht näher einlassen. Und um sich das Wohlwollen der oben Erwähnten zu erhalten, mußte er sich zwangsweise mehr oder weniger zum Sklaven erniedrigen. Doch ich mochte den Koch gern, und Brown mochte ihn auch – einfach aus dem guten Grund, daß er uns beide ebenfalls mochte.

Über die *plantons* muß ich noch etwas sagen, etwas, das zu sagen mir großes Vergnügen bereitet. Ich muß nämlich über die *plantons* sagen, daß sie für mich als Gattung die zweitunterste Spezies der menschlichen Gesellschaft waren und es immer bleiben werden; die unterste sind meiner auf Erfahrung gegründeten Schätzung nach die regulären Gendarmen. Die *plantons* – abgesehen vom Schwarzen Halfter, mit dem ich am ersten Tag zusammengestoßen war – wechselten von Zeit zu Zeit. Ebenfalls mit dieser einen Ausnahme waren sie (wie ich schon schrieb) offensichtlich *réformés*, die den Urlaub von den Schützengräben in der lieblichen Umgebung Ornes genossen. Fast alle waren dumm. Außerdem stimmte bei jedem auch körperlich etwas nicht. Der eine *planton* zum Beispiel hatte eine unförmige Holzhand. Ein anderer besaß ein ungelenkes linkes Bein, das, soweit ich feststellen konnte, aus Blech gearbeitet war. Ein dritter hatte ein riesiges Glasauge.

Diese körperlichen Anomalien hielten die *plantons* jedoch nicht davon ab, gewisse, keinesfalls unbedeutende und unnatürliche Wünsche zu hegen. Im Gegenteil. Die *plantons* machten sich wahrscheinlich klar, daß sie – im Vergleich zur übrigen männlichen Welt – mit ihren Glasbeinen und Blechhänden und Holzaugen nicht einmal so viel Chancen wie ein

Chinese hatten, Liebe und Bewunderung beim schwachen Geschlecht zu gewinnen. Auf jeden Fall standen sie stets in Alarmbereitschaft, um sich bei jeder günstigen Gelegenheit in der Bewunderung und Liebe der *femmes* von La Ferté zu sonnen, wo ihre Erfolge nicht durch Konkurrenten gefährdet waren. Sie brauchten bloß eine zu sehen, schon hatten sie einen Ständer – und sie gingen mit ihrem Ständer, was immer sie auch für einen hatten, so erfolgreich vor, daß einer von ihnen während meines Dortseins vom Sergeanten mit dem Revolver verfolgt, geschnappt, eingesperrt und vors Kriegsgericht gestellt wurde: wegen Befehlsverweigerung und tätlicher Bedrohung eines Vorgesetzten. Er war mit einem Weibsstück – im *cabinot* der Mädchen – von besagtem Vorgesetzten überrascht worden: Einem unfähigen, eitlen, untersetzten, pickligen Menschen in tadelloser Uniform, der seine Zeit damit zubrachte, sich vor den Damen mit dem Gebaren eines Generals zu brüsten und der aus seiner Bewunderung und Neigung für diese kein Hehl machte. Kurz: einer der unangenehmsten kleinen Bullen, die ich je kennengelernt habe. Dieser Arrest eines *planton* war, solange ich in La Ferté weilte, der einzige Fall, in dem Mißbrauch des schwächeren Geschlechts bestraft wurde. Aus Briefen, die von den Mädchen über den *balayeur* an ihre gefangenen Verehrer gingen, weiß ich durch Andeutungen und wörtliche Mitteilungen, daß häufig versucht wurde, die Frauen zu mißbrauchen. Ich möchte nicht verschweigen, daß diese Absenderinnen, die ich bald zu porträtieren mich bemühen werde, meiner völligen und uneingeschränkten Bewunderung gewiß sind. Jedenfalls besaßen sie die erschreckendste Vitalität und Tapferkeit von allen Menschenwesen, ganz gleich ob Frau oder Mann, denen zu begegnen ich je das außerordentliche Glück hatte, oder denen ich (dessen bin ich sicher) je noch auf der Welt begegnen werde.

Die Aufgaben der *plantons* waren so einfach und klar, daß nur ganz beschränkte Menschen sie zur Zufriedenheit erfüllen konnten, nämlich: abwechselnd das Gebäude und seine Bewohner zu bewachen, sich von den Gefangenen nicht bestechen zu lassen, weder durch Streichhölzer, noch durch Zigaretten oder eine kleine Plauderei; jeden zu begleiten, der irgendwohin außerhalb des Lagers ging (wie gelegentlich die *balayeurs*, die Gepäck zu transportieren hatten, oder die Männer vom *corvée* und auch die Wasserholer des Kochs, die bis zu dem Hydranten vor der Stadt mußten – eine beachtliche Entfernung von etwa hundertfünfzig Metern); und schließlich jedem und allen Befehlen von jedem und allen Vorgesetzten bedingungslos zu gehorchen. Von den *plantons* wurde vorausgesetzt – aber nur vorausgesetzt –, daß sie schon das geringste Anzeichen einer Flucht meldeten, das sie während ihres Wachdienstes bei *les femmes et les hommes en promenade* zufällig wahrnahmen. Natürlich nahmen sie nie etwas wahr; denn selbst der dümmste der Beobachteten war noch ein Ausbund von Weisheit im Vergleich zu den Beobachtern. Brown und ich hatten ein Liedchen auf die *plantons* gemacht, von dem ich (leider, leider) nur noch die erste Zeile und den Refrain wiedergeben kann:

«Ein *planton* liebte eine Dame
(Holz vor der Tür und eine hübsche Blume!)»

Es war ein feines Lied. – Um meine Ausführungen über die *plantons* zu ergänzen, muß ich um der Gerechtigkeit willen die drei ersten plantonischen Tugenden hervorheben: 1. Schönheit – was Gesicht, Gestalt und Auftreten anbetraf –; 2. Ritterlichkeit – was Frauen anbetraf –; 3. Heldenmut – was Männer anbetraf –.

Das irgendwie einmalige und belustigende Äußere der *plantons* bewirkte, anstatt Angst einzuflößen, eher das Gegenteil; es verwundert darum nicht, daß sie und das erwünschte Gefühl durch zwei streng eingehaltene Strafen unterstützt wurden, Strafen, die man ohne Wimperzucken und mit gleicher Härte über beide Geschlechter verhängte. Die weniger gefürchtete Strafe hieß *pain sec* – Fritz erhielt sie bald nach meiner Ankunft, weil er aus Versehen eine Fensterscheibe eingeschlagen hatte; Härri und Bommel, die Unverbesserlichen, bekamen sie fast ständig aufgebrummt. Diese Bestrafung bestand darin, daß dem Verbrecher jedes Essen vorenthalten wurde – außer zwei steinharten Bissen trockenen Brotes pro Tag. Die besten Freunde des Verbrechers ließen es sich natürlich nicht nehmen, nur eine Portion ihres eigenen weichen, schweren, sauren Brotes zu essen (wir erhielten zwei am Tag; zu jeder *soupe* eins) und das andere dem Verbrecher zuzuschieben. Die üblichste Methode, *pain sec* zu bekommen, war sehr einfach: Als Mann brauchte man einer Bewohnerin des Frauenquartiers nur zuzuwinken, sie anzurufen oder andere sichtbare oder hörbare Zeichen zu machen; als Mädchen brauchte man nur vom *Directeur* irgendwann während des Morgen- oder Nachmittagsspaziergangs der Männer am Fenster gesehen zu werden. Hatte jemand einen Brief an ein Mädchen geschickt, so konnte er wohl mit *pain sec* bestraft werden, meistens jedoch bekam er – ich spreche das Wort noch jetzt mit Schrecken aus, obwohl ich komischerweise nie am eigenen Leib erfuhr, was es bedeutete –: *cabinot*.

Es gab (wie schon erwähnt) etliche *cabinots*; von Leuten mit sprachlichen Neigungen hin und wieder auch *cachots* genannt. Ich muß hier etwas wiederholen: wenigstens drei davon lagen zu ebener Erde. Im Vergleich zu den *cabinots* im ersten Stock gab man gerade denen im Erdgeschoß, wenn irgend möglich, den Vorzug – ganz einfach, weil sie natürlich feuchter und kälter, dunkler und alles in allem übler und ungesünder waren. Da der Fußboden durch ein paar Bretter ersetzt war, die an einigen Stellen in der Nässe schwammen, wurde es nur noch feuchter und kälter. Ich beschreibe jetzt, was meine eigenen Augen sahen – nicht, was den Inspektoren bei ihren seltenen Besichtigungen der Werkstatt des *Directeur* gezeigt wurde, wo er seine Verbrecher herstellte. Ich weiß sehr gut, was diese gelegentlichen Besucher zu sehen bekamen, denn auch dies sah ich mit meinen eigenen

Augen: Ich sah die beiden *balayeurs* die Treppe herunterwanken mit einem Bett (zu dem ein hohes Eisengestell gehörte, eine riesige, köstlich dicke Matratze, saubere Bettwäsche, warme Decken und eine Art Steppdecke, die darüber gebreitet lag) – sah, wie dieses Bett von den keuchenden Fegern in das gründlich geputzte und auch sonst einwandfreie *cabinot* geschleppt wurde, das sich gleich an der Treppe gegenüber der *cuisine* befand und dessen geschrubbte Tür weit offenstand. Ich sah das alles, als ich zum Essen ging. Während sich *les hommes* oben von *la soupe* erholten, wurden die Herren Inspektoren unten aufgefordert, sich von der Güte des *Directeur* zu überzeugen – einer Güte, in der er einfach maßlos war, sogar dann, wenn einer wirklich mal etwas verbrochen hatte. (Der Kleine Belgier Mit Dem Verkrüppelten Arm, alias der Maschinen-Einsteller, ließ kein Wort und keine Geste von all dem aus; er beschrieb mir die Szene so empört, daß man um seinen Verstand fürchten konnte.) – Dann, während *les hommes* am Nachmittag im *cour* waren, stürzten die balayeurs in den UNGEHEUREN RAUM und putzten ihn in HÖLLENÄNGSTEN mit wahrem Feuereifer; danach führte der *Directeur* seine lieben Gäste gemächlich hinauf und zeigte ihnen, wie die Männer ihr Quartier sauberhielten – ohne daß ihnen dies jemand befohlen hatte; so sehr liebten sie ihren Saal, der für sie mehr als ein vorübergehender, schöner Aufenthaltsort war – ja, eine Heimat. Vom UNGEHEUREN RAUM wandte sich die Prozession langsam hinüber zum Frauenquartier (das geschrubbt und gefegt wurde, als man sie kommen ahnte) und reiste dann wieder ab – überzeugt davon, daß Frankreich in dem *Directeur* zweifellos ein leuchtendes Beispiel warmherziger und tatkräftiger Güte gefunden hatte.

Wenn ein Mann ins *cabinot* wanderte – sei es, weil ein von ihm geschriebener Brief abgefangen worden war, sei es, weil er gerauft oder einen *planton* bedroht oder zum x-ten Male beleidigt hatte –, dann nahm er seine Decke vom Bett, trug sie hinunter zum *cachot* und verschwand darin für eine Nacht oder gar für mehrere Tage und Nächte – je nachdem, was eben gegen ihn vorlag. Bevor er eintrat, wurde er von Kopf bis Fuß durchsucht und vorübergehend seines Tascheninhalts beraubt, ganz gleich, woraus dieser bestehen mochte. Man vergewisserte sich, daß er weder Zigaretten, noch Tabak noch Streichhölzer irgendwo bei sich versteckt hatte. Und dann wurde die Tür hinter ihm abgeschlossen und doppelt und dreifach (was man am Klang hören konnte) von einem *planton* verriegelt; meistens machte das der Schwarze Halfter, der bei solchen Anlässen einen riesigen Schlüsselbund hervorzog und damit wie ein Operetten-Kerkermeister aussah. Innerhalb der Steinwände seines Gefängnisses (in das ein Lichtstrahl hereindrang, nicht größer als ein Zehncentstück, manchmal aber überhaupt kein Licht) konnte der Verbrecher sein oder ihr Herz herausschreien, ohne daß er damit Seine Majestät König Satan ernstlich beleidigte. Ich möchte nur wissen, wie oft ich *en route* zu *la soupe* oder zum UNGEHEUREN RAUM oder zum Spaziergang das unterirdisch schwelende Gelächter von Mädchen oder Männern hörte, die in den geifernden, grünlichen Mauern von La Ferté Macé begraben waren. Ich glaube, ich habe so manches dutzendmal einen Freund des Begrabenen sich gewandt bücken und eine Zigarette oder ein *morceau de chocolat* unter der Tür für die Mädchen oder Männer oder das Mädchen oder den Mann durchschieben sehen, die man gedämpft hinter dieser massiven Tür kreischen hörte, die dort riefen und sich schlugen – dem Geräusch nach klang es, als wären sie gut eine Meile weit weg ... Doch davon mehr, wenn wir zu *les femmes* selbst kommen.

Die dritte Methode, mit der man den Gefangenen ANGST einflößte, bestand – wie gesagt – im Anblick des Fängers Höchstselbst. Und dies war bei weitem die wirksamste Methode.

Am liebsten stürzte er auf die Mädchen los, wenn sie ihre Eimer durch den Flur die Treppe hinuntertrugen, was sie (genau wie die Männer) zweimal jeden Morgen und zweimal jeden Nachmittag tun mußten. Die *corvée* der Mädchen und Männer war natürlich so geordnet, daß sie sich nicht begegneten; irgendwie schafften sie es aber doch, daß sie durchschnittlich wenigstens einmal in der Woche zusammentrafen – wenn nicht trafen, so sich doch immerhin näherten. Oft wurde dabei vor der dämlichen Nase des *planton* ein Kuß oder eine Umarmung gestohlen – aufgereizt durch hitziges Gelächter und große Eile. Oder auch sonst, während zum Beispiel die begüterten Gefangenen (wie Brown und Cummings) vor dem *bureau de M. le Gestionnaire* warteten, bis sie hereingerufen wurden, oder sogar, wenn sie *en route* nach Mecca die Treppe hinuntergingen mit einem *planton* hinter sich, kamen gelegentlich fünf oder sechs Frauen den Flur entlang geschwankt und schleppten riesige Eimer, die bis zum Rand voll des sattsam bekannten Inhalts waren; fünf oder sechs gesenkte Köpfe, schlecht bekleidete, vor Anstrengung gespannte Leiber, bloße Arme – der eine Arm senkrecht, der andere waagerecht ausgestreckt, so daß sie einen rechten Winkel bildeten und somit halfen, die peinliche Ladung zu balancieren – alle *femmes* verlegen, einige gedemütigt, andere verzweifelt ungezwungen; so wankten sie daher unter dem starren, sinnlichen Blick der Männer, unter diesem Blick, der sie lebendig aufzufressen schien... und dann lachte eine von ihnen auf mit jenem Lachen, das weder erbärmlich noch schrecklich klingt, sondern einfach grauenerregend ist...

Und PENG! fliegt eine Tür auf, und BRÜLL! zittert eine so ordentlich wie sauber gekleidete, dicke Gestalt, ein elegantes Tier von einem Meter sechzig, mit vorstehenden Manschetten und einer sportlichen Krawatte, zittert von Kopf bis Fuß vor Wut, und der große Kopf wackelt, das Gesicht ist bleich unter der üppigen Mähne von grobem, schwärzlichem, borstigem Vielleicht-Haar, der Arm am Ellbogen gekrümmt, und er schüttelt eine riesige Faust von rötlichem, gutmanikürtem Fleisch, und die wachen Augen, grausam glänzend, springen aus ihren Höhlen, unter buschigen, schwarzen Brauen der breite, schwache, gewöhnliche Mund, der sich beinahe von einem Ohr zum andern zieht, und spuckende, schmähende, feuchte und brutale Lippen, die vor- und zurückschnellen und das große Pferdegebiß bis zu dem schäumenden Zahnfleisch entblößen.

Und einmal sah ich ein kleines, elf Jahre altes Mädchen vor Angst aufkreischen und den Eimer fallenlassen, wobei sich ein Schwall über ihre Füße ergoß, und dann umklammerte sie den Eimer wieder mit den zerbrechlichen Kinderfingern und wankte schluchzend und bebend am Bösen Feind vorbei, und sie hielt eine Hand über das verzerrte Gesicht, um es vor dem SCHRECKEN DER SCHRECKEN zu schützen, wankte die Treppe hinauf, brach zusammen, wurde von einer der Älteren halb getragen, halb geschleift, während eine andere Ältere den Eimer aufhob und ihn zusammen mit ihrem eigenen hastig die Treppe hinunterschleppte.

Noch als der letzte Kopf verschwunden war, raste und zitterte und schüttelte sich *Monsieur le Directeur* weitere zehn Sekunden, und seine Schuhbürstenmähne sträubte sich vor schwarzem Ärger – und dann wandte er sich plötzlich *les hommes* zu (die sich an die Wand drückten, wie die Menschen sich in Gegenwart des Übernatürlichen an etwas Materielles drücken) und schüttelte seine rote Faust nach uns, bis sein goldener Manschettenknopf über die Rolle gespannten Fleisches hochrutschte, und brüllte:

«ET VOUS – PRENEZ GARDE – SI JE VOUS ATTRAPPE AVEC LES FEMMES UNE AUTRE FOIS, JE VOUS FOUS AU CABINOT POUR QUINZE JOURS, TOUS – TOUS –»

brüllte eine halbe Minute lang; dann drehte er plötzlich seinen rundschultrigen breiten Rücken, ordnete seine Manschetten, murmelte PROSTITUIERTE und HUREN und LETZTER DRECK VON FRAUEN, stieß die großen Fäuste in die Hosentaschen, zog das Kinn an, bis sich seine fetten Wangen an den quadratischen Kiefern wellten, keuchte und grunzte restlos befriedigt, eingebildet und mächtig stolz auf sich, tänzelte ein paar Schritte in seinen teuren, glänzenden Schuhen und schoß dann plötzlich durch die offene Tür, die er hinter sich ZUKNALLTE.

Zu diesem besonderen Vorfall, den ich der Verdeutlichung halber beschrieb, möchte ich noch bemerken, daß ich an Wunder glaube: dieses Wunder ist, daß ich das geifernde Mundvoll Zähne und die plappernden, viehischen, herausquellenden Backen (die sicher nicht mehr als fünfundvierzig Zentimeter von mir entfernt waren) nicht durch den Stiernacken hinunter in den fleckenlosen Kragen schlug. Denn hin und wieder überkommt es einen, und man möchte am liebsten nicht nur den Zuschauer spielen – obwohl ich nie zuvor den Wunsch verspürt hatte, jemand so richtig bestialisch umzubringen. Eines Tages vielleicht. Ich hoffe es, bei Gott!

Amen.

Nun will ich versuchen, dem Leser eine Vorstellung von den Frauen in La Ferté Macé zu geben.

Der kleine Maschinen-Einsteller teilte sie – wie ich schon im letzten Kapitel berichtete – in GUTE und BÖSE ein. Er sagte, es gebe drei GUTE, mit deren einer er bereits gesprochen hatte und deren Geschichte er kannte. Eine andere der drei GUTEN FRAUEN war offensichtlich Margherite – ein großes, kräftiges Weib, welches die Wäsche machte und als Dauergast hier wohnte, weil sie so leichtsinnig gewesen war, sich von deutschen Eltern in die Welt setzen zu lassen. Mit Nummer drei unterhielt ich mich wohl an dem Tag, als ich darauf wartete, von der Kommission verhört zu werden – ein belgisches Mädchen, das ich später in diesem Zusammenhang noch erwähnen werde. Womit wir denn in diesem Ausscheidungsverfahren zu *les putains* kämen, von denen Gott wissen mag, wie viele es ihrer in La Ferté gab – ich jedenfalls weiß es nicht. Vor *les putains* im allgemeinen habe ich bereits meine aufrichtige, tiefe Verbeugung gemacht. Jetzt möchte ich noch von vieren im besonderen sprechen. Das sind Celina, Lena, Lily und Renée.

Celina Tek war ein außergewöhnlich schönes Tier. Ihr fester Mädchenkörper strahlte eine ungeheure Vitalität aus. Sie war weder groß noch klein, ihre Bewegungen waren weder graziös noch ungeschickt. Sie kam und ging mit einer gewissen sich überschlagenden Sexualität, einer Sexualität, gegen deren Gesundheit und Kraft jeder in La Ferté schwächlich und alt aussah. Ihre tiefe, sinnliche Stimme war von ungewöhnlicher Klangfülle. Celinas dunkles, junges Gesicht hob die alten grauen Mauern einfach auf. Ihr prächtiges Haar war erschreckend schwarz. Lächelte sie, so erinnerte ihr vollkommenes Gebiß an ein Tier. Selbst der Isis-Kult konnte kein abgründigeres und üppigeres Lächeln verehren. Dieses Gesicht, gerahmt in die Nacht seiner Haare, erschien (wenn es ans Fenster kam und auf den *cour des femmes* herabblickte) unerbittlich und überwältigend jung. Der lebensvolle Körper triumphierte über die Angst. In der unfehlbaren und einfach bewundernswürdigen Einsamkeit von La Ferté und dem Herbst in der Normandie war Celina, die leicht und feurig schreitende, eine Kinesis.

Der französischen Regierung mußte dies bereits aufgegangen sein. Sie nannte sie *incorrigible*.

Lena, ebenfalls Belgierin, war glücklicherweise ein Typ, für den es in der amerikanischen Sprache (manchmal auch «Slang» genannt) keine feste Bezeichnung gibt. Lena hatte alle Voraussetzungen zu einem ganz ordinären Weibsstück. Und doch kam, dank *La Misère*, nach und nach eine nicht zu bestreitende Persönlichkeit zum Durchbruch. Ein großes, hartes Gesicht, darüber heufarbenes Haar locker aufgesteckt. Rastlose und verstümmelte Hände. Loses, heiseres Lachen, das sich wunderbar von Celinas gurgelndem Gekicher abhob. Mehr Energie als Vitalität. Rauhe Kraft in ihrem Gelächter. Sie lächelte nie. Sie lachte dauernd und laut und obszön. Eine Frau.

Lily war ein deutsches Mädchen, das unglaublich alt aussah, weiße oder einst weiße Kleider trug, und ihre Kehle barg außer einem erstickten, tödlichen Husten eine gedehnte, kreischende Sprache; mager schlurfte sie unter den Augen der Männer umher. Auf dem dürren Hals trug Lily ein Gesicht, das alle Welt nur mit Entsetzen betrachten konnte. Ein Gesicht aus grünem, fast fauligem Fleisch. Auf jeder Wange ein blutroter Fleck. Das war kein Rouge, sondern die Blume, welche die Schwindsucht ihren Lieblingen auf die Wangen zaubert. Ein vulgäres, ungeheures Gesicht mit schweren Zügen, über dem ständig ein sinnloses Lächeln flackerte. Manchmal grinste Lily, wobei sie einige gräßlich zerfallene und graugelbe Zähne zeigte, die so gut wie immer eine Zigarette rauchten. Ihre bläulichen Hände waren frappant tot; die Finger waren nervös, sie hausten in zerknitterten Beuteln sommersprossiger Haut; sie hätten beinahe am Leben sein können.

Lily mochte etwa achtzehn Jahre alt sein.

Renée, die vierte in diesem Kreise, war immer gut angezogen und irgendwie schick. Ihre Silhouette hatte Charakter – von der gewellten *coiffure* bis hinunter zu den überhohen Absätzen. Hätte Renée es fertiggebracht, mit geschlossenen Lippen zu lächeln, man würde sie vielleicht für eine *jeune gonzesse* gehalten haben. Sie war's nicht. Ihr Lächeln war großräumig und schwarz. Man sah durch es hindurch bis hinunter in den Hals. Lächelte sie, glaubte man ihr Leben in Gefahr – und das war es wahrscheinlich auch. Ihre Haut war nicht gerade schlaff. Aber Renée war alt, um mehrere Jahre älter als Lena; vielleicht fünfundzwanzig, was für eine Dame ihres Berufs schon recht alt ist. Auch über Renée lag eine gefährliche, ungesunde Zerbrechlichkeit. Und doch war Renée hart, unbeschreiblich hart. Und genau. Ihre Bewegungen waren die Bewegungen eines Mechanismus. Einschließlich ihrer Stimme, die einen rein mechanischen Klang hatte. Mit dieser Stimme konnte sie nur zwei Dinge machen – nur zwei: kreischen und schreien. Manchmal versuchte sie zu kichern und ging dabei fast aus den Fugen. Renée war faktisch tot. Als ich sie zum ersten Male sah, begriff ich, daß der Tod auch etwas Stilvolles haben kann.

Dieses erste Mal war in anderer Weise interessant. Es war an Lilys Geburtstag. Wir schauten aus den Fenstern, die auf der einen Seite des sonst fensterlosen UNGEHEUREN RAUMES lagen, blickten hinunter und sahen, gleich vorm Haus, Celina, Lena, Lily und ein neues Mädchen: es war Renée. Jede war auf ihre Art berauscht. Celina war fröhlich beschwipst. Renée war sternhagelvoll. Lena hatte sich heiser gesoffen. Lily wankte und stakste, purzelte und wirbelte; sie war restlos betrunken. Sie hatte sich mit einem ehemalig weißen und reichlich bebänderten Sonntagskleid schwer herausgeputzt. Celina trug (wie immer) schwarz. Lena hatte einen auffallend gestreiften Pullover und einen Rock an. Renée sah in ihrem eng anliegenden Satin oder was es war einfach untadelig aus. Sie schien über Nacht einem Puppenhaus entsprungen zu sein. Um die vier herum standen etliche *plantons*, die vor Lachen brüllten, die Damen anpöbelten und aufzogen und anfeuerten und ein paarmal zu umarmen versuchten. Celina gab einem von ihnen eine heftige Ohrfeige. Das verdoppelte nur das Vergnügen der andern. Lily wirbelte herum und schlug hin, jammerte und hustete und kreischte, sie sei in Belgien verlobt – er sei so ein hübscher junger Kerl und habe ihr versprochen, sie zu heiraten ... spöttische Zwischenrufe der *plantons*. Lena mußte sich setzen, wenn sie nicht hinfallen wollte, und so ließ sie sich würdevoll mit dem Rücken gegen die Mauer nieder und führte in dieser Stellung eine Art Tanz auf. *Les plantons* tobten und klatschten Beifall. Celina schenkte den Männern, die aus allen Fenstern des UNGEHEUREN RAUMES hingen, ein wunderschönes Lächeln, schleppte sich dann zu Renée hinüber und zerrte sie (die fein säuberlich mit maschinengleicher Geschwindigkeit im Dreck zusammengeklappt war) durch den Eingang ins Haus. Schließlich folgte Lena ihrem Beispiel und brachte Lily *en route*. Das Ganze hatte sich in etwa zwanzig Minuten abgespielt. Die *plantons* waren vom Lachen so erledigt, daß sie sich im Waschschuppen setzen und ausruhen mußten. Von allen Bewohnern des UNGEHEUREN RAUMES genossen Fritz und Härri, Bommel und Bade-John den Vorfall am meisten. Ich sollte noch Jan hinzurechnen, dessen Kinn beinahe am Fenstersims hängenblieb, während der kleine, dazugehörige Körper die ganze Zeit in einer widerlichen Erregung bebte. Die Freuden des Bade-John waren mehr zynischer Art, was aus seinen Bemerkungen hervorging – «*Une section mesdames!*» «*A la gare!*» «*Aux armes tout le monde!*» usw. Mit Ausnahme dieser enthusiastischen Zuschauer äußerten die andern Gefangenen nur ein gemischtes Vergnügen – außer Graf Bragard, der mit stolzem Ekel sagte, «das ist hier ja der reinste Puff, Mr. Cummings», und Monsieur Petairs, dessen Wut sich bis zum Weltschmerz steigerte. Natürlich waren diese zwei, im Vergleich zu den andern, alte Männer ...

Die vier unverbesserlichen Frauen wanderten weit schneller ins *cabinot*, als irgendwelche vier unverbesserliche *hommes*. Nicht genug damit, daß sie bald ununterbrochen in dieses üble Loch gesteckt wurden – die über sie verhängten Strafen waren auch noch weit härter als jene der Männer. Bevor ich La Ferté meinen kurzen Besuch abstattete, hatte ich voller Unschuld angenommen, daß der Mann unbedingt recht habe, wenn er die Frauen als das «schwächere Geschlecht» bezeichnet. Wenn ich in La Ferté auch sonst nichts dazugelernt habe, so befreite es mich doch von diesem tiefgehenden Irrtum. Ich erinnere mich zum Beispiel, daß Lena – eine Frau! – einmal sechzehn Tage und Nächte im *cabinot* zubrachte. Es war entweder Ende Oktober oder Anfang November, ich weiß es nicht mehr genau. Die feuchte Kälte dieses Herbstes war schon unter normalen Umständen – das heißt im UNGEHEUREN RAUM – schlimmer als jedes andere klimatische Extrem, das ich je erlebte. In der Mitte des Saales hatten wir einen Holzofen stehen; diese antiquierte Einrichtung wurde den ganzen Tag über in Gang gehalten – zur Qual der Augen und Nasen, ganz zu schweigen von Kehlen und Lungen. Der beizende Rauch füllte den Raum mit einer Luft, die man wahrhaftig kaum noch atmen konnte – die jedoch aus einem ganz einfachen Grunde geduldet wurde:

sie stellte sich zwischen uns und den Tod. Denn selbst, wenn der Ofen bis oben hin gefüllt war, hörten die Wände nie zu schwitzen, ja nicht einmal zu tropfen auf, so durchdringend war die Nässe. In der Nacht spürte ich – der ich doch wenigstens fünfundvierzig Zentimeter über dem Boden lag und in Kleidern schlief und außerdem Bettrolle, Decken und alles unter und über mir und um mich herum hatte – die Kälte nicht nur, sondern litt auch noch grausam unter ihr. Einmal brach mein Bett zusammen, und ich schlief in dieser Nacht notgedrungen auf dem Boden, nur meinen *paillasse* unter mir – so daß ich schließlich in der milchigen Morgendämmerung von Rheumatismus völlig gelähmt erwachte. Mit Ausnahme jedoch von Browns und meinem Bett und einer Holzkoje, die dem Bade-John gehörte, lagen alle *paillasses* unmittelbar auf dem Boden. Darüberhinaus waren drei Viertel der Männer, die so schlafen mußten, nur miserabel bekleidet und hatten nichts außer ihren leichten Decken – während ich eine vollständige Ausrüstung einschließlich einer dicken Pelzjacke besaß, die ich (wie bereits geschildert) von der *Section Sanitaire* mitgebracht hatte. Am Morgen nach der auf dem Fußboden verbrachten Nacht dachte ich – da ich ja nichts zu tun hatte und mich nicht rühren konnte – über meine körperliche Widerstandskraft nach und wunderte mich, wie die Männer um mich herum die Nächte im UNGEHEUREN RAUM überlebten; denn viele von ihnen hatten längst die vierzig überschritten und einige waren sehr anfällig – kurz und gut: höchstens fünf hatten meine kräftige Konstitution. Auch erinnere ich mich, eines Tages durch die offene Tür des Frauenquartiers geblickt zu haben – auf die Gefahr hin, der mich bewachende *planton* könne es merken (allerdings war dieser sogar für einen *planton* unwahrscheinlich dumm, sonst wäre ich für meine Neugier schwer bestraft worden); ich hatte dort auf dem Boden die gleichen *paillasses* wie die unsren gesehen, und ich dachte: wenn es schon erstaunlich ist, daß alte und kranke Männer so etwas aushalten, ohne zu sterben, dann ist es einfach ein Wunder, daß elf- und fünfzehnjährige Mädchen und der Säugling, der einmal im *cour* der Frauen mit unaussprechlicher Liebe von einer kleinen *putain*, deren Namen ich nicht weiß, liebkost wurde, und ein Dutzend älterer Frauen, die ich schon vom Spaziergang her kannte – daß sie so etwas aushalten, ohne zu sterben. Ich erwähne diese Dinge nicht, um das Mitleid des Lesers oder seine Entrüstung zu erregen; ich erwähne sie nur, weil ich keinen anderen Weg weiß, auf die Bedeutung der Tortur hinzuweisen (es ist nicht mehr als ein Hinweisen), die unter der Anleitung des *Directeurs* an dem Mädchen Lena vollzogen wurde. Wenn es wenigstens Licht auf die Person des Folterknechts werfen sollte, wäre ich schon zufrieden.

Lenas Arrest im *cabinot* (ich versuchte bereits, diesen Kerker zu beschreiben, obwohl Worte nicht ausreichen, so viel Schmutz und Schlamm gerecht zu werden) war in besagtem Falle Einzelhaft. Einmal am Tag, immer nachmittags, wenn alle Männer nach ihrem zweiten Spaziergang wieder oben waren (was dem Schreiber dieser Geschichte die Gelegenheit gab, eine Greueltat unmittelbar mitanzusehen), wurde Lena von den *plantons* aus dem *cabinot* geholt und durfte eine halbe Stunde gerade vor der Tür des Gebäudes auf und ab gehen – an genau der gleichen Stelle, wo sich auch die bereits oben erwähnte Trunkenboldszene abgespielt hatte und die durch den Stacheldraht an der einen und dem Wasserschuppen an der anderen Seite abgegrenzt war. Pünktlich nach dreißig Minuten wurde Lena von den *plantons* wieder in das *cabinot* zurückgebracht. Jeden Tag sah ich sie – sechzehn Tage lang; sah die unzerstörbare Tapferkeit in Haltung und Gang, hörte den unveränderlichen Klang ihres grausamen Lachens, mit dem sie auf die Grüße aus dem UNGEHEUREN RAUM antwortete (denn es waren wenigstens sechs Mann, die täglich mit ihr sprachen und dafür mit dem Stolz eines Soldaten, der für seine Verdienste die *médaille militaire* erhält, als Strafe *pain sec* und *cabinot* auf sich nahmen); ich sah die zunehmende Blässe ihres Gesichts, beobachtete, wie die Farbe der Haut langsam in eine grünliche Tönung überging (in ein Grünlich, das ich nicht näher beschreiben kann, außer daß es einen sofort an Fäulnis denken ließ); ich hörte den Husten, den sie schon immer gehabt hatte, erstickter und hartnäckiger werden, bis sie sich alle paar Minuten unter ihm krümmte, wobei ihr Körper zusammenklappte wie ein Blatt Papier, das man mit dem Daumennagel falzt, ehe man es in zwei Stücke zerreißt, und ich erkannte vollständig und unwiderruflich und vielleicht zum ersten Mal den Sinn der Zivilisation. Und ich erkannte, daß Tatsache war, was ich früher nur für möglich gehalten hatte: die vortreffliche und einzigartige französische Regierung, die uns für unwert fand, das Banner alias die Tricolore des Fortschritts zu tragen, erwies Brown und mir – wenn es auch nicht in ihrer Absicht lag – damit das größte Kompliment.

Und der Maschinen-Einsteller, dessen Meinung von dieser blonden *putain* mit jedem Tag ihres Martyriums wuchs und zunahm und sich steigerte, bis seine ehemalige Klassifizierung der *femmes* zusammenbrach und sich in Nichts auflöste, der Maschinen-Einsteller, der auf seine kleinen Knie gefallen wäre – hätte ihm Lena nur die Chance gegeben –, um im Sturm leidenschaftlicher Verehrung den Saum ihres gestreiften Rocks zu küssen, erzählte mir, daß Lena, als man sie endlich freigelassen hatte, allein die Treppe hinaufgestiegen sei und sich fest ans Geländer geklammert habe, ohne jemand anzublicken – «mit Augen so groß wie Teetassen». Und er fügte mit Tränen in den Augen hinzu:

«M'sieu Jean, eine Frau!»

Ich erinnere mich noch gut an jenen Tag, als ich mich in der Küche vor dem Adlerauge des Schwarzen Halfters versteckte und mir einen Vortrag über die wirtschaftlichen Folgen des Krieges anhörte, einen Vortrag, den Afrique hielt. Genau genommen befand ich mich nicht in der *cuisine*, sondern in dem kleinen Raum, den ich bereits früher erwähnte. Die Tür zur *cuisine* war geschlossen. Um mich herum der süßliche, betäubende Geruch frisch geschlagenen Holzes. Und die ganze Zeit, während Afrique redete, hörte ich deutlich durch die geschlossene Tür, durch die Küchenwand und die verriegelte Tür des *cabinot*, das auf dem Flur gegenüber der *cuisine* lag, die verrückte, japsende Stimme eines Mädchens, das sang und schrie und kreischte und lachte. Schließlich unterbrach ich meinen Redner und wollte wissen, was in aller Welt denn im *cabinot* los sei. – «*C'est la femme allemande qui s'appelle Lily*», antwortete Afrique kurz. Ein wenig später: PENG die Tür des *cabinots*, und BRÜLL die bekannte ordinäre Stimme des *Directeur*. Es stört ihn, dieser Lärm da, sagte Afrique. Die Tür des *cabinot* knallte zu. Schweigen. Schwere Tritte nach oben. Dann fing der Gesang wieder an, noch verrückter als vorher und noch wilder das Gelächter ... «Die kriegt keiner klein», meinte Afrique bewundernd. «Hat eine großartige Stimme, die Mademoiselle, was? Ja, wie ich schon sagte, die nationale Schuld bedingt –»

Die Erfahrung aber mit *les femmes*, die für mich mehr als jede andere bedeutete und immer bedeuten wird, dieses Begebnis, das vielleicht ein wenig unglaubwürdiger ist als jedes andere Begebnis, bei dem ich je die Ehre hatte Zeuge zu sein, dieser Vorfall, durch den ich (wahrscheinlich mehr als durch jeden anderen) jene unbeschreiblichen Fundamente entdeckte, auf denen mit unendlicher Sorgfalt solche sowohl pompösen als auch bequemen Gebilde wie *La Gloire* und *Le Patriotisme* errichtet sind –, diese Erfahrung machte ich folgendermaßen:

Les hommes, einschließlich mir, verließen *la cour* unter dem (wie immer) scharfen Auge eines *planton*, um zum UNGEHEUREN RAUM hinaufzugehen. Als wir uns durch das kleine Tor im Stacheldraht schlängelten, hörten wir – offenbar gleich unten in dem Gebäude, dem wir uns *en route* zum GROSSEN AUFWÄRTS näherten – einen schrecklichen Lärm, ein Durcheinander von Schreien, Flüchen und Kreischen. Der *planton* vom Dienst war nicht nur dumm – er war auch schwerhörig; anscheinend drang der unsichtbare Tumult nicht zu seinen Ohren. Jedenfalls führte er uns mit aller plantonischen Selbstsicherheit und Gemütsruhe auf die Türe zu.

Es gelang mir, mich in der Prozession weiter nach vorn zu drängen, voller Neugier auf die Szene da drinnen, und ich erreichte die Tür beinahe gleichzeitig mit Fritz, Härri und ein paar anderen. Ich habe vergessen, wer von uns sie öffnete. Ich werde aber nie vergessen, was ich vor mir sah, als ich die Schwelle überschritt.

Der Flur stand voller Rauch – Rauch, wie er durch Strohfeuer entsteht, ein besonders ekelhafter, widerlicher, weißblauer Rauch. Der Rauch war so dicht, daß ich erst nach einigen Minuten mit Tränen in den Augen und schmerzenden Lungen erkennen konnte, was sich hier abspielte. Ich sah, wie fünf oder sechs *plantons* sich damit abmühten, aus dem vordersten *cabinot* zwei Mädchen herauszutragen, die mausetot aussahen. Ihre Körper waren völlig schlaff. Ihre Hände schleiften sinnlos über den Boden. Ihre Köpfe schlenkerten lose an den Hälsen, und ihre weißen Gesichter waren zur Decke gerichtet. Ihre in sich zusammengesackten Leiber hingen schwer in den Armen der *plantons*. Ich erkannte Lily und Renée. Nicht weit vor mir sah ich Lena, die auf die Tür der *cuisine* gegenüber dem *cabinot* zutaumelte, ihr heufarbener Kopf pendelte und nickte träge über dem tiefen Ausschnitt ihrer offenstehenden Hemdbluse, ihre gespreizten Beine stützten mühsam den aus den Fugen geratenen Körper, und ihre Hände suchten krampfhaft den Türknopf. Der Rauch drang in dicken, schweren, mörderischen Schwaden aus dem offenen *cabinot*. In einer dieser Wolken stand triumphierend und unendlich jung, stand aufrecht und gespannt, stand schön wie ein Engel: Celina, deren wild schreiendes Gesicht in die endlose Nacht des aufgelösten Haares gerahmt war und deren tiefe, erotische Stimme heiser über den Lärm und Rauch kreischte und wütend durch die Dunkelheit heulte. Ihr gegenüber, auf der vierten Stufe von unten, auf dem Absatz, der zum Frauenquartier führte, stand zitternd der FEIND SELBST, stand dort mit geballten, roten Fäusten, die er mit einer brutalen Geste der Ohnmacht, der Wut und des Zorns hoch über den wilden, borstigen Kopf schwang.

Und durch den Rauch stieg die mächtige, leuchtende Stimme Celinas zu ihm auf, heiser und voll und üppig, mit schneller, kehliger, treffender, durchdringender Tiefe:

CHIEZ, SI VOUS VOULEZ, CHIEZ,

und über und unter und um die Stimme herum hingen entsetzte Frauengesichter im Rauch, die einen mit geschlossenen Augen und kreischend geöffneten Lippen, die andern mit weit aufgerissenem Blick – und zwischen den Gesichtern der Frauen entdeckte ich den breiten, ruhigen, erstaunten Ausdruck des *Gestionnaire* und die nervös blinzelnden Augen des *Surveillant*. Und dann ein Donnern – es war der Schwarze Halfter, der uns, die wir wie festgewurzelt dastanden, anbrüllte –

«Wer zum Teufel hat *les hommes* hier reingelassen? Los, hinauf mit euch, wo ihr hingehört, ihr...»

– Und er schoß auf uns zu, und wir wichen in den Schwaden aus und gingen langsam den Gang entlang, wobei wir immer wieder zurückschauten, allesamt sprachlos vor Bewunderung für den TERROR, bis wir die Treppe erreichten, und stiegen langsam hinauf, und der Lärm hinter uns verebbte, der Lärm, der noch in unseren Ohren klang und an unsren Nerven zerrte – stiegen langsam hinauf mit jagenden Pulsen und blassen Gesichtern – zum Frieden des UNGEHEUREN RAUMES.

Ich sprach an diesem Abend mit den beiden *balayeurs*. Sie erzählten mir unabhängig voneinander die gleiche Geschichte: Die vier Unverbesserlichen waren zusammen im *cabinot* eingesperrt gewesen. Sie, vor allem Lily, machten solchen Lärm, daß die *plantons* fürchteten, der *Directeur* könne gestört werden. So stopften die *plantons* miteinander den Inhalt eines *paillasse* in die Türritzen, hauptsächlich unter die Tür, wo die Freunde der Gefangenen sonst Zigaretten hindurchschoben. Dadurch wurde das *cabinot* luftdicht. Aber die *plantons* ließen keine Möglichkeiten ungenützt, *Monsieur le Directeur* Ruhe zu sichern. So entzündeten sie den *paillasse* voller Hingabe an mehreren Stellen und traten zurück, um die Wirkung ihrer Tat abzuwarten. Sobald der Rauch den Weg nach innen fand, löste Husten das Singen ab. Dann hörte auch das Husten auf. Dann vernahm man nichts mehr. Dann schrie Celina aus dem *cabinot:* «Aufmachen! Aufmachen! Lily und Renée sind tot!» und die *plantons* erschraken. Nach einigem Hin und Her entschlossen sie sich, die Tür zu öffnen – Rauch quoll heraus, und inmitten des Qualms stand Celina, deren Stimme in wenigen Sekunden das ganze Haus in Trab brachte. Der Schwarze Halfter rang mit ihr und versuchte, sie durch einen Schlag ins Gesicht zum Schweigen zu bringen. Sie flüchtete sich jedoch leicht blutend bis zur Treppe – im gleichen Augenblick kam der *Directeur* hinzu, der zum ersten Mal jemand begegnete, der sich seiner mächtigen Waffe, der FURCHT, entzog, jemand, der im Bund war mit jener unbeschreiblichen JUGEND, die seine lahmen Todesdrohungen bereits zwischen den Lippen verdorren ließ, jemand, der bis zum Bersten voller LEBEN war und den die LÜGE auf seiner geifernden Zunge nicht töten konnte.

Es erübrigt sich wohl, zu erzählen, daß man die ohnmächtig gewordenen Mädchen, sobald sie wieder zu sich gekommen waren, mit Lena zu mehreren Tagen *pain sec* verknackte, und daß man Celina – auf Befehl von *Monsieur le Directeur* – ins *cabinot* steckte, nachdem sie von sechs *plantons* überwältigt worden war. Dieses *cabinot* grenzte an die Zelle, aus der sie mit Raketengeschwindigkeit ausgebrochen war. Eingesperrt ohne Essen für vierundzwanzig Stunden. «*Mais, M'sieu' Jean*», sagte der Maschinen-Einsteller bebend, «*vous savez elle est forte*. Die hat's den sechsen nicht leicht gemacht, sage ich Ihnen. Drei von ihnen mußten nachher erst mal zum Doktor, auch *le vieux* (der Schwarze Halfter). Aber natürlich wurden sie mit ihr fertig – sechs Mann gegen eine Frau! Sie haben sie übel zugerichtet, sage ich Ihnen, ehe sie nachgab. *M'sieu' Jean, ils sont tous – les plantons et le Directeur Lui-Même et le Surveillant et le Gestionnaire et tous – ils sont des –*», er drückte es sehr hübsch aus, was sie waren, zündete sich mit harter Aufwärtsbewegung seine kleine, schwarze Pfeife an und zitterte wie ein Grashalm.

Mit dieser Kostprobe einer höchst mittelalterlichen Tortur verlasse ich das Thema FRAUEN und komme zu dem friedlicheren, wenn auch nicht weniger aufschlußreichen Thema SONNTAG.

Der Sonntag war, wie schon gesagt, die dritte Waffe von *Monsieur le Directeur*. Das heißt: damit die quälende Nähe der *femmes* die *hommes* nicht zu Taten verleite, welche die Täter zwangsläufig in seinen eigenen Klauen, in die seiner Untergebenen und die der *punition* getrieben hätten, wurde einmal in der Woche die eben erwähnte quälende Nähe durch eine wahrlich verrückt machende annähernde Begegnung ersetzt. Mit andern Worten: *les hommes* und *les femmes* durften eine Stunde lang oder auch weniger in dem gleichen winzigen Raum zusammensein. Zum Zwecke der Andacht natürlich. – *Monsieur le Directeur* zweifelte keinen Augenblick daran, daß die Vertreter der beiden Geschlechter in La Ferté Macé von Natur aus tief fromm waren. Und damit nicht die Versuchung, in solchen Augenblicken zu sündigen, ihrer vollen Gewalt beraubt werde durch einen gewissen Zwang, war die Anwesenheit bei solch ausgesprochen frommen Andachten wahlfrei.

Die erhebenden Gottesdienste, von denen ich sprach, fanden in jenem Raum statt, in dem ich (in der Nacht meiner Ankunft) unter der Anweisung des *Surveillant* meinen *paillasse* geholt hatte. Der kleine Saal war etwa zehn Meter lang und sechseinhalb breit. Ganz vorn stand ein durch Holzstufen erhöhter Altar, mit einer großen Kerze zu jeder Seite. Vom Eingang aus gesehen waren rechts einige Bänke für *les femmes* aufgestellt. *Les hommes* nahmen beim Eintreten ihre Mützen ab und reihten sich an der linken Wand auf, so daß sich zwischen ihnen und *les femmes* eine Allee von gut anderthalb Metern bildete. In dieser Allee hatte sich der Schwarze

Halfter postiert, mit seinem wie angegossenen *képi* auf dem Kopf und mit verschränkten Armen, und seine Augen flogen von links nach rechts, um alle Signale abzufangen, die zwischen den Böcken und Schafen ausgetauscht werden könnten. Wer dazu entschlossen war, sich den geistlichen Dingen hinzugeben, verließ den *cour* nach einer Stunde Morgenspaziergang, während die weltlich Gesinnten im Hof verblieben. Oder wenn jemand den Morgenspaziergang überhaupt nicht mitgemacht hatte (was häufig vorkam, da die Wetterverhältnisse an den Sonntagen meist noch unbeschreiblicher waren als sonst), dann stieg ein *planton* zum UNGEHEUREN RAUM hinauf und rief ein paarmal

«*La Messe!*»

worauf die Andächtigen sich aufstellten und feierlich zum Ort der geistlichen Handlung hinuntergeführt wurden.

Der Priester war jedesmal ein anderer. Sein Gehilfe (ich hatte das unsagbare Vergnügen, ihn nur sonntags sehen zu müssen) war immer derselbe. Es war sein Amt, dem Priester hochzuhelfen, wenn dieser auf sein Gewand getreten und gefallen war, ihm Dinge zu reichen, ehe er sie haben wollte, mit einer riesigen Glocke zu klingeln, die zeremoniellen Handlungen des Gottesdienstes mit seinen knarrenden Schuhen zu stören, die Beter hin und wieder einschüchternd anzustarren und schließlich – das wichtigste von allem – die beiden hohen Kerzen zum frühestmöglichen Zeitpunkt auszublasen; zweifellos aus ökonomischen Gründen. Da er ein kleiner, pummliger, alter, ständig schwitzender Kerl in einem langen, viel zu großen schwarzen Anzug war, kostete es ihn unendliche Mühe, die Kerzen zu töten. Er mußte wahrhaftig ein Stück an den Kerzen emporklettern, ehe er die Flammen erreichte. In diesen Augenblicken sah er wie ein kraftloser dicker Junge aus (denn er war offensichtlich in seiner zweiten oder vierten Kindheit), der einen Flaggenmast erklimmt. Hatte er gerade nichts zu tun, senkte er die dicken, weißen Backen und betrachtete mit wässrigen Augen den Boden vor seinen auf Hochglanz polierten Schuhen; zuvor jedoch versteckte er die häßlichen, plumpen Hände hinter dem breiten Rücken.

Dimanche: grünes Gemurmel in Kälte. Chorhemd furchtbar furchtsam, betet auf seinen knochigen Knien, bekreuzigt sich ... Der Falsche Französische Soldat alias Garibaldi neben ihm, ein kleines, mit Angst erfülltes Gesicht ... die Glocke kurbelt den spitznasigen *curé* auf die Knie ... Kichern auf der Hurenbank – da fällt mir ein Sonntagnachmittag ein, als wir auf dem Rücken ausgestreckt Ruhe und Kraft eines Berges in Chevancourt einsaugten und uns dabei mit einem riesigen Apfelkuchen beschäftigten – Brown und Jean Stahl und Maurice *le Menuisier* und ich; und vor uns sank rund die Sonne nieder.

– Und dann an einem *Dimanche* ein neuer, hochgewachsener, alter Mann mit scharfen, violetten Zügen und grünem Haar – «*Vous êtes libres, mes enfants, de faire l'immortalité – Songez, songez donc – L'Eternité est une existence sans durée – Toujours le Paradis, toujours l'Enfer*» (zu den lautlos lachenden Huren) «*Le ciel est fait pour vous*» – und der belgische drei Meter große Bauer spuckte dreimal aus und verwischte es mit dem Fuß, und seine Nase tropfte; und der Nigger schoß eine weiße Auster in ein weit von sich gehaltenes rotes Taschentuch – und des MANNES Bänder lösten sich, und er schob sich gleich einer Krabbe seitwärts die Stufen herunter – die beiden Kerzen flackerten rastlos sanft ...

Im nächsten Kapitel werde ich Ihnen vom Nigger erzählen.

Und an einem andern Sonntag sah ich drei winzige, alte Weiblein nach vorn huschen, und auf ihren drei eingetrockneten Hirnschalen hockten früher und einst gewesene Hüte, und die alten Weiblein warfen sich unbeholfen vor dem MANN zu Boden und nahmen die Hostie mit ihren ledernen Gesichtern hungrig entgegen.

ICH NÄHERE MICH DEN LIEBLICHEN BERGEN

«Sonntag» (sagt Mr. Pound mit unglaublichem Scharfsinn) «ist ein schrecklicher Tag. Montag ist schon besser.
So laßt uns grübeln für ein Weilchen
über der zärtlichen NATUR morbiden Reiz.» [3)]

Es ist ein ausgesprochen großes Vergnügen, *Le Dimanche* durchdrungen zu haben und an seiner Außenseite angelangt zu sein. Nun können wir uns – da der NATUR morbider Reiz ein Thema ist, über das der Leser schon viel hörte und notwendigerweise noch hören wird – dem «schon besseren» zuwenden, dem «Montag», dem Montag im Aspekt von La Ferté. Damit meine ich *les nouveaux*, deren Ankunft und Verhalten den aktuellen oder kinetischen Aspekt unserer sonst völlig erstarrten NICHT-Existenz ausmachte. Laßt uns also die Gürtel enger schnallen (jeder in La Ferté schnallte wenigstens zweimal am Tag den Gürtel enger, wenn auch aus einem andern Grund – nämlich um seiner langsam schrumpfenden Anatomie zu folgen und auf der Spur zu bleiben), laßt uns den Stab in die Hand nehmen und den Aufstieg fortsetzen, der mit den ersten Seiten dieser Geschichte begann.

Eines Tages erwartete ich *La Soupe* Nummer 1 nicht gerade uninteressiert. Mein Appetit verflog jedoch im Nu, als ich eine Erscheinung wahrnahm, die *en route* zu dem leeren Platz links von mir war. Sie glich annähernd einem schlaksigen Halbwüchsigen, der nicht älter als sechzehn oder siebzehn Jahre war, Flachshaar hatte und ein Gesicht von solchem Weiß, wie ich es nirgends wieder sah, dazu die Züge eines völlig Ausgehungerten, die durchaus zu einem Menschen gehören konnten, bei einem Geist aber doch recht unangebracht und beängstigend wirkten. Der Geist begab sich schwebend und schwächlich auf den Platz neben mir, setzte sich dann schnell und leise wie ein Fetzen weißen Windes und betrachtete die gegenüberliegende Wand. *La Soupe* kam. Er erhielt einen Teller (was bei gewissen Leuten an unserem Tisch, denen die Ankunft eines Neuen lediglich kleinere Zuteilungen bedeutete, heftigen Protest hervorrief), und nachdem er seine Portion mit offensichtlicher Verwunderung über ihre Größe angestarrt hatte, brachte er sie leise und hastig zum Verschwinden. Ich war im allgemeinen nicht gerade ein Suppenkaspar, wurde jedoch um einige Längen geschlagen – aber ich tröstete mich damit, daß es schließlich reiner Wahnsinn wäre, mit einem Übernatürlichen zu wetteifern. Doch dann (als ich eben den letzten Löffel lauwarmen, schmierigen Wassers an die Lippen führte) wandte sich dieser Geist unter allen ausgerechnet an mich, wie wenn auch ich ein Geist wäre, und hauchte:

«*Voulez-vous me prêter dix sous? Je vais acheter du tabac à la cantine.*»

Es ist zwecklos, sich mit einem Gespenst zu überwerfen, sagte ich mir und holte die Summe strahlend hervor – die Summe verschwand, der Geist erhob sich schwächlich und lautlos und ließ eine Leere zu meiner Linken zurück.

Später erfuhr ich, daß der Geist Pete hieß.

Pete war Holländer und fand daher feste und zuverlässige Freunde in Härri, John van Bade und den andern Holländern. Nach drei Tagen streifte Pete die Unkörperlichkeit ab, die seine Ankunft so außergewöhnlich charakterisiert hatte, und legte das Gewand aus Fleisch und Blut an. Die Veränderung war sowohl *La Soupe* und der Kantine zu verdanken, als auch der Tatsache, Freunde gewonnen zu haben. Denn Pete hatte drei Monate Einzelhaft gehabt und so lange nur Wasser und Brot bekommen, weil seine Kerkermeister (wie er uns ohne jede Spur von Bitterkeit erzählte) behaupteten, seine Gefängniszeit würde verkürzt, wenn er bis zu seiner Entlassung auf *La Soupe* verzichtete – das heißt also, *le gouvernement français* leistete sich einen kleinen Spaß auf Petes Kosten. Dazuhin hatte er während dieser Zeit niemand kennengelernt außer den fünf Fingern, die besagtes Wasser und Brot gewissenhaft und regelmäßig neben ihn auf dem Boden absetzten. Da er ein Holländer war, ging er dabei nicht vor die Hunde – im Gegenteil, er wurde einfach ein Geist und narrte so die ausgezeichnete narrenswerte französische Regierung fast zu Tode. Er war uns ein guter Freund – ich spreche immer von Brown und mir –, und vom Tag seiner Ankunft bis zum Tag seiner Abreise nach Précigné (mit Brown und noch drei andern) hörte ich nie auf, ihn zu lieben und zu bewundern. Er besaß eine natürliche Empfindsamkeit und war genau das Gegenteil von ordinär (man könnte sagen «verfeinert», doch das paßt irgendwie nicht zu ihm), und keine – wie wir es nennen – «gute Erziehung» hatte sein freimütiges, bescheidenes Wesen verdorben. Kaum etwas, das Pete physisch ausgestanden hatte, war psychisch an ihm vorbeigegangen. Sein Gemüt war still und stetig im gleichen Umfang gewachsen wie seine Hosen, die ihm um die Taille zu weit geworden waren; das alles aber war nicht so ungewöhnlich wie die Tatsache, daß Pete nach seiner körperlichen Veränderung – eine durch Essen und Freunde bewirkte Veränderung, wie ich sie noch nie bei einem Menschenwesen erlebt hatte – immer noch genau so still und stetig dachte und handelte wie zuvor. Er war ein rarer Geist, und ich grüße ihn, wo immer er auch sei.

Mexique war ein guter Freund von Pete wie auch von uns. Ein Mann, den wir den Einäugigen David nannten, hatte ihn bei uns eingeführt. Dieser war verheiratet und hatte seine Frau im unteren Stock, mit der er den ganzen Tag zusammen sein durfte und wohin ihn jedesmal ein *planton* begleitete. Er sprach gut spanisch und leidlich französisch, hatte schwarzes Haar, glänzende Judenaugen, ein Gesicht wie ein toter Fisch und war eine liebenswerte, höfliche Natur. Der Einäugige Dah-viid (wie sein Name ausgesprochen wurde) war während der deutschen Besetzung in Noyon im Gefängnis gewesen und erzählte drastisch und ohne zu übertreiben unter anderem davon, daß niemand rücksichtsvoller und gerechter habe sein können als der Befehlshaber der Invasionstruppen. Dahviid hatte mit eigenen Augen gesehen, wie ein französisches Mädchen einem gemeinen Soldaten einen Apfel reichte, als die deutsche Armee durch die Außenbezirke der Stadt marschierte: «*Prenez, dit elle; vous êtes fatigué. – Madame, répondit le soldat allemand en français, je vous remercie – et il cherchait dans sa poche et trouvait dix sous. Non, non, dit la jeune fille, je ne veux pas d'argent; je vous donne de bonne volonté – Pardon, madame, dit le soldat, il vous faut savoir qu'il est défendu pour un soldat allemand de prendre quelque chose sans payer.*» – Und einige Zeit zuvor hatte sich der Einäugige Dah-viid in Noyon mit einem Frisör unterhalten, dessen Bruder Flieger bei der französischen Armee war: «*Mon frère, me dit le coiffeur, m'a raconté une belle histoire il y a quelques jours. Il volait audessus des lignes, et s'étonnait, un jour, de remarquer que les cannons français ne tiraient pas sur les boches mais sur les français euxmêmes. Précipitamment il atterissait, sautait de l'appareil, allait de suite au bureau du général. Il donnait le salut, et criait, bien excité: Mon général, vous tirez sur les français! Le général le regardait sans intérêt, sans bouger, puis il disait tout simplement: On a commencé, il faut finir.*» Und so, sagte der Einäugige Dah-viid, wobei er mit seinen einzelgängerischen Augen in zwei verschiedene Richtungen schielte, so kam es, daß die Deutschen in Noyon einmarschierten... Aber kehren wir zu Mexique zurück.

Eines Abends hatten wir eine Soirée, wie Dah-viid es nannte: nämlich eine Kanne heißen Tee, die Dah-viids Frau ihm mit heraufgegeben hatte, weil es (mal wieder) verdammt feucht und kalt im UNGEHEUREN RAUM war. Dahviid lud uns unauffällig und flüsternd zu diesem seltenen Vergnügen auf seinen *paillasse* ein. Brown und ich nahmen hocherfreut an. Und als wir auf Dah-viids *paillasse* saßen, lernten wir jemand kennen, der sich als Mexique entpuppte – und den uns unser Gastgeber mit all der betonten Förmlichkeit französischer Salons bei seinem richtigen Namen vorstellte.

Für Mexique hegte ich – und hege ich auch heute noch – eine tiefe Zuneigung. Er war vielleicht neunzehn Jahre alt, pausbackig und ungemein gutmütig. Seine innere Ausgeglichenheit warf selbst noch über die nicht zu übersehenden Unannehmlichkeiten ein tröstliches, mildes Licht. Er sprach wundervoll spanisch, war in Mexiko geboren und hieß eigentlich Philippe Burgos. Er kannte auch New York. Einmal kritisierte er jemand, der «Yes» zu uns gesagt hatte, und begründete es damit, daß es bei den Amerikanern nicht «Yes» sondern «Yah» heiße, was – wie immer auch der Leser darüber denken mag – nach meinem Dafürhalten eine inhaltsschwere Bemerkung war. In New York hatte er bei Nacht als Heizer in einem der Riesengebäude gearbeitet und bei Tag geschlafen, und diese Art, Amerika zu entdecken, hatte ihm viel Spaß gemacht. Dann ließ sich Mexique eines Tages anheuern (neugierig, die Welt kennenzulernen) und schuftete als *chauffeur* – das heißt im Heizraum. In Le Havre, glaube ich, ging er an Land, verfehlte sein Schiff, fragte einen Gendarmen etwas auf französisch (eine Sprache, die er überhaupt nicht konnte, außer ein paar Sätzen wie «*quelle heure qu'il est?*») und wurde freundlich unterrichtet, man werde ihn *de suite* wieder auf ein Schiff bringen – und dann kletterte er in Gesellschaft von ein paar netten Gendarmen in einen Zug, wurde zu seinem Erstaunen sehr weit gefahren, stieg mit den größten Hoffnungen wieder aus, ging ein kleines Stück zu Fuß und erblickte auf einmal die grauen, modrigen Mauern von La Ferté und – «Na, ich frage einen: Wo ist denn nun das Schiff? Er zeigt mir das hier und sagt, ‚Das ist das Schiff.' Ich sage: Das ist'n GOTTVERDAMMT KOMISCHES SCHIFF», erzählte Mexique und lachte.

Mexique spielte mit uns Domino (Brown hatte aus Pappkarton ein Spiel gemacht), schlenderte mit uns durch den UNGEHEUREN RAUM und erzählte von seinem Vater und Bruder in Mexiko, von den Menschen und Bräuchen dort; als wir im *cour* waren, schrieb er auf den Fersen hockend mit einem kleinen Stock die ganze Konjugation von *tengo* in den aufgeweichten Boden, lachte und erklärte. Er und sein Bruder hatten beide an der Revolution teilgenommen, durch die Carranza Präsident wurde. Seine Beschreibung dieser Geschichte war höchst amüsant.

«Jeder-mann rannte mit Gewehren her-um», erzählte Mexique. «Und nach und nach jedermann nix sehen zum Erschießen. So jedermann heimgehen.» Wir fragten ihn, ob er selbst denn auf jemand geschossen habe. «Aber ja. Ich denk, ich schießen alle, nix weiß», antwortete Mexique lachend. «Ich denk, alle mich nicht treffen», fügte er hinzu und betrachtete stillvergnügt seine stämmige Gestalt. Als wir ihn einmal fragten, was er vom Krieg halte, antwortete er: «Ich denk, viel Kuhscheiße.» Ich entschied nach eingehender Überlegung, daß dies völlig meiner eigenen Überzeugung entsprach.

Mexique war großzügig, neigte weder zu Torheiten noch zur Mutlosigkeit und handelte stets, wie man es von einem Gentleman erwarten kann. Gleich nach seiner Ankunft schrieb er an den mexikanischen (oder war es der spanische?) Konsul – «Er kennt meinen Va-terr in Mexiko» –, dem er im gebildeten Spanisch unmißverständlich auseinandersetzte, warum man ihn verhaftet hatte. Und als ich *La Misère* Lebwohl sagte, rechnete Mexique jeden Augenblick mit einer günstigen Antwort – mit der er frohgemut schon seit langem rechnete. Sollte er diesen Bericht lesen, so möchte ich nur hoffen, daß er mir nicht zu böse sein wird, wenn ich einem der vergnügtesten all meiner Kameraden, die ich je hatte, nicht gerecht geworden bin. Meine Notizbücher, hauptsächlich eines, sind voll von Konjugationen, die Mexique's grenzenlose Gutmütigkeit bezeugen. Ich habe auch eine flüchtige Skizze von seiner Rückansicht, wie er auf einer Bank vor dem *poêle* sitzt. Hätte ich Mexique doch nur einmal draußen in *le jardin* gezeichnet; dort arbeitete er meistens mit einem Mann, einem Spanier, dem der *Surveillant* rührenderweise erlaubt hatte, daß Mexique ihm half, in der durchaus berechtigten Annahme, es müsse schön sein für

Mexique, jemand zu haben, mit dem er spanisch reden könne – wenn es dieser auch nicht so gut wie Mexique sprach, aber immerhin ganz leidlich. So muß ich mich eben damit zufriedengeben, meinen guten Freund zu betrachten, wie er mit den Händen in den Taschen neben Bill-dem-Holländer vor dem Ofen sitzt. Und ich hoffe, es hat nach meiner Abreise nicht mehr lange gedauert, bis auch Mexique freigelassen wurde. Irgendwie spüre ich, daß man ihn freiließ... und sollte ich recht haben, dann möchte ich über Mexique's Freiheit nur das sagen, was er so oft bedächtig und vergnügt sagte, wenn er nicht nur über die uns allen gemeinsamen Sorgen, sondern auch über seine eigenen Sorgen nachdachte.

«Das ist schön.»

Der Junge (oder Holländische) Kapitän – nicht zu verwechseln mit dem Kapitän, den ich schon zu beschreiben versuchte – bedeutete für unseren Kreis eine wahre Bereicherung. Zudem bereicherte er seinen Maat – einen unglaublich dicken, breitschultrigen Kerl, von dem ich mir auf den ersten Blick sagte: «Bei Gott, ein Verbrecher und Mörder, alles in einem.» Natürlich irrte ich mich – ich sage «natürlich», weil (was sich immer wieder bewahrheitete) die Beurteilung eines Neuangekommenen nach seinem Äußeren etwa der Beurteilung eines Motors nach seinen PS gleichkam, anstatt abzuwarten, wie er sich im Anblick eines Berges verhalten würde. Wie sich herausstellte, war der Maat ein schweigsamer und liebenswerter Jüngling, der kein größeres Verbrechen begangen hatte, als zur Besatzung des Jungen Kapitäns zu gehören. Daß dies nichts mit Verbrechen zu tun hatte, wurde schon durch den Jungen Kapitän selbst bewiesen; denn ich habe nie zuvor einen lustigeren, offenherzigeren und so großzügigen wie aufrechten Mann getroffen. Er trug ein fröhlich gestreiftes, kragenloses Hemd sowie Weste und Hose, die dazu geschaffen waren, dem Zahn der Zeit zu widerstehen, eine verwegene Mütze, einen großen Siegelring am vierten Finger und ein Paar Gummistiefel, die den Neid und die Bewunderung aller erregten – einschließlich meiner selbst. Meist saß er am Ofen auf einem winzigen Hocker, über den dieser Kloß aus Knochen und Muskeln, mit seinen einsfünfundsechzig Durchmesser, hinausquoll. Die Holländer, vor allem John, hielten große Stücke auf ihn. Er war gewandt, ohne dabei ungestüm zu sein, hatte ein Paar offene, humorvolle Augen, eine lustige, kleine, mit Sommersprossen bedeckte Himmelfahrtsnase und breite, harte, kräftige Hände, die immer verlegen schienen, weil sie sich an Land sahen. Er erzählte uns im Vertrauen, Pete sei zur See durchgebrannt – er stamme aus guter holländischer Familie, die sich um Pete zu Tode ängstige, weil sie nicht wisse, wo er stecke. Aber Pete sei viel zu stolz, ihnen mitzuteilen, daß man ihn eingesperrt habe. Er, der Junge Kapitän, würde natürlich, wenn er je nach Holland zurückkäme, sofort zu Petes Eltern gehen und ihnen berichten, wo Pete sich aufhielt, denn sie setzten bestimmt Himmel und Erde in Bewegung, um ihren Sohn freizubekommen. Eines Sonntags raffte sich der Junge oder Holländische Kapitän auf und schloß sich der unbefleckten holländischen Delegation zu *la messe* an – denn er fühlte sich vom Augenblick seiner Ankunft zu einer schönen Dame hingezogen, deren religiöse Natur ganz im Zeremoniellen aufging. Ich muß (zur Beruhigung der hochmoralischen Leser dieser Geschichte) noch hinzufügen, daß die Bewunderung des Jungen Kapitäns lediglich dazu diente, ihm die Zeit während seiner Gefangenschaft zu vertreiben, und der Junge Kapitän nie ernstlich nachließ in der tiefen Verehrung für «mein Mädchen», wie er es nannte, und dessen Fotografie er immer auf dem Herzen trug: Eine breitgesichtige, plumpe Person, offensichtlich eine ehrliche Haut – ich würde gerne mehr über sie sagen ... aber schließlich kann man auf Fotos nie allzuviel geben. Er erzählte uns einige Abenteuer von seinen Reisen, die (wegen des Krieges) nicht gerade ungefährlich und recht aufregend verlaufen waren. Ich weiß noch, wie seine Augen blitzten, als er davon berichtete, wie sein Schiff genau unter einem riesigen Zeppelin durchgefahren sei: «Un de Kerls winkten uns, un wir winkten auch un brüllten Hurrah, un aal de Kerls im Zeppelin kiekten» – vor allem wegen dieses Wortes mochte ich den Jungen Kapitän so gern. Er plauderte über die vielen englischen Fahnenflüchtigen in Holland: «Die Mächen war'n verrückt nach ihnen, un wenn 'n Holländer mit einer auf'm Kanal Schlittschuh laufen wollte, dann mocht se nich, weil die englischen Soldaten nich Schlittschuh laufen können» – und später, als die feinen Damen von ihren Verehrern «sitzengelassen» worden waren: «Da ham wir's ihnen aber gezeigt» ... Er sprach erstklassiges Englisch, klares, lebhaftes Holländisch und ein, wie man wohl sagen darf, fehlerhaftes, aber fließendes Deutsch, jedoch kein Französisch. «Diese Sprache ist verdammt zu schwer für mich», sagte der Junge Kapitän mit entwaffnender Aufrichtigkeit und lächelte. «Die Schangdarmen ham mich 'ne Menge gefragt und ich sage Nixparlezvous, un da ham se mich un meinen Maat mitgenommen» – ein Nicken zu dem schweigsamen, monumentalen Jüngling am Ofen drüben – «steckten us in'nen Zug, un wo's *Godverdommed* verflucht noch mal mit uns hinging, merkten wir erst, als wir hier war'n» – worauf er herzlich lachte. «Danke», sagte er, als ich ihm eine Scarferlati *Jaune* anbot. «Ich hol mir heut abend selber welche in der Kantine und geb se Ihnen dann zurück» – denn, wie auch Pete, nahm er es sehr genau mit dem Sich-Revanchieren. «Sin ja aus 'nem verdammten Dreck gemacht», sagte er nach dem ersten Zug und lächelte vergnügt. Ich fragte ihn, was sie für Ladung gehabt hätten. «Kohle», antwortete er begeistert. Und er berichtete, er habe sie in Norwegen an Bord genommen, das sei ein gutes Geschäft gewesen (denn die Franzosen brauchten sie dringend und hätten alles dafür bezahlt) – «man mußte nur gute Nerven ham». Seine absolute Verachtung der «Schangdarmen» war vor allem für Brown und mich mehr als amüsant. «Diese Kerls mit ihren Schwertern und capeähnlichen

Mänteln» durfte man nicht in einem Atemzug mit einem Menschen nennen. Nach Browns Meinung tat der Junge Kapitän eines Abends das Erfreulichste, was wohl je einer in La Ferté (beinahe hätte ich gesagt: im Gefängnis) fertiggebracht hat: Er kam zu unseren Betten, wo wir Kakao kochten – oder besser: Schokolade (denn wir schnitten eine imitierte Menier-Schokolade aus der Kantine auf, gossen Wasser hinzu und erhitzten das Gemisch in einem Becher, der in einem wirklich höchst außergewöhnlichen Drahtgestell [Brown fecit] über einer ganz gewöhnlichen *bougie* hing) –, und sagte, wobei er mit dem Daumen hinter sich zeigte: «Da drüb'n liegt so'n armer Kerl krank, un ich möcht gern fragen, ob Sie ihm nich 'n bißchen von Ihrer heißen Schokolade abgeben können – er traut sich nich zu fragen.» Natürlich waren wir glücklich, dies tun zu dürfen – noch glücklicher, als wir sahen, wie der Junge Kapitän zum Bett des Schweigers hinüberging und ihm (ich glaube, auf deutsch) liebevoll zuredete – und am glücklichsten, als wir sahen, wie sich der Schweiger ein wenig von seinem *paillasse* aufrichtete und trank, während der Junge Kapitän vor ihm stand und von einem Ohr zum andern grinste. Jemand, der die ansonsten so hartnäckige Schüchternheit des Schweigers derart leicht überwand, steht jenseits aller Porträtkünste. Ich entschuldige mich also hiermit bei dem Jungen Kapitän und wünsche ihm mit seinem Mädchen in Holland alles Gute – wo er, wie ich von Herzen hoffe, inzwischen gelandet ist. Vielleicht laufen wir eines Tages noch miteinander auf einem Kanal Schlittschuh. Und vielleicht plaudern wir dann über Deichbrüche, Häuser, Blumen und Windmühlen.

Lassen Sie mich jetzt den *Garde-Champêtre* vorstellen, dessen Namen ich bereits mißbräuchlich erwähnt habe. Ein kleiner, hitzig und verhungert aussehender Mensch, der – nachdem er Angehöriger der Landespolizei gewesen war (worauf er recht stolz zu sein schien) – seinem *patrie* – auch *La Belgique* genannt – als Motorradfahrer diente. Während er Meldungen zwischen den Frontabschnitten hin- und herbeförderte, beobachteten seine unfreundlichen großen Augen fürwahr recht ermutigende Erscheinungen der zivilisierten Kriegführung. Einmal sah er eine von den *alliés* überstürzt erbaute Brücke über die Yser, wo man die Leichen von Freund und Feind einfach übereinandergeworfen hatte, um das nötige Fundament für die Träger zu schaffen. Dieser liebliche Vorfall hatte das Taktgefühl des *Garde-Champêtre* erheblich verletzt. Die Yser, sagte er, sei noch lange Zeit rot dahingezogen. «Wir waren alle beisammen: Belgier, Franzosen, Engländer... wir Belgier sahen nicht ein, warum wir noch weiter Krieg machen sollten. Aber wir machten weiter. Und wie wir weiter machten! Wissen Sie warum?»

Wohl kaum, sagte ich.

«Vor uns waren *les obus allemands, en arrière les mitrailleuses françaises, toujours les mitrailleuses françaises, mon vieux.*»

«*Je ne comprends pas bien*», antwortete ich verwirrt und erinnerte mich an all die aufgeblasenen Phrasen, die von den Amerikanern geglaubt wurden (das kleine, gemarterte Belgien muß von den Alliierten vor den Übergriffen der Angreifer geschützt werden usw., usw.) – «wieso sollten denn die Franzosen Maschinengewehre hinter euch aufstellen?»

Der *Garde-Champêtre* schlug nervös seine großen, leeren Augen auf. Ihre ungeheuren Höhlen verdunkelten sich. Sein kleines, hartes Gesicht zitterte von innen her. Einen Augenblick dachte ich, er werde in Krämpfen vor mir zu Boden schlagen – statt dessen antwortete er mürrisch, mit hohlem, scharfem Flüstern:

«Um uns nach vorn zu treiben. Manchmal schmiß eine Kompanie einfach die Gewehre weg und wollte nach hinten laufen. Tacktacktacktacktack...» seine kurzen, unschönen Arme beschrieben langsam den Streuwinkel eines *mitrailleuse*... «aus. Die belgischen Soldaten links und rechts davon verstanden den Wink sehr wohl. Wenn nicht: – tacktacktacktacktack... Oh, wir stürmten! Jawohl. *Vive le patriotisme.*»

Und er erhob sich mit einer wegwerfenden Geste, als wollte er nur ein paar unangenehme Lappalien aus seiner Erinnerung verscheuchen, ging mit kurzen, raschen Schritten durch den Saal und unterhielt sich dann mit seinem besten Freund, mit Judas, der damit beschäftigt war, seinen zitternden Schnurrbart zu züchten ... Gegen Ende meines Besuchs in La Ferté verlebte der *Garde-Champêtre* eine glückliche Zeit – denn genau zwei Tage sonnte er sich in der Gesellschaft eines vermögenden, intelligenten und irrtümlich eingesperrten gräßlichen Jünglings mit Hornbrille, vollem Haar und Wickelgamaschen. Brown und ich nannten ihn Jojo-den-Löwen-Jungen, was uns wenigstens eine gewisse Genugtuung verschaffte. Hätten gegen Jojo schwerere Anklagen vorgelegen, so wäre mein Bericht über ihn ausführlicher ausgefallen – zum Glück für *tout le monde* aber entbehrten sie jeder Grundlage, und Jojo kehrte wieder heim, heim nach Paris und ließ den *Garde-Champêtre* mit Judas und nicht immer gerade interessanten Verzweiflungsausbrüchen zurück.

Der Leser wird es an der Zeit finden, daß ein neuer LIEBLICHER BERG am Horizont erscheint. Also halte er die Augen weit offen, denn hier kommt einer ...

Wann immer sich unser Kreis vergrößerte, klingelte irgendwo in der Ferne, eben noch hörbar, eine Schelle (in Wirklichkeit am Tor, durch das mein müdes Selbst in jener denkwürdigen Nacht von La Ferté aufgenommen wurde, was bereits getreulich geschildert worden ist), worauf die beweglicheren Bewohner des UNGEHEUREN RAUMES aufsprangen und sich an das einzige Guckloch drängten, das sich in der uns am nächsten liegenden Wand bei der Tür befand und einen etwas fragmentarischen Ausblick auf das Tor samt den Ankömmlingen gewährte, welche – ganz gleich, ob Männer oder Frauen – die Schelle ankündigte. Eines Tages gerieten die Späher völlig außer Rand und Band und riefen «Vier»! – «Riesige Kiste!» – «Fünf Gendarmen!» und ähnliche Satzfetzen – und das mit einer Lautstärke, die große Dinge verhieß. Wie fast stets hatte ich mich auch diesmal nicht in das Gedränge gemischt und lag genießerisch auf meinem Bett (das gottlob ein Mitgefangener, den wir den Frosch und *Le Coiffeur* nannten, überall gut geflickt hatte – ein adleräugiger Mann mit hängendem schwarzen Schnurrbart; seinen Zechbruder kennen wir bereits. Es ist der Hummer, der hauptsächlich wegen seiner Gestalt und Haltung so hieß), als die üblichen Ankunftsgeräusche an *la porte* ungewöhnlich laut zu mir drangen. Ich richtete mich hoch. Die Tür flog auf, einen Augenblick herrschte völlige Stille, in die das Gegrunze zweier entsetzlicher Stimmen einbrach. Dann traten vier *nouveaux* ein, die einen ungemein frappanten Anblick boten. Sie kamen zu zweit hintereinander herein. Die beiden vorderen waren ein ungeheuer breitschultriger, hüftloser und daher dreieckiger Mann in blauen, mit einem gewöhnlichen Strick umgürteten Hosen, und ein untersetzter, wüster Bursche mit einem gewaltigen Schnurrbart als auffälligstem Merkmal. Ich sprang auf und lief zur Tür – erregt, ohne zu wissen warum. Den mit dem Strick erkannte ich an seinen schlauen, blauen Augen, dem fahlen Haar und der gutgebauten Gestalt auf den ersten Blick als Holländer. An den ordinären, brutalen Zügen, die halb hinter dem Piratenschnurrbart verborgen lagen, und an den trüben, bösen, flackernden Augen erkannte ich ebenso schnell den Belgier. Die vordere Reihe trug auf den Schultern eine riesige, schwarze, massive und offensichtlich sehr schwere Kiste, die sie mit erleichtertem Ächzen neben dem *cabinet* absetzte. Die hintere Reihe kam ein wenig asymmetrisch daher: Ein junger dümmlicher, unschuldig aussehender Bursche (offenbar ein Bauer, mit teuren, schwarzen Ledergamaschen und einer hübschen Mütze mit glänzendem, schwarzem Lederschild), vor dem ein großer, dünner, undurchsichtiger Mensch einherschlenderte, der unter dem Schirm einer schmuddligen Tuchmütze unbeirrt und gelassen um sich blickte und immer nur einzelne Flächen seines mageren, langen, nicht zu erkennenden Gesichts zeigte, auf dem einer jener Schnurrbärte saß, beziehungsweise an dem einer jener Schnurrbärte hing, wie man sie von Bildern chinesischer Würdenträger kennt – mit anderen Worten: der Schnurrbart war ungewöhnlich schmal, fiel gleichmäßig herab und schien aus schwarzer Seide gemacht zu sein. Hinter *les nouveaux* schwankten über zwei Paar dünnen Beinen geheimnisvoll vier *paillasses:* Es waren (wie sich herausstellte) die Beine von Garibaldi und dem kleinen Maschinen-Einsteller, deren Besitzer erst mit dem Aufplumpsen der *paillasses* schwitzend zu Tage kamen.

Das erste, was der schlauäugige, dreieckige Holländer tat: er rief *Godverdommet.* Das erste, was der schnurrbärtige Belgier tat: er packte seinen *paillasse* und bewachte ihn. Das erste, was der Bursche in den Ledergamaschen tat: er blickte hilflos umher und jammerte weinerlich etwas in polnischer Sprache. Das erste, was der vierte *nouveau* tat: er schenkte niemand auch nur die geringste Beachtung, zündete sich ohne die geringste Hast eine Zigarette an und rauchte schweigend und ruhig, als existierte im großen Universum nichts anderes als das Aroma des Tabaks.

Inzwischen scharten sich ein Rudel Holländer um das Dreieck und fragten es aus. Woher es komme, was in der Kiste sei usw. ... Einige machten sich gleich über die Kiste her, und schließlich rüttelten drei Paar Hände am Schloß – als der stille Raucher plötzlich unglaublich behend nach vorn schnellte, lautlos neben ihnen landete und rasch und kurz schnaubte.

«Mang.»

Es klang etwas atemlos – wie wenn ein Kind ruft: «Frei! Du bist's.»

Die am Schloß Herumfummelnden fuhren reichlich erstaunt zurück. Worauf der verschüchterte Bursche in den schwarzen Ledergamaschen hinzutrat und pathetisch und sowohl einschmeichelnd als gönnerhaft sagte:

«*Il n'est pas méchant. C'est un bonhomme. C'est mon ami. Il veut dire que c'est à lui, la caisse. Il parle pas français.*»

«Die Kiste gehört dem *godverdommet* Polacken», polterte der Dreieckige auf holländisch los. «Das sind beides Polakken; und der Mann da» (wobei er mit blaßblauen Augen zum Schnurrbärtigen hin blinzelte) «und ich mußten das Ding den ganzen *godverdommet* Weg bis zu diesem *godverdommet* Kaff hier tragen.»

Währenddessen rauchte der undurchsichtige *nouveau* gemächlich und gelassen und blickte mit seinen schwarzen Knopfaugen durch alle hindurch. Die hungrigen Seelen, die einmütig die fast abschreckenden Konturen seines Gesichts fixierten, konnten dort nicht die leiseste Regung entdecken. Die tiefen Furchen in seinen Pappkartonwangen (Furchen, die an die Kiemen eines exotischen Fisches erinnerten, eines nicht atmenden Fisches natürlich) bewegten sich um keinen Millimeter. Der Schnurrbart hing in mechanischer Starre herab. Hin und wieder schlossen sich die Lippen abwesend und doch sensibel um die lässig und sicher gehaltene Zigarette, deren Rauchkringel die Neigung des Kopfes unterstrichen: eine zugleich wache und entrückte Haltung.

Nun mischte sich Monsieur Auguste ein und sprach, meinem Gefühl nach, russisch – und in wenigen Sekunden hatten er und der Bursche mit den Ledergamaschen und des Undurchsichtigen Zigarette und die Kiste und der Undurchsichtige selbst sich einen Weg durch die Menge gebahnt und waren in Richtung von Monsieur Augustes *paillasse* verschwunden, wo auch der *paillasse* des *Cordonnier* lag, wie dieser manchmal genannt wurde; ein winziger Mann, der einen riesigen Schnurrbart sein eigen nannte und häufig mit Monsieur Auguste spazierenging, wobei sie gelegentlich französisch, meist aber russisch oder polnisch sprachen.

Das war mein und des Lesers erster Eindruck vom Zulu – einem der LIEBLICHEN BERGE. Ich habe später noch mehr über ihn zu sagen, wenn ich die LIEBLICHEN BERGE in einem oder auch mehreren Kapiteln besteige. Bis dahin möge sich der Leser mit der obigen unzureichenden Beschreibung zufriedengeben …

Eine der abstoßendsten Personen, denen ich je im Leben begegnete – vielleicht sogar (und bei längerem Nachdenken glaube ich dies sicher) die abstoßendste von allen –, wurde uns von der rührenden französischen Regierung wenig später serviert. Ich spreche vom Raufer-Jidd. Ob er vor oder nach dem Spanischen Hurenbock eintraf, weiß ich nicht mehr. Ich erinnere mich noch, daß Bill-der-Holländer – so hieß der strickumgürtete Dreieckige mit den schlauen, blauen Augen (co-*arrivé* mit dem schnurrbärtigen Belgier; dieser wurde übrigens von Brown und mir wegen seines brutalen Aussehens, das einfach nicht zu überbieten war, der Kindsentführer genannt) – nach seiner Ankunft phantastische Geschichten erzählte von einem spanischen Millionär, mit dem er vor seiner Überführung nach La Ferté im Gefängnis gesessen habe. «Der wird in ein paar Tagen auch hier sein», fügte Bill – der – Holländer hinzu, der vierzehn Jahre in «diesen» Vereinigten Staaten gelebt hatte und die Sprache bis zum TZ beherrschte, der von den «amerikanischen Seen» sprach und auch sonst erstaunlich mit dem LAND DER FREIHEIT vertraut war. Und wirklich: es dauerte keine Woche, da traf der dickste Mann ein, der mir je unter die Augen gekommen ist: geckenhaft gekleidet, beringt und in jeder Beziehung von wohlhabendem Aussehen; so wurde er unverzüglich von Judas (der Bargeld auf so große Entfernungen roch wie *le gouvernement français* einen Aufruhr) und, zu meinem Erstaunen, auch von dem äußerst ehrenwerten Graf Bragard aufgenommen. Aber am begeistertsten NICHT von Mexique, der sich mit dem *nouveau* eine halbe Stunde in seiner Muttersprache unterhielt, dann gelassen zu unseren Betten herüberschlenderte und uns erklärte:

«Guckt mal den Kerl dort, den fetten. Ich hab spanisch mit ihm gesprochen. Er nix gut. Sagt, er macht letztes Jahr fünfzigtausend Francs mit sein Hurenhaus in» (ich glaube, es war) «Brest. Hurensohn.»

Der Kerl, der fette, schlief in einem wahren Monstrum von Bett; irgendwie hatte er es geschafft, daß es gleich nach seiner Ankunft gebracht wurde. Das Bett kam zusammengeschlagen mit einem Handwerker aus *la ville* an, der es aufschlug und sich dabei einige Blicke gestattete, die nicht nur Neugier, sondern auch Erstaunen, ja sogar Furcht verrieten. Vermutlich hatte das Bett eine Spezialgröße, die dem kreisrunden Millionär angepaßt war, und solch ein außergewöhnliches Bett erforderte natürlich einen Facharbeiter – jedenfalls stellte das Lager dieses Kerls, des fetten, selbst noch das des Kapitäns in den Schatten. Als ich dem Mann beim Aufschlagen zusah, dachte ich, dies sei hier denn doch das Letzte an Luxus: sich aus der Metropole nicht nur einen Spezialdivan, sondern auch einen Spezialsklaven, den BETTSKLAVEN, kommen zu lassen ... Dieser Kerl, der fette, fand einen Gefangenen, der die *corvée* für ihn übernahm. Der Kerl, der fette, kaufte gleich zweimal am Tag in der Kantine so viel ein, daß er einen Überseedampfer für sieben Reisen hätte damit ausrüsten können, und er aß nie mit den Gefangenen zusammen. Ich erwähne ihn noch einmal im Zusammenhang mit dem Mekka der Ehrbarkeit, dem Großen Weißen Thron der Unschuld, mit Drei Manegen Drei [4)] – alias Graf Bragard, den ich meinem Leser schon früher vorgestellt habe.

So kommen wir jetzt wohl oder übel zum Raufer-Jidd.

Bei seiner Ankunft schleppte der Raufer-Jidd den teuren Koffer eines fahlen, irgendwie unangenehmen rumänischen Gents, der einen gestrickten, häßlich roten Sweater, einen tadellosen Anzug und einen erstklassigen Velourhut trug, der gut seine fünfzig Francs gekostet hatte. Wir nannten diesen Gent Rockyfeller. Seine Person dürfte mit dem Adjektiv WIDERWÄRTIG hinreichend charakterisiert sein. Der Gepäckträger war eine Kreatur, der das Wort HÄSSLICH nicht im entferntesten gerecht wird. Es gibt gewisse Sorten unter den menschlichen Wesen, bei deren Anblick sich einem sofort und völlig unbewußt der Magen umdreht – ein zu tief sitzendes Gefühl, als daß man es analysieren könnte. Der Raufer-Jidd gehörte zu so einer Sorte. Sein Gesicht (oder, um den treffendsten Ausdruck zu gebrauchen: seine Visage) war unwahrscheinlich ordinär und von nimmerruhender, platter Brutalität – doch der Eindruck, den es erweckte, ist nicht in Worten faßbar. Ich möchte und kann sogar behaupten, daß dieses Gesicht am scheußlichsten war – das dürfte wohl die richtige Vokabel sein –, wenn es grinste. Denn grinste der Raufer-Jidd, so war einem zumute, als wollte er einen auffressen und sähe nur deswegen davon ab, weil seine Gier, alle andern gleichzeitig aufzufressen, noch stärker war. Er und Rockyfeller kamen zu uns aus – ich glaube, aus dem *Santé*-Gefängnis. Beide begleiteten Brown nach Précigné. Während der gemeinsamen Wochen mit dem Raufer-Jidd in La Ferté Macé wurde die Nicht-Existenz der Bewohner des UNGEHEUREN RAUMES mehr als jämmerlich. Sie wurde nahezu unerträglich.

Der Abend, an dem Rockyfeller und sein Sklave eintrafen, war für alle ein denkwürdiger Abend. Es war einer der ausgelassensten, komischsten und wahrhaft erstaunlichsten Abende, die ich je erlebte. Rockyfeller war von Judas beschlagnahmt worden und erfreute sich eines eigenen Betts, das rechts von uns im oberen Teil des UNGEHEUREN RAUMES stand. Er hatte sich in der Kantine außer einer Musterkollektion an Leckerbissen, denen er und Judas eifrig zusprachen, auch viele Kerzen gekauft. Dann erschien der *planton*, zählte uns dreimal, teilte die Summe durch drei, befahl «*Lumières éteintes*», verschloß die Tür und ging die Treppe wieder hinunter. Alle betteten sich für eine miserable Nacht zurecht – alle, nur Judas nicht, der weiterhin mit Rockyfeller plauderte, und Rockyfeller nicht, der seine Kerze immer noch nicht löschte und sich offenbar einen gemütlichen, vergnügten Abend machen wollte. Der Raufer-Jidd lag splitternackt auf einem *paillasse* zwischen mir und seinem Herrn. Der Raufer-Jidd erklärte jedem, wenn man splitternackt schlafe, mieden einen die Wanzen (wovon alle, einschließlich meiner, eine ordentliche Portion mit sich schleppten). Immerhin war der Raufer-Jidd durch den Befehl des *planton* zur Ruhe gebracht worden, während Rockyfeller weiterhin nach Herzenslust schwatzte und futterte. Das ging mit der Zeit allen auf die Nerven. Aus jeder Ecke des UNGEHEUREN RAUMES kamen Proteste in vielerlei Sprachen. Rockyfeller blickte geringschätzig um sich und unterhielt sich weiter. Ein Fluch quoll aus dem Dunkel. Der Raufer-Jidd sprang splitternackt auf, schritt auf das Bett des Fluchenden zu und fragte wütend:

«*Boxe*? *Vous*?»

Der Flucher schlief aber offensichtlich schon, er schnarchte sogar. Der Raufer-Jidd wandte sich enttäuscht ab und hatte seinen *paillasse* bereits erreicht, als er mit respektlosen und nicht gerade höflichen Bemerkungen in allen möglichen Sprachen bombardiert wurde. Wieder stürmte er los, erhielt jedoch keine Antwort und ging an seinen Platz zurück. Wieder beleidigten ihn zehn oder zwölf Stimmen aus der Dunkelheit. Wieder rannte der Raufer-Jidd auf sie zu, fand aber lediglich schlafende Unschuld. Erneut versuchte er, ins Bett zu gehen. Erneut aber erhob sich das Geschrei, diesmal doppelt so laut und mit noch mehr Stimmen. Der Raufer-Jidd war mit seiner Weisheit zu Ende. Er raste im UNGEHEUREN RAUM herum und forderte jeden zum Kampf heraus, fluchte, schmähte, drohte und prahlte, stieß jedoch nur auf eisernes Schweigen. Die Finsternis wartete bloß, bis er bei seinem *paillasse* war, dann brach sie in alle nur denkbaren Verwünschungen über ihn und das heilige Haupt seines Herrn und Meisters aus, der angefaucht wurde, er solle seine Kerze ausblasen, schlafen gehen und die andern sich im Vergessen ihrer Leiden vergnügen lassen. Woraufhin er dem Jidd befahl, das Gemecker abzustellen. Der Jidd sagte (schon den Tränen nahe), er habe sein Möglichstes getan, das seien alles Schweine, niemand wolle sich mit ihm schlagen, es sei einfach widerlich. Beifallsgebrüll. Proteste der weniger lebhaften Mitglieder unseres Kreises, die ganz allgemein gegen Lärm waren: Laßt ihm doch seine *foutue* Kerze, RUHE, GEHT SELBER SCHLAFEN usw. Rockyfeller jedoch (wenn auch hörbar verärgert durch die schlechte Erziehung seiner Schlafgenossen) unterhielt sich nach wie vor mit dem schmierigen und öligen Judas. Der Lärm nahm zu. Ich war mit Recht wütend auf Rockyfeller, denn ich war ganz einfach der

Ansicht: wenn ich nach «*lumières éteintes*» kein Licht mehr brennen darf und es auch meine guten Freunde nicht dürfen, dann soll bei Gott auch Rockyfeller keins haben. Jedenfalls verpaßte ich dem jetzt schon leicht nervösen *Übermenschen* einige niederschmetternde Anzüglichkeiten, stand auf, stieg in ein Paar unförmige Holzschuhe (ergattert von einem gräßlichen kleinen Jungen, den die französische Regierung aus werweißwelchem Grund mit seinen Eltern eingesperrt und welcher gräßliche kleine Junge behauptet hatte, er habe die Holzschuhe auf der Fahrt nach La Ferté «in einem Zug gefunden»), fuhr in meine Pelzjacke hinein und stampfte so dröhnend ich konnte hinüber zum *paillasse* des Einäugigen Dah-Viid, wo auch Mexique zu uns stieß. «Da kann doch kein Mensch schlafen», sagte der Einäugige Dah-Viid auf französisch und spanisch. «Allerdings», stimmte ich bei, «machen wir also noch mehr Krach.»

Der Lärm im Dunkel wuchs stetig an. Die menschlichen Schreie, Witze und Flüche waren jetzt geradezu hervorragenden Imitationen der verschiedensten, um nicht zu sagen mannigfaltigsten Tierstimmen gewichen. Afrique, den ich mit heller Begeisterung aus der undurchdringlichen Finsternis heraushörte, schmetterte –

«Ägähägähägähägähägäh!»

– es soll wohl ein Maschinengewehr sein, dachte ich; entweder das oder ein Affe. Der Wanderer krähte wundervoll. Monsieur Augustes Busenfreund, *le Cordonnier,* maunzte ein erstaunliches

« Miiiiii-aaaaaAU!»

das einen Sturm von Gelächter und Applaus erntete. Muhen, Zirpen, Gackern – es war eine prächtige Henne dabei –, Wiehern, I-ahen, Brüllen, Blöken, Knurren, Quaken, Piepen, Kreischen, Bellen – und natürlich auch noch manches andere – erweckten den UNGEHEUREN RAUM plötzlich und restlos zum Leben. Nicht einmal im Traum hätte ich mir eine solche Menagerie vorstellen können, wie sie hier innerhalb der nassen, scheußlichen vier Wände unseres *chambre* durch wundersame Magie entstanden war. Sogar ein solch gelassener Charakter wie Graf Bragard brachte ein dünnes Bellen fertig. Monsieur Pet-äärs verstieg sich – zu meinem ungeheuren Erstaunen und Entzücken – zu einem hohen Krähen. Die Sterbenden, die Kranken, die Alten, die Verkrüppelten –: sie alle steuerten ihr Teil zu dem gemeinsamen Höllenlärm bei. Und dann sproßte aus der unteren linken Finsternis einer der schönsten Laute, die je an eines Menschen Ohr gedrungen sind –: das Bellen eines kleinen Hundes mit Schlappohren, der auf seinen kurzen Beinen hinter etwas herjagt und dabei seinen zottigen Schwanz kerzengerade aufrichtet; ein kleiner Hund, der eher eifrig denn weise, mehr laut als groß war; ein rotzüngiger, närrischer, atemloser, besessener kleiner Hund mit schwarzen Augen und verschmitztem Lächeln und wolligen Pfoten – und dieses Bellen, vom Hummer erdacht und ausgeführt, versetzte den UNGEHEUREN RAUM in völlige und unheilbare Hysterie.

Der Raufer-Jidd wußte sich nicht mehr zu helfen. Er wußte nicht mehr, wohin er sich wenden sollte. Kurz entschlossen gesellte er sich zu den Aufrührern und heulte brutal und mißtönig. Das brachte das Faß zum Überlaufen. Rockyfeller, der sich jetzt nicht mehr verständlich machen konnte – auch nicht, wenn er Judas anbrüllte –, gab die Unterhaltung auf und starrte zornig um sich – zornig, aber auch ängstlich, als erwartete er, von diesen zahlreichen Löwen, Tigern und Pavianen aus der Finsternis angesprungen zu werden. Sein fahles, mehr als widerwärtiges Gesicht zitterte im flackernden Takt der *bougie*. Seine schmalen Lippen preßten sich vor Ärger und Wut zusammen. «*Vous êtes chef de chambre*», herrschte er Judas aufgebracht an. «Warum tun Sie nichts dazu, daß diese Männer da aufhören? *C'est emmerdant.*» – «Tja», erwiderte Judas geschmeidig und einschmeichelnd, «es sind eben nur – Männer, und Flegel obendrein. Von denen kann man keine Manieren erwarten.» Eine ungeheure Menge Irgendwers quittierte diesen Ausspruch mit Schreien, Beleidigungen, Grunzen und lingualem Trompeten. Ich stand auf und schritt durch den Saal zum *cabinet* (das wie immer um diese Zeit in einem See von Urin schwamm, der an manchen Stellen fünfzehn Zentimeter tief war und vor dem mich meine Holzschuhe gerade noch bewahrten) und ging wieder zurück, wobei ich so laut wie möglich klapperte. Plötzlich erhob sich Monsieur Augustes Stimme durch das Getöse –

«*Alors! c'est as-sez.*»

Das nächste, was uns bewußt wurde, war, daß er an das Fenster gleich neben dem *cabinet* trat (übrigens das einzige Fenster, das nicht um der Wärme willen mit braven, langen Nägeln verrammelt war) und in vornehmem, erbostem, wütendem Diskant zum Schilderhaus hinunterrief –

«*Plan-ton! C'est im-possi-ble de dor-mir!*»

Ein Schrei «*Oui! Je viens!*» schallte herauf – und jeder Lärm verebbte, Rockyfeller fuhr mit der Hand nach der Kerze, ergriff sie voll Schrecken und blies sie aus, als wäre das seine letzte Handlung in diesem Leben, und der Ungeheure Raum lag im Schweigen, ungeheuer dunkel, ungeheuer erwartungsvoll ...

Peng! flog die Tür auf. «*Alors, qui m'appelle? Qu'est-ce qu'on fout ici?*» Und der Schwarze Halfter, der den Revolver gezückt hatte, blendete mit seiner Taschenlampe in die tiefschwarze Stille des *chambre*. Hinter ihm standen zwei *plantons*, weiß vor Angst, mit zitternden Händen umklammerten sie ihre Revolver, deren Läufe einfach lächerlich wackelten.

«*C'est moi, plan-ton!*» Monsieur Auguste erklärte, niemand könne wegen des Lärms schlafen, und sie hätten bloß wegen «*ce monsieur là*» solchen Lärm gemacht, weil er seine *bougie* nicht löschte, als die andern schlafen wollten. Der Schwarze Halfter wandte sich an den ganzen Saal und brüllte: «Ihr verdammten *Merde*-Kerle, daß mir das nicht noch mal vorkommt, sonst sperr ich euch ein – allesamt!» Dann fragte er, ob jemand etwas dagegen habe (wobei er mit seinem Revolver fuchtelte), und erhielt als Antwort nur ein friedliches Schnarchen. Dann schwur er, die Krakeeler am nächsten

Morgen einzusperren, rücksichtslos einzusperren – und sah sich nach seinen zitternden Helfern um, damit sie dies bekräftigten. Dann fluchte er zwanzig- bis dreißigmal, machte kehrt und polterte hinter seinen fliehenden Mitbrüdern her, die einander in ihrer Hast, dem UNGEHEUREN RAUM zu entkommen, fast über den Haufen rannten. Nie habe ich mehr Mut demonstriert gesehen als beim Schwarzen Halfter, der mit dem Revolver die schnarchenden und unbewaffneten Bewohner des UNGEHEUREN RAUMES in Schach hielt. *Vive les plantons*. Er hätte Gendarm werden sollen.

Natürlich bekam Rockyfeller, der den Beamten in La Ferté bei seiner Ankunft reichlich Schmiergelder zugeschoben hatte, nicht den leisesten Tadel noch die geringste Strafe für sein vorsätzliches Brechen der Hausordnung – was bei jedem andern von uns Abschaum (Gott sei Dank einschließlich meiner) *de suite cabinot* nach sich gezogen hätte. Keine Rede davon. Einige der *hommes* dagegen erhielten *pain sec* – nicht etwa, weil sie vom Schwarzen Halfter bei einer lärmenden Demonstration geschnappt worden wären, denn das waren sie ja nicht, sondern einfach aus Prinzip, als Warnung für uns andere und um uns heilsamen Respekt für (so muß man doch wohl annehmen) Recht und Gesetz einzuflößen. Aber wir waren uns alle darüber einig, daß es sich gelohnt hatte. Es wußte natürlich ein jeder, daß der Spion sie verraten hatte. Jawohl, der Spion. Denn sogar im UNGEHEUREN RAUM gab es einen Mann, der sich gewisse Vorrechte und völlige Immunität gegen Strafen verdiente, indem er seine Leidensgenossen bei jeder Gelegenheit verpfiff. Fürwahr ein häßlicher Mensch mit gefühllosem, knöchrigem Gesicht und treulosen Händen, dessen Tochter im unteren Stockwerk ein eigenes Zimmer hatte – von *les putains* getrennt (gegen diese «schmutzigen, dreckigen Huren» konnte er nicht genug wettern – «Würd mich lieber aufhängen, als meine Tochter bei den stinkigen Huren lass'n», setzte mir dieser streng moralische Mann einmal in Cockney-Englisch auseinander –) und diese Tochter (dreizehn Jahre alt) diente –

so hieß es – dem *Directeur* zu einem ergötzlichen Zwecke. Vor dem Spion brauchte man einen nicht zu warnen (wie Brown und ich gleich nach unserer Ankunft gewarnt worden waren) – ein einziger Blick auf diese Visage genügte für jeden, der nicht gerade auf den Kopf gefallen war. Diese Visage oder Fratze hatte uns also verpfiffen. Das war von vornherein allen klar, und sie kamen überein, selbst Hängen sei noch zu gut für ihn.

Aber der ungeheure, unbeschreibliche Erfolg der *Ménagerie* war der: Rockyfeller verließ bald darauf unsere schlecht erzogene Gesellschaft und zog in «*l'hôpital*»; genau dasselbe «Hospital», dessen Annehmlichkeiten und Stille *Monsieur le Surveillant* Brown und mir so warm empfohlen hatte. Rockyfeller bezahlte den Raufer-Jidd dafür, daß er ihn bei den Spaziergängen beschütze; ansonsten war unsere Verbindung mit ihm endgültig abgeschnitten; seine neuen Genossen waren Muskowitz-der-Hahnenäugige-Millionär und der Belgische Liederdichter, der jedem erzählte, er sei Regierungsbeamter («*de la blague*», schrie der kleine Maschinen-Einsteller, «*c'est un menteur!*» und erklärte, er kenne diesen Menschen schon von Belgien her, und dieser Mensch sei ein Mann, der volkstümliche Liedchen schreibe). Hätte es der Himmel doch gewollt, daß wir den Sklaven samt seinem Herrn losgeworden wären; zu unserem Unglück aber konnte es sich der Raufer-Jidd nicht leisten, dem Beispiel seines Meisters zu folgen. So blieb er auch weiterhin der Stein des Anstoßes, bemühte sich unablässig um Browns und meine Gunst, zettelte ständig Streit an und schikanierte jeden, wo er nur konnte.

Zudem verbrachte dieser löwenherzige Mensch eine ganze Nacht damit, auf seinem *paillasse* zu kreischen und zu stöhnen, nachdem er von Monsieur Richard eine Spritze gegen – Syphilis bekommen hatte. Innerhalb weniger Tage wurde nämlich festgestellt, daß ein paar Männer schon einige Zeit Syphilis haben mußten. Und zwar an den Lippen. Ich erinnere mich nicht mehr genau, wen es getroffen hatte, außer daran, daß mindestens ein Belgier darunter war. Natürlich hatten sie und der Raufer-Jidd den gemeinsamen Schöpfer und Trinkwassereimer benützt. Von *le gouvernement français* konnte man selbstverständlich nicht erwarten, daß sie sich um solch eine Bagatelle wie Geschlechtskrankheiten unter Gefangenen kümmerte: Hatte sie nicht schon genug damit zu tun, jene Soldaten zu kurieren, die während ihrer *permission* alles daran setzten, sich anzustecken – möglichst mit Gonorrhoe und Syphilis gleichzeitig? Der Leser möge nicht glauben, ich fabelte: Er möge sich vielmehr erinnern, daß ich die Ehre hatte, zur *Section Sanitaire Vingt-et-Un* zu gehören, die das Hospital für Geschlechtskrankheiten in Ham evakuieren half, mit dessen Patienten ich (in den wenigen freien Augenblicken) plauderte, spazierenging und dabei so etliches über *la guerre* erfuhr. Der Leser möge sich – falls er dies nicht schon längst weiß – klarmachen, daß dieser GROSSE KRIEG FÜR DIE MENSCHLICHKEIT usw. nicht aller Leute Neigung entsprach und daß diese Leute den Siegen der Front lieber die Qualen vorzogen (ich habe dutzendemal erlebt, wie meine Freunde in Ham vor Schmerzen brüllten), welche Geschlechtskrankheiten nun mal mit sich bringen. So erzählte mir einer der eben erwähnten Freunde folgendes – nachdem er gemerkt hatte, daß ich im Gegensatz zu *les américains* nicht darauf versessen war, Frankreich solle Amerika entdecken, sondern lieber selber Frankreich und *les français* entdecken wollte –

«*Mon vieux, c'est tout-à-fait simple. Je m'en vais en permission. Je demande à aller à Paris, parce qu'il y a des gonzesses là-bas qui sont toutes malades! J'attrappe le syphilis, et, quand il est possible, la gonorrhée aussi. Je reviens. Je pars pour la première ligne. Je suis malade. L'hôpital. Le médecin me dit: Il ne faut ni fumer ni boire, comme ça vous serez bientôt guéri. ‚Merci, monsieur le médecin.' Je fume toujours et je bois toujours et je ne suis pas guéri. Je reste cinq, six, sept semaines. Peut-être des mois. Enfin, je suis guéri. Je rejoins mon regiment. Et maintenant, c'est mon tour d'aller en permission. Je m'en vais. Encore la même chose. C'est joli ça, tu sais.*»

Aber zurück zu den Syphilitikern in La Ferté: Sie wurden – fürwahr reichlich verspätet – auf etwa zwei Wochen in einem winzigen, schmutzigen Raum isoliert. Und tatsächlich achtete der *Surveillant* während dieser Zeit darauf, daß sie *la soupe* aus besonderen Porzellanschüsseln bekamen.

Es läßt sich kaum entscheiden, wann der Raufer-Jidd ekelhafter war: während seiner Liegekur oder danach, als seine Zwiste, Raufereien und Schikanen usw. überhaupt kein Ende mehr nahmen. Sein Fall konnte nicht schwer gewesen sein, denn er war nach kurzer Zeit *guéri* und wieder der alte Streithammel. Ich verlasse ihn jetzt für ein Weilchen – genau genommen so lange, bis ich zu dem Jungen Polen komme, der schwarze Ledergamaschen trug und den Zulu «*mon ami*» nannte; dem Jungen Polen, von dessen Nöten ich zusammen mit dem zweiten LIEBLICHEN BERG noch erzählen werde. Den Jidd möchte ich jetzt mit der Schlußbemerkung verlassen, daß er ebenso eitel wie bösartig war; denn warum sonst, wenn nicht aus Prahlerei, hätte er mir eines Tages in der Küche eine Postkarte zeigen sollen, die gerade am Nachmittag aus Paris gekommen war? «*Comme vous êtes beau*», las ich, und sie versprach, mehr Geld zu schicken, sobald sie es verdient habe, und sie hoffe, er habe sich über ihr letztes Geschenk gefreut, und schließlich die Unterschrift (in großen, hingebungsvollen Zügen)

«*Ta môme. Alice.*»

und als ich dies gelesen hatte, streckte mir der Raufer-Jidd seine Fratze ins Gesicht und erklärte emphatisch:

«*No travailler moi. Femme travaille, fait la noce, tout le temps. Toujours avec officiers anglais. Gagne beaucoup, cent francs, deux cent francs, trois cent francs, toutes les nuits. Anglais riches. Femme me donne tout. Moi no travailler. Bon, eh?*»

Ich war ihm dankbar für diese kleine Aufklärung, und während er mir sein Schielen dicht unters Kinn hielt, antwortete ich ruhig und gefaßt, das könne man wohl sagen. Ich möchte hinzufügen, daß er am liebsten spanisch sprach (nach Mexique's Meinung ein schlechtes Spanisch); denn der Raufer-Jidd hatte jahrelang in Rio gewohnt, und sein Urteil darüber möge frei übersetzt in den eindrucksvollen Satz zusammengefaßt sein, «das ist 'ne fabelhafte Stadt».

Ein charmanter Bursche, der Raufer-Jidd.

Nun muß ich Ihnen erzählen, was dem armen Spanischen Hurenbock passierte. Ich erwähnte bereits, daß Graf Bragard sofort eine Neigung zu diesem kugelrunden Individuum gefaßt hatte, dessen Bauch – wenn er morgens auf dem Rücken im Bett lag – samt Bettbezügen, Decken und Steppdecken seinen kleinen, dummen, mit mehreren Kinnen ausgestatteten Kopf wenigstens um einen halben Meter überragte. Ich erwähnte auch, daß diese Bewunderung von Seiten des verehrlichen Grafen und R. A. für eine Person wie den Spanischen Hurenbock mich einigermaßen interessierte. Unsere Beziehungen zu Vanderbilts Freund hatten sich in letzter Zeit nämlich ein wenig verändert. Seine Herzlichkeit Brown und mir gegenüber war beträchtlich eingeschrumpft. Vom ersten Tag an hatte uns der gute Edelmann mit seiner Gunst und seinen Ratschlägen nur so überschüttet. Ich will auch gern zugeben, daß er gerade zu mir ganz besonders freundlich war. Wir sprachen zum Beispiel über die Malerei: Graf Bragard faltete ein Papier zweimal, riß dann ein Stück der Ecke aus, entfaltete es bedächtig, wobei ein schönes rundes Loch zum Vorschein kam, und sagte – «Kennen Sie diesen Trick? Es ist ein englischer Trick, Mr. Cummings» – hielt das Papier hoch und blickte tiefgründig durch die kreisförmige Öffnung auf einen außergewöhnlich enttäuschenden Ausschnitt der an sich schon düsteren Landschaft – eine Landschaft, auf die man durch das eine der kirchlichen Fenster im Ungeheuren Raum sah. «Schauen Sie sich das nur an, Mr. Cummings», sagte er würdevoll. Ich schaute. Ich tat mein bestes, auf der linken Seite etwas zu sehen – «Nein, nein, geradeaus!» korrigierte mich Graf Bragard. «Ist das nicht ein hübscher Blick?» meinte er versonnen. «Hätte ich nur meine Farben hier. Wissen Sie, ich dachte schon daran, sie mir von meiner Haushälterin aus Paris schicken zu lassen –

aber wie soll man in einem solch verdammten Stall mit all diesen verdammten Ferkeln um sich herum malen? Einfach lächerlich, daran zu denken. Und zudem noch tragisch», fügte er bitter hinzu, und dabei stieg das Wasser in seine grauen, müden Augen.

Oder wir gingen nach dem Abendessen im UNGEHEUREN RAUM auf und ab, da der Abendspaziergang im *cour* von höherer Stelle wegen der Kälte der herbstlichen Dämmerung und der früh einbrechenden Dunkelheit abgeschafft worden war; durch die Fenster drangen schwach die verräucherten, trüben Farben des Sonnenuntergangs. Und der Graf blieb wie angewurzelt stehen und betrachtete eine Weile wortlos den Sonnenuntergang. «Göttlich, nicht wahr?» meinte er dann versonnen. «Wirklich – göttlich», sagte ich. Er nimmt seufzend seinen Gang wieder auf und ich begleite ihn. «*Ce n'est pas difficile à peindre, un coucher du soleil,* gar nicht schwer», bemerkt er selbstsicher. «So?» sage ich ehrerbietig. «Kein bißchen», sagt der Graf und beginnt mit den Händen in der Luft zu malen. «Wissen Sie, man braucht nur drei Farben. Ganz einfache Sache.» – «Welche Farben meinen Sie?» frage ich einfältig. «Aber das wissen Sie doch», sagt er erstaunt. «Siena, Cadmiumgelb und – eh, na, jetzt fällt mir's nicht ein, dabei kenne ich's so gut wie mein eigenes Gesicht. Und Sie natürlich auch. Wie dumm!»

Oder er warnt mich – während seine müden Augen gütig auf meinem Militärsack verweilen – mit tiefer Stimme vor Preußischblau.

«Haben Sie das Porträt im *bureau* des *Surveillant* gesehen?» fragte Graf Bragard eines Tages. «Eine hübsche Arbeit, Mr. Cummings. Wenn Sie Gelegenheit haben, müssen Sie sich die mal anschauen. Allein der grüne Schnurrbart – ausgezeichnet. Schule von Cézanne.» – «Wirklich?» fragte ich erstaunt. – «Tatsächlich», sagte Graf Bragard und nahm mit kultivierter Geste seine müde aussehenden Hände aus den müde aussehenden Hosen. «Ein feiner junger Mensch hat es gemalt – ich kannte ihn. Ein Schüler des Meisters. Recht beachtliche Arbeit.» – «Sind Sie Cézanne mal begegnet?» wagte ich mich vor. – «Ach was, einmal? Dutzendmal!» antwortete er fast mitleidig. – «Wie sah er denn aus?» fragte ich neugierig. — «Wie er aussah? In seiner Erscheinung meinen Sie?» Graf Bragard wurde offensichtlich verlegen. «Nun, nicht irgendwie auffallend. Es ist schwer, ihn zu beschreiben. Vor allem schwer in englisch. Aber Sie kennen doch den französischen Ausdruck ‚*l'air pesant*'; ich glaube nicht, daß es dafür im Englischen ein entsprechendes Wort gibt; *il avait l'air pesant,* Cézanne, wenn Sie sich was darunter vorstellen können.»

«Ich müßte arbeiten, ich dürfte meine Zeit nicht so verschwenden», konnte der Graf immer wieder weinerlich sagen. «Aber es ist ja zwecklos, da ich meine Sachen nicht bei mir habe. Ich werde wohl auch alt; wissen Sie, ich könnte mich in diesem stinkigen Loch hier nicht mehr konzentrieren.»

Ich machte ein paar flüchtige Zeichnungen von Monsieur Pet-äärs, wie er sich am Morgen wusch und seinen kahlen Kopf mit einem großen Handtuch abrubbelte. Der R. A. eräugte mich dabei und kam kurz darauf zu mir: «Darf ich es mal sehen?» Etwas verwirrt (da das Objekt ein guter Freund von ihm war) zeigte ich ihm ein Blatt. «Sehr gut, wirklich, ausgezeichnet», lächelte der R. A. merkwürdig. «Sie haben Talent zum Karikaturisten, Mr. Cummings, das sollten Sie pflegen. Sie haben Peters wirklich getroffen. Dieser arme Peters ist so ein netter Kerl, wissen Sie, aber wie er in all diesem Mist und Dreck hier herumläuft, *c'est malheureux*. Doch Peters ist schließlich ein alter Mann. Es ist eine verdammte Schande, das kann man wohl sagen. Eine verdammte Schande ist es, daß wir hier gezwungen werden, wie die Schweine mit diesem Abschaum zusammenzuleben.»

«Ich will Ihnen mal was sagen, Mr. Cummings», erklärte er auf einmal ungewöhnlich lebhaft, und seine müden Augen leuchteten auf, «ich komme ja bald raus hier, und wenn ich draußen bin (ich warte nur noch auf meine Papiere vom englischen Konsul), dann vergesse ich meine Freunde nicht. Wir haben zusammen gelebt und gelitten, ich bin nicht der Mann, der das vergißt. Dieser furchtbare Irrtum steht kurz vor seiner Aufklärung, und wenn ich frei bin, werde ich für Sie und Mr. Brown alles tun. Ich wäre wirklich glücklich, etwas für Sie tun zu können. Wenn Sie möchten, werde ich für Sie in Paris Farben kaufen – mir würde nichts mehr Vergnügen machen. Ich beherrsche Französisch so gut wie meine Muttersprache.» (Das stimmte sogar fast.) «Sie würde man vielleicht betrügen, ich aber bekomme alles *à bon marché* für Sie. Denn wissen Sie, man kennt mich dort, und ich weiß genau, wohin ich mich wenden muß. Sie brauchen mir nur das Geld zu geben, ich besorge Ihnen dafür das beste, was es in Paris gibt. Keine Ursache» – da ich eingewandt hatte, das würde ihm wohl zu viel Mühe bereiten – «mein lieber Junge, es ist doch keine Mühe, einem Freund eine Freude zu machen.»

Und einmal erklärte er Brown und mir mit tränenden Augen: «Ich habe in meinem Haus in Paris Marmelade – richtige Marmelade, nicht dieses Zeug, das es hier zu kaufen gibt. Wir verstehen uns darauf, wie man so was macht. Sie können sich gar nicht vorstellen, wie köstlich diese Marmelade schmeckt. Sie wird in großen irdenen Töpfen aufbewahrt», sagte der Graf schlicht, «ja, das ist etwas für euch Jungen.» Wir protestierten, er sei zu gütig. «Aber keineswegs», sagte er mit feinem Lächeln. «Ich habe im englischen Heer einen Sohn» – seine Stirn umwölkte sich vor Kummer – «und wir schicken auch ihm hin und wieder welche; er ist ganz verrückt danach. Ich weiß, wie er sich darüber freut. Und ihr sollt genau so daran teilhaben. Ich schicke euch sechs Töpfe.» Dann blickte er uns plötzlich strahlend an. «Mein Gott», sagte der Graf, «mögt ihr Whisky? Echten Bourbon-Whisky? Ah, ich seh's euch an, ihr wißt Bescheid. Aber so einen habt ihr noch nie getrunken. Kennt ihr London?» Ich verneinte wie schon einmal. «Das ist schade», sagte er. «Sonst würdet ihr diese Bar kennen. Ich kenne den Wirt gut – kenne ihn seit dreißig Jahren. Dort hängt auch ein Bild von mir. Schaut's euch an, wenn ihr mal nach London kommt, geht in die ... Street, ihr findet die Bar ganz leicht, jeder kann euch sagen, wo sie ist. Der Mann dort würde alles für mich tun. Und jetzt mache ich euch mal einen Vorschlag: Ihr beide gebt mir, was ihr anlegen wollt, und ich verschaffe euch den besten Whisky, der euch je über die Zunge gelaufen ist. Er stammt aus seinem Privatkeller, wißt ihr? Ich schicke ihn euch gleich – weiß der Himmel, den habt ihr hier nötig. Für jemand andern würde ich das nicht tun, das dürft ihr mir glauben.» Er lächelte liebenswürdig. «Aber wir waren zusammen gefangen, wir verstehen einander – das genügt unter Gentlemen. Ich vergesse euch nicht.» Er richtete sich auf. «Ich werde Vanderbilt von euch schreiben», sagte er langsam und würdig. «Ich werde ihm erzählen, was für eine verdammte Schande es ist, daß zwei junge Amerikaner, geborene Gentlemen, in diesem dreckigen Loch hier sitzen müssen. Er ist ein Mann der Tat. So etwas wird er nicht dulden – eine grobe Rechtsverletzung, eine verdammte Rechtsverletzung gegen zwei seiner eigenen Landsleute. Wir werden ja sehen, was dann geschieht.»

In dieser Zeit war es auch, daß uns Graf Bragard einen seiner größten Schätze lieh: ein Wasserglas. «Ich brauche es nicht», sagte er mit schlichtem Pathos.

Jetzt aber war, wie gesagt, eine Veränderung in unseren Beziehungen eingetreten.

Es geschah an einem trübseligen, nassen Regennachmittag. An diesem hoffnungslos grauen Nachmittag erging sich Graf Bragard mit Brown im UNGEHEUREN RAUM. Bragard bat um das Geld – für den Whisky und die Farbe. Die Marmelade und der Brief an Vanderbilt waren natürlich gratis. Bragard verließ uns. Es war also an der Zeit, ihm das Geld zu geben, damit er in Paris und London für uns einkaufen konnte. Ich stürzte und stolperte im Saal herum und scheuchte die Leute auf – und das alles, um mich bei Brown durch komische Geheimzeichen bemerkbar zu machen, die bedeuten sollten: sei vorsichtig! – Aber es war unnötig, Brown zu warnen. Als der *planton la soupe* ausrief, schritt ein wütendes, müdes Gesicht *en route* zu seinem *paillasse* und Löffel an mir vorbei. Da wußte ich: Brown war vorsichtig gewesen. Gleich darauf kam er zu mir und erzählte …

Auf dem Weg die Treppe hinunter prallten wir auf den *Surveillant*. Bragard trat aus der Reihe und überschüttete den *Surveillant* mit einem Schwall Französisch, und der langen Rede kurzer Sinn war: Sie haben die Leute gewarnt, mir nichts zu geben. Der *Surveillant* lächelte, er krümmte, verschlang und wand die Hände hinter seinem Rücken und leugnete alles dergleichen.

Brown hatte gehört, der freundliche Edelmann gehe überhaupt nicht nach Paris. Überdies hatte Monsieur Pet-äärs zu Brown gesagt, Graf Bragard sei höchst verdächtig – Monsieur Pet-äärs, der beste Freund des R. A.!

Überdies hatte sich Graf Bragard – wie schon gesagt – zu allem Überfluß bei dem Spanischen Hurenbock angebiedert. Jeden Tag saß er auf einem kleinen Hocker neben dem kugelrunden Millionär und schrieb nach Diktat einen französischen Brief um den andern – denn mit dieser Sprache war der Kugelrunde herzlich wenig vertraut … Und als am nächsten Tag Graf Bragard seinen Schatz aller Schätze, sein Wasserglas, zurückforderte, und als er dann noch bemerkte, er brauche es jetzt wieder, da war ich keinesfalls erstaunt. Und als er etwa eine Woche später abreiste – da war ich keinesfalls erstaunt, als Mexique zu uns kam und unerschüttert erzählte:

«Gab dem Alten fünf Francs. Schickt mir Mantel, sagt'r, guten Mantel. Sagt, aber bitte niemand sagen, daß von mir kommen. Bitte allen sagen, kommen von Familie.» Und lächelnd, «Glaub, der Alte mich betrügen.»

Ich war auch nicht erstaunt, als sich wenige Wochen später der arme Spanische Hurenbock morgens im Bett wälzte und das Haar raufte. Und Mexique grinste:

«D'r Kerl hat'm englischen Kerl hundert Francs geben. Jetzt er sich aufregen.»

All dies bewies lediglich, daß Graf Bragard seinen Namen nicht «B*ra*» hätte schreiben sollen – sondern mit einem *l*.

Und ich wundere mich bis heute, daß der einzige Brief von mir, der je Amerika und meine Lieben erreichte, von diesem ungemein ergötzlichen Menschen *en ville* aufgegeben worden sein soll – *en ville*, wohin er als vertrauenswürdiger Bewohner von La Ferté gehen durfte, um ein paar dringende Einkäufe für sich zu erledigen, und von wo er mit viel Farbe auf den Wangen und viel *vin rouge* im Bauch zurückkam; Tommy, der *planton*, mußte ihn auf dem Hin- und Rückweg begleiten, Tommy, der ihm jeden Tag die *Daily Mail* brachte, bis Bragard sich die Zeitung nicht mehr halten konnte, wonach entweder Brown oder ich oder Jean le Nègre sie aus Tommys Händen entgegennahmen, Tommy, für den wir einen prächtigen Namen gefunden hatten (ich bedauere aufrichtig, ihn nicht wiedergeben zu können), Tommy, der trotz der französischen Uniform eines *planton* Engländer war und den Boden anbetete, auf dem der Graf stand, Tommy, der wie ein gesottener Hummer aussah und Tränen in den Augen hatte, als er sein Idol in die Gefangenschaft zurückführen mußte ... *Mirabile dictu*, das war's.

Ja, so ging ein großer Mann von uns.

Und nun möchte ich, um das Vertrauen des Lesers zur Menschheit wiederherzustellen, einen belustigenden Vorfall erzählen, der sich gegen Ende meines Aufenthaltes in La Ferté Macé zutrug. Unsere Gesellschaft wurde beglückt – oder zumindest galvanisiert – vom stärksten Zuwachs ihrer Geschichte, von der gleichzeitigen Ankunft sieben einfach außergewöhnlicher Individuen, deren Namen allein schon weit über das übliche Maß hinaus interessieren dürften: das Vergrößerungsglas, der Regenmantel-Jude, der Botenjunge, der Hut, der Elsässer, der Weißbärtige Frauenschänder und Sein Sohn. Um dem bereits erwähnten Leser eine Vorstellung von der Situation zu geben, die durch diese *arrivés* geschaffen wurde, eine Situation, die dem Auftritt des Waschmaschinen-Mannes – mit anderen Worten: dem belustigenden Vorfall – erst seine einmalige Würze verlieh, muß ich wohl vorher jedes Mitglied dieser wahrhaft imposanten Gruppe skizzieren. Lassen Sie mich gleich vorwegnehmen: diese Leute riefen solch einen Schock hervor, daß jeder Bewohner des UNGEHEUREN RAUMES in halsbrecherischer Eile zu seinem *paillasse* sauste, wo er mit möglichst furchteinflößender Haltung in Verteidigungsstellung ging. Der UNGEHEURE RAUM war wahrhaftig schon voll genug. Etwa sechzig bis siebzig *paillasses* und ebenso viele Menschen, von denen fast jeder Gepäck hatte, füllten den Saal so aus, daß kaum für den *poêle* im vorderen Teil und für den Spieltisch in der Mitte Platz blieb. Kein Wunder, daß wir vor Schrecken erstarrten, als wir die sieben *nouveaux* erblickten. Judas beschwerte sich sofort bei dem *planton*, der sie heraufgebracht hatte, es sei alles voll, aber als Antwort erhielt er nur ein Brüllen, und die Tür schlug ihm vor der Nase zu. Der Leser möge jedoch nicht glauben, es sei allein die Zahl der Ankömmlinge gewesen, die Mißtrauen und Entsetzen einflößte – ihr Äußeres reichte hin, jedermanns Nerven zu erschüttern. Ich möchte behaupten, daß ich nie wieder ein solch abgründiges Gefühl des Mißtrauens wie damals empfand; Mißtrauen gegen die Menschheit im allgemeinen und die folgenden Individuen im besonderen:

Der erste war ein schäbig gekleideter Mann in einem glänzenden Gehrock, in dessen umherblinzelndem und ansonsten altem Gesicht eine trübe Brille hockte. Er sicherte sich sofort einen Platz, setzte sich mit dem Gebaren eines Professors auf seinen *paillasse*, zog zitternd eine Zeitung aus seiner linken Rocktasche, holte dann tatterig ein riesiges Vergrößerungsglas aus seiner oberen rechten Westentasche und vergaß alles um sich her. Später beobachtete ich einmal, wie er mit einem gewaltigen Aufwand seiner schwachen Kräfte den Saal durchschritt, kleine plattfüßige Schritte machte und – wenn es um die Ecke ging – zur Seite überhing, als sauste er mit rasender Geschwindigkeit durch eine Kurve. Er litt schrecklich an Rheumatismus und konnte sich nach einer Nacht auf dem Fußboden kaum mehr bewegen; er muß mindestens siebenundsechzig Jahre alt gewesen sein.

Der zweite war eine bleiche, gezierte, untersetzte Kreatur mit vorspringender Nase und einer tiefen, musikalischen Stimme, und am Schnitt des umgürteten Regenmantels erkannte man sofort seinen Beruf: Er war Kuppler und stolz auf sein Gewerbe, mit dem er sich gleich nach Ankunft brüstete, und entpuppte sich alles in allem als die unangenehmste Art tyrannischer Eitelkeit, der ich (außer im Fall des Raufer-Jidds) je begegnet bin. Ihm hat Jean le Nègre ordentlich Bescheid gestoßen, wie der Leser noch erfahren wird.

Der dritte war ein Super-Western-Union-Boten-Typ vergangener Jugend, auffallend unhübsch, wenn nicht einfach häßlich. Er hatte ein mickriges, pickliges, graues Gesicht und trug eine bräunliche Uniform, Wickelgamaschen (über Pfeifenrohrwaden) und eine richtige Botenjungen-Mütze. Nachdem er sich einen Platz gesichert hatte, ging er sofort zum Spieltisch, setzte sich geschäftig, zog ein Bündel weißer Blätter heraus und schrieb ein Telegramm (vermutlich) an sich selbst. Dann kehrte er zu seinem *paillasse* zurück, legte sich mit sichtlicher Genugtuung nieder und schlief ein.

Der vierte, ein dünner, alter Mann, sah wie die Karikatur eines Trödlers von der East-Side aus; er hatte einen langen Bart, einen langen, abgetragenen und schmutzigen Mantel, der ihm bis zu den Fußknöcheln reichte, und auf dem Kopf eine kleine Melone. Schon am ersten Abend erklärte sein unmittelbarer Nachbar, «*Le Chapeau*» (so hatte ihn der Zulu getauft) sei der Flöhe schuldig. Sofort erhob sich ein wahrer Sturm der Empörung, und auf der Stelle wurde ein *planton* herbeigerufen. Dieser kam auch, hörte sich den Fall an, inspizierte den Hut (der auf seinem *paillasse* lag, die Melone ins Gesicht gedrückt und die Hand tief unters Hemd geschoben, wo er sich eifrig kratzte, während er immer wieder seine Unschuld beteuerte), murmelte (es war der Schwarze Halfter) angewidert einen Fluch und befahl dem Frosch: «*Couper les cheveux de suite et la barbe aussi; après il va au bain, les vieux.*»

Der Frosch näherte sich dem Hut und bat ihn höflich, sich auf einen Stuhl zu setzen – auf den besseren der beiden Stühle, mit denen sich der UNGEHEURE RAUM brüstete. Der Frosch, als Nachfolger des Barbiers, schwang seine Schere. Der Hut blieb liegen und kratzte sich. «*Allez, Nom de Dieu*», brüllte der *planton*. Der arme Hut erhob sich bibbernd zu einer flehenden Geste und fing plötzlich mit belegter Stimme zu klagen an. «*Asseyez-vous là, tête de cochon.*» Der bedauernswerte Hut gehorchte, hielt jedoch die Melone auf dem Kopf mit den beiden welken Händen krampfhaft fest. «Hut runter, du Hurensohn!» schrie der *planton*. «Nein, nein, nein», wimmerte der tragische Hut. PENG! flog die Melone auf den Boden, hüpfte noch ein paarmal auf und blieb dann liegen. «Nun los doch!» donnerte der *planton* den Frosch an, der ihn mit einem unergründlichen Ausdruck seines wachen Gesichts anblickte, sich dann seinem Opfer zuwandte, mit der Schere schnippte und stumm über es herfiel. Ohrenlange Locken fielen rasch nacheinander. Pete-der-Schatten, der neben dem Barbier stand, stupste mich in die Seite; und ich guckte; und ich sah, wie sich auf dem Boden die geschorenen Locken bäumten und ringelten, als wären sie lebendig ... «Jetzt der Bart», sagte der Schwarze Halfter. – «Nein, nein, Monsieur, *s'il vous plaît, pas ma barbe, monsieur*» – weinte der Hut und versuchte niederzuknien. – «*Ta gueule*, oder ich schneid dir die Gurgel durch», antwortete der *planton* liebenswürdig; und der Frosch (nach einem zweiten Blick) gehorchte. Und siehe da: der Bart wand sich in lebhaftem Rhythmus sanft zu Boden, wand und kringelte sich noch immer unruhig, als er schon längst unten lag ... Nachdem man den Hut kahlgeschoren und gebadet hatte, war er eigentlich nicht mehr weiter bemerkenswert – sieht man von seinem langen, abgetragenen Mantel ab, in den er sich stets zitternd hüllte. Und zweimal lieh er sich von mir fünf Francs und zahlte sie mir jedesmal pünktlich zurück, wenn sein Geld eintraf, und dann beschenkte er mich für das Darlehen zudem noch mit Schokolade, wobei er flüchtig an den Hut tippte und sich verbeugte (wie er es immer tat, wenn er mit jemand sprach). Armer Alter Hut, Brown und ich und der Zulu waren die einzigen in La Ferté, die dich mochten.

Der fünfte: ein dicker, vergnügter, ordentlich angezogener Mann – er kam aus einem Lager, wo man immerzu getanzt hatte, denn dort war eine ganze Schiffsbesatzung interniert gewesen, und diese Besatzung war außergewöhnlich musikliebend und der Kapitän (der sein Schiff verkauft hatte) sehr reich, so daß er den dortigen Direktor laufend bestechen konnte; so tanzten sie Tag und Nacht, und die Besatzung spielte auf, denn sie hatte ihre Musikinstrumente mitgebracht – dieser Mann also hatte die Angewohnheit, sich von uns die Zeitung (*Le Matin*) bis zum Sonnenuntergang auszuleihen, so daß wir sie dann nicht mehr lesen konnten – die Zeitung, die wir jedesmal von einem der untersten *plantons* kauften, der den *Matin* immer in der Stadt besorgte. Und der Lieblingsausspruch des dicken, vergnügten Mannes war:

«*C'est un mauvais pays. Sale temps.*»

Der sechste und siebente: eine schwankende, taumelnde, hinfällige Kreatur mit weißem Bart und wilden Augen, die – kaum zu glauben – wegen «Notzucht» verhaftet worden war. Mit ihm sein Sohn, ein freundlicher, stiller, wißbegieriger Junge, mit dem wir uns manchmal über die englische Armee unterhielten.

Das waren also die Individuen, deren gleichzeitige Ankunft das Fassungsvermögen des UNGEHEUREN RAUMES aufs härteste belastete. Und nun endlich zu meiner Geschichte –

Welche Geschichte nicht gerade spannend ist, jedoch (wie ich hoffe) des Lesers Vertrauen in die Menschheit wieder stärken dürfte –

Eines Tages, kurz nach der Ankunft der erwähnten Gentlemen, stand ein eleganter, schöner Mann mittleren Alters, dessen kluges Gesicht in einen gepflegten Van Dyck-Bart auslief, gelassen unter der Tür. Im ersten Augenblick glaubte ich, der Major von Orne – oder wie sein Titel auch sein mochte – habe auf einer seiner Inspektionen unangemeldet in den UNGEHEUREN RAUM hereingeschaut. Gott sei Dank, sagte ich mir, hat es bei uns noch nie so chaotisch-verwahrlost ausgesehen, seit ich das Vergnügen habe, hier zu weilen. Und *sans blague*, der UNGEHEURE RAUM war in einem Zustand völliger Unordnung; überall lagen Hemden herum, auf Wäscheleinen aus Bindfaden hingen die unterschiedlichsten Hosen, Taschentücher und Strümpfe, um den *poêle* stand ein gestikulierender Haufen fast nackter Gefangener, und der Gestank war einfach über alles erhaben.

Als sich die Tür hinter dem schönen Mann geschlossen hatte, schritt er langsam und fest den UNGEHEUREN RAUM hinauf. Seine Augen waren so groß wie Tassen. Sein tadelloser Hut erhob sich mit den zu Berg steigenden Haaren. Der Mund öffnete sich zu unsagbarem Erstaunen. Die Knie zitterten vor Entsetzen, die Bügelfalten bebten. Die Hände schwebten langsam in die Höhe, verkrallten sich dann im Haar – und verharrten. Mit tiefer, schreckerfüllter, widerhallender Stimme rief er schlicht und ernst:

«*Nom de nom de nom de nom de nom de DIEU!*»

Damit ist dem Leser der holländische Waschmaschinen-Mann vorgestellt: Eigentümer eines Ladens in Brest, wo er die höchst *utile* Erfindungen verkaufte, denen er seinen Namen verdankte. Soweit ich mich erinnere, war er der Beihilfe und Anstiftung holländischer Deserteure zur Flucht angeklagt worden – aber ich weiß einen triftigeren Grund für seine Haft: Zweifellos hatte ihn *le gouvernement français* eines Tages dabei geschnappt, wie er eine Super-Waschmaschine erfand, eine superweiß waschende Maschine für den persönlichen Gebrauch des *Kaisers* und SEINER FAMILIE ...

Damit kommen wir, wenn es Ihnen recht ist, zum ersten LIEBLICHEN BERG.

DER WANDERER

Eines Tages gingen ich und noch einer für Monsieur, den CHEF, Wasser holen.

Wasser holen war meistens ein gemischtes Vergnügen. Es bestand – wie schon erwähnt – aus dem gleichzeitigen Schieben und Ziehen eines wunderlich primitiven zweirädrigen Karrens über eine Entfernung von vielleicht dreihundert Metern zu einem Pumpbrunnen. Dieser lag auf einem Platz, und ihm gegenüber erhob sich öde und drohend der mittelalterliche Bau: *Porte* (oder *Camp*) *de Triage* genannt. Ein *planton* begleitete die Holer jedesmal durch das große Tor zwischen der Mauer, die den *cour* der Männer nach hinten begrenzte, und dem Ende des Gebäudes selbst, mit andern Worten: der Kantine. Die drei Meter hohe Mauer war, wie jede andere Steinmauer in La Ferté, von ein Meter hohem Stacheldraht gekrönt. Das Tor, durch welches wir mit dem Wasserwagen auf die Straße hinausgelangten, war wenigstens zwei Meter fünfzig hoch und mit mehreren großen Schlössern verziert. Der eine schob hinten, der andere zog vorn an der Deichsel, und so brachten wir den Wagen über eine Schwelle oder Stufe hinaus auf die Straße; darauf wurden wir sofort vom *planton* angeschrien, der uns zu warten befahl, bis er das erwähnte Tor wieder verschlossen habe. Wir blieben stehen, bis man uns weiterfahren hieß; dann zogen und schoben wir das schnell rollende Vehikel rechts die Straße hinauf – also außen an der Mauer entlang. All das war durchaus erfreulich, aber auch merkwürdig: Sich außerhalb der ewigen Mauern zu wissen, und sei es nur für kurze Zeit, in der Straße einer selbstsüchtig und verschlafen aussehenden kleinen Stadt (von der man nicht mehr als ein Dutzend Häuser zu Gesicht bekam), das gab dem Gefangenen ein zugleich albernes und unheimliches Gefühl, ein Gefühl, das man vermutlich hat, wenn man nach zehn Jahren zum erstenmal wieder Schlittschuh läuft. Gleich darauf stieß die

Straße auf eine Gabelung, und hier stand ein blühender (ich vermute) Toxicodendronbusch, dessen Beeren das betäubte Auge mit einem wilden zinnoberroten Leuchten erschreckten. Unter dieser Farbe verbarg sich das Mekka der Wasserholer in Form einer eisernen Vorrichtung, die mit einem dicken Schwengel bedient wurde und – wenn man diesen hinunterdrückte – widerwillig einen Strahl Weiß von sich gab. Die Vorrichtung stand dicht vor einer niederen Mauer, so daß einer der Holer bequem auf ihr sitzen und den Schwengel mit dem Fuß ununterbrochen niederdrücken konnte, wodurch das Wasser ständig herausfloß, während der andere Holer behende mit einem Blecheimer hantierte. Wenn das Faß, das auf zwei Wagenrädern ruhte, gefüllt war, drehten wir den Karren mühsam um und lenkten ihn wieder die Straße hinunter – den Eimer obendrauf. Der Mann an der Deichsel stemmte sich mit aller Kraft zurück, um die durch das Gefälle ständig wachsende Geschwindigkeit zu mindern, unterstützt von dem hinteren Mann, der den Wagen zu bremsen versuchte. Am Tor schwenkten wir das Gestell geschickt nach links, um es zum Stehen zu bringen, und warteten auf den *planton*, damit er aufschließe. Dann zerrten wir den Karren mit ganzer Kraft über die Schwelle, bogen im Laufen nach links ein und hielten schließlich vor der *cuisine*, wo drei riesige hölzerne Zuber standen. Wir schoben den Wagen rückwärts an die Zuber heran, ein Mann zog den Spund aus dem Faß, und gleichzeitig hob der andere die Deichsel so an, daß der *jet d'eau* in einen der Zuber schoß. War dieser gefüllt, so lenkten wir den Strom geschickt zum nächsten. Um die drei Zuber zu füllen (sie waren nicht immer alle leer), mußte man die reizende Tour sechs bis acht Mal machen. Danach ging man in die *cuisine* und erhielt seine wohlverdiente Belohnung: Kaffee mit Zucker.

Ich sagte, Wasserholen sei ein gemischtes Vergnügen gewesen. Das Gemischte an diesem Vergnügen rührte von gewissen hochachtbaren Bürgern und mehr noch Bürgerinnen der *ville de* La Ferté Macé her, die es nicht lassen konnten, die armen Wasserholer mit Blicken zu verschlingen – mit Blikken, an die ich mich eigentlich nicht gern erinnere – und dabei ihre kleinen Schützlinge, die sie fuhren oder trugen oder an der Leine führten, krampfhaft an sich zu ziehen. Ehrlich gesagt, ich begreife diese verächtliche, anmaßende, angewiderte und häufig offen zur Schau getragene Wut heute noch nicht, die in den männlichen und vor allem in den weiblichen Gesichtern geschrieben stand. Die Damen trugen natürlich alle Schwarz; von Gesicht und Gestalt waren sie alles andere als schön, manche von ihnen geradezu abstoßend; selbst unter erfreulicheren Umständen hätte ich nicht einer von ihnen begegnen mögen. Als ich das erste Mal Wasser holte, kam gerade die ganze Stadt aus der Kirche; es war ein schrecklicher Anblick. *Vive la bourgeoisie*, dachte ich und duckte mich vor den spitzen Pfeilen, indem ich mein Gesicht hinter dem fahrenden Wasserwagen verbarg.

Eines Tages aber – wie ich anfangs dem Leser berichtete – holten ich und noch einer Wasser, und wir kehrten gerade mit unsrer letzten Fuhre zurück, als ich (der ich schnell hinter dem Karren herlief und mit beiden Händen versuchte, die Geschwindigkeit des Gestells zu verringern) plötzlich vor Staunen strauchelte und beinahe gefallen wäre –

Am Bordstein der kleinen, häßlichen Straße hockte eine Gestalt. Eine weibliche Gestalt, die in barbarisches Rosa und Zinnober gekleidet war und einen dunklen Schal über die Schultern geworfen hatte; ein offensichtlich arabisches Gesicht, umrahmt von einem leuchtenden Stirnband aus dünnem Stoff. Schmale, goldene Hände hielten ungewöhnlich zart einen Säugling von kaum mehr als drei Monaten; und neben ihr ein schwarzhaariges Kind von vielleicht drei Jahren, und neben diesem Kind ein Mädchen von vierzehn, das in dieselben schreienden Farben gehüllt war wie die Frau, und das ein so fein gemeißeltes Gesicht hatte, wie ich es nie mehr gesehen habe.

Nom de dieu, dachte ich verwirrt. Träume ich oder träume ich nicht? Und der Mann an der Deichsel reckte seinen Hals in blöder Verwunderung, und der *planton* zwirbelte seinen Schnurrbart und setzte jene unerschrockene Miene auf, die nur ein *planton* (oder ein Gendarm) in Gegenwart einer weiblichen Schönheit so überzeugend aufsetzen kann.

An diesem Abend fehlte der Wanderer bei *la soupe*, denn er war von Apollyon wegen einer ungeheuer wichtigen Angelegenheit in dessen Büro gerufen worden. Alles war des Geraunes voll ob der Neuigkeit. Die Frau des Zigeuners wartet draußen mit ihren drei Kindern – eines davon noch ein Säugling – und bittet darum, hier eingesperrt zu werden. Ob es der *Directeur* wohl erlaubt? Die *plantons* hatten sie schon etliche Male wegzujagen versucht, aber sie blieben sitzen und warteten weiter auf ihre Gefangennahme. Weder Drohungen, Bitten noch Erklärungen hatten gefruchtet. Die Frau sagte, sie habe es satt, ohne ihren Mann zu leben – brüllendes Gelächter aller Belgier, der meisten Holländer und leider auch Petes –, und wolle nichts weiter als seine Gefangenschaft teilen. Überdies, sagte sie, könne sie seine Kinder nicht ohne ihn ernähren; und es sei besser, sie wüchsen mit ihrem Vater als Gefangene auf, als ohne ihn vor Hunger zu sterben. Sie rührte sich nicht vom Fleck. Der Schwarze Halfter drohte mit Gewalt – sie schwieg. Schließlich wurde ihr mitgeteilt, man wolle sich die Sache überlegen. *Also sprach,* höchst erregt, der *balayeur*.

«Sieht wie eine Scheißhure aus», war das belgisch-holländische Urteil, ein Urteil, das zweifellos im Kostüm der fraglichen Dame und in den temperamentlosen Naturen La Fertés begründet lag. Brown und ich waren uns darüber einig, diese Frau und ihre Kinder seien die prächtigsten Menschen, die wir je gesehen hatten oder je noch sehen würden. So endete *la soupe*, und alle rülpsten und schnauften und trompeteten zum UNGEHEUREN RAUM hinauf wie immer.

An diesem Abend, so gegen sechs Uhr, hörte ich einen Mann weinen, als bräche ihm das Herz. Ich ging durch den UNGEHEUREN RAUM. Da lag der Wanderer, halb über seinen *paillasse* geworfen: der volle Bart wogte über der Brust, das

Gesicht war abgewandt, der ganze Körper wurde von Schluchzen erschüttert. Ein paar *hommes* standen um ihn herum mit allen nur möglichen Mienen, von leichter Belustigung bis zu stummer Anteilnahme, und lauschten dem Seelenschmerz, der sich – wenn der Wanderer von Zeit zu Zeit sein majestätisches Haupt erhob – langsam und gebrochen über seine Lippen ergoß. Ich setzte mich neben ihn. Und er erzählte mir «*Je l'ai acheté pour six cent francs et je l'ai vendu pour quatre cent cinquante* – es war kein Pferd der hiesigen Rasse, sondern ein» (ich verstand das Wort nicht), «so lang wie von hier bis zu dem Pfeiler dort drüben – *j'ai pleuré un quart d'heure comme si j'avais une gosse morte* – und ich weine wirklich nicht oft über Pferde – *je dis: Bijou, quittes; au r'oir et bon jour*...»

Der eitle, kleine Tänzer warf etwas von «*réformé*»-Pferden ein... «*Excuses donc* – das war keins von diesen *réformé*-Pferden, wie man sie an die Front schickt – die haben da Pferde – Verzeihung, wenn man dem einen was zu fressen gibt –: *colique*, dem andern –: *colique* – bei meinem nie – es schaffte am Tag vierzig Kilometer...»

Einer der stärksten Männer, die ich je im Leben gesehen habe, weinte, weil er sein Lieblingspferd hatte verkaufen müssen. Kein Wunder, daß die meisten *hommes* davon unberührt blieben. Einer sagte: «Kopf hoch, Demestre, es geht doch wenigstens Ihrer Frau und den Kindern gut.»

«Ja – sie frieren nicht; sie haben ein Bett wie das hier» (eine umfassende Geste über die Steppdecke, auf der wir saßen, eine Steppdecke aus vielen Farben, wie ich seither nie wieder eine gesehen habe; eine fedrige Tiefe, weich wie die Luft im FRÜHLING), «*qui vaut trois fois* die meine – aber *tu comprends, le matin il ne fait pas chaud*» – er neigte den Kopf, hob ihn dann wieder und klagte:

«*Et mes outils*, ich hatte viele – und meine Kleider – wo sind sie, *où – où? Kis!* Und ich besaß *chemises*... das hier ist ärmlich» (er schaute an sich herunter wie ein Prinz an seiner Verkleidung) – «und all das – und das – wo?»

«*Si* der *voiture* nicht verkauft ist... bleib ich niemals für *la durée de la guerre* hier. Nein – *bahsht!* Noch einmal von vorn anfangen, deswegen.»

(Mehr als aufrecht im unvergleichlichen Bett – zweiströmige Finsternis des Bartes, heisere Süße der Stimme – ungeheuerlich vollkommenes Gesicht und tiefe Sanftmut: Augen – fließende Stimme)

«...meine Frau saß da drüben, sie sprach mit NIEMAND und störte KEINEN – warum haben sie meine Frau reingeholt und eingesperrt? Hat sie was getan? Es gibt Frau, die *fait la putain* und hat einen um den andern, kann ihr morgen schon wieder den nächsten bringen... aber Frau *qui n'aime que son mari, qui n'attend que son mari.*»

(Stimme und Augen schwollen an.)

«– *Ces cigarettes ne tirent pas!*» Da ich ihm die Packung geschenkt hatte, entschuldigte ich mich. «Warum *pour* sowas *dépenser?* Die kosten fünfzehn Sous, von mir aus kannst du das natürlich ausgeben – du mich doch verstehen? Aber – wenn du mal nichts hast» (außerordentlich gütig), «was dann? Besser, du sparen... besser, *du tabac* kaufen und *faire* selbst; die hier *sont fait de la poussière du tabac.*»

Und da sagte einer rechts drüben: «*Demain, c'est Dimanche alors*» – müde. Der König, der auf seiner dicken Steppdecke lag und nur noch hin und wieder aufschluchzte, hörte es:

«Ja – tss – *il est tombé un dimanche – ma femme est en nourrice, elle donne la petite à têter*» (bezaubernde Geste), «sie hat zu ihnen gesagt, sie wolle lieber nichts essen als das da – *ça ne vaut rien du tout – il faut de la viande, tous les jours...*» grübelte er. Ich machte Anstalten, mich zurückzuziehen.

«*Assieds-toi, là*» (Anmut vollkommener Bewegung. Die hehre Königlichkeit der Armut. Er schlug die unbeschreiblich weiche *couverture* für mich zurück, und ich setzte mich und sah auf seine Stirn, die vom Kubus des rechtwinklig geschnittenen Haares begrenzt wurde. Schwärzer als Afrika. Als jede Vorstellung.)

Nach diesem Abend hatte ich das Gefühl, daß ich jetzt vielleicht ein wenig vom Wanderer wisse – und er von mir.

Die Frau des Wanderers und seine zwei Töchter und das Baby wohnten im Frauenquartier. Ich habe diese vier nicht beschrieben und kann es auch nicht. Der kleine Sohn, auf den er sehr stolz war, schlief mit seinem Vater unter der großen Decke im UNGEHEUREN RAUM. Von des Wanderers kleinem Sohn weiß ich so viel: Er hatte kullernde Knopfaugen, die in goldenes Fleisch genäht waren, schlug gern Rad – in einem Dritteil von seines Vaters Hosen –, und wir nannten ihn das Teufelchen. Er sauste herum, quengelte, machte Saltos, stand überall im Weg und erkletterte eines Tages sogar den höchsten der dürren Bäume im *cour*. «Du wirst noch herunterfallen», sagte Monsieur Pet-äärs (dessen alte Augen gern auf dieser unbezähmbaren Kreatur ruhten) überzeugt. – «Lassen Sie ihn nur klettern», sagte der Vater unerschüttert. «Ich bin auf Bäume geklettert. Und ich bin von Bäumen heruntergefallen. Ich lebe immer noch.» Das Teufelchen klomm hinauf wie ein Affe und schob sich schreiend und jubelnd auf einen schwachen, knorrigen Ast hinaus – zur Verblüffung desselben *planton,* der später Celina zu vergewaltigen versuchte und dabei geschnappt wurde. Dieser *planton* hielt sein Gewehr schußbereit und nahm die gierige Haltung unwandelbaren Heldenmuts ein. «Wollen Sie schießen?» fragte der Vater höflich. «Wahrhaftig, das wäre eine Tat, mit der Sie sich ihr Leben lang brüsten könnten: Ich, ein *planton*, erschoß ein sechs Jahre altes Kind in einem Baum.» – «*C'est emmerdant*», erwiderte der *planton* verwirrt – «er könnte ja fliehen wollen. Woher soll ich das wissen?» – «Wahrhaftig, woher soll man alles wissen?» murmelte der Vater gelassen. «Es ist ein *mystère*.» Plötzlich stürzte das Teufelchen. Mit einem unheimlich dumpfen Aufprall fiel es in den Dreck. Es verschlug ihm völlig den Atem. Der Wanderer hob ihn liebevoll auf. Als der Sohn wieder Luft bekam, fing er gellend zu heulen an. «Geschieht ihm recht, dem – Naseweis», bruddelte ein Belgier. – «Hab ich es nicht gesagt?» rief Monsieur Pet-äärs besorgt. «Ich hab ihn doch gewarnt, er werde noch herunterfallen!» – «Verzeihen Sie, Sie hatten natürlich recht.» Der Vater lächelte höflich. «Nicht traurig sein, kleiner Sohn, jeder fällt mal vom Baum, dazu hat Gott die Bäume gemacht», und er streichelte das Teufelchen – hockte im Schlamm und lächelte. Fünf Minuten später versuchte das Teufelchen, den Schuppen zu ersteigen. «Komm runter, oder ich schieße!» schrie der *planton* nervös ... und so ging es mit dem Sohn des Wanderers von morgens bis abends. «Noch nie», sagte Monsieur Pet-äärs in pathetischer Verzweiflung, «habe ich solch ein unverbesserliches Kind gesehen, ein so völlig unverbesserliches Kind», er schüttelte den Kopf und wich gleich darauf einem Wurfgeschoß aus, das plötzlich aus dem Nichts gesurrt kam.

Abend für Abend spielte das Teufelchen zwischen unseren Betten, wo wir mit *chocolat* und *bougie* Hof hielten; quälte uns, schmeichelte uns und flattierte uns, heuchelte Tränen, tat beleidigt, bekam von Monsieur Pet-äärs Predigten gehalten über die Gefahren des Zigarettenrauchens und versetzte uns in einen Zustand dauernder Unruhe. Wußte er nichts mehr anzustellen, dann sang er aus voller Lunge mit seiner klaren, hellen Stimme:

«*C'est la guerre*
faut pas t'en faire»

und schlug ein paar Saltos vor Begeisterung ... Einmal gab Mexique ihm einen Puff, weil er es gar zu wild getrieben hatte, da fing er mörderisch zu brüllen an. Im nächsten Augenblick stand der Wanderer vor Mexique: mit blitzenden Augen, die Fäuste geballt. Man mußte alle Überredungskunst aufwenden, um den Vater vom Unrecht des Sohnes zu überzeugen, während Mexique gefaßt sein Ende erwartete ... und auch Brown und ich mußten – trotz den Quälereien des Teufelchens – lachen, als es plötzlich mit Indianergeheul auf den nächsten Pfeiler zustürmte, auf die Hände sprang, den Rücken nach innen wölbte und kopfunter balancierte, wobei seine Füße die Säule gerade noch berührten. Barfuß, in grellem Hemd und einem Dritteil von seines Vaters Hosen ...

Der Wanderer, der jetzt zu «*les hommes mariés*» gehörte, verbrachte fast den ganzen Tag unten und kam mit seinem Sohn erst am Abend zum Schlafen in den UNGEHEUREN RAUM herauf. Aber wir sahen ihn gelegentlich im *cour;* und jeden zweiten Tag, wenn der grausige Schrei erscholl

«*Allez, tout-le-monde, plucher les pommes!*»

und wir – bei gutem Wetter – zu dem Weg zwischen Gebäude und *cour*, bei schlechtem (besser gesagt sehr schlechtem) Wetter zu den dinosaurierfarbenen, schwitzenden Wänden des Eßsaals hinuntergingen – dann kam auch der Wanderer, still und gemächlich, mit den anderen *hommes mariés* herzu und machte sich ans Schälen der erstaunlich kalten Kartoffeln, die (in Forme von *soupe*) das *pièce de résistance* der Männer und Frauen in La Ferté bildeten. Und wenn die verheirateten Männer zu dieser unangenehmen Arbeit nicht erschienen, ging sofort ein fürchterliches Geschrei los:

«*Les hommes mariés!*»

und dann trotteten die Delinquenten wie die Schafe herbei.

Und ich glaube, der Wanderer war ganz glücklich mit seiner Frau und seinen Kindern, die er liebte, wie ich nie mehr einen Mann etwas auf der Welt habe lieben sehen; ging in der Sonne, sofern sie schien, auf und ab und schlief mit seinem kleinen Jungen in einem großen Schlund von Weichheit. Und ich erinnere mich an ihn, wie er seinen herrlichen Bart in zwei Dunkelheiten teilte – weitärmliges, rotkariertes Hemd – wie er gutmütig gleich einem Bären einherging – samtene Weite der Hosen – Gürtellinie immer verliebt in die Knie – Fingerspitzen an den Einschnitt riesiger Taschen gelegt. Fühlt er sich, wie ich annehme, einigermaßen glücklich, so korrigiert er unseren Akzent des unaussprechlichen WORTS –:

«Oh, *Mää-errr-DE!*»

und lächelt. Und einmal, als der Wanderer neben seinem kleinen Sohn im *cour* hockte, den breiten, starken Rücken wie fast immer gegen einen der schauerlichen und winzigen *pommiers* gelehnt, sagte Jean le Nègre zu ihm –

«*Barbu! j'vais te couper la barbe, barbu!*» Worauf der Vater langsam und ernst antwortete:

«*Quand vous arrachez ma barbe, il faut couper ma tête*», und dabei sah er Jean le Nègre mit ungeheuer sprechenden, unsagbar tiefen, ungemein sanften Augen an. «Mein Bart ist aber schöner als der hier; du hast ihn zu grob gezeichnet», bemerkte er eines Tages taktvoll und betrachtete aufmerksam eine *photographie*, die ich von ihm gemacht hatte; worauf ich mein Haupt in schweigender Scham beugte.

Und ein andermal las ich beim *Gestionnaire* im Buch der Anklage: Demestre, Joseph (*femme*, *née* Feliska). O *Monsieur le Gestionnaire,* ich an Ihrer Stelle hätte diesen Namen nicht in meinem Buch der Sünder, in meinem Album voll Schmutz und Blut und Ausschweifung haben wollen ... O kleine, sehr kleine *gouvernement français* und ihr großen und bequemen *messieurs* der Welt, sagt mir: warum habt ihr einen Zigeuner, der sich kleidet wie MORGEN, unter die zankenden Kuppler und Diebe von gestern gesteckt ...

Er war auch schon in New York gewesen.

Ein Kind starb auf See.

«*Les landes*», rief er an einem Herbstabend plötzlich dröhnend über den UNGEHEUREN RAUM hinweg, «*je les connais comme ma poche – Bordeaux? Je sais où que c'est. Madrid? Je sais où que c'est. Tolède? Séville? Naples? Je sais où que c'est. Je les connais comme ma poche.*»

Er konnte nicht lesen. «Erzähl mir, was sie erzählt», sagte er kurz und keineswegs verlegen, als ich ihm einmal die Zeitung anbot. Und es machte mir Freude, seinen Wunsch zu erfüllen.

An einem schönen Tag, vielleicht dem schönsten Tag, schaute ich aus den Fenstern des UNGEHEUREN RAUMES und sah (an derselben Stelle, wo Lena, wie schon berichtet, während ihrer Haft im *cabinot* immer ihren halbstündigen Spaziergang machte) die Frau des Wanderers, «*née* Feliska», wie sie ihr Baby in einem Eimer badete, während der Wanderer rauchend in der Sonne saß. Um den Eimer herum standen völlig hingegeben ein paar *putains*. Einige *plantons* (die für den Augenblick ihr plantonisches Gebaren vergessen hatten) stützten sich auf ihre Gewehre und schauten zu. Manch einer lächelte sogar. Zart hielt die Mutter das braune, nackte, krähende Kind und ließ es sanft hin- und hergleiten – was vor allem Celina entzückte. Es streckte Celina lachend die Arme entgegen. Sie beugte sich zu ihm und sprach auf es ein. Die Mutter lächelte. Der Wanderer, der dann und wann zu seiner Frau hinüberblickte, rauchte und sann im Sonnenglast vor sich hin.

Dieses Baby war die ganze Freude der *putains*. Während des Spaziergangs lösten sie einander beim Tragen ab. Die Frau des Wanderers betrachtete sie dann jedesmal mit freundlicher, müder Eifersucht.

Wie ich schon sagte, hatte sie noch zwei Mädchen. Das eine, das kleinste Mädchen, das ich je selbständig gehen und handeln sah, glich einer komischen Puppe. Daran war der riesige Staubwedel ihres schwarzen Haares schuld. Sie war sehr hübsch. Oft saß sie neben ihrer Mutter und spielte stillvergnügt mit ihren Zehen. Die ältere Schwester war das göttlichste Wesen, das Gott in seiner künstlerischen und unendlichen Weisheit je erschaffen hat. Ihr ungemein erotisches Gesicht tauchte fast jedesmal auf, wenn wir *pour la soupe* hinuntergingen. Dann kam sie schlank auf Brown und mich zu, fragte mit den glänzendsten und dunkelsten Augen der Welt:

«*Chocolat, M'sieu?*»

und wir beschenkten sie mit einem großen oder kleinen *morceau de chocolat*, wie wir es eben gerade hatten. Wir nannten sie sogar *Chocolat*. Ihre Haut war wie lauteres Gold, ihre Finger und Füße zart gebildet, ihre Zähne blitzend weiß, ihr Haar unvergleichlich schwarz und füllig. Und ich glaube, ihre Lippen hätten auch noch *le gouvernement français* verführt. Und jeden Heiligen.

Ja, aber ...

Le gouvernement français entschied in ihrer unendlichen, jedoch unkünstlerischen Weisheit, daß der Wanderer als unvorstellbar schlechter Mensch (der sich jeder nur denkbaren Güte, Stärke und Schönheit schuldig gemacht hatte) so viel leiden müsse, wie er nur leiden konnte. Mit anderen Worten: sie entschied (durch ihre DREI WEISEN, aus denen sich die Kommission zusammensetzte, von der ich bald berichten werde), daß die Frau, das Baby, die beiden Mädchen und der kleine Sohn vom Wanderer durch viele Meilen, Steinmauern, Stacheldraht und das GESETZ getrennt werden sollten. Vielleicht aber (es lief ein Gerücht darüber um) hatten die DREI WEISEN entdeckt, daß der Vater dieser unglaublich außergewöhnlichen Kinder nicht der angetraute Mann ihrer Mutter war. Da sich dies nicht bestreiten ließ, hatte die äußerst und unvergleichlich moralische französische Regierung ihre Pflicht natürlich klar erkannt; diese Pflicht hieß, den genannten Sündern die grausamste Qual der Trennung aufzuerlegen. Ich weiß noch, wie der Wanderer von der *commission* zurückkam, Zornestränen in den großen Augen. Und ich weiß noch, daß er wenige Tage später die große und unermeßliche Ehre hatte, *pour la durée de la guerre* nach Précigné zu reisen: zusammen mit dem lebensgefährlichen und demoralisierenden Verbrecher Monsieur Auguste, dem alten Erzverräter Monsieur Pet-äärs, der einmalig bösartigen Kreatur Chorhemd und einem zerlumpten Edelmann, der uns mal mit einem zerbrochenen, irgendwo aufgelesenen Löffel beschenkt hatte – ein lauteres, spontanes Zeichen bewundernder Zuneigung – und der deshalb bei uns der Löffelmann hieß. Wenn ich es je fertig brächte, in einem okkulten Erlebnis der Phantasie solch eine infernalische Tat zu vollbringen, eine Tat, wie sie an Joseph Demestre begangen wurde, dann würde ich mich als Genie betrachten. Laßt uns also den DREI WEISEN zugestehen: sie waren Genies. Und laßt uns ebenso stillschweigend zugeben, daß es einer guten und großen Regierung bedarf, jedes Mitgefühl ganz und gar zu verleugnen. Und laßt uns schließlich das Haupt in Unwissenheit und Demut beugen und mit *Monsieur le Curé* sagen – «*toujours l'enfer...*»

Der Wanderer wurde beinahe irrsinnig, als er den Beschluß der *commission* erfuhr. Und hier muß ich Monsieur Pet-äärs meinen Respekt zollen; ich hatte ihn immer gern gemocht, seine Herzensklugheit aber bis zum Vorabend der Verschickung des unglücklichen Wanderers nicht voll erkannt. Monsieur Pet-äärs saß stundenlang mit sich immer wieder beschlagender Brille am Spieltisch und rügte den Wanderer liebevoll-streng ob seines heftigen Weinens (Monsieur Pet-äärs' große, rote Nase schniefte jedoch kaum weniger); saß stundenlang und tat, als nähme er ein Diktat von Joseph Demestre auf – in Wirklichkeit schrieb er einen endlosen Brief oder mehrere endlose Briefe an die zivilen und wohl auch militärischen Autoritäten von Orne über die Ungerechtigkeit, die man an einem Vater von vier Kindern, darunter ein Säugling, begangen habe, indem man ihn von allem trenne, was auf der Welt gut und teuer für ihn sei. «Ich appelliere» (schrieb Monsieur Pet-äärs in seiner erregten, gestochenen, ja beinahe eleganten Schrift) «an Ihr Mitgefühl, an Ihre Menschlichkeit und Ihre Ehre. Es handelt sich hier nicht nur um eine Ungerechtigkeit, nicht nur um etwas Unvernünftiges, sondern um etwas Unnatürliches ...» Wie er so schrieb, konnte ich es kaum glauben, daß dies der alte und hinfällige und ewig aufgeregte Zweifüßler sein sollte, den ich karikiert und mit dem ich mich über schwerwiegende Themen unterhalten hatte (wir verglichen zum Beispiel die belgischen Städte mit den französischen in bezug auf Lage, Kultur und Wohlstand); daß er es sein sollte, der mir mit drolliger Schüchternheit einen geheimen Plan zur Zurückgewinnung überschwemmter Gebiete «mittels» einer außergewöhnlichen Pumpe – «meine Erfindung» – anvertraut hatte. Und doch: er war es, es war Monsieur Pet-äärs *Lui-Même;* und ich freute mich von Herzen, zum ersten und einzigen Mal seine wahre Bekanntschaft zu machen.

Möge der HIMMEL ihn segnen.

Am nächsten Tag erschien der Wanderer stolz in einem leuchtenden, zinnoberroten Hemd im *cour*.

Er küßte seine Frau – entschuldigen Sie, Monsieur Malvy, ich wollte sagen, die Mutter seiner Kinder –, und unvermittelt weinte er bitterlich.

Die *plantons* schrien ihn an, er solle sich gefälligst dort einreihen, wo die andern mit Sack und Pack vor dem Tor warteten. Er bedeckte die großen königlichen Augen mit den langen, goldenen Händen und ging.

Mit ihm schwand das strahlende Licht der Sonne und die dunkle, starke, reine Kraft der Erde.

ZU – LU

Das ist der Name des zweiten Lieblichen Berges.

Zulu heißt er, teils weil er denen ähnelt, die ich nie gesehen, teils weil diese Silben irgendwie seinem Wesen entsprechen, und teils weil sie ihm zu gefallen schienen.

Er ist von all den Unbeschreiblichen, die ich kennengelernt habe, wahrhaftig der (völlig und gänzlich) unbeschreiblichste. Dann (sprach da mein Leser) werden Sie hoffentlich nicht versuchen, ihn zu beschreiben. – Leider ist für das Element, das ich jetzt behandle, wider meinen Willen eine gewisse Quantität oder wenigstens Qualität der Beschreibung nötig. Wäre ich frei und hätte ich Leinwand und Farben ... aber ich bin nicht frei. Und so will ich mich denn des Unmöglichen nach besten Kräften entledigen. Was schließlich nur eines der vielen Mittel ist, Ihre Zeit in Anspruch zu nehmen.

Er kam nicht und er ging nicht. Er trieb dahin.

Seine eckige Anatomie verteilte und sammelte sich mit jener spielerischer Spontaneität, die vielleicht Elfen eigen ist – oder jedenfalls solchen Wesen, an die wir nicht mehr glauben. Aber er war mehr. Es gibt Dinge, an die man unmöglich glauben kann – aus dem einfachen Grunde, weil man nie aufhört, sie zu fühlen. Dinge dieser Art – Dinge, die immer in uns sind und tatsächlich wir sind und die sich folglich nicht weg- oder beiseiteschieben lassen, damit man über sie nachdenken könnte – sind nicht länger Dinge; sie und das Wir, das sie sind, stehen für ein Verb; ein Ist. Ich muß darum den Zulu notgedrungen ein Ist nennen.

Ich erkühne mich, in diesem Kapitel kurz einige Aspekte und Merkmale eines Ist zu beschreiben. Das Ist, das wir Zulu hießen, entgleitet als Person zweifellos jeder Analyse. *Allons!*

Lassen Sie mich zuerst einen Sonntagmorgen beschreiben, an dem wir uns aufrichteten – zum Kampf mit den Ofenrohren.

Ich erwachte an einem Brüllen, einem menschlichen Brüllen; einem Brüllen, wie es nur ein Holländer zustande bringt, wenn ein Holländer ernstlich wütend ist. Als ich aus dem Reich des Unterbewußtseins aufstieg, bewahrheitete sich die Ahnung, dieses Brüllen gehöre zu Bill-dem-Holländer. Bill-der-Holländer, alias Amerikanische Seen, schlief neben dem Jungen Polen (womit ich den halbwüchsigen, dümmlichen Bauern mit dem Milch- und Blutgesicht und den schwarzen Ledergamaschen meine, mit dem Zulu Höchstselbst das hintere Glied bei der Ankunft des Kindsentführers, Bills, der Kiste, des Zulus und eben dieses Jungen Polen bildete). Dieser Junge Pole aber war ein Fall für sich. Er war unausstehlich eitel und von sich eingenommen. Monsieur Auguste verzieh ihm seinen widerlichen Dünkel, weil er schließlich nur *un garçon* sei; und wir, weil er offensichtlich und unverkennbar der Freund des Zulus war. Ich weiß noch, daß mich dieser Junge Pole (kurz nach seiner Ankunft) bat, an die Wand über seinem *paillasse* einen kühnen *soldat* zu zeichnen, der sich in eine etwas zweifelhafte Fahne verkrallte – ich malte sie nach der Beschreibung von Monsieur Auguste und dem Jungen Polen –, wobei ich nicht unerwähnt lassen möchte, daß es die Fahne Polens sein sollte. Unter dieses prächtige Bild befahl man mir in schnörkliger Schrift zu setzen:

«*Vive la Pologne*»,

was ich Monsieur Auguste zuliebe tat, so gut ich es eben konnte. Die *photographie* rundete sich jedoch erst ab, als der Junge Pole in seinem patriotischen Stolz die Überlegenheit seiner Rasse und Nation damit bewies, daß er sich verhaßt machte. Ich will ihm zugestehen: er war *pas méchant*, er war wirklich nur ein dummer Junge. Der Raufer-Jidd hatte ihn zwar vorübergehend außer Gefecht gesetzt, als er ihn bei dem nächtlichen «*Boxe*» niederschlug, das vom Raufer-Jidd gleich nach der Ankunft des Regenmantels arrangiert worden war – eines ehemaligen Bekannten des Jidd aus *La Santé*; die Ähnlichkeit ihrer Beschäftigungen (oder Nicht-Beschäftigungen – ich erinnere an den Beruf des Kupplers) hatte die beiden in Freundschaft zusammengekittet. Doch obwohl des Jungen Polen Sonntagsanzug verdreckt war, und obwohl seine polierten Ledergamaschen schmutzig und vom splittrigen Fußboden des UNGEHEUREN RAUMES zerkratzt waren (von der Decke, auf welcher der Ringkampf stattfinden sollte, war er heruntergerollt), dämpfte das seine Stimmung nur für einen Augenblick. Er machte sich gleich ans Putzen und Polieren, kämmte sein Haar und strich seine Mütze glatt – und war am andern Morgen wieder frech wie immer. Ich glaube sogar, er war noch frecher geworden; denn er foppte Bill-den-Holländer auf französisch, und da Bill mit dieser Sprache nur wenig vertraut war, machte ihn das natürlich doppelt mißtrauisch. Wenn der Junge Pole abends nach *lumières éteintes* im Bett lag, frotzelte er seinen breitschultrigen Nachbarn mit kindischer, fast mädchenhafter Stimme und brüllte vor Lachen, wenn das Dreieck sich auf den Arm stützte und ihn auf holländisch anfuhr, hörte erst damit auf, wenn die Gutmütigkeit des Dreiecks ihre Grenze zu erreichen schien, und fing wieder an, sobald das Dreieck sich den Armen Morpheus' näherte. Diese Hänselei blieb mehrere Abende ohne gefährliche Folgen. Früher oder später jedoch mußte etwas passieren – und als wir uns an dem erwähnten Sonntagmorgen aufrichteten, waren wir nicht erstaunt, den Holländer mit geballten Fäusten und gespannten Schultern vor dem Jungen Polen stehen zu sehen – mit einem apokalyptischen Gesicht, das weißer war als das Pferd des TODES.

Der Junge Pole begriff offenbar nicht, daß er es auf die Spitze getrieben hatte. Er lag auf dem Rücken, räkelte sich und lachte albern. Der Zulu (der nach unserer Seite hin neben ihm schlief) hatte sich anscheinend gerade eine Zigarette angezündet, die aus einer dünnen Spitze hervorstach. Das Gesicht des Zulus war wie immer völlig ausdruckslos. Sein Kinn mit dem üppig wuchernden Bart ragte regungslos über die Decke heraus, die ihn, mit Ausnahme der Füße, gänzlich verbarg – und diese Füße waren in großen, unförmigen Lederstiefeln verschalt. Da der Zulu keine Socken trug, bildeten die X der ledernen Schnürsenkel auf seinem bloßen Fleisch (natürlich blau vor Kälte) eine faszinierende Kinesis. Der Zulu starrte in jeder Beziehung hinauf zur Decke …

Bill-der-Holländer, der nur ein Hemd trug und seine langen, dünnen, sehnigen Beine weit auseinandergepflanzt hatte, schüttelte immer wieder die Faust vor dem daliegenden Jungen Polen und wetterte (komischerweise auf englisch):

«Komm doch her, wenn du Schneid hast, du *godverdommet* Hurensohn, du Polackenbastard! Steh doch auf, du, du polnischer Hurenbock, ich mach dich kalt, du *godverdommet* Bastard, du! Ich hab mir genug von deinem *godverdommet* Quatsch gefallen lass'n, du *godverdommet*» usw.

Während des Holländers Donnern ständig anschwoll und auch noch den letzten Winkel des UNGEHEUREN RAUMES mit Godverdommets mästete, deren Echos sich ineinanderschoben und eine dunkle, gewaltige, rauhe Masse widerhallender Wut bildeten, erkaltete das Lachen des Jungen Polen mehr und mehr; schließlich versuchte er, für sich zu plädieren, sich zu entschuldigen und alles zu bagatellisieren und um Verständnis zu bitten – während der dreieckige Turm, mit nackten Beinen und bebendem Hemd, seine breiten Fäuste näher und näher schwang, seine gespenstisch gelben Lippen rhythmisch geballte Flüche schleuderten, seine blauen Augen wie Knallfrösche knatterten, sein haariger, mächtiger Brustkasten sich wölbte und wogte wie ein ungeheurer Seetangstrunk, und seine Plattfüße ihre zehn mürrischen, verkrüppelten Zehen rollten und entrollten.

Der Zulu lag gelassen da und qualmte.

Die Kinnbacken des Holländers, die er den hilflosen Gesten des Jungen Polen entgegenstreckte, glichen (mit dem unbarmherzig glühenden Gesicht dahinter) einem quadratischen Haus, das von einem Wirbelsturm dahergetragen wird. Der Zulu zog das Kinn an; seine Augen (die sich langsam hervortasteten unter dem Schild der Mütze, die er immer und überall trug, sogar im Bett) betrachteten den speienden Turm mit abwesendem Interesse. Er ließ seine Hand sanft der Decke entgleiten und ruhig die Spitze mit der still brennenden Zigarette aus dem Mund nehmen –

«Du willst nicht, was? Du verdammter, feiger Polack!» und mit einer Schnelligkeit, gegen die ein Blitz wie eine Schnecke ist, griff der Turm zweimal nach dem Milch- und Blutgesicht des hingestreckten Opfers, das ein tragisches Gebrüll ausstieß, sich auf seinem verrutschten *paillasse* krümmte, abschirmend die Ellbogen hob und versuchte, über seine zitternden Knie auf die Beine zu kommen – um im selben Augenblick niedergeschlagen zu werden. Solch ein Geheul, wie es der Junge Pole ausstieß, habe ich kaum je gehört: Er kroch zur Seite, kam auf das eine Knie, machte einen Satz nach vorn – und erhielt einen sauberen Kinnhaken, schleuderte einen Meter weit durch die Luft und fiel mit gespreizten Armen und Beinen gegen den Ofen, der mit einem unheimlichen Krach zusammenbrach, einen tintigen Rußregen über die beiden Kampfhähne sprühte und gleichzeitig den Holländer mit drei anderthalb Meter langen Rohrstücken bekränzte. Der Junge Pole knallte, nach einem akkurat ausgeführten Rückwärtssalto, schreiend mit dem Kopf zu Boden, sackte in sich zusammen, erhob sich jaulend und nahm, mit irren Augen, einen Teil des zerstörten *tuyau* auf, riß ihn empor – in der nächsten Sekunde hatte der Holländer mit beiden Händen ein anderes Stück ergriffen, es sofort mit nicht mehr wahrzunehmender Schnelligkeit nach vorn und zur Seite geschwungen und damit einen solch furchtbaren Schlag geführt, daß der Junge Pole nahezu zwei Meter weit hechtete; und dann landete er samt Ofenrohr in splitterndem Bersten – nachdem er genau über das Bett des Zulus geflogen war. Der Zulu machte:

«Muh»,

trieb sich drehend in Sitzstellung und wurde empfangen mit

«Leg dich hin, du *godverdommet* Polack, du kommst als nächster dran» – nahm sich aber dennoch zusammen, um aufzustehen, und erwischte dabei von dem Rohrstück des Holländers einen Schwinger, der seine Zigarette mitsamt der Spitze in hohem Bogen davonschleuderte. Der Junge Pole hatte sich inzwischen soweit erholt, daß er sich hinter dem Zulu auf alle Viere erheben konnte, der Zulu aber trieb schnell und doch voller Ruhe in Richtung der geliebten Zigarettenspitze, die unter die Reste des Ofens gerollt war. Bill-der-Holländer ging auf seinen Feind zu, stemmte das bis zur Unkenntlichkeit zerbeulte Ende des Rohrs in drei Meter Höhe; mühelos umspannten seine wuchtigen Hände das Rohr, die Muskeln an seinen astdicken Armen blähten sich unter dem Hemd wie Ballons. Der Junge Pole erklomm mit einem Angstschrei den Zulu – doch sowie er diese menschliche Hürde genommen hatte, erhielt er einen Tritt ins Gesäß seiner schwarzen Hosen, der ihn genau auf den Kopf stellte. Er drehte sich ein paarmal um sich selbst, taumelte dann der Länge nach auf seinen *paillasse* und lag dort schluchzend und heulend, einen Ellbogen abschirmend erhoben, wobei er in seine unartikulierten Klagen immer wieder aufrichtig gemurmelte *Assez!*'s einstreute. Inzwischen hatte der Zulu das Exil seines Schatzes entdeckt, trieb in seine Ausgangsstellung zurück und setzte gemächlich die ebenfalls-entdeckte Zigarette wieder ein, die durch ihre gewaltsame Luftreise ein wenig verwirrt schien. Über dem Jungen Polen türmte sich Bill-der-Holländer, dessen Hemd in Fetzen um den dicken Stiernacken hing, und donnerte wie nur Holländer donnern:

«Haste genug, du *godverdommet* Polack?»

und der Junge Pole, der abwechselnd die breiige, verstümmelte Masse, die einmal sein Gesicht gewesen war, hätschelte und dann wieder mit unzulänglichen und hilflosen und fast kindlichen Gesten seiner zitternden Hände zu schützen suchte, schluchzte: «*Oui, Oui, Oui, Assez!*»

Und Bill-der-Holländer wandte sich riesig an den Zulu, schritt abgemessen zum *paillasse* dieses Individuums und fragte:

«Und du, du *godverdommet* Polack, willst'es mit mir aufnehmen?»
worauf der Zulu vornehm abwinkend für das Kompliment dankte und zwischen tiefen Zügen leise und hastig antwortete: «Mog.»
Daraufhin deutete Bill-der-Holländer einen angewiderten Tritt in Richtung des Jungen Polen an und kehrte fluchend zu seinem *paillasse* zurück.

All dies fand, wie sich der Leser vergegenwärtigen möge, in der eisigen Finsternis der Morgendämmerung statt.

An diesem Tag – nachdem die Teilnehmer dieses homerischen Kampfes (vom *Surveillant*) endlos verhört worden waren, wobei weder die eindeutige Schuld noch die eindeutige Unschuld eines der beiden bewiesen wurde – kam Judas in sauberem weißem Mantel mit einer Trittleiter die Treppe herauf und setzte mit Hilfe aller den einstigen *tuyau* wieder zusammen. Und ein hübsches Bild gab Judas dabei ab. Und eine hübsche Pfuscharbeit machte er. Aber irgendwie zog der Ofen; und alle dankten Gott und stritten um einen Platz am *poêle*. Und Monsieur Pet-äärs sprach die Hoffnung aus, es werde nun für eine Weile mit den Schlägereien vorbei sein.

Man sollte meinen, der Junge Pole hätte aus dieser Lektion gelernt. Aber nein. Er lernte (das ist allerdings wahr), seinen unmittelbaren Nachbarn, die Amerikanischen Seen, in Ruhe zu lassen; aber das war alles, was er gelernt hatte. Nach wenigen Tagen war er wieder obenauf – voll *de la blague* wie je. Der Zulu schien sich zeitweise etwas Sorgen um ihn zu machen. Sie sprachen häufig polnisch miteinander und – was den Zulu anging – auch ernsthaft. Wie jedoch die folgenden Ereignisse bewiesen, war jeder Rat des Zulus an seinen jugendlichen Freund verschwendet. Doch nun wollen wir uns einen Augenblick dem Zulu selbst zuwenden.

Natürlich konnte er in keiner Sprache schreiben. Aber er kannte auch nur zwei französische Worte: *fromage* und *chapeau*. Ersteres sprach er «grömidsch» aus. Sein englischer

Wortschatz war sogar noch geringer, er bestand aus der einzigen Vokabel «po-liis-män». Weder Brown noch ich verstanden auch nur eine Silbe polnisch (obwohl wir schnellstens *jin-dobri, nima-zatz, zampni-pisk* und *shimay pisk* lernten und den begeisterten Zulu jeden Morgen mit einem

«*Jin-dobri, pan*»

erfreuten und ihn auch manchmal fragten, ob er eine «*papierosa*» habe); so war also der Weg zu einer Verbrüderung in dieser Richtung völlig versperrt. Und dennoch – ich sage dies einzig um der Wahrheit willen, nicht um den Leser zu bluffen – habe ich nie in meinem Leben so restlos auf Anhieb (sogar bis in die feinsten Schwingungen) verstanden, was ein anderer mir mitteilen wollte, wie ich es beim Zulu verstand. Und wenn ich auch nur ein Drittel der Gewalt über das geschriebene Wort hätte, die er über das ungeschriebene und ungesprochene hatte – und nicht nur das: auch über das unaussprechliche und unbeschreibliche –, bei Gott, dann würde dieser Bericht mit der größten Kunst aller Zeiten Schritt halten.

Man könnte nun annehmen, er sei Meister eines komplizierten und ausgeklügelten Systems gewesen, mit dem sich Gedanken durch verschiedene Zeichen ausdrücken lassen. Im Gegenteil. Er verwandte zwar hin und wieder einige Zeichen, aber sie waren immer höchst einfach. Das Geheimnis, wie er sich völlig verständlich machte, lag in jenem Sein, das ich bereits als Ist definiert habe; es endete und begann mit meiner angeborenen, nicht erlernbaren Kontrolle über alles, die ich nur als homogene Empfindsamkeit bezeichnen kann. Der Zulu teilte zum Beispiel kurz nach seiner Ankunft innerhalb weniger Minuten ohne jede Mühe folgendes mit:

Er war ehedem polnischer Bauer gewesen, hatte Frau und vier Kinder. Dann verließ er Polen und ging nach Frankreich, weil man dort mehr Geld verdiente. Sein Freund (der Junge Pole) begleitete ihn. Sie verlebten eine schöne Zeit – in Brest, glaube ich; ich habe es vergessen –, als eines Abends plötzlich Gendarmen in ihr Zimmer drangen, es durchsuchten, alles von unten nach oben kehrten, die beiden Erzverbrecher mit Handschellen aneinanderfesselten und sagten, «Mitkommen.» Weder der Zulu noch der Junge Pole hatten einen Schimmer, was dies alles bedeutete oder wohin sie nun kamen. Es blieb ihnen keine andere Wahl als zu gehorchen, und so gehorchten sie. Sie stiegen alle miteinander in einen Zug. Sie stiegen alle miteinander aus. Bill-der-Holländer und der Kindsentführer stießen unter Bewachung und gefesselt zu ihnen und wurden unverzüglich an die polnische Delegation gekettet. Die vier Verbrecher wurden in kurzen Etappen durch mehrere kleine Gefängnisse nach La Ferté Macé geschleust. Während dieses Transports (der mehrere Tage und Nächte dauerte) wurden die Handschellen nicht ein einziges Mal abgenommen. Die Gefangenen schliefen im Sitzen aufrecht oder aneinandergelehnt. Ohne daß ihnen die Handschellen abgenommen wurden, urinierten sie und entleerten sie sich, alle vier aneinandergeschlossen. Immer wieder beklagten sie sich bei ihren Fängern, daß die Schmerzen der anschwellenden Handgelenke kaum noch zu ertragen seien – Schmerzen, die auf die zu engen Fesseln zurückzuführen waren und denen von einem der *plantons* ohne Verlust an Zeit oder Prestige hätte abgeholfen werden können. Auf ihre Beschwerden hin wurde ihnen befohlen, sie sollten den Mund halten, oder man werde noch ganz andere Saiten aufziehen. Schließlich drehten sie vor La Ferté bei, und zweien von ihnen wurden die Handschellen abgenommen, damit sie auf ihren Schultern die Kiste des Zulus tragen konnten – was die beiden Gefangenen unter diesen Umständen nur zu gern taten. Diese Kiste, die nicht nur des Zulus Kleider enthielt, sondern auch eine Menge Patronen, Messer und der Himmel weiß was noch für ausgefallene Andenken, die er gottweißwo aufgelesen hatte, war von Anfang an ein wunder Punkt in der Anklage des Zulus und wurde auch dementsprechend als Beweis betrachtet. Nach der Ankunft wurden alle durchsucht, einschließlich der Kiste, und in den UNGEHEUREN RAUM gesteckt. Der Zulu schob (am Schluß seiner stummen und beredten Darstellung) langsam seinen Ärmel am Handgelenk zurück und wies auf einen bläulichen Ring in seiner Haut, dessen Beharrlichkeit ihn erstaunte und vergnügte; glücklich blinzelte er uns zu. Wenige Tage später hörte ich dieselbe Geschichte von dem Jungen Polen auf französisch; aber diesmal in einer halbstündigen, lebhaften Unterhaltung und mit etlichen Schwierigkeiten durch sprachliche Mißverständnisse. Was also Prägnanz, Genauigkeit und Tempo anbetrifft, war die Methode der Sprache mit der Methode des Zulus wahrhaftig nicht zu vergleichen.

Bald nach des Zulus Ankunft wurde ich Zeuge eines mysteriösen Vorfalls: Es war vor der zweiten *soupe*, und Brown und ich gingen (mit dem Löffel in der Hand) auf die Türe zu, als neben uns plötzlich der Zulu auftauchte, uns leicht die Hände auf die Schultern legte und (nachdem er sich vorsichtig umgeschaut hatte) aus seinem – wenn wir recht sahen – linken Ohr eine Zwanzigfrancnote zog und uns in wenigen, gut gewählten Schweigen bat, damit *confiture, fromage* und *chocolat* in der Kantine einzukaufen. Er entschuldigte sich stumm, daß er uns diesen Auftrag zumute und versicherte, man habe bei seiner Ankunft kein Geld bei ihm gefunden, und diesen Glauben wolle er nun niemandem nehmen. Wir waren nur zu gern bereit, einem so verblüffenden Taschenspieler zu assistieren – damals kannten wir ihn noch kaum – und *après la soupe* besorgten wir ihm das Gewünschte, schafften die Schätze zu unseren Schlafstellen und bewachten sie. Fünfzehn Minuten später, als die *plantons* uns alle eingeschlossen hatten, trieb der Zulu auf uns zu; wir wollten ihm schon seine Beute geben – aber da blinzelte er und teilte uns wortlos mit, wir möchten sie doch (wenn wir so freundlich wären) für ihn aufbewahren; nach dieser Bitte machte er gleich den Vorschlag, die Marmelade oder das Gelee oder wie immer man das Zeug nennen sollte – Eingemachtes ist wohl das treffendste Wort – zu öffnen. Wir stimmten bereitwillig zu. Wenn ihr wollt (sagte er lautlos), könnt ihr mir jetzt etwas davon anbieten. Wir taten es. Nun nehmt euch selbst was, gebot der Zulu. So nahmen wir die *confiture* entschlossen in Angriff, strichen sie auf Scheiben oder besser: Ranken gräulichen Brots, dessen leicht fauliger Geruch eines der Lebenselemente in La Ferté ist, die ich für meinen Teil leichter in Erinnerung behalten als vergessen kann. Danach öffneten wir auch den Käse und boten unserem Gast davon an; schließlich noch die Schokolade. Worauf der Zulu sich erhob, uns stürmisch für unsere Gastfreundschaft dankte und – feierlich blinzelnd – davonschwebte.

Am nächsten Tag erklärte er uns, er würde sich freuen, wenn wir soviel wie nur möglich von den eingekauften Delikatessen äßen, ganz gleich, ob er dabei sei oder nicht. Wenn sie aufgegessen seien, so machte er uns klar, sollten wir so lange einkaufen, bis die zwanzig Francs ausgegeben seien. Und unser Appetit war so großzügig, daß der Zulu schon nach zwei oder drei Wochen feststellen mußte, wie sehr unsere Vorräte erschöpft waren, und darum hinten aus seinem Haar eine säuberlich gefaltete Zwanzigfrancnote hervorzog; worauf wir die Kantine mit neuen Kräften stürmten. Es war zur gleichen Zeit, als auch der Spion in Aktion trat: Der Zulu wurde, mit dem Jungen Polen als Dolmetscher, zu *Monsieur le Directeur* befohlen, der den Zulu bis auf die Haut auszog und jede Falte und Furche seiner bewegungslosen Anatomie nach Geld (so informierte uns der Zulu lebhaft) absuchte – ohne einen Sou zu finden. Der Zulu, der die Niederlage von Monsieur ausgiebig genoß, holte (kurz danach) elegant eine Zwanzigfrancnote aus dem Nacken hervor und reichte sie uns mit vornehmer Geste. Ich muß gestehen, das meiste Geld ging für Käse drauf, für den der Zulu eine geradezu krankhafte Vorliebe besaß. Ich habe nie wieder etwas so unerwartet Köstliches erlebt wie an jenem Tag, als ich mich aus dem vorletzten Fenster des UNGEHEUREN RAUMES beugte – vom letzten hatten nur die Nutznießer des *cabinet* etwas –, auf den schlammigen Boden hinabstarrte und mich darüber wunderte, daß die Holländer überhaupt je gestattet hatten, die beiden letzten Fenster zu öffnen. Margherite kam gerade aus dem Haus und ging auf den kleinen Waschschuppen zu. Als der Posten uns den Rücken wandte, winkte ich ihr zu, und sie sah herauf und lächelte geschmeichelt. Und dann – schob sich rechts von mir aus der Wand eine Hand, deren Finger liebevoll einen frisch angebrochenen Käse umfaßten. Die Hand bewegte sich samt Käse lautlos auf mich zu und verhielt etwa fünfzehn Zentimeter vor meiner Nase. Ich nahm den Käse aus der Hand, die wie durch Zauberei verschwand; und wenig später hatte ich das Vergnügen, neben dem Zulu am Fenster zu stehen, der Käsekrumen aus seinem langen, dünnen Mandarinenschnurrbart strich und tiefes Erstaunen und ebenso tiefe Befriedigung darüber äußerte, daß auch ich das Vergnügen eines Käses genossen hätte. Doch nicht nur einmal, sondern häufig konnten Brown und ich uns über diesen Caliburnus-Zauber wundern; denn der äußerst bescheidene und unvergleichlich scheue Zulu fand wirklich nur auf diese Weise eine annehmbare Methode, seinen beiden Freunden Geschenke zu machen ... Könnte ich nur noch einmal diese lange Hand sehen, wie sie mit empfindsamen Fingern um einen halben Camembert schwebt und ihr körperloser Arm leicht und bestimmt mit kranartiger Anmut und Sicherheit in meine Richtung schwingt ...

Der Zulu war noch nicht lange bei uns, als etwas vorfiel, wovon ich besonders gern erzähle, weil man daran sieht, aus welchem furchtlosen und tapferen, um nicht zu sagen unerschrockenen Stoff die *plantons* gemacht sind. Der einzige *seau*, aus dem die (damals) sechzig und mehr Bewohner des UNGEHEUREN RAUMES ihr Trinkwasser schöpften, hatte gleich nach unserer Rückkehr von der ersten *Soupe* mit solcher Gründlichkeit seine Pflicht getan, daß etliche Unglückliche (darunter ich) kein Wasser mehr bekamen. Die Zeit zwischen *soupe* und Spaziergang stand düster und durstig vor besagten Unglücklichen. Sie wuchs und wuchs von Minute zu Minute. Nach einer Viertelstunde nahm unser

Durst, der auf eine besonders salzige Portion lauwarmen Wassers als Mittagessen zurückzuführen war, geradezu verzweifelte Formen an. Die Mutigeren unter den Durstigen hingen aus den Fenstern des Saales und schrien

«De l'eau, planton; de l'eau, s'il vous plaît»,

worauf der Hüter des Gesetzes mißtrauisch heraufschielte, dann einen Augenblick stehenblieb, um die Bösewichte zu identifizieren, deren Dreistigkeit wider alle Vernunft so weit ging, ihn, einen *planton*, derart leutselig anzureden – und dann erbost weiterpatrouillierte: mit geschultertem Gewehr und dem Revolver an der Hüfte – das Abbild schlichter und natürlicher Würde. Da wir sahen, daß unsere Bitten erfolglos blieben, steckten wir unsere aufrührerischen und verbrecherischen Häupter zusammen und schmiedeten einen großartigen Plan: nämlich eine zwanzig Zentimeter hohe, leere Konservenbüchse hinunterzulassen, eine Konservenbüchse, die einstmals *confiture* enthalten hatte, *confiture*, die längst in den Bauch von Monsieur Auguste, Zulu, Brown und mir und auch in den des Jungen Polen – als des Zulus Freund – gewandert war. Nun mußte diese teuflische Imitation des ALTEN EICHENEN EIMERS DER IM BRUNNEN HING zu der gutmütigen Margherite (die zwischen Haus und Waschschuppen hin- und herging) hinuntergelassen werden; sie sollte ihn an der Pumpe in dem tiefen, kalten Kellerloch genau unter uns füllen, wieder an das Seil binden und nach oben entlassen. Der Rest lag in der Hand des SCHICKSALS.

Mochte der *planton* auch noch so mutig sein – wir waren keine *fainéants*. Wir unterhielten uns mit jedem ein bißchen, um ihm seinen Gürtel abzuschwätzen. Der Zulu (das Ausmaß seines Vergnügens an diesem Wagnis läßt sich überhaupt nicht beschreiben) streifte seinen Gürtel mit überirdischer Behendigkeit ab – Monsieur Auguste gab den seinen dazu, den wir Schnalle an Lasche mit dem des Zulus zusammenschlossen – einer bot uns ein Halstuch an – ein andrer einen Schnürsenkel – der Junge Pole seinen Schal, auf den er sehr stolz war – usw. Das ungewöhnlich gefertigte

Seil wurde jetzt im UNGEHEUREN RAUM ausprobiert und war etwa elfeinhalb Meter lang. Mit andren Worten: von riesiger Länge, wenn man bedenkt, daß das Fenster selbst nur drei Stock über der Erde lag. Als der *planton* uns den Rücken zuwandte, wurde Margherite durch verstohlene Zeichen verständigt (dazu benötigten wir etwa die halbe Zeit, die der *planton* für seine Runde im rechten Winkel zu dem Gebäudeflügel brauchte, in dessen *troisième étage* wir wohnten). Nachdem wir den winzigen Eimer an dem einen Ende unseres improvisierten Seiles befestigt hatten (dem offensichtlich stärkeren Ende, in dem mehr Gürtel und weniger Hals- und Taschentücher waren), paßten Brown, Härri, ich und der Zulu den geeigneten Zeitpunkt am *fenêtre* ab – nahmen dann die günstige Gelegenheit wahr und rollten die teuflische Vorrichtung ab. Hinab sauste die sündige Konservendose, schwang sicher an dem Fenstersims genau unter uns vorbei und gelangte wahrhaftig in die geöffneten Hände der treuen Margherite, die ihn auffing und ihn gerade losmachen wollte, als – sieh da! Wer kam da um die Ecke? Der pickelgesichtige, elegant-uniformierte, glänzend-ledergamaschige *sergent de plantons lui-même*. Solches Erstaunen wie in seinem blassen Gesicht habe ich nur selten wieder gesehen. Erstarrt blieb er stehen, betrachtete sich blöde eine Sekunde das Fenster, uns, die Mauer, sieben Halstücher, fünf Gürtel, drei Taschentücher, einen Schal, zwei Schnürsenkel, die Marmeladenbüchse und Margherite – dann wirbelte er herum und entdeckte den *planton* (der friedlich und würdig seinen Kurs hielt, einen Kurs, auf dem er sich immer weiter und weiter von der Kampfzone entfernte), und schließlich fuhr er wieder herum und zeterte:

«*Qu'est-ce que vous avez foutu avec cette machine-là?*»

Auf diesen Schrei hin stutzte der *planton*, riß sich herum, nahm ungeschickt sein Gewehr von der Schulter und starrte zitternd seinen Vorgesetzten an.

«*Là-bas!*» kreischte der picklige *sergent de plantons* und zeigte wütend zu uns herauf.

Margherite hatte gleich bei seinem ersten Gebrüll die Marmeladenbüchse fallengelassen und sich ins Haus geflüchtet. Im selben Augenblick holten wir alle, als ging's ums liebe Leben, das Seil ein, so daß die Büchse gegen die Wand schepperte.

Bei dem schrecklichen Ruf «*Là-bas!*» kippte der *planton* beinahe um. Mit letzter Anstrengung wandte er sich unserm Flügel zu. Was er da sah, ließ ihn einen Mundvoll harter Flüche ausstoßen, sein Gewehr wie ein Held fester packen – jeden Nerv seines edlen und getreuen Körpers beben. Doch offenbar hatte er sein Gewehr wieder vergessen, denn es lag getreu und erwartungsvoll in seinen zwei edlen Händen.

«Achtung!» schrie der Sergeant.

Der *planton* fummelte sinnlos und hastig an seinem Gewehr.

«FEUER!» kreischte der Sergeant, rot vor Wut und Zorn.

Der *planton* legte kaltblütig sein Gewehr an.

«NOM DE DIEU TIREZ!»

Die Büchse näherte sich in großen, ausgelassenen, scheppernden Sprüngen dem Fenster unter uns.

Der *planton* zielte, fiel furchtlos aufs Knie und schloß beide Augen. Ich gestehe, mein Blut gerann; aber was war schon der Tod im Vergleich zum Verlust dieser Marmeladenbüchse, geschweige denn zu dem von jedermanns Gewand, das mir jedermann so großzügig geliehen hatte? Wortlos holten wir weiter ein. Ich schielte zu dem *planton* hinunter – er lag jetzt auf beiden Knien, hatte die Flinte in die linke Schulter eingezogen und zielte auf uns, ohne mit der Wimper zu zucken – während er mit der Rechten an seinem Koppel nach Patronen suchte! Wenige Sekunden, nachdem dieser flüchtige Lichtblick heroischer Ergebenheit meine beträchtlich gesteigerte Empfindsamkeit getroffen hatte – DA kam die Büchse, und wir fielen alle miteinander rücklings in den UNGEHEUREN RAUM. Noch im Fallen hörte ich ein Schrillen, wie das einer Dampfpfeife zur Mittagspause –

«Zu spät!»

Ich lag einige Minuten auf dem Boden, zur Hälfte auf dem

Zulu und zu drei Vierteln unter Monsieur Auguste – und es schüttelte mich vor Lachen ...

Dann krabbelten wir alle auf Hände und Knie und verdrückten uns auf die Betten.

Ich glaube, keiner von uns wurde (merkwürdigerweise) für dieses taktlose, schlechte Benehmen bestraft – keiner außer dem *planton;* er wurde bestraft, weil er uns nicht erschossen hatte, obwohl er weiß Gott sein Möglichstes getan.

Und jetzt muß ich von dem berühmten Kampf berichten, der zwischen dem Landsmann des Zulus, dem Jungen Polen, und dem bereits vorgestellten Kuppler, dem Raufer-Jidd, stattfand; ein Kampf, der zum großen Teil auf die Quälereien des Jungen Polen zurückzuführen war – der, wie ich schon erzählte, die Lektion von Bill-dem-Holländer nicht so restlos begriffen hatte, wie man hätte erwarten dürfen.

Außer ein bißchen französisch und recht gut spanisch sprach Rockyfellers Kammerdiener (das brauchte man mir gar nicht erst zu sagen) jämmerlich schlecht russisch. Der Junge Pole, der wahrscheinlich beleidigt war, weil er von dem trefflichen Jidd niedergeschlagen worden war, hörte nicht auf, ihn zu reizen – genau wie er es damals mit seinem Nachbarn Bill gemacht hatte. Sein Lieblingsname für den Sieger war «moshki» oder «moski» – ich habe es nie genau verstanden. Was immer es auch heißen mochte (der Junge Pole und Monsieur Auguste erklärten mir, es bedeute in einem ziemlich herabsetzenden Sinne «Jude»), seine Wirkung auf den edlen Jidd war nicht gerade erfreulich. Wenn es aber noch mit dem Wort «moskosi», Betonung auf der zweiten Silbe oder langes «o», verbunden wurde, war die Wirkung mehr als unerfreulich – dann war sie geradezu unangenehm. Den ganzen Tag, auf dem Spaziergang, am Abend im UNGEHEUREN RAUM, erscholl immer wieder der häßliche Spottruf

«Mos-ki MOSKOSI» –

Der Raufer-Jidd, der gerade seine Syphilis auskurierte, ließ sich Zeit. Der Junge Pole hatte überdies so seine Art, sich über das Gebrechen des Jidd lustig zu machen. Er konnte, vor allem während des Nachmittagsspaziergangs, nicht gerade diskrete Details über Moshkis körperliche Verfassung zum großen Vergnügen der *femmes* herumbrüllen. Er erntete dafür von den Mädchen am Fenster schallendes Gelächter, schrilles Gelächter und tiefes, gutturales Gelächter, die einander überschnitten und überliefen wie ineinandergreifende Schindeln auf dem Dach des IRRSINNS. Doch eines Nachmittags wurde dieses Echo so herzlich, daß auf die energischen Proteste des verletzten Moshki der picklige *sergent de plantons* an das Tor im Stacheldrahtzaun kam und einen Vortrag über den Ernst der Geschlechtskrankheiten hielt (nach seinem Aussehen zu urteilen, meinte er es aufrichtig):

«*Il ne faut pas rigoler de ça. Savez-vous? C'est une maladie, ça.*»

Dieser kleine Sermon stand in erfreulichem Gegensatz zu seinen üblichen in der Nähe von und über *les femmes* gemachten Bemerkungen, deren Sinn in einem einzigen Satz von präpositionaler Bedeutung lag:

«*Bonne pour coucher avec*»,

schrillte er dann jedesmal, wobei in seine verschwiemelten Augen ein Ausdruck amourösen Wissens trat, der ihm ausgezeichnet stand ... Der Jidd glotzte schafdumm und ließ sich Zeit.

Eines Tages beim Nachmittagsspaziergang – es war (für hiesige Verhältnisse) *beau temps* – befanden wir uns unter dem Schutz eines der kleinsten und sanftesten und zartesten Exemplare von Mann, die je die großen und gefahrvollen Pflichten eines *plantons* erfüllten. Brown sagt: «Er sah immer aus wie eine Junibraut.» Dieses Männeken kann keine einsfünfundsechzig groß gewesen sein, war ausgezeichnet proportioniert (sieht man von der Flinte auf seiner Schulter und dem Bajonett am Koppel ab) und tänzelte mit einer weiblichen Anmut hin und her, die – wenigstens *les deux citoyens* DIESER VEREINIGTEN STAATEN – den durchaus berechtigten Übernamen «Fee» in den Mund legte. Er hatte so ein hübsches Gesicht! und solch reizenden Schnurrbart! und so süße Beine! und solch wundervolles Lächeln! Für plantonische Zwecke wurde dieses Lächeln – das zwei Grübchen in seine roten Wangen zauberte – meist unterdrückt. Es war diesem kleinen Wesen jedoch unmöglich, ernst dreinzublikken: er brachte es bestenfalls fertig, traurig-sarkastisch umherzuschauen. Das tat er denn auch mit Erfolg, stand tragisch, wie das letzte nicht aufgegessene Zuckermännlein, in seiner großen Schachtel am Ende des *cour* und beäugte die sündigen *hommes* mit schwermütigen Augen. Will mich denn keiner essen? – schien er zu fragen. – Ich schmecke nämlich lecker, müßt ihr wissen, einfach lecker, wirklich.

Um es noch einmal zu sagen: wenn sich alle im *cour* aufhielten, war der *cour* überfüllt, nicht allein was die Fläche betrifft, sondern auch den Lärm. Ein Bauernhof, voll von Schweinen, Kühen, Pferden, Enten, Gänsen, Hennen, Katzen und Hunden, hätte nicht ein Fünftel des Krachs hervorbringen können, der ungehemmt und unvermeidlich aus dem *cour* drang. Über diesen Krach hinweg hörte ich *tout à coup* ein erschrecktes, schmerzerfülltes Aufbrüllen; als ich neugierig und auch ein wenig beunruhigt aufschaute, entdeckte ich den Jungen Polen, der im tiefen Schlamm unter den kräftigen Schlägen und Schwingern und sogar Kinnhaken des Raufer-Jidds zurückwich, stolperte und ausglitt. Der Jidd, der Mantel und Mütze beiseite geworfen und sein Hemd am Hals aufgeknöpft hatte, quetschte wollüstig und rückhaltlos seine Faust in das runde, hilflose Milch- und Blutgesicht. Da, wo ich stand – etwa fünf bis sieben Meter weit entfernt –, hörte es sich einfach erschütternd an, wenn die Faust des Jidd auf die Kinnbacken des Jungen Polen knallte. Dieser versuchte gar nicht erst, sich zu verteidigen, geschweige denn zurückzuschlagen; er torkelte lediglich brüllend herum und riß seinen langen, weißen Schal, auf den er (wie ich schon erzählte) so stolz war, verzweifelt aus der Reichweite des Unheils. Wäre diese Szene nicht von solcher Brutalität gewesen, würde sie sicherlich äußerst komisch gewirkt haben. Der Jidd schlegelte wie eine Windmühle und hämmerte wie ein

Grobschmied. Den häßlichen Kopf gesenkt, das Kinn vorgeschoben, die Lippen knurrend zurückgezogen und mit bleckenden Zähnen wie ein Gorilla, hieb und trommelte er auf das Mondgesicht ein, als ob sein Leben davon abhinge, es restlos zu vernichten. Und er würde es zweifellos vernichtet haben, wenn das Heldentum der Junibraut nicht so prompt (um nicht zu sagen: pünktlich) funktioniert hätte: Sie stürmte mit gefälltem Gewehr auf den Kampf zu; blieb mit ihrer riesigen Flinte in sicherer Entfernung stehen und quiekte in der höchsten, ja allerhöchsten Lage ihrer zarten Mädchenstimme:

«*Aux armes! Aux armes!*»

und dieser klägliche und unerschrockene Ruf durchdrang kraft seiner Zartheit das Gebäude und lockte den Schwarzen Halfter heraus, der durchs Tor sprang, uns dabei wetternd begrüßte und im Nu die beiden Beteiligten getrennt hatte. «Wer hat hier angefangen?» brüllte er. Etliche der höchst ehrenwerten Zuschauer – sowohl Judas als auch der Raufer-Jidd – behaupteten, der Junge Pole sei schuld. «*Allez! Au cabinot! De suite!*» – und schluchzend zog der Junge Pole ab in den Kerker – wobei er sich zum Trost in seinen langen Schal wickelte.

Einige Minuten später begegneten wir dem Zulu, der sich mit Monsieur Auguste unterhielt. Monsieur Auguste war recht betrübt. Er gab zu, daß der Junge Pole an seiner Bestrafung selbst schuld habe. Aber er sei doch nur ein Junge. Der Zulu reagierte auf diese Geschichte geradezu hintergründig: Er wies mit dem einen Auge auf *les femmes*, mit dem andern auf seine Hose und deutete mit seiner sichtbar hervortretenden Persönlichkeit für einige Sekunden eine Liebesmaschine an, wodurch er einleuchtend den Ursprung des ganzen Dilemmas klarmachte; dann trieb er langsam davon, um mit dem höchst entzückten Kleinen Mann Mit Der Goldgelben Mütze Verstecken zu spielen. Wie sehr den Zulu die Dummheit seines Freundes, des Jungen Polen, schmerzte, merkte ich erst, als ich ihn am nächsten Morgen niedergedrückt im Bett liegen sah: neben ihm der leere *paillasse*, der *cabinot* bedeutete ... sein einfach außergewöhnliches Gesicht (ein Gesicht, das zugleich fließend und eckig, ausdruckslos und empfindsam war) erzählte mir manches, wovon sogar der Zulu nicht sprechen wollte, manches, was er, um sich seinem Kummer hingeben zu können, hinter den starren und beweglichen Augen bewußt verbarg.

Von dem Tag an, da der Junge Pole aus dem *cabinot* zurückkam, war er unser Freund. Endlich war das Übel aus ihm herausgehauen, dank *Un Mangeur de Blanc*, wie der kleine Maschinen-Einsteller den Raufer-Jidd treffend nannte. Dieser *mangeur* übrigens (nachdem er von den vorurteilsfreieren Zuschauern der ungleichen Schlägerei aller Verantwortung enthoben worden war) stelzte sofort wütend auf Brown und mich zu – verstecktes Grinsen knisterte auf der groben Oberfläche seiner Visage – und fragte, wobei er seine Hosen hochzerrte –

«*Bon, eh? Bien fait, eh?*»

und wenige Tage später ging er uns um Geld an und ließ durch die Blume merken, welches Vergnügen es ihm wäre, unser Leibwächter zu werden. Ich glaube tatsächlich, wir «liehen» ihm ein Achtel von dem, was er haben wollte (vielleicht liehen wir ihm fünf Cents), um jedem Ärger aus dem Wege zu gehen und ihn loszuwerden. Jedenfalls ließ er uns fernerhin einigermaßen in Ruhe; und wenn ein Nickel das zustandegebracht hat, dann kann der Nickel stolz auf sich sein.

Und im fallenden Grau des trostlosen Herbstes war der Zulu ständig bei uns, oder er hüllte sich um einen Baum im *cour* oder verschmolz, nachdem er Mexique abgefangen hatte, zu einem Pfosten, oder er litt an Zahnweh – mein Gott, könnte ich doch noch einmal sehen, wie er uns die Qualen der Zahnschmerzen schilderte –, oder er vermißte seine Schuhe, die er dann unter Garibaldis Bett wiederfand (mit weit auspendelndem Winken, das Bände über Garibaldis fatale Neigung zum Alles-besitzen-Wollen sprach), oder er bestaunte schweigend die Macht der *femmes* über seinen jungen Freund – der gelegentlich in seine frühere Angeberei zurückfiel und dann im schwarzen, teuflischen Regen stand, den weißen, warmen Schal um sich geschlungen, und wie dereinst sang:

«Je suis content
pour mettre dedans
suis pas pressé
pour tirer
ah-la-la-la …»

… Und der Zulu kam von der *commission* mit genau demselben ausdruckslosen Ausdruck wieder heraus, den er hineingetragen hatte; und Gott weiß, was die DREI WEISEN über ihn herausgefunden haben mochten, denn (was es auch sei) sie fanden nie und werden nie finden jenes ETWAS, dessen Entdeckung für mich wertvoller war als all das runde und machtlose Geld der Welt –: der Glieder metallene Anmut, hölzernes Winken, schulterloser Körper ohne Hast, Schnelle eines Grashüpfers, unter der Achsel die Seele, mysteriöses Fallen über das Eigene zweier Füße, strömender Fisch seiner Schlankheit halber Vogel …

Gentlemen, ich bin unerbittlich dankbar für das Geschenk dieser unwissenden und unteilbaren Dinge.

CHORHEMD

Laßt uns den dritten Lieblichen Berg besteigen, Chorhemd genannt.

Ich möchte von vornherein gestehen, daß ich Chorhemd nie erkannt habe. Und dies aus dem einfachen Grund, weil ich nichts erkennen will, wenn es nicht sein muß. Nur durch seinen Kontrast zu Härri, dem Holländer, den ich erkannte, und zu Judas, den ich erkannte, ist es mir möglich, Ihnen (vielleicht) ein wenig über Chorhemd zu berichten, den ich nicht erkannte. Im übrigen glaube ich, daß Monsieur Auguste der einzige Mensch war, der ihn erkannt haben könnte; ich bezweifle aber, daß Monsieur Auguste fähig war, in die Tiefen einer solch prächtigen Individualität zu loten, wie Chorhemd eine war.

Denken Sie sich ein reines Tier von Mann. Stellen Sie sich den unglaublichen Holländer vor, mit kobaltblauen Kniehosen und einem Schopf goldgelber Haare, die über die Stirn gepappt sind; rotes, langes Gesicht, sechsundzwanzig Jahre alt, in allen Ländern aller Welt gewesen: «Australische Mädchen, feine Mädchen – japanische Mädchen, die saubersten Mädchen der Welt – spanische Mädchen in Ordnung – englische Mädchen nix gut, kein Gesicht – überall dasselbe: Norwegische Seeleute, Deutsche Mädchen, Schwedische Streichhölzer, Holländische Kerzen» ... war in Philadelphia gewesen und auf der Yacht eines Millionärs gefahren, kannte die Krupp-Werke und hatte dort gearbeitet, war auf zwei Schiffen torpediert worden und mit einem auf eine Mine gelaufen, als man durch das «Seh-Glas» bereits Land sichtete: «Holland kaum ein Soldat – Indien» (Niederländisch Indien) «sehr hübsch, immer warm, war bei Kavallerie dort; wenn man einen umbringt oder hundert Francs stiehlt oder so was, vierundzwanzig Stunden Gefängnis; jede Woche schläft schwarzes Mädchen mit dir, weil Regierung will weiße Kinder, schwarze Mädchen gut, immerzu was tun, deine Fingernägel oder Ohren putzen und Wind machen, wenn's heiß ist ... die Deutschen kann keiner schlagen, wenn *Kaiser* einem Mann sagt, Vater und Mutter killen, Mann tut's!» – der große, kräftige, grobe, vitale Kerl, der erzählte:

«Ich schlafen mit schwarzem Mädchen, das dabei Pfeife raucht.»

Stellen Sie sich dieses Tier vor: Sie hören es, fürchten es, riechen und sehen und kennen es – aber Sie rühren es nicht an.

Oder einer, der uns Gott für solche Tiere danken ließ – Judas, wie wir ihn nannten: der nachts seinen Schnurrbart aufbindet (mit einer dünnen Binde, die durch ein Band überm Kopf festgehalten wird); der das Wachsen seiner beiden kleinen Fingernägel liebevoll bewacht; der zwei Mädchen hat, mit denen er vorsichtig und weise flirtet, ohne je in Schwierigkeiten zu geraten; der französisch spricht; in belgisch plaudert; acht Sprachen kann, und deshalb *Monsieur le Surveillant* immer nützlich ist – Judas mit seiner glänzenden, schrecklichen Stirn (dahinter lauter kleine Abmachungen); und seinen Reynard-Pausbacken – Judas mit seinem käsigen, fast fauligen, fetten Körper unter der *douche* – Judas, mit dem ich mich mal an einem Abend über Rußland unterhielt; er trug dabei meine *pelisse* – der beängstigende und unfehlbare Judas: stellen Sie sich diesen Mann vor. Sie sehen ihn, Sie riechen den heißen üblen Geruch seines Judas-Körpers, aber Sie fürchten ihn nicht, denn Sie hassen ihn. Sie hören und kennen ihn. Aber Sie rühren ihn nicht an.

Und jetzt stellen Sie sich Chorhemd vor, den ich sehe und höre und rieche und anfasse und sogar schmecke, und den ich doch nicht erkenne.

Stellen Sie sich ihn vor, wie er sich in der verschwimmenden, quadratischen Dämmerung still bückt, um die zerkauten Zigarettenstummel vom bespieenen Boden aufzulesen ... hören Sie ihn am Abend. Auswurf leuchtet im Dunkel ... sehen Sie ihn Tag für Tag, wie er die durchweichten Kippen sammelt und bedächtig seine runde Pfeife stopft (wenn er nichts findet, raucht er unbekümmert winzige Holzsplitter) … beobachten Sie ihn, wie er sich an der Wand den Rükken scheuert (genau wie ein Bär) … oder im *cour*, wo er mit niemandem spricht und seine Seele sonnt …

Wir vermuten, daß er Pole ist. Monsieur Auguste ist sehr nett zu ihm. Monsieur Auguste kann ein paar Worte seiner Sprache verstehen und meint, es solle wohl polnisch sein; es wolle unbedingt und könne doch nie polnisch sein.

Die andern schnauzen ihn ständig an, Judas sagt ihm ins Gesicht, er sei ein dreckiges Schwein, Monsieur Peters schreit zornig auf ihn ein:

«*Il ne faut pas cracher par terre*»,

und erreicht damit eine demütige, um nicht zu sagen kriecherische Abbitte; die Belgier spucken ihn an, die Holländer ziehen ihn auf, schikanieren ihn und hänseln «Syph'lis» – was er, in seiner Würde beleidigt, korrigiert

«*Pas syph'lis, Surplice*»

und damit brüllendes Gelächter hervorruft – zu keinem kann er sagen MEIN FREUND, von keinem konnte er je sagen noch wird er je sagen können MEIN FEIND.

Wenn es was zu tun gibt, schuftet er wie ein Pferd … an dem Tag zum Beispiel, als wir *nettoyage de chambre* machten, verrichteten Chorhemd und der Hut die meiste Arbeit; Brown und ich wurden vom *planton* geschnappt, weil wir versuchten, in den *cour* zu fliehen … jeden Morgen trägt er den Eimer voll Exkrementen hinunter, ohne daß ihn jemand darum gebeten hat; nimmt ihn auf, als wäre er sein, leert ihn in die Senkgrube gleich hinter dem *cour des femmes* oder gießt ein wenig (nur ein wenig) liebevoll in den Garten, wo *Monsieur le Directeur* eine Blume für seine Tochter züchtet – er hat wahrhaftig eine nicht zu leugnende Vorliebe für Exkremente; er lebt darin; er ist verkrustet und gesprenkelt und bekleckst davon; er schläft darin, er stopft sie in seine Pfeife und findet sie köstlich …

Und er ist zutiefst religiös, religiös mit einer erschreckenden und ungewöhnlich schönen und absurden Tiefe … jeden Freitag sitzt er auf einem kleinen Hocker neben seinem *pail-*

lasse und liest in seinem Gebetbuch, das er verkehrt herum hält; er wendet unsagbar zart die dünnen, schwer zu handhabenden Seiten und lächelt vor sich hin, während er sieht und doch nicht liest. Chorhemd ist wirklich fromm, ebenso Garibaldi und vermutlich auch das Murmeltier (ein kleiner, dunkler, trauriger Mann, der regelmäßig Blut spuckt); damit will ich sagen, daß sie um der *messe* willen zur *messe* gehen und nicht, wie die andern, *pour voir les femmes*. Ich weiß zwar nicht sicher, warum das Murmeltier hingeht, aber ich glaube, er spürt deutlich, daß er sterben muß. Und Garibaldi fürchtet sich, fürchtet sich sehr. Und Chorhemd geht hin, um zu staunen, zu staunen über die große Güte und Sanftmut Gottes – Der ihn, Chorhemd, in La Ferté Macé auf die Knie zwingt, weil er weiß: Chorhemd dankt es IHM.

Er ist unglaublich einfältig. Er bildet sich ein, Amerika liege draußen vor dem Fenster links von der Tür des UNGEHEUREN RAUMES. Er kann sich Unterseeboote überhaupt nicht vorstellen. Er weiß nicht, daß Krieg ist. Als man ihn darüber aufklärt, ist er höchst erstaunt, ist er unbeschreiblich verwundert. Sein eigenes Erstaunen bereitet ihm riesiges Vergnügen. Sein schmutziges, jedoch stolzes, edles Gesicht strahlt in der Freude darüber, daß man ihm auseinandersetzt, Menschen brächten andere Menschen um, ohne zu wissen warum, und Schiffe tauchten unter Wasser und feuerten zwei Meter lange Geschosse auf andere Schiffe ab, und Amerika liege wirklich nicht gleich draußen vorm Fenster, sondern weit drüben überm Meer. Das Meer: ist das Wasser? – «*c'est de l'eau, monsieur?*» Ah: viel Wasser; riesige Massen von Wasser, Wasser und wieder Wasser; Wasser und Wasser und Wasser und Wasser und Wasser. «Ah! Dann kann man wohl nicht die andere Seite dieses Wassers sehen, Monsieur? Wie schön, Monsieur!» – Er meditiert darüber und lächelt still vor sich hin; ein Wunder, wie wundervoll das ist, keine andere Seite, und doch – das Meer. Wo Fische schwimmen. Wundervoll.

Er ist ungemein neugierig. Er ist ungemein hungrig. Wir

haben von dem Geld des Zulus Käse gekauft. Chorhemd kommt daher, verbeugt sich schüchtern und zutunlich mit der Haltung eines millionenmal geprügelten, aber doch noch stolzen Hundes. Er lächelt. Er sagt nichts und ist schrecklich verlegen. Um ihm über seine Verlegenheit hinwegzuhelfen, tun wir, als sähen wir ihn nicht. Da geht es schon besser:

«*Fromage monsieur?*»

«*Oui, c'est du fromage.*»

«*Ah-h-h-h-h-h-h...*»

sein Staunen ist groß. *C'est du fromage.* Er denkt darüber nach. Nach einer Weile

«*Monsieur, c'est bon, monsieur?*»

fragt, als hinge sein Leben von der Antwort ab – «Ja, er ist gut», versicherten wir ihm.

«*Ah-h-h. Ah-h.*»

Wieder ist er überglücklich. Er ist gut, *le fromage.* Gab es etwas, das noch wunderbarer erstaunlich war? Nach vielleicht einer Minute:

«*Monsieur – monsieur – c'est cher le fromage?*»

«Sehr», antworteten wir ihm wahrheitsgemäß. Er lächelt selig verwundert. Dann äußerst zart und mit aller nur denkbaren Schüchternheit:

«*Monsieur, combien ça coute, monsieur?*»

Wir sagen es ihm. Er schwankt vor Staunen und Glück. Jetzt erst fragen wir ihn beiläufig, als wären wir vorher gar nicht auf die Idee gekommen:

«*En voulez-vous?*»

Er reckt sich, zitternd vom Scheitel seines fast schönen, schmutzigen Kopfes bis zu den sohlenlosen Pantoffeln, mit denen er in Regen und Kälte spazierengeht:

«*Merci, Monsieur.*»

Wir schneiden ihm ein Stück ab. Er nimmt es bebend entgegen, hält es empor, wie ein König den schönsten und größten Schatz seines Königreiches halten und betrachten würde, bedankt sich überschwenglich bei uns – und verschwindet...

Am neugierigsten ist er wohl auf das angenehm klingende Ding, das sich alle um ihn herum, alle, die auf ihn fluchen und ihn anspucken und quälen, mit einer schrecklichen Sehnsucht wünschen – *Liberté*. Wenn einer geht, dann gerät Chorhemd in eine Ekstase wortloser Aufregung. Der Glückliche ist zum Beispiel Fritz; Badehaus-John veranstaltet für ihn eine Kollekte, als ob Fritz ein Holländer wäre und nicht ein Däne – Badehaus-John geht herum und bettelt mit seinem Hut, in den wir für Fritz ein paar Münzen werfen; Badehaus-John, eichhörnchenwangig, der im Traum belgisch, französisch, englisch und holländisch spricht, der seit zwei Jahren in La Ferté ist (man behauptet, er habe es abgelehnt, entlassen zu werden, als man ihm einmal die Chance gab), der ruft «*baigneur de femmes, moi*» und jeden Abend seine hölzerne Koje erklimmt und «guu-TNaacht» wünscht; dessen Lieblingswitz «*une section pour les femmes*» ist, den er hin und wieder im *cour* hinausschreit, der seine mit Pappe besohlten Pantoffeln anhebt und im gefrorenen Schlamm dahinstapft, kichert und sich die Nase in die Union Jack schnaubt... und nun Fritz, der vor Freude strahlt, Hände schüttelt, uns allen dankt und zu mir sagt «Lebwohl, Jonny» und winkt und für immer verschwindet – und hinter mir höre ich eine schüchterne Stimme: «*Monsieur, Liberté?*» und ich sage Ja, und dieses Ja hallt in meinem Bauch und Kopf zugleich wider; und Chorhemd steht neben mir, still verwundert, überglücklich und unbekümmert darum, daß *le parti* gar nicht auf den Gedanken kommt, auch ihm Lebewohl zu sagen. Oder es sind Härri und Bommel, die wild erregt und händeschüttelnd hin- und herlaufen, und ich höre eine Stimme hinter mir:

«*Liberté, monsieur? Liberté?*»

und ich sage Nein, Précigné, bin seltsam niedergeschlagen, und Chorhemd steht zu meiner Linken, betrachtet den Abzug der Unverbesserlichen mit aufmerksamer Enttäuschung – Chorhemd, von dem niemand Notiz nimmt, wenn er geht, sei es zur Hölle oder ins Paradies...

Und einmal in der Woche wirft der *maître de chambre* Seife auf die *paillasses*, und ich höre eine Stimme:

« *Monsieur, voulez pas?* »
und Chorhemd bittet uns, ihm unsere Seife zum Waschen zu geben.

Manchmal, wenn er sich mit dem Waschen für andere *quelques sous* verdient hat, stakst er langsam zum Stuhl des Fleischers (nachdem alle andern, die rasiert werden wollten, bedient sind) und nimmt mit geschlossenen Augen und geduldiger Haltung die Klinge vom stumpfesten Messer des Fleischers hin – denn der Fleischer ist nicht der Mann, der ein gutes Messer an Chorhemd verschwendet; er, der Fleischer, wie wir ihn nennen, der Nachfolger vom Frosch (dem es eines Tages, wie schon seinem Vorgänger, dem Barbier, gelungen war, zu verschwinden), ein Räuber und Einbrecher, der uns begeistert von deutschen Städten und ihren Gefängnissen erzählt, von Gefängnissen, wo man nicht rauchen darf, sauberen Gefängnissen, wo täglich eine ärztliche Untersuchung abgehalten wird, wo jeder, der eine Beschwerde hat, diese sofort und an Ort und Stelle vorbringen kann; er, der Fleischer, der wohl am glücklichsten ist, wenn er uns am Abend Kunststückchen vorführen darf, Kunststückchen, die gerade für drei- bis vierjährige Kinder recht sind; und der am besten ist, wenn er erklärt:

«Krankheit existiert nicht in Frankreich»,
womit er sagen will, man ist hier entweder gesund oder tot; oder

«Wenn sie (die Franzosen) einen Erfinder entdecken, stecken sie ihn ins Gefängnis.»

– So hängt der Fleischer schwerfällig über Chorhemds Gesicht und schneidet und säbelt geschäftig und achtlos darin herum, seine dicken Lippen sind ein wenig vorgewölbt, und seine eingebetteten Schweinsäuglein funkeln – und gleich darauf ruft er « *Fini!* » und das arme Chorhemd erhebt sich wackelig und gräßlich verschnitten, das Blut rinnt ihm aus wenigstens drei fünf Zentimeter langen Schnitten und einem Dutzend großer Kratzer; wankt hinüber zu seinem Bett, wobei er sein Gesicht zusammenhält, als fürchtete er jeden Augenblick, es könnte auseinanderfallen; legt sich dann still der Länge nach hin, seufzt freudig verwundert und grübelt über die unschätzbare Wonne der Sauberkeit...

Ich fand es damals recht bemerkenswert, daß ein bestimmter Menschentyp so reagiert: Je furchtbarer das Leid, das ihm auferlegt ist, desto furchtbarer verhält er sich gegen jeden, der das Unglück hat, noch schwächer oder elender zu sein. Vielleicht sollte ich besser sagen: Fast jeder Mensch, der in wirklich elenden Verhältnissen lebt, reagiert gelegentlich auf diese Verhältnisse (die seine Persönlichkeit ruinieren), indem er bewußt einen schwächeren Menschen oder einen, der noch ruinierter ist als er selbst, restlos zu ruinieren trachtet. Ich finde dies ganz offensichtlich und bilde mir nicht ein, damit etwas Neues erkannt zu haben. Im Gegenteil, ich halte lediglich fest, was mich während meines Aufenthaltes in La Ferté stark beschäftigte: Es bewegte mich sehr, als ich sah, daß unter sechzig Männern – mochten sie auch von ihren Leiden völlig in Anspruch genommen sein – sich immer ein paar fanden, die noch so viel Zeit erübrigten, ihren Kameraden kleine Extra-Leiden zu bereiten. Allerdings konnte bei Chorhemd, der als Zielscheibe jeden Spottes diente, nicht unbedingt von Leiden gesprochen werden; denn Chorhemd, der unsagbar einsam war, genoß alle Beleidigungen, weil sie eine Anerkennung seiner Existenz bedeuteten oder wenigstens mit einschlossen. Zum Narren gemacht zu werden, war für seine ansonsten völlig vernachlässigte Person ein Zeichen der Würde; etwas, worüber man sich freuen konnte; worauf man stolz sein durfte. Die Leute des UNGEHEUREN RAUMES hatten Chorhemd eine kleine, aber nicht unbedeutende Rolle im Drama von *La Misère* zugeteilt: Er wollte diese Rolle nach seinen besten Kräften spielen; die Narrenkappe sollte kein Haupt krönen, das dieser hohen Auszeichnung nicht würdig war. Er wollte ein großer Narr sein, denn das war seine Berufung; ein vollendeter Spaßmacher, denn es war seine Aufgabe zu unterhalten. Schließlich bestanden ja die Männer in *La Misère* genau wie andere Menschen mit Recht auf ein bißchen Vergnügen; Vergnügen gehört nun einmal unbedingt zum Leiden; je mehr wir uns amüsieren können, desto mehr können wir leiden; ich, Chorhemd, bin also eine wichtige Person.

Ich erinnere mich noch an den Tag, als Chorhemd großartig bewies, wie gut er den Narren zu spielen verstand. Einer hatte sich ihm nachgeschlichen – als Chorhemd, mit stolz erhobenem Kopf, die Hände in den Taschen und die Pfeife zwischen den Zähnen, auf- und abstelzte – und es war ihm (nach ein paar herzzerbrechenden Fehlschlägen) gelungen, mit einer Nadel ein großes, schon vorher gemaltes Plakat hinten an Chorhemds Jacke zu befestigen, ein Plakat, das in riesigen Lettern die Nummer

606

trug. Der Täter machte sich, als er seine schwierige Aufgabe erfüllt hatte, davon. Kaum hatte er seinen *paillasse* erreicht, als auch schon aus allen Ecken ein Gröhlen losbrach, ein Gröhlen, in dem sich alle Nationalitäten vereinigten, ein höhnisches Gröhlen, unter dem die Pfeiler erzitterten und die Fenster klirrten –

«*Six Cent Six! Syph'lis!*»

Chorhemd erwachte aus seinen Träumen, nahm die Pfeife aus dem Mund, reckte sich stolz und sagte in seinem schlechten und schnellen Französisch, wobei er sich nach allen Seiten des UNGEHEUREN RAUMES umblickte:

«*Pas syph'lis! Pas syph'lis!*»

worauf sich alle vor Lachen krümmten und so laut wie möglich brüllten

«*Six Cent Six!*»

Chorhemd sprang empört auf Pete-den-Schatten los und wurde von den Amerikanischen Seen empfangen mit:

«Weg da, du verdammter Polack, oder es geht dir schlecht.»

Eingeschüchtert und doch so majestätisch wie eh und je, versuchte Chorhemd seinen Rundgang erneut aufzunehmen und seine Haltung zurückzugewinnen. Abermals schwoll das Getöse an:

«*Six cent six! Syph'lis! Six cent six!*»
– und nahm mit jedem Augenblick an Gewalt zu. Chorhemd, außer sich vor Wut, schoß auf einen anderen Mitgefangenen zu (einen kleinen, alten Mann, der unter den Tisch flüchtete), lockte damit aber nur Drohungen hervor wie:

«Na, komm schon, du Polackenhurer, und zeig, was du kannst – oder soll ich dich kaltmachen?» Und Chorhemd vergrub die Hände in den Taschen seiner beinahe durchsichtigen Hosen und stampfte wütend und – im wahrsten Sinne des Wortes – schäumend davon.

«*Six cent six!*»
schrie es durcheinander. Chorhemd stampfte gekränkt und voller Zorn auf. «*C'est dommage*», sagte Monsieur Auguste leise zu mir. «*C'est un bon-homme, le pauvre, il ne faut pas l'em-merd-er.*»

«Dreh dich doch mal um!»
gellte einer. Chorhemd wirbelte herum wie eine kleine Katze, die ihren Schwanz haschen will, und rief damit tosendes Gelächter hervor. Man konnte sich wahrhaftig nichts Bemitleidenswerteres und Lächerlicheres, Drolligeres und Grausigeres vorstellen.

«An deinem Rock! Schau doch nach deiner Jacke!»
Chorhemd drehte sich nach hinten, guckte erst über die linke, dann über die rechte Schulter, zerrte da und dort an seinem Rock – wodurch sein improvisierter Schwanz wedelte, was den UNGEHEUREN RAUM in wahre Krämpfe der Begeisterung versetzte – und entdeckte schließlich das belastende Anhängsel, raffte seinen Rock nach links, packte das Papier, riß es ab, warf es zornig weg und trampelte auf dem zerknitterten 606 herum; sprudelte und tobte und schlenkerte mit den Armen; geiferte wie ein tollwütiger Hund. Dann wandte er sich an die weitaus lauteste Ecke und stotterte schwerzüngig und irr:

«Wuhwuhwuhwuhwuh ...»

Dann ging er schnell auf seinen *paillasse* zu und legte sich nieder; so fand ich ihn wenige Minuten später vor: lächelnd, ja sogar kichernd ... glücklich ... wie nur ein Schauspieler glücklich sein kann, dessen Kunst mit donnerndem Applaus belohnt wurde ...

Außer daß man ihn «Syph'lis» nannte, war er auch noch unter dem Namen «*Chaude-Pisse*-der-Pole» bekannt. Das Furchtbare an Gefängnissen, oder wenigstens an Gefängnisnachahmungen wie La Ferté, ist wohl die hemmungslose Offenheit, mit der die Gefangenen (wenn auch unbewußt) nolens volens gewisse fundamentale Gesetze der Psychologie erfüllen. Chorhemd ist dafür ein besonders treffendes Beispiel: Alle haben natürlich vor *les maladies vénériennes* Angst – und so suchen sie sich einen aus (von dessen Innenleben sie nichts wissen und auch nichts wissen wollen, dessen äußere Erscheinung jedoch den Vorstellungen von etwas Faulem und Ekelhaftem entspricht) und überschütten ihn, nachdem sie stillschweigend übereingekommen sind, dieser eine sei das SYMBOL alles Bösen, mit Beleidigungen und begeistern sich an seinem wahrhaftig begreiflichen Unbehagen ... Und ich werde nie vergessen, wie Chorhemd auf den Knien ehrfürchtig das aus dem Spucknapf zerstreute Sägemehl zusammenfegte; niedergetreten vom Absatz des allmächtigen *planton* – und lächelte, wie er während der *messe* lächelte, wenn *Monsieur le Curé* ihm erklärte: die HÖLLE, sie ist ewig ...

Einmal erzählte er uns die lange, gewaltige Geschichte eines bedeutsamen Vorfalls in seinem Leben:

«*Monsieur, réformé moi – oui monsieur – réformé – travaille, beaucoup de monde, maison, très haute, troisième étage, tout le monde, planches, en haut – planches pas bonnes – chancelle, tout*» – (jetzt fing er an, sich taumelnd vor uns zu drehen) «*commence à tomber – tombe, tombe, tout, tous, vingt-sept hommes-briques-planches-brouettes-tous – dix mètres – süsüsüsüsüsü WUMM! – tout le monde blessé, tout le monde tué, pas moi, réformé – oui monsieur*» – und er lächelte und kratzte sich närrisch den Kopf. Siebenundzwanzig Mann, Backsteine, Bretter und Schubkarren ...

Er erzählte uns eines Abends mit seiner weichen, irren, schwankenden Stimme, er habe früher einmal in Elsaß-Lothringen mit einer dicken Frau Violine gespielt – für fünfzig Francs den Abend; «*C'est la misère*» – fügte er leise hinzu, «ich spiele gut, ich kann alles spielen, ich spiele *n'importe quoi.*»

Was ich vermutlich und wahrscheinlich kaum glaubte – bis eines Nachmittags ein Mann eine Harmonika anschleppte, die er *en ville* ergattert hatte; der Mann probierte sie aus; alle probierten sie aus; und es war wohl das billigste und jämmerlichste Instrument, das sich für Geld kaufen läßt – selbst im schönen Frankreich; und alle waren verärgert – aber gegen sechs Uhr abends flüsterte hinter dem letzten Experimentator eine Stimme; eine schüchterne, hastige Stimme:

«*Monsieur, monsieur, permettez?*»

und der letzte Experimentator wandte sich um und sah zu seiner Verwunderung *Chaude-Pisse*-den-Polen, den (natürlich) alle vergessen hatten –

Der Mann warf die Harmonika auf den Tisch mit zornvollem (bedrohlich zornvollem) Blick auf dieses Objekt allgemeinen Abscheus; und kehrte ihm den Rücken. Chorhemd, zitternd vom Scheitel seines schmutzigen und schönen Kopfes bis zu den nackten Sohlen seiner schmutzigen und schönen Füße, legte seine bebende Pfote liebevoll und sicher auf die Harmonika; setzte sich mit erstaunlich überlegener und graziöser Bewegung; schloß die Augen, auf deren Wimpern dicke, schmutzige Tränen glänzten …

… und plötzlich:

Er legte die Harmonika behutsam auf den Tisch. Er stand auf. Er hastete zu seinem *paillasse* hinüber. Er rührte sich nicht, und er sprach und antwortete auch nicht auf die Bitten um mehr Musik, auf die Schreie «*Bis!*» – «*Bien joué!*» – «*Allez!*» – «*Va-z-y!*» Er weinte still und verhalten vor sich hin … weinte still und verhalten, weil er niemand ärgern wollte … weil er hoffte, die Leute würden nicht merken, daß IHR NARR heute in seiner Rolle versagt hatte.

Am nächsten Tag war er wie immer als erster auf, suchte auf dem bespuckten, schlüpfrigen Boden des UNGEHEUREN RAUMES Kippen – bereit, sich beleidigen, verspotten, herumstoßen und verfluchen zu lassen.

Alors –

Wenige Tage, nachdem alle, die für *la commission* vorgemerkt waren, die Ehre eines Verhörs durch diese unerbittliche und wundervolle Körperschaft genossen hatten – spät am Abend, kurz vor *lumières éteintes*, kam ein unbekannter *planton* in den UNGEHEUREN RAUM, haspelte fünf Namen herunter und fügte hinzu:

«*partir demain de bonne heure*»,

und verschloß dann wieder die Tür. Chorhemd war wie immer sehr interessiert, ungeheuer interessiert. So auch wir: denn die genannten Namen gehörten Monsieur Auguste, Monsieur Pet-äärs, dem Wanderer, Chorhemd und dem Löffelmann. Diese Männer waren verurteilt worden. Diese Männer kamen nach Précigné. Diese Männer würden *prisonniers* sein *pour la durée de la guerre*.

Ich habe bereits erzählt, wie Monsieur Pet-äärs bei dem verzweifelt weinenden Wanderer saß und Briefe für ihn schrieb, mit seiner großen, roten Nase schniefte und immer wieder sagte: «Sei ein Mann, Demestre, weine nicht, Weinen hilft nichts.» Monsieur Auguste war völlig gebrochen. Wir taten unser möglichstes, um ihn aufzuheitern; wir bereiteten ihm eine HENKERSMAHLZEIT auf unserem Bettrand, wir wärmten im Blechbecher Rotwein, und er trank mit uns. Wir beschenkten ihn zum Zeichen unserer Liebe und Freundschaft mit ein paar Andenken, darunter – ich weiß es noch genau – ein riesiger Käse … und dann stand Chorhemd zitternd vor uns –

Wir baten ihn, sich zu setzen. Die Zuschauer (man hatte bei jeder Tätigkeit Zuschauer, sei es auch bei einer so intimen wie ESSEN oder TRINKEN) blickten neidisch oder lachten. *Le con*, Chorhemd, *chaude-pisse* – wie durfte er unter Männern, ja sogar unter Gentlemen weilen? Chorhemd setzte sich graziös und leicht auf eines unserer Betten, wobei er darauf achtete, dessen unzuverlässigen Mechanismus nicht zu beschädigen. Saß sehr stolz da; aufrecht; bescheiden aber furchtlos. Wir boten ihm einen Becher Wein an. Eine große Erschütterung überflutete für einen Augenblick heiß sein ganzes Gesicht: Dann sagte er flüsternd vor Erregung und unaussprechlicher Verwunderung, wobei er sich zu uns herüberneigte, ohne auf den Gedanken zu kommen, diese Frage könne mit ja beantwortet werden:

«*Pour moi, monsieur?*»

Wir lächelten ihm zu und sagten, «*Prenez, monsieur.*» Er riß die Augen auf. Nie wieder habe ich seitdem Augen gesehen. Er antwortete leise, wobei er seine Hand mit majestätischer Würde ausstreckte:

«*Merci, monsieur.*»

... Ehe er uns verließ, schenkte ihm Brown ein paar Socken und ich ein Flanellhemd, was er still und gelassen und schlicht annahm – und andrerseits doch so, wie kein Amerikaner eine Million Dollar annehmen würde.

«Ich werde Sie nicht vergessen», sagte er zu uns, als wäre er in seinem Heimatland zumindest ein mehr als mächtiger König ... und ich glaube, ich weiß, wo dieses Land ist, ich glaube, ich kenne es; ich, der Chorhemd nie erkannte, kenne es.

Denn sein ist das Land der Harmonikas, sein sind die Äcker der Flöten, die Wiesen der Klarinetten, die Domänen der Violinen. Und Gott fragt: Warum haben sie dich ins Gefängnis geworfen? Was hast du den Menschen getan? «Ich ließ sie tanzen, und sie steckten mich ins Gefängnis. Die Ruß-Kehrer hüpften; und springen wie Funken aus Kaminen, und ich bekam jeden *dimanche* 80 Francs und Bier und Wein und gut zu essen. *Maintenant ... c'est fini ... Et tout de suite*» (Geste des Halsabschneidens) «*la tête*». Und Er sagt: O du, der du das rhythmische Lied der Freude gespielt hast, komm herauf. Hier ist ein Mann namens Christ, der die Violine liebt.

JEAN LE NÈGRE

Eines Tages rief das Schellen am Tor und das darauf folgende Ans-Fenster-Stürzen der Männer zusätzlich einen unvergleichlichen Schwall enthusiastischer Schreie in sämtlichen Sprachen La Ferté Macés hervor – ich glaubte schon, die Königin aller schönen Frauen sei angekommen. Diese Aufregung legte sich jedoch, als einer rief: «*Il y a un noir!*» Fritz hatte das beste Guckloch, das er erfolgreich gegen die Angriffe von einem Dutzend Mitgefangener verteidigte, und ich fragte ihn auf englisch, «Wer kommt da?» – «'ne Menge Mädchen», brüllte er, «und 'n NIGGER ist dabei» – worauf er sich vor Lachen krümmte.

Ich versuchte, einen Blick zu erhaschen, aber vergeblich; denn inzwischen drängten sich wenigstens zwei Dutzend Männer am Guckloch, stritten und fuchtelten und klatschten sich gegenseitig auf die Schultern vor Vergnügen. Es dauerte jedoch nicht lange, bis meine Neugier gestillt wurde. Von der Treppe her hörte ich heraufkommende Tritte und wußte somit, daß ein paar *plantons* in wenigen Minuten mit ihrem neuen Opfer zur Tür hereintreten würden. Auch die andern hatten es gehört – und darum sprangen von den entfernter liegenden Betten zahllose Leute auf und stürzten zur Tür, begierig auf den *nouveau:* Das war bezeichnend, denn sonst liefen bei der Ankunft eines neuen Gefangenen alle auf ihre Betten zu, um sie zu bewachen.

Schon als die *plantons* am Schloß fummelten, hörte ich das unnachahmliche, unverkennbare göttliche Lachen eines Negers. Endlich ging die Türe auf. Herein trat eine herrliche Säule von schwarzen, strotzenden Muskeln, gekrönt von dem erschreckenden Blitzen der weißesten Zähne der Erde. Der Muskel verbeugte sich höflich in unsere Richtung, das Grinsen sagte klangvoll: «*Bo'jour, tou' l'monde*»; dann folgte eine Kaskade von Gelächter. Die Wirkung auf die Zuschauer blieb nicht aus; sie brüllten und tanzten vor Begeisterung.

«*Comment vous appelez-vous?*» wurde ihm aus dem Wirrwarr entgegengefeuert. – «*J'm'appelle Jean, moi*», antwortete der Muskel sogleich und auf einmal sehr feierlich und blickte stolz nach rechts und links, als erwartete er Einwände auf diese Antwort: Als sich aber keine erhoben, brach er wieder in Lachen aus – als amüsierte er sich riesig über sich selbst und die andern, einschließlich eines kleinen und kräftigen Jungen, den ich bisher nicht bemerkt hatte, obwohl er gleichzeitig mit dem Muskel hereingekommen war.

So trat in das *misère* von La Ferté Macé hell und stolz Jean le Nègre.

Von allen feinen Kerlen in La Ferté Macé stolziert Monsieur Jean («*le noir*», wie ihn seine Feinde nannten) durch meine Erinnerung als der feinste.

Jeans erste Handlung war, die Verteilung von zwei Taschen voll Kube-ben zu beenden (die, wie er verkündete, schon unter den ihn heraufbegleitenden *plantons* begonnen hatte). Er reichte sie nach rechts und links und sagte nachlässig, «*J'ne veux, moi.*»

Après la soupe (wenige Minuten nach der Ankunft von *le noir*) gingen Brown und ich und die meisten andern Gefangenen hinunter in den *cour* zu unserm Nachmittagsspaziergang. Sofort schnappte uns der Koch und bat uns, Wasser zu holen; das taten wir auch und verdienten mit drei Wagenladungen unsren *café sucré*. Als wir nach dieser köstlichen Bewirtung (die wie immer die Wirkung der Spülwassersuppe milderte, aus der unser Essen regelmäßig bestand) die *cuisine* verlassen hatten, schlenderten wir in den *cour*. Dort entdeckten wir auf einmal eine gutgebaute Gestalt, die auffallend abseits stand und aufmerksam die Seiten einer Londoner *Daily Mail* studierte, die sie verkehrt herum hielt. Der Leser pickte auserlesene Bissen höchst sensationeller Neuigkeiten heraus und rief von Mal zu Mal – «*Est-ce vrai! V'la, le roi d'Angleterre est malade. Quelque chose! – Comment? La reine aussi? Bon Dieu! Qu'est-ce que c'est? – Mon père est mort! Merde! – Eh, b'en! La guerre est fini. Bon.*» – Es war Jean le Nègre, der sich so mit sich selbst beschäftigte, um die Zeit totzuschlagen.

Als wir wieder *à la chambre* hinaufgestiegen waren, wollten sich ein paar von uns mit dieser ungewöhnlichen Persönlichkeit auf französisch unterhalten; worauf er würdevoll verkündete: «*J'suis anglais, moi. Parlez anglais. Comprends pas français, moi.*» Darauf begleiteten sie ihn zu Brown und mir herüber – in der Erwartung, es würden jetzt auf englisch große Dinge geschehen. Jean betrachtete uns kritisch und sagte, «*Vous parlez anglais? Moi parlez anglais.*» – «Wir sind Amerikaner und sprechen englisch», antwortete ich. – «*Moi anglais*», erwiderte Jean. «*Mon père, capitaine de gendarmerie, Londres. Comprends pas français, moi. Spii-Kingliss*» – und er lachte über sich selbst.

Nach dieser Darbietung seiner Englischkenntnisse fingen die englisch sprechenden Holländer an zu gröhlen. «Der Hurenkerl ist verrückt», sagte einer.

Und von diesem Augenblick an kamen Brown und ich mit Jean prächtig aus.

Er hatte das Gemüt eines Kindes. Er gebrauchte die Sprache entweder zu überspanntem Geflunker oder zu rein bildhaften Beschreibungen. Er buhlte um den Klang der Worte und verachtete dabei mehr oder weniger ihren Sinn. Er erzählte uns sofort (in Pidgin-Französisch), er sei ohne Mutter geboren, denn seine Mutter sei bei seiner Geburt gestorben; sein Vater sei (zuerst) sechzehn (dann) sechzig Jahre alt, sein Vater *gagnait cinq cent francs par jour* (später, *par année*), er sei in London geboren und nicht in England, er habe in der französischen Armee gedient und sei nie in einer Armee gewesen.

In einer Erkenntnis jedoch widersprach er sich nie: «*Les français sont des cochons*» – der wir herzlich zustimmten und die ihm die Billigung der Holländer eintrug.

Am nächsten Tag war ich vollauf damit beschäftigt, den Dolmetscher zu spielen für «*le noir qui comprend pas français*». Ich wurde aus dem *cour* gerufen, um einen großen Kummer

Jeans verständlich zu machen, den er dem *Gestionnaire* nicht hatte erklären können. Ein *planton* begleitete mich hinauf, wo ich Jean völlig durcheinander vorfand; sprachlos; mit hervorquellenden Augen. Soviel ich herausbekommen konnte, hatte Jean bei seiner Ankunft sechzig Francs gehabt. Dieses Geld hatte er einem *planton* gegeben, und der *planton* hatte Jean gesagt, er werde es beim *Gestionnaire* auf Jeans Namen deponieren (Jean konnte nämlich nicht schreiben). Der betreffende *planton*, der auffallend unschuldig dreinschaute, leugnete – nachdem ich ihm Jeans Darstellung vermittelt hatte –, daß ihm etwas anvertraut worden sei – während der *Gestionnaire* schnaufte und grunzte, jede Auseinandersetzung mit dem angeblichen Dieb ablehnte und ernstlich behauptete, er höre von Jeans sechzig Francs das erste Mal. Der *Gestionnaire* klopfte mit seinem dicken Wurstfinger auf das Buch, in dem alle finanziellen Transaktionen verzeichnet seien – vom ersten Jahr an bis heute, auf Monat, Tag, Stunde und Minute genau (oder wenigstens so ähnlich). «*Mais c'est pas là*», wiederholte er stur immer und immer wieder. Der *Surveillant* ähäte dauernd und versuchte, Jean auf französisch zu beruhigen. Ich fürchtete für Jeans Verstand und war schwer empört über den *planton*. Die Geschichte endete damit, daß der *planton* an seine Arbeit geschickt wurde – und Jean mit mir wieder in den *cour*. All meine Bemühungen, Jean über seinen Schmerz hinwegzuhelfen, blieben vergeblich. Er war untröstlich wie ein Kind, das ungerecht bestraft worden ist. Dicke Tränen quollen aus seinen Augen. Fortwährend wiederholte er «Siis-ti Franc – *planton voleur*» – und genau wie ein Kind, das sich in seinem Jammer bei dem Namen nennt, den es von den Erwachsenen bekommen hat – «stiehlt Jean Gäld». Ohne Erfolg schimpfte ich den *planton* einen *menteur*, einen *voleur*, einen *fils de chienne* und noch manches andere. Jean empfand das Unrecht an sich viel zu stark, als daß ihn berührt hätte, wie ich das Werkzeug dieses Unrechts beschuldigte.

Aber Jean le Nègre – auch jetzt wie ein untröstliches Kind,

das sich das Herz ausweint und sich von keinem Menschen beruhigen läßt und doch am andern Morgen ohne jede Spur des vergangenen Kummers erwacht – erlangte innerhalb vierundzwanzig Stunden seinen natürlichen Schwung wieder. Die siis-ti franc waren vergessen. Ihm war Unrecht geschehen. Aber das war gestern gewesen. Heute –

Und er ging auf und ab, scherzte, lachte, sang:

«*après la guerre fini*»...

Im *cour* war Jean das Mekka aller weiblichen Augen. Taschentücher winkten ihm zu; Rufe höchst amouröser Natur begrüßten jedesmal sein Kommen. All diesen Beweisen gegenüber blieb er keinesfalls kalt – im Gegenteil: Jean war hoffnungslos eitel. Er brüstete sich damit, er sei bei den Mädchen überall ungeheuer beliebt gewesen und habe ihre Bewunderung nie verschmäht. Eines Tages in Paris – (und so erfuhren wir, warum *le gouvernement français* Jean eingesperrt hatte) –

Eines Nachmittags, als er *rien à faire* hatte und sich in Form fühlte (dank seiner Erfolge als Dieb; ein Beruf, auf den er sich sehr viel einbildete und zu dessen Erträgen er so viele Ziffern hinzufügte, als seine Phantasie überhaupt zuließ), entdeckte Jean in einem Schaufenster eine Auslage aller möglichen Ausrüstungsgegenstände für das *militaire*. Die Uniform eines englischen Hauptmanns stach ihm ins Auge. Der Hang zur Angabe wurzelte tief in Jeans Seele. Ohne zu zögern betrat er den Laden, kaufte die vollständige Uniform, einschließlich Ledergamaschen und Koppel (auf das er besonders große Stücke hielt), und verschwand. Im nächsten Laden sah er eine Auslage von Orden aller Art. Da fiel Jean ein, daß eine Uniform ohne Orden nichts sei. Er betrat auch diesen Laden, kaufte von jedem Orden einen – vergaß weder den Kolonial-Orden noch das Belgische Kreuz (das ihm wegen seiner Größe und Farbe besonders gefiel) – und ging heim. Dort befestigte er die Auszeichnungen auf der Brust seiner Bluse, legte die Uniform an und machte sich stolzgeschwellt auf, Paris zu erobern.

Überall hatte er Erfolg. Die Frauen waren wie wild hinter ihm her – angefangen von *les putains* bis zu *les princesses*. Die Polizei salamte vor ihm. Der Arm wurde ihm schwer vom Erwidern der zahllosen Ehrenbezeigungen. Seine Orden hatten eine erstaunliche Macht: Ein Gendarm wagte es, ihn zu arretieren, weil er einem englischen Offizierskameraden den Schädel eingeschlagen hatte (obwohl jener nur ein Leutnant war und deshalb besser den Mund gehalten hätte, als *Captain* Jean ihm die Zuneigung seiner Dame stahl), aber der *sergent de gendarmerie*, dem Jean wegen versuchten Totschlags vorgeführt worden war, weigerte sich, den Vorfall überhaupt zur Kenntnis zu nehmen und erledigte den Fall, indem er sich bei dem heroischen *Captain* überschwenglich entschuldigte. «,*Le gouvernement français, Monsieur*, möchte Ihnen durch mich ihr tiefstes Bedauern ausdrücken über die Belästigungen, denen Euer Ehren ausgesetzt wurden'. *Ils sont des cochons, les français*», sagte Jean und lachte, daß es ihn schüttelte.

Nachdem die meisten blaublütigen Damen der Hauptstadt an seiner Heldenbrust gegirrt hatten und nachdem er, mit voller Unterstützung des Reglements, wen auch immer von geringerem Rang, der ihm in die Quere kam oder den Gruß verweigerte, zusammengehauen hatte – und nachdem er sich einen «Mordsspaß» daraus gemacht hatte, Generäle auf *les grands boulevards* zu grüßen und von ihnen wiedergegrüßt zu werden («*tous les généraux, tous,* grüßten mich, Jean mehr Orden haben»), und als dies so über drei Monate gegangen war, da fing Jean an, sich schrecklich zu langweilen («ich *très ennuyé*»). Aus lauter Langeweile bekam er einen Wutanfall («ich *très fâché*») und geriet in einen *rixe* mit der Polizei, worauf Jean, unser Held (der trotz der dreifachen Übermacht des Gegners einen davon beinahe umgebracht hatte), zum zweitenmal inhaftiert wurde. Dieses Mal gingen die Behörden so weit, den heroischen *Captain* zu fragen, welcher Einheit der englischen Armee er gegenwärtig angehöre. Daraufhin erwiderte Jean zuerst, «*Parle pas français, moi*», und vermeldete sofort danach, er sei ein Lord der Admiralität, er habe in Paris Einbrüche in Höhe von siismiil-i-oun franc begangen, er sei der Sohn eines Lordmajors der Queen in London, er habe in Algerien ein Bein verloren und die Franzosen seien *cochons*. Nachdem diese Behauptungen den Vorschriften gemäß wiederlegt worden waren, schickte man Jean nach La Ferté zur psychiatrischen Beobachtung und in Gewahrsam mit der Begründung, die Uniform eines englischen Offiziers getragen zu haben.

Jeans auserwähltes Mädchen in La Ferté war «LUU-LUU». Mit Lulu war es nicht anders als mit *les princesses* in Paris – «ich nicht *travaille, ja-MAIS. Les femmes travaillent,* gäiben Jean Gäld, siis, siis-tii, sii-*cent francs. Jamais travaille, moi.*» Lulu schmuggelte Jean Geld zu; nicht lange danach wurde die Summe von der Frau, die neben Lulu schlief, vermißt. Lulu schickte Jean auch ein spitzenbesetztes Taschentuch, das Jean mit seligem Lächeln und restlos befriedigt knautschte und an die Lippen preßte. Die Geschichte mit Lulu beschäftigte Mexique und Pete-den-Holländer vollauf damit, Briefe zu schreiben, Briefe, die Jean diktierte, wobei er die Augen rollte und sich nach Worten ringend am Kopf kratzte.

Damals war Jean ausgesprochen glücklich. Er war ständig dabei, einem der Holländer oder Mexique oder dem Wanderer oder einfach jedem, den er gern mochte, Streiche zu spielen. Zwischen diesen Ausbrüchen seiner Unbezähmbarkeit (bei denen man aus dem Lachen gar nicht mehr herauskam) schlenderte er über den schmutzigen, verfleckten Boden mit den Händen in den Taschen seiner eleganten Jacke und sang mit voller Stimme seine eigene Fassung des berühmten Lieds der Lieder:

après la guerre fini,
soldat anglais parti
mademoiselle que je laissai en France
avec des pickaninee. JEDE MENGE, hihi!

und krümmte sich so vor Lachen, daß er sich an die Wand lehnen mußte.

Brown und Mexique hatten Dominosteine angefertigt. Jean verstand nicht das geringste von diesem Spiel, aber wenn wir drei bei einer Partie saßen, beugte er sich jedesmal völlig hingerissen über unsere Schultern, erteilte uns immer wieder weise Ratschläge und lachte unbändig, wenn einer fünf oder noch mehr Steine anlegen konnte.

Eines Nachmittags, zwischen *la soupe* und Spaziergang, war Jean besonders gut aufgelegt. Ich hatte mich auf meinem brüchigen Bett ausgestreckt, als er zu unserem Teil des Saals heraufkam und sich wie ein Kind aufführte. Diesmal spielte Jean *l'armée française*. – «*Jamais soldat, moi. Connais toute l'armée française.*» John-der-Bademeister räkelte sich wohlig grunzend neben mir in seiner Koje. «*Tous*», wiederholte Jean. – Steif wie ein Stock stand er vor uns und ahmte so einen französischen Leutnant vor seiner Kompanie nach. Zuerst gab er als Leutnant Kommandos, dann spielte er die exerzierenden Soldaten. Er begann mit Griffeüben.

«*Com-pag-nie...*» und beim Griffeklopfen mit seinem imaginären Gewehr – «futt, futt, futt.» – Dann als Offizier zu seinen Truppen: «*Bon. Très bon. Très bien fait*» – und er lachte mit zurückgeworfenem Kopf und blitzenden Zähnen über seine gelungene Aufführung. *John le baigneur* war so maßlos erheitert, daß er es aufgab, schlafen zu wollen. *L'armée* zog von allen Seiten Bewunderer an. Mindestens eine dreiviertel Stunde lang spielte er so weiter...

Ein andermal, als Jean über das Wetter verärgert war und zu viel *soupe* gegessen hatte, brüllte er mit höchster Stimme «*MERDE à la France*» und lachte herzlich. Da ihn niemand groß beachtete, machte er (glücklich über das neue Spiel) fünfzehn Minuten so fort. Dann kam der Regenmantel-Jidd (jener untersetzte Kerl in weibischer Kleidung und mit funkelnden Schuhen), der von Beruf Kuppler war und höchstens Jeans halbe Größe und ein Zehntel seiner Körperkraft besaß; er kam auf Jean zugeschlendert – welcher jetzt vor meinem Bett stand –, streckte sein gelbliches Gesicht Jean so weit entgegen, wie sein Hals reichte, und sagte mit feierlicher Stimme: «*Il ne faut pas dire ça.*» Jean starrte den Störenfried verwundert an und fragte dann, «*Qui dit ça? Moi? Jean? Jamais, ja-MAIS. MERDE à la France!*» und blieb eisern stehen, da er fühlte, daß sein Verhalten von allen stillschweigend gebilligt wurde – mit Ausnahme des Jidds, der den Takt der Tapferkeit vorzog und unter dunklen Drohungen verschwand. Jean blieb als Herr der Lage zurück und schmetterte, speziell für den Jidd, noch lauter als zuvor: «*MÄÄ-RRR-DE à la France!*»

Kurz nach der kleinen klassischen Schlacht mit den Ofenrohren zwischen dem Jungen Polen und Bill-dem-Holländer brachte der demolierte *poêle* (der geduldig darauf wartete, repariert zu werden) Jean auf seine wohl brillanteste Idee. Das Endstück des Rohrs (das den Rauch durch ein Loch in der Wand nach draußen führte) war steckengeblieben und ragte nun in gut zweieinhalb Meter Höhe etwa zwei Meter in den Raum herein. Jean bemerkte dies; holte einen Stuhl; stieg hinauf und spielte Telefon, indem er abwechselnd Ohr und Mund an die Öffnung des Rohrs legte und sich so mit dem Wanderer unterhalten konnte (der gerade im Stock unter uns seine Familie besuchte):

– Jean ergriff das Rohr und rief wütend hinein, offensichtlich verärgert über die schlechte Verbindung – «Haallooh, hallo, hallo, hallo» – untersuchte das Loch erstaunt – «*Merde. Ça marche pas*» – versuchte es stirnrunzelnd wieder – «Haal-Looh!» – maßlos erregt – «Haal-looh!» – strahlendes Lächeln verscheuchte die Runzeln – «Hallo, *Barbu. Est-ce que tu es là? Qui? Bon!*» – hell begeistert, daß die Verbindung zustande gekommen war – «*Barbu? Est-ce que tu m'écoutes? Qui? Qu'est-ce que c'est Barbu? Comment? Moi? Qui, MOI? JEAN? jaMAIS! jamais, jaMAIS, Barbu. J'ai jamais dit que vous avez des puces. C'était pas moi, tu sais. JaMAIS, c'était un autre. Peut-être c'était Mexique*» – blinzelte zu Mexique hinüber und gröhlte vor Lachen – «Hallo, Haal-

LOOH. *Barbu? Tu sais, Barbu, j'ai jamais dit ça. Au contraire, Barbu. J'ai dit que vous avez des totos*» – wieder gröhlendes Lachen – «*Comment? C'est pas vrai? Bon. Alors. Qu'est-ce que vous avez, Barbu? Des poux* – OHHHHHHHHH. *Je comprends. C'est mieux*» – schüttelte sich vor Lachen, dann plötzlich ganz ernst – «Hallohallohallohallo HAALLOH!» – zum Ofenrohr – «*C'est une mauvaise machine, ça*» – jetzt überdeutlich ins Rohr – «HAAL-LOH. *Barbu? Liberté, Barbu. Oui. Comment? C'est ça. Liberté pour tou'l'monde. Quand? Après la soupe. Oui. Liberté pour tou'l'monde après la soupe!*» – auf welchen Jux recht erstaunlich ein alter Mann reagierte, der Westindische Neger genannt (ein untersetzter, leichtgläubiger Mensch, mit dem Jean nichts zu tun haben wollte und dessen Erzählungen von Brooklyn wirklich übertroffen wurden von Jeans *histoires d'amour*), der bei dem Wort *Liberté* rheumatisch von seinem *paillasse* auffuhr, hinkend hierhin und dorthin hastete und jeden fragte: Ist das wahr? – zum wiehernden und schmerzhaften Vergnügen des ganzen UNGEHEUREN RAUMES.

Vom Lachen völlig erschöpft stieg Jean vom Stuhl herab, legte sich auf sein Bett und las einen Brief von Lulu (ohne ein Wort zu verstehen). Kurz darauf stürzte er aufs Äußerste erregt zu meinem Bett herüber, das Weiß seiner Augen leuchtete, seine Zähne entblößten sich, sein krauses Haar stand ihm wild um den Kopf, und er rief:

«*You fuck me, me fuck you? Pas bon. You fuck you, me fuck me: – bon. Me fuck me, you fuck you!*» und er hüpfte und kreischte vor Vergnügen davon und tanzte graziös und leicht mit einem unsichtbaren Partner den ganzen Saal entlang.

Da war auch noch ein anderes Spiel – ein reines Kinderspiel –, das Jean liebte. Es war das Namen-Spiel. Er vergnügte sich stundenlang damit, auf seinem *paillasse* zu liegen, den Kopf weit zurückzubiegen, die Augen zu rollen und mit hoher, quäkender Stimme zu johlen – «TSCHOO-niii». Nachdem er seinen eigenen Namen ein paarmal auf englisch gerufen hatte, fragte er scharf «*Qui m'appelle?* Mexique? *Est-ce que tu m'appelle,* Mexique?» und wenn Mexique gerade schlief, lief Jean zu ihm hinüber, schüttelte ihn und schrie ihm ins Ohr – «*Est-ce que tu m'appelles, toi?*» Oder es war *Barbu* oder Pete-der-Holländer oder Brown oder ich selbst, den er dies ganz ernst fragte – worauf Jean jedesmal in ein dröhnendes Lachen ausbrach. Er war einfach unglücklich, konnte er seine unerschöpfliche Phantasie nicht spielen lassen...

Von allen außergewöhnlichen Wesenszügen Jeans war der moralische der merkwürdigste und unmäßigste. In punkto *femmes* konnte ihn selbst sein Todfeind nicht Puritaner nennen. Und doch hatte auch er eine puritanische Seite, die eines Tages in einer mehrstündigen Diskussion zum Vorschein kam. Jean stellte, wie auch schon über Frankreich, ein Dogma auf. Seine Behauptung war recht simpel: «*La femme qui fume n'est pas une femme*», welchen Satz er gegenüber den Angreifern der vertretenen Nationen hitzig verteidigte; vergeblich debattierten Belgier und Holländer, Russen und Polen, Spanier und Elsässer über das Für und Wider – Jean blieb unerbittlich. Eine Frau dürfe alles, nur nicht rauchen – mit dem Rauchen höre sie automatisch auf, eine Frau zu sein und werde irgend etwas Unaussprechliches. Da Jean sich abwechselnd auf Browns und mein Bett setzte und dieses Hin und Her mit zunehmender Hitze des Gefechts überhaupt kein Ende mehr nehmen wollte, waren wir gar nicht böse, als der Ruf des *planton* «*A la promenade les hommes!*» die beiden Parteien zerstreute. Jean (der ein paarmal beinahe explodiert wäre) sprang auf, rannte lachend zur Tür – und hatte alles schon wieder vergessen.

Jetzt kommen wir zu der Geschichte von Jeans Demütigung; mögen die Götter, die Jean le Nègre schufen, mir die Gnade schenken, alles so zu erzählen, wie es war.

Das Unheil begann mit Lulu. Eines Nachmittags, wenige Tage nach dem Telefon-Spiel, war Jean so niedergeschlagen, daß er weder dazu gebracht werden konnte seinen Strohsack zu verlassen, noch den Mund aufzutun. Alle errieten sofort den Grund: Lulu war an diesem Morgen in ein anderes Lager gekommen. Der *planton* forderte Jean auf, mit den andern hinunter zur *soupe* zu gehen. Keine Antwort. Ob Jean krank sei? «*Oui,* ich krank.» Und er weigerte sich eisern, zu essen, bis es der *planton* schließlich aufgab und Jean einschloß. Als wir nach *la soupe* wieder hinaufkamen, fanden wir Jean noch genau so vor, wie wir ihn verlassen hatten: hingestreckt auf seinem Bett und große Tränen auf den Wangen. Ich fragte ihn, ob ich etwas für ihn tun könne; er schüttelte den Kopf. Wir boten ihm Zigaretten an – nein, er wolle nicht rauchen. Als Brown und ich uns abwandten, hörten wir ihn vor sich hin jammern, «Tschooniii nie wieder Luu-Luu nich' seh'n.» Außer uns beiden betrachteten die Leute von La Ferté Macé Jeans Verzweiflung nur als Witz. Überall zerrissen Rufe nach Lulu! die Luft. Eine Stunde hielt Jean das aus. Dann sprang er wutschnaubend auf und fragte (den Mann, über dessen Lippen der Schrei zuletzt gekommen war) – «Ferrtiich Luu-Luu?» Der Mann verwies ihn gespielt gleichgültig an einen anderen, und dieser wieder an den nächsten – und so wanderte Jean durch den ganzen Saal und suchte seinen Beleidiger, verfolgt von immer durchdringenderen Rufen nach Lulu! und Tschooniii!, deren Urheber jedoch (sobald er sie ansprach) mit unschuldigen Gesichtern alles leugneten und Jean rieten, das nächste Mal genauer hinzuhören. Schließlich warf sich Jean angewidert und verzweifelt auf seinen *paillasse*. – *Les hommes* gingen wie üblich zum Spaziergang hinunter – nur Jean nicht. Er aß auch nicht zu Abend und rührte sich bis zu *lumières éteintes* nicht mehr.

Am nächsten Morgen erwachte er mit einem breiten Grinsen, und auf die Rufe nach Lulu! antwortete er, wobei er herzlich über sich selbst lachte, «FERRTIICH Luu Luu». Da ließen die Peiniger (die kein Opfer mehr in ihm fanden) von Jean ab; und alles war wieder gut. Wenn gelegentlich doch noch irgendwo ein Lulu! aufklang, dann lachte Jean nur und wiederholte (wobei er mit beiden Armen abwinkte) «FERRTIICH». Lulu schien wirklich erledigt zu sein.

Un jour aber blieb ich während des Spaziergangs oben, weil ich schreiben wollte und das Wetter noch scheußlicher war als sonst. Meist trotteten Jean und ich, ganz gleich, wie tief der Schlamm im *cour* war, auf und ab, stellten uns hin und wieder vor dem Nieselregen im Schuppen unter und plauderten über Gott und die Welt. Einmal waren wir die einzigen, die sich in die Nässe und den Morast hinauswagten – Jean in papierdünn besohlten Schlappen (die er kurz zuvor dem *Gestionnaire* abgeluchst hatte) und ich in meinen unförmigen Holzschuhen –, liefen hin und her, und der Regen strömte auf uns hernieder; Jean war sehr stolz. Heute jedoch ließ ich mich vom *boue* nicht verführen.

Die Spaziergänger, fand ich, waren diesmal ausnehmend laut gewesen. Jetzt kamen sie wieder herauf unter wahrlich entsetzlichem Getöse. Kaum war die Tür aufgeschlossen, als schon ein halbes Dutzend meiner Freunde, hell empört, auf mich zustürzten und mir alle zugleich etwas Grausiges erzählten, etwas, das sich mein Freund, *le noir*, eben geleistet habe: Der Regenmantel-Jidd hatte an Jeans Taschentuch (Lulus Geschenk aus alten Tagen) gezupft, das Jean immer weithin sichtbar in der äußeren Brusttasche trug. Daraufhin hatte Jean den Kopf des Jidd in beide Hände genommen, ihn festgehalten, seinen eigenen Kopf gesenkt und den hilflosen Jidd wie ein Bulle gerammt – wobei der Zusammenprall von Jeans Schädel mit der Nase des Jidd dieses hinlänglich bekannte Organ veranlaßt hatte, sich einen neuen Platz in der Nähe des rechten Ohres zu suchen. Brown bestätigte diese Darstellung und fügte hinzu, die Nase des Jidd sei gebrochen, und alle seien über Jean hergefallen, weil er so unfair gekämpft habe. Jean war auch jetzt noch sehr wütend und überdies beleidigt, weil ihm nun ein jeder aus dem Wege ging. Ich tröstete ihn, daß ich es durchaus richtig fände, was er getan habe; aber nichts konnte ihn aufheitern. Gleich darauf kam der Jidd herein, schrecklich anzusehen: Er war von Monsieur Richard mit vielen Pflastern verklebt worden. Seine Nase sei nicht gebrochen, erzählte er mit geschwollener Zunge, sondern nur verbogen. Dunkel deutete er an, *le noir* werde noch einiges blühen; und jeder versicherte ihn seines Mitleids – außer Mexique, dem Zulu, Brown und mir. Der Zulu zeigte auf seine eigene Nase (die wirklich nicht zu übersehen war), dann auf Jean, schnitt dann wütend eine gequälte *moue* und blinzelte hörbar.

Jean war an Leib und Seele gebrochen. Das fast einmütige Urteil gegen ihn hatte seine kleine, empfindliche Seele von seiner Schuld überzeugt. Er lag regungslos da und wollte mit niemand sprechen.

Eine gute Weile nach dem Essen, so gegen acht Uhr, warfen sich plötzlich der Raufer-Jidd und der Regenmantel ohne jeden Anlaß auf Jean le Nègre und fingen an, ihn grausam zu verhauen. Die gewissensbelastete, herrliche Muskelsäule – die ihre Angreifer mühelos hätte mit einem Hieb niederstrecken können – unterließ es nicht nur, zurückzuschlagen, sondern sogar, sich zu verteidigen. Widerstandslos und wimmernd vor Schmerzen hob er mechanisch die Arme und zog den Kopf ein; er wurde gräßlich zusammengeschlagen und landete erst vorm Fenster neben seinem Bett, dann in der Ecke (wobei der Sitz im *pissoir* umkippte) und kugelte dann die Wand entlang bis zur Tür. Während die Hiebe immer härter wurden, schrie er wie ein Kind: «*Laissez-moi tranquille!*» – immer und immer wieder; der Unterton des Irrsinns in seiner Stimme nahm mit jeder Sekunde zu. Schließlich kreischte er in Todesangst und floh zum nächsten Fenster; und während die Jidds auf ihn einschlugen, brüllte er nach dem *planton* drunten um Hilfe. –

Der einseitige Kampf rief eine einmalige Verblüffung und einen Beifall hervor, der die Vorgesetzten längst alarmiert hatte. Ich versuchte immer noch, den fünffachen Ring der Zuschauer zu durchbrechen – unter ihnen auch der Botenjunge, der mir riet, mich hier nicht einzumischen, und dafür ebenfalls einen guten Rat von mir bekam –, als die Tür mit fürchterlichem Krachen aufsprang und vier *plantons* mit gezückten Revolvern und zu Tode erschrockenen Gesichtern hereindrangen – gefolgt vom *Surveillant*, der ein Stöckchen in der Hand hielt und schwächlich krähte:

«*Qu-est-ce que c'est!*»

Beim ersten Geräusch an der Tür hatten sich die beiden Jidds verdrückt und spielten jetzt die harmlosen Zuschauer. Jean beherrschte allein die Szene. Seine Lippen waren gespalten. Seine Augen quollen heraus. Er keuchte, als müßte ihm die Brust zerspringen. Er hielt noch immer die Arme erhoben, als sähe er ständig neue Feinde vor sich. Überall war der wundervolle, schokoladenfarbene Teppich seiner Haut mit Blut befleckt, und sein Körper glitzerte vor Schweiß. Über den herrlichen Muskeln hing das Hemd nur noch in Fetzen.

Mindestens sieben Männer zugleich wollten dem *Surveillant* den Streit erklären, aber der *Surveillant* wurde nicht klug aus ihnen und winkte daher einen vertrauenswürdigen, alten Mann auf die Seite, damit er ihm genauer berichte. Die zwei gingen hinaus. Die *plantons*, die statt des erwarteten Wolfes ein Lamm vorfanden, fuchtelten mit ihren Revolvern vor Jean herum und drohten ihm in jener unmißverständlichen und unflätigen Sprache, die *plantons* für jeden bereit haben, den sie tyrannisieren können. Jean wiederholte nur immer stur, «*Laissez-moi tranquille. Ils voulaient me tuer.*» Seine Brust schütterte schwer unter seinem Schluchzen.

Dann kehrte der *Surveillant* zurück und hielt eine Rede des Inhalts, daß er sich vier Männer unabhängig voneinander angehört habe, die *le nègre* die Schuld gegeben hätten: Der *nègre* habe seinen Vorgesetzten und Kameraden mit diesem völlig unbegründeten Streit eine unverzeihliche, üble Geschichte eingebrockt, und darum müsse *le nègre* jetzt die Folgen seines Vergehens tragen und ins *cabinot*. – Jean hatte die Arme fallenlassen. Sein Gesicht war verzerrt vor Verzweiflung. Er machte eine kindliche Geste, eine jämmerliche, hoffnungslose Bewegung seiner schmalen Hände. Schluchzend protestierte er: «*C'est pas ma faute, monsieur le surveillant! Ils m'attaquaient! J'ai rien fait! Ils voulaient me tuer! Demandez à lui*» –

und zeigte hilflos auf mich. Doch ehe ich auch nur ein Wort sagen konnte, gebot der *Surveillant* mit der Hand Schweigen: *Le nègre* habe Unrecht getan. Er müsse ins *cabinot*.

– Wie der Blitz preschte Jean unter furchtbarem, tränenreichem Schluchzen zwischen den ihn umringenden *plantons* hindurch und stürzte kreischend auf sein Bett zu, wo sein Rock lag – «AHHHHH – *mon couteau!*» – «Paßt auf, der holt sein Messer und bringt sich um!» schrie einer; und die vier *plantons* packten Jean bei den Armen, als er gerade nach seiner Jacke greifen wollte. Enttäuscht in seiner Hoffnung und brennend vor Schmach richtete Jean seine großen Augen auf den nächsten Pfeiler und brüllte hysterisch: «*Tout le monde me fout au cabinot parce que je suis noir*.» – In Sekundenschnelle hatte er mit einer einzigen Armbewegung die vier *plantons* gute drei Meter weit weggewirbelt; sprang den Pfeiler an: ergriff ihn mit beiden Händen wie Samson und (nachdem er einen Augenblick mit einem Lächeln reinster Seligkeit die Säulenlänge betrachtet hatte) rannte mit seinem Kopf dagegen. Einmal, zweimal, dreimal versetzte er sich einen Schlag, bis die *plantons* ihn ergriffen – und plötzlich schwand seine Kraft dahin; er ließ sich überwältigen und stand nun mit gesenktem Kopf, und Tränen strömten aus seinen Augen – während der Kleinste einen Revolver gegen seine Brust richtete.

Soweit hatte der *Surveillant* nicht gehen wollen. Jetzt, da Jeans Macht dahin war, trat der Träger des *croix de guerre* einen Schritt vor und bemühte sich mit ruhiger, versöhnlicher Stimme, das Opfer seiner Ungerechtigkeit zu besänftigen. Das wiederum war nun mir zuviel, und ich schleuderte die Gaffer beiseite und trat vor Seine Ehren. «Wissen Sie eigentlich», fragte ich ihn, «was Sie in diesem Mann vor sich haben? Ein Kind. Da, wo ich herkomme, gibt es viele Jeans. Sie hörten doch, was er sagte: Er ist schwarz, Sie sehen es doch; und deshalb sind Sie ungerecht zu ihm. Sie haben es ja gehört. Ich habe alles mitangesehen. Er wurde angegriffen, er hat sich überhaupt nicht gewehrt, er wurde von den zwei

Feiglingen einfach niedergeschlagen. Er ist so unschuldig wie ich.» – Der *Surveillant* wirbelte sein Stöckchen und gurrte, «*Je comprends, je comprends, c'est malheureux.*» – «Sie haben verdammt recht, das ist *malheureux*», sagte ich und vergaß mein Französisch. «*Quand même,* er hat seinen Vorgesetzten Widerstand geleistet.» Und der *Surveillant* fuhr sanft fort: «Nun sei still, Jean, du gehst jetzt ins *cabinot*, beruhigst dich dort und bist wieder ein guter Junge.»

Ich glaube, ich wäre beinahe geplatzt. Alles, was ich herausbrachte, war:

«*Attends, un petit moment.*» Im Nu war ich an meinem Bett. Im Nu war ich wieder zurück – mit meinem großen, liebevoll behüteten Umhang. Ich ging auf Jean zu. «Jean», sagte ich lächelnd, «*tu vas au cabinot, mais tu vas revenir tout de suite. Je sais bien que tu as parfaitement raison. Mets cela*» – ich drängte ihn sanft in meinen Umhang. «*Voici mes cigarettes, Jean; tu peux fumer comme tu veux*» – ich holte alles an Zigaretten hervor, was ich hatte, eine ganze *paquet jaune* Marylands und ein halbes Dutzend einzelne und steckte sie alle miteinander in die rechte Tasche des Umhangs. Dann schlug ich ihm auf die Schulter und entbot ihm den unsterblichen Gruß – «*Bonne chance, mon ami!*»

Er reckte sich stolz auf. Er schritt wie ein König durch die Tür. Ihm folgten die erstaunten *plantons* und der verlegene *Surveillant*, der hinter sich abschloß. Ich blieb inmitten einer Menge zornig brabbelnder Zeugen zurück.

Eine Stunde später ging die Tür auf, ruhig trat Jean herein, und die Tür ging wieder zu. Von meinem Bett aus konnte ich ihn gut sehen. Er war fast nackt. Er legte meinen Umhang auf seine Matratze, schritt dann gemessen auf das Nachbarbett zu und zog geschickt und unfehlbar eine Bürste darunter hervor. Er ging auf Zehenspitzen zu seinem eigenen Bett zurück, setzte sich und bürstete meinen Umhang. Er bürstete eine halbe Stunde, sprach dabei mit niemand, und niemand sprach mit ihm. Endlich steckte er die Bürste zurück, breitete den Umhang sorgfältig über seinen Arm, trat an mein Bett und legte ihn ebenso sorgfältig nieder. Dann nahm er aus der rechten Tasche eine volle *paquet jaune* und sechs einzelne Zigaretten, zeigte sie mir, auf daß ich sie zur Kenntnis nähme, und steckte sie an ihren Platz zurück. «*Merci*», war alles, was er sagte. Brown brachte Jean dazu, sich zu ihm aufs Bett zu setzen, und wir unterhielten uns ein paar Minuten, wobei wir das Thema des vergangenen Kampfes vermieden. Dann ging Jean zu seinem Bett zurück und legte sich hin.

Erst später erfuhren wir den Höhepunkt dieser ganzen Geschichte – als *le petit belge avec le bras cassé, le petit balayeur*, zu uns gerannt kam und sich zu uns setzte. Er zitterte vor Erregung, der gesunde Arm fuchtelte, der kranke stummelte, und er schien unfähig zu sein, etwas zu sprechen. Schließlich fand er Worte.

«*Monsieur Jean*» (wenn ich jetzt darüber nachdenke, möchte ich fast glauben, daß ihm irgend jemand aufgebunden hat, in Amerika würden alle männlichen Kinder Jean getauft), «*j'ai vu QUELQUE CHOSE! le nègre vous savez? – il est FORT! Monsieur Jean, c'est un GÉANT, croyez-moi! C'est pas un homme, tu sais? Je l'ai vu, moi*» – und er wies auf seine Augen.

Wir spitzten die Ohren.

Der *balayeur* stopfte sich mit seinem kleinen Daumen nervös eine Pfeife und sagte: «Sie haben doch den Kampf gesehen, nicht? Ich auch. Von Anfang an. *Le noir avait raison.* Tja, und als sie ihn runterbrachten, schlüpfte ich mit hinaus – *Je suis le balayeur, savez-vous?* und als *balayeur* komme ich auch dorthin, wo andere nicht hindürfen.»

– Ich gab ihm ein Streichholz, und er dankte. Er strich es mit einer raschen, großen Geste an seiner Hose an, zog heftig an seiner suckernden Pfeife und stieß eine kleine Rauchwolke aus; dann noch eine und noch eine. Befriedigt fuhr er fort; die gesunde Hand ruhte auf seinem kleinen Knie und hielt die Pfeife zwischen Zeige- und Mittelfinger; er hatte die Beine übergeschlagen, den kleinen Körper nach vorn gebeugt und streckte mir das winzige, unrasierte Gesicht entgegen – so fuhr er fort im vertraulichen Ton eines Menschen, der ein paar intimen Freunden von einer unglaublichen Geschichte erzählt:

«Monsieur Jean, ich hinterher. Sie führten ihn zum *cabinot*. Die Tür stand auf. In diesem Augenblick *les femmes descendaient,* es war die *corvée d'eau*, *vous savez*. Er sah sie, *le noir*. Eine von ihnen rief von der Treppe her: Seit wann ist denn ein Franzose stärker als du, Jean? Die *plantons* standen um ihn herum, der *Surveillant* hielt sich im Hintergrund. Da packte Jean den erstbesten *planton* und schleuderte ihn den ganzen Flur hinunter, daß er am Ende des Ganges gegen die Tür knallte. Er nahm sich die beiden nächsten vor, mit jedem Arm einen, und pfefferte sie durch den Korridor. Sie sausten auf den ersten drauf. Der letzte wollte Jean festhalten, aber Jean packte ihn am Kragen» – (der *balayeur* würgte sich, um es uns vorzumachen) –, «und da schmiß dieser *planton* die drei andern wieder um, die inzwischen aufgestanden waren. Sie hätten den *Surveillant* sehen sollen! Er hatte sich nach hinten verdrückt und rief in einem fort, ‚Haltet ihn, haltet ihn!' Die *plantons* stürzten sich auf Jean – alle vier. Er fing sie sich, wie sie kamen, und beförderte sie zurück. Einer warf den *Surveillant* um. Die *femmes* schrien ‚*Vive, Jean*', und klatschten. Der *Surveillant* bellte die *plantons* an, Jean festzunehmen, aber die trauten sich nicht mehr in seine Nähe; sagten, er sei ein schwarzer Teufel. Die Frauen haben kein gutes Haar an ihnen gelassen. Das hat die schwer in Wut gebracht. Aber sie konnten nichts machen. Jean lachte nur. Er hatte bloß noch Fetzen am Leibe. Er sagte zu den *plantons*, Kommt doch, na bitte, kommt doch 'ran. Er sagte es auch zum *Surveillant*. Die Frauen hatten ihre Eimer abgesetzt und tanzten herum und johlten. Dann kam der *Directeur* und jagte sie in die Flucht. Der *Surveillant* und seine *plantons* waren hilflos wie die Kinder. Monsieur Jean – *quelque chose*.»

Ich gab ihm ein neues Streichholz. «*Merci,* Monsieur Jean.» Er strich es an, zog an seiner Pfeife, nahm sie aus dem Mund und fuhr fort:

«Sie waren hilflos, und Männer. Ich bin klein. Ich hab nur einen Arm, *tu sais*. Ich ging auf Jean zu und sagte, ‚Jean, du kennst mich doch, ich bin dein Freund.‘ ‚Ja‘, sagte er. Ich sagte zu den *plantons*, ‚Geben Sie mir den Strick.‘ Sie gaben mir den Strick, mit dem sie ihn fesseln wollten. Er streckte mir seine Hände entgegen. Ich band sie hinter seinem Rücken zusammen. Er war wie ein Lamm. Da kamen die *plantons* und banden ihm auch die Füße zusammen. Dann banden sie Hände und Füße aneinander. Sie haben ihm sogar die Schnürsenkel aus den Schuhen genommen, aus Angst, er könnte sich damit erwürgen. Sie stellten ihn im *cabinot* in eine Ecke. So ließen sie ihn eine ganze Stunde. Eigentlich hätte er die Nacht über dort bleiben sollen; aber der *Surveillant* wußte nur zu gut, daß dies Jeans Tod gewesen wäre, denn er war fast nackt, und *vous savez*, Monsieur Jean, es war kalt da drin. Und feucht. Sogar ein warm angezogener Mann hätte die Nacht nicht überlebt. Er aber war nackt... Monsieur Jean – *un géant!*»

– Es war derselbe *petit belge*, der sich erst kürzlich bei mir beschwert hatte, *Il est fou, le noir*. Immer treibt er Unsinn, wenn vernünftige Leute schlafen wollen. Die vergangenen Stunden jedoch (die aus dem *fou* einen *géant* gemacht hatten), machten aus dem Spötter einen Verehrer. Und von diesem Tag an wurde «*le bras cassé*» seiner Gottheit nicht mehr untreu. Wenn er als *balayeur* irgendwo ein *morceau de pain* oder *de viande* ergattern konnte, dann trug er es wie früher zu unseren Betten; doch Jean wurde jedesmal herbeigerufen, um an dem verbotenen Vergnügen teilzunehmen.

Was Jean betrifft, so würde man ihn kaum wiedererkannt haben. Es war, als hätte sich das Kind tief in sein Inneres verkrochen, um nie mehr zum Vorschein zu kommen. Ein Tag um den andern verging, aber Jean (anstatt wie früher Unruhe zu verbreiten) blieb in sich zurückgezogen; oder er suchte höchstens die Gesellschaft von Brown und mir und *Le Petit Belge* zu einem kleinen Schwatz oder einer Zigarette. Am Morgen nach den drei Schlägereien erschien er nicht mit uns andern (einschließlich der Jidds) im *cour* zum ersten Spaziergang. Vergeblich mühten *les femmes* Hälse und Augen, um den *noir* zu entdecken, *qui était plus fort que six français*. Brown und ich sahen oben auf dem Fenstersims unser Bettzeug zum Lüften ausliegen. Als wir zurückkamen, strich und zupfte Jean unsere Decken glatt und sah zum erstenmal in seinem Leben aus, als hätte er ein schweres Verbrechen begangen. Jedoch es fehlte nichts, Jean sagte, «Ich schöddele *lits tous les jours*.» Von da an lüftete und machte er jeden Morgen unsere Betten, und wenn wir hinaufkamen, strich er immer gerade hingegeben eine letzte Falte glatt und vernichtete ungeheuer feierlich einen mikroskopischen Knick. Wir gaben ihm Zigaretten, wenn er darum bat (was so gut wie nie vorkam), und boten ihm welche an, wenn wir wußten, daß er keine hatte, oder wenn wir sahen, daß er sich bei jemand welche borgte, vor dem er weniger Hochachtung hatte. Uns ging er nie um einen Gefallen an. Er liebte uns zu sehr.

Als Brown wegkam, war Jean fast genau so verzweifelt wie ich.

Etwa vierzehn Tage später, als grauer, schmutziger Schneematsch jene schwarze, schmutzige Welt bedeckte, die wir von unseren Fenstern aus sahen, und als die Männer in ihren muffigen Betten hausten, traf es sich, daß meine besonderen *amis* – der Zulu, Jean und Mexique – und ich und all die in La Ferté verbliebenen Unglücklichen auf Geheiß des Kaisers Augustus hinabstiegen, um das zweiwöchentliche Bad über uns ergehen zu lassen. Ich weiß noch, wie ich geistesabwesend auf Jeans schokoladenfarbene Nacktheit starrte, als er zum Zuber schritt –: sich wellendes Gefüge eines Muskelwunders. *Tout le monde* hatte *baigné* (auch der Zulu, der sich noch in letzter Sekunde drücken wollte und dabei von dem *planton* geschnappt wurde, dessen Aufgabe es war, die Häupter zu zählen, damit niemand dem Gesetz entkomme), und nun standen *tout le monde* zitternd beisammen im Vorraum und baten darum, hinauf und ins Bett gehen zu dürfen – als *Le Baigneur*, Monsieur Richards tüchtiger Nachfolger, plötzlich zu zetern anfing, ein *serviette* fehle. Der Fechter wurde geholt. Er kam; hörte sich den Fall an; hielt eine Ansprache. Wenn der Schuldige sofort das gestohlene Handtuch zurückgebe, verspreche er, der Fechter, ihm zu verzeihen; wenn nicht, werde jeder der Anwesenden durchsucht, und derjenige, bei dem man das *serviette* finde, *va attraper quinze jours de cabinot.* Da dieser Redefluß jedoch kein Ergebnis zeitigte, ermahnte der Fechter den Verbrecher, ein Mann zu sein und dem Kaiser zu geben, was des Kaises sei. Nichts rührte sich. Daraufhin mußten wir uns in Reihe aufstellen, um die Tür zu passieren. Einer nach dem andern wurde durchsucht. Und die Neugier war so groß, daß nach der Visitation die bisherigen Bett-Enthusiasten, ich selbst nicht ausgenommen, sich abseits zusammenscharten, um zuzuschauen, anstatt die Gelegenheit zu nützen und hinaufzugehen. Einer nach dem andern trat vor den Fechter, hielt die Arme hoch, ließ sich die Taschen durchsuchen, die Kleider von Kopf bis Fuß abtasten und wurde dann entlassen. Als der Kaiser an Jean kam, blitzten des Kaisers Augen, und plötzlich wurde des Kaisers bis dahin mechanisches Suchen und Abklopfen eifrig und wohlüberlegt. Zweimal tastete er Jeans ganzen Körper ab, während Jean mit gelangweilt erhobenen Armen und völlig ausdruckslosem Gesicht die Leibesvisitation erhaben duldete. Der verzweifelte Fechter begann ein drittes Mal; seine Hände, die bei Jeans Hals angefangen hatten, erreichten jetzt seine Wade – und stockten. Die Hände rollten Jeans rechtes Hosenbein bis zum Knie hinauf. Sie rollten auch die Unterwäsche bis dahin auf – und hier, eng an der Haut liegend, erschien das vermißte *serviette.* Als der Fechter danach griff, lachte Jean – das volle Lachen alter Tage –, und die Zuschauer schwatzten wirr durcheinander, während der Fechter mit breitem Grinsen verkündete: «Ich wußte doch, wo ich's zu suchen habe.» Und er fügte hinzu, selbstzufriedener denn je – «*Maintenant, vous pouvez tous monter à la chambre.*» Wir gingen hinauf und waren glücklich, ins Bett zu kommen; aber keiner war so glücklich wie Jean le Nègre.

Nicht daß die Strafe des *cabinot* etwa ausfiel – jeden Augenblick konnte ein *planton* kommen und Jean abholen. Es warteten sogar alle darauf. Aber der Vorfall beseitigte restlos jene Hemmung, die (von dem Tag an, da aus Jean *le noir* Jean *le géant* geworden war) das Kind gefangengehalten hatte, das Kind, das Jeans Seele und Schicksal war. Von diesem Augenblick an bis zu dem Tag, da ich ihn verließ, war er wieder der alte Jean – scherzend, flunkernd, lachend und immer spielend – Jean l'Enfant.

Und ich denke jetzt an Jean le Nègre … du bist zum Träumen, Jean; sommers und winters (Vögel und Dunkelheit) kommst du mir in den Sinn; urplötzlich bist du da, ein schokoladenfarbenes Ding, in deinen Händen hältst du sechs bis acht *plantons* (die du einfach so wegschleuderst), und die Haut deines Körpers ist wie die Haut einer dunklen Zigarre. Die ich noch und immer ruhig rauche: immer und noch atme ich ihre duftenden und erstaunlichen Muskeln. Aber ich bezweifle, ob ich je ganz mit dir fertig werde, ob ich dich je aus meinem Herzen in das Sägemehl der Vergessenheit werfen kann. KIND, JUNGE, ich möchte dir so gern sagen: *la guerre est finie*.

O ja, Jean: Ich vergesse nicht, ich erinnere ALLES; der Schnee fällt, wieder wird der Schnee einen großen, weichen Schatten in den UNGEHEUREN RAUM und in deine und meine Augen werfen, und wir wandern immerzu und wundersam auf und ab …

– JUNGE, KIND, NIGGER mit den schwellenden Muskeln – nimm mich noch ein- oder zweimal auf in dein Herz, ehe ich sterbe (du weißt warum: weil deine und meine Augen eines Tages voller Erde sein werden). Schnell nimm mich auf in das lichte Kind deiner Seele, ehe wir beide lahm und wunderlich werden (du weißt, wie das sein wird). Nimm mich auf (liebevoll; als wäre ich ein Spielzeug) und spiele liebevoll mit mir, ein- oder zweimal, ehe ich und du plötzlich hölzern und kindisch werden. Ein- oder zweimal, ehe du in des großen Jack Rosen und Elfenbein eingehst – (ein- oder zweimal, Junge, ehe wir zusammen wundervoll in die Grosse Erde untergehen, lachend und eingeholt von der letzten Dunkelheit).

DIE DREI WEISEN

Es muß gegen Ende November gewesen sein, als *la commission* eintraf. *La commission* kam – wie ich schon sagte – *tous les trois mois* nach La Ferté. Das heißt, daß Brown und ich (die wir kurz nach ihrem Besuch eingeliefert wurden) deren Klauen gerade entronnen waren. Ich betrachte dies als einen der größten Glücksfälle meines Lebens.

La commission kam eines schönen Morgens an und nahm unverzüglich ihre Arbeit auf.

Man stellte eine Liste von *les hommes* auf, die *la commission* vorgeführt werden sollten – ebenso eine der *femmes*. Diese Listen wurden dem *planton* mit der Holzhand gegeben. Um jede Verzögerung zu vermeiden, durften die in der ersten Hälfte der Liste genannten *hommes* nicht an den üblichen Anregungen teilhaben, die von La Fertés höchst ehrenwerter Umgebung ausgingen: Diese *hommes* wurden vielmehr in den UNGEHEUREN RAUM gesperrt, damit sie auf Abruf bereit stünden; überdies wurden sie nicht einer nach dem andern – oder wenn sie an der Reihe waren – aufgerufen, sondern in Gruppen zu dreien und vieren, damit sich *la commission* nicht über verlorene Zeit ärgern müsse. Mit anderen Worten: im oberen Flur warteten ständig acht bis zehn Männer vor einer peinlich frischen Tür, die in das geheimnisvolle Zimmer führte, in dem *la commission* ihrer unschätzbaren Tätigkeit nachging. Nur wenige Meter davon entfernt erwarteten acht bis zehn Frauen ihren Aufruf. Jede Unterhaltung zwischen *les hommes* und *les femmes* war von *Monsieur le Directeur* mit unerbittlicher Schärfe verboten worden: dennoch entstand, dank der Nachsicht der Holzhand, immer wieder eine Plauderei. Die Holzhand muß plemplem gewesen sein – sie sah wenigstens so aus. Wenn nicht, weiß ich wahrhaftig nicht, wie ich mir ihre Duldsamkeit erklären soll.

Brown und ich verbrachten den Vormittag im UNGEHEUREN RAUM, ohne daß sich etwas tat – außer daß sich unser eine erstaunliche Nervosität bemächtigte. *Après la soupe* (mittags) wurden wir *en haut* geführt; man befahl uns, Löffel und Brot hier zu lassen (was wir taten) und brachte uns dann – mit mehreren anderen, deren Namen innerhalb einer Achtelmeile vom zuletzt aufgerufenen Mann lagen – zum unteren Flur. Wir warteten den ganzen Nachmittag. Wir warteten auch noch den nächsten Morgen. Wir verbrachten die Zeit damit, uns mit einer drallen, rotbackigen Belgierin ein bißchen zu unterhalten, die als Dolmetscherin für eine der *femmes* bereit stand. Diese Belgierin erzählte uns, sie sei ständig in La Ferté, sie bewohne mit einer anderen *femme honnête* ein Zimmer für sich, ihre Brüder stünden an der Front in Belgien, und ihre perfekten Sprachkenntnisse (sogar in Englisch und Deutsch) mache sie für die *Messieurs de la commission* unentbehrlich, sie habe kein Verbrechen begangen, sie werde als *suspecte* zurückgehalten, und sie fühle sich hier eigentlich ganz wohl. Sie fiel mir sofort durch ihre wache Intelligenz auf. Sie fragte uns in fließendem Englisch nach unseren Vergehen und war offensichtlich hoch erfreut, daß wir – allem Anschein nach – unschuldig waren.

Hin und wieder wurde unsere gedämpfte Unterhaltung durch Verweise der liebenswerten Holzhand unterbrochen. Zweimal FLOG die Tür auf, und *Monsieur le Directeur* stürzte schäumend heraus und drohte allen mit *cabinot*, da vom Benehmen jedes einzelnen – oder seines mangelnden Benehmens – das Vertrauen der Untersuchungsbeamten abhänge. Darauf erschien jedesmal der Schwarze Halfter im Hintergrund und führte die Drohungen seines Herrn und Meisters weiter, bis alle völlig eingeschüchtert waren – wonach wir wieder uns selbst und der Holzhand überlassen blieben.

Brown und mir erlaubte dieses Individuum – er war wenigstens an diesem Tag ein Individuum und nicht nur ein *planton* –, über seine Schulter in die Männerliste zu linsen. Die Holzhand ging sogar so weit, uns Aufrührer auf das Näherrücken des Verhörs durch eine einfache, aber sichere Methode aufmerksam zu machen; sie tippte mit einem ihrer Menschenfinger neben den Namen dessen, der (in diesem Augenblick) der unerbittlichen Gerechtigkeit der *gouvernement français* unterworfen war. Ich kann nicht gerade behaupten, daß das Näherkommen unseres Schicksals uns sehr begeisterte; doch waren wir des Wartens so müde, daß es uns auch nicht mehr weiter beängstigte. Alles in allem glaube ich, mich nie wieder so unsagbar unbehaglich gefühlt zu haben wie in jener Erwartung des Fallbeils auf unsere – bildlich gesprochen – quietschenden Köpfe.

Wir unterhielten uns noch immer mit dem belgischen Mädchen, als ein Mann wankend aus der Tür trat und dreinschaute, als wäre ihm auf einen noch nicht geheilten Stumpf ein paarmal brutal ein Holzbein angepaßt worden. Die Holzhand nickte Brown zu und sagte leise und schnell:

«*Allez!*»

Und Brown (der *La Belge* und mir zulächelte) trat ein. Die Holzhand folgte ihm – wohl aus Gründen der Sicherheit.

Die nächsten zwanzig Minuten, oder wieviel es waren, bedeuteten die infamste Nervensäge, die ich je erlebt habe. *La Belge* sagte zu mir:

«*Il est gentil, votre ami*»,

und ich stimmte ihr bei. Mein Blut hämmerte in den Zehenwurzeln und Haarspitzen.

Nach (das brauche ich wohl nicht erst zu sagen) zwei oder drei Millionen Äonen tauchte Brown wieder auf. Doch ich hatte nicht einmal Zeit, einen Blick mit ihm zu tauschen – geschweige denn ein Wort –, denn die Holzhand sagte bereits unter der Tür:

«*Allez, l'autre américain*»,

und ich trat so verwirrt ein, wie man es sich überhaupt nicht vorstellen kann; trat in die Folterkammer, trat vor die Inquisition, trat vor die Fühler dieses schlauen und grinsenden Polypen, *le gouvernement français* ...

Beim Eintreten sagte ich halblaut zu mir: Jetzt heißt's, denen da in die Augen zu blicken und kalt zu bleiben, was immer auch geschieht; ich darf keinen Augenblick vergessen, daß sie aus *merde* gemacht sind, daß sie alle miteinander aus nichts als *merde* gemacht sind – ich weiß nicht, mit wievielen Inquisitoren ich rechnete; aber ich glaube, ich war auf wenigstens fünfzehn gefaßt, unter ihnen Präsident Poincaré *lui-même*. Ich summte lautlos:

«si vous passez par ma vil-le
n'oubliez pas ma maison:
on y mange de bonne sou-pe Ton Ton Tay-ne;
faite de merde et des onions, Ton Ton Tayne Ton Ton Ton»,

und ich dachte an den prächtigen *forgeron* von Chevancourt, der das oder was Ähnliches auf seinem Tisch so gerne sang. – Zur hellen Begeisterung der *deux américains*, die sich sofort mit «*Iits ö londsch way tu Tii-pär-rär-ii*» revanchierten, zum höchsten Vergnügen eines Zimmervoll von solchen, die Mr. A. «Bastarde» nannte, alias «dreckige» Franzosen, alias *les poilus, les poilus divins* ...

Ein kleiner Raum. Das Büro des *Directeur?* Oder des *Surveillant?* Gemütlich. O ja, sehr sehr gemütlich. Zu meiner Rechten ein Tisch. An dem Tisch drei Personen. Erinnert mich ein wenig an Noyon, nicht unangenehm natürlich. Mir gegenüber die drei Personen; von links nach rechts: Ein mißmutiger, schläfriger, zusammengesunkener Kloß mit Gendarmencape und Mütze, sehr alt, Polizeihauptmann, gänzlich uninteressiert, faltiges, grobes Gesicht, nur halb-*méchant*, große, harte, plumpe Hände, die schlaff auf dem Tisch liegen; ein verschlagener, adretter Zivilist mit der Feder in der Hand, offenbar Jurist, *avocat*-Typ, Halbglatze, kriecherisch höflich, riecht nach billigem Parfüm oder zumindest süßlicher Seife; ein kleiner, rotköpfiger Kerl, ebenfalls Zivilist, runzliges, besorgtes, aufgeregtes Gesicht, Körper und Hände belustigend stummelig, Finger kurz und nervös, vermutlich Dickens'scher Charakter, könnte seine Zeit damit zubringen, bei stürmischem Wetter selbstgebastelte Drachen über den Häusern anderer Leute steigen zu lassen.

Hinter den Dreien, gewappnet mit Ehrerbietung und Unterwürfigkeit, weich und rückgratlos: Appollyon.

Möchte der Leser wissen, was ich gefragt wurde?

Ich wünschte, ich könnte es sagen! Nur dunkel erinnere ich mich jener Augenblicke – nur dunkel erinnere ich mich, daß ich durch den Juristen hindurch auf Apollyons steifen Kragen schaute – nur dunkel erinnere ich mich an das allmähliche Zusammensinken des *capitaine de gendarmerie,* an das langsame, aber stetige Überhandnehmen seiner Müdigkeit, an das Herabsacken seines mißmutigen *tête de cochon,* immer tiefer und tiefer, bis er auf den Arm fiel, dessen Ellbogen fest auf dem Tisch lag und der empfindungslosen Schlaffheit Halt gab – nur dunkel erinnere ich mich der begeisterten Grimassen des kleinen Rotkopfes, als ich mit patriotischem Eifer von dem Unrecht sprach, das La France *mon ami et moi* antue – nur dunkel erinnere ich mich der zur Bildsäule erstarrten Holzhand zu meiner Rechten, die einer Kleiderpuppe oder einem lebensgroßen Spielzeug glich, das bloß von demjenigen in Bewegung gesetzt werden kann, der seinen Mechanismus kennt ... Als erstes fragte man mich, ob ich einen Dolmetscher wünsche. Ich sah auf, erkannte den schwachäugigen und quittengelben *secrétaire* und sagte «*Non*». Das meiste wurde ich von dem *avocat* gefragt, einiges von Dickens, nichts jedoch vom Hauptmann (der schlief) und vom *Directeur* (der in Gegenwart dieser großen und guten Delegierten – Glaube, Hoffnung und Liebe – der französischen Regierung zu schüchtern war). Ich weiß noch, daß ich unerklärlicherweise völlig kalt blieb. Ich feuerte sechs oder acht scharfe Schüsse ab, ohne auch nur für eine Sekunde meine Haltung zu verlieren, die mich selbst erstaunte, erfreute und zugleich bestärkte. Den auf mich zukommenden Fragen begegnete ich auf halbem Wege, und ich verspritzte mein bestes oder schlechtestes Französisch auf eine Art, die den kleinen rotköpfigen Halbgott aufs höchste erstaunte. Mit Augen, Stimme und Gebärden forderte ich Apollyon Höchstselbst heraus, aber Apollyon Höchstselbst duckte sich nur und schob den haarigen Körper zwischen seine Glieder wie eine Spinne, wenn ihr Gefahr droht. Ich dankte meinen Fängern und *le gouvernement français* zutiefst dafür, daß ich alles, was zu La Ferté Macé, Orne, Frankreich gehörte, daß ich all dies riechen, hören, fühlen und betasten dürfe. Ich glaube nicht, daß ich *la commission* gefiel. Sie ließ mir durch ihren seifensüßen Anführer sagen, mein Freund sei ein Verbrecher – und das gleich bei meinem Eintritt! –, und ich sagte mit überschwenglicher Höflichkeit, das könne ich nicht finden. In meinen Darlegungen, warum ich nicht ihrer Meinung sei, gelang es mir, glaube ich, meine schaufelförmige Phantasie unter den Abfall ihres Verstandes zu schieben. Wenigstens einige Male.

Deprimierend – dazustehen und erklärt zu bekommen: Ihr Freund ist ein übler Bursche; haben Sie etwas zu Ihrer Entlastung zu sagen? – und darauf alles Mögliche für sich selbst und den Freund und *les hommes* vorzubringen (oder es wenigstens zu versuchen) – und widerlegt und aufgefordert zu werden, beim Thema zu bleiben; et cetera, ad infinitum. Schließlich fragte einer den andern, ob einer der andern den Mann vor den andern noch etwas fragen wolle, und da die andern es nicht wollten, sagten sie:

«*C'est fini.*»

Wie in Noyon hatte ich auf nur einen meiner drei Examinatoren einen unbestreitbar günstigen Eindruck gemacht. Ich meine in diesem Fall den rotköpfigen kleinen Gentleman, der recht anständig zu mir war. Ich erweise ihm nicht gerade Ehre ob seiner Anständigkeit; aber ich verbeuge mich vor ihm, wie ich mich vor einem verbeugen würde, der sich entschuldigt, es tue ihm leid, er könne mir kein Feuer geben, aber gleich um die Ecke sei ein Zigarrenladen.

Bei «*C'est fini*» sprang der *Directeur* in den Lichtkreis und schnauzte die Holzhand an – sie salutierte, riß die Türe auf und blickte mich (darf ich's sagen?) bewundernd an. Anstatt dies zur Flucht auszunützen, wandte ich mich an den kleinen drachensteigenlassenden Gentleman und fragte:

«Sir, würden Sie bitte so freundlich sein und mir sagen, was aus meinem Freund wird?»

Der kleine drachensteigenlassende Gentleman fand nicht die Zeit zu antworten, denn der Parfümierte erwiderte trokken und nachdrücklich:

«Über diesen Punkt können wir Ihnen keine Auskunft geben.»

Ich lächelte ihn verbindlich an, was bedeuten sollte, Wenn ich langsam und bedächtig die kleine, eiserne Kurbel einer großen, hölzernen Walze drehen dürfte, die deine Eingeweide aufwickelt – glaub' mir, dann wäre ich unwahrscheinlich glücklich; und ich verbeugte mich bedächtig und langsam vor *Monsieur le Directeur* und ging durch die Tür mit all den lotrechten Zentimetern, die Gott mir gegeben hat.

Draußen aber begann ich zu zittern wie ein *peuplier* in *l'automne* ... «*L'automne humide et monotone.*»

– «*Allez en bas, pour la soupe*», sagte die Holzhand nicht unfreundlich. Ich sah mich um. «Heute kommt niemand mehr dran», erklärte die Holzhand. «Sie können in der Küche essen.»

Ich ging hinunter.

Afrique war ganz Neugier – was haben die gesagt? was haben Sie gesagt? –, während er einen riesigen, einen in der Tat riesigen, einen unverzeihlich riesigen Teller vor mich hinstellte, in dem mehr war als nur lauwarmes Spülwasser ... Brown und ich aßen an einem kleinen Tisch in *la cuisine,* wobei wir aufgeregt kurze Bemerkungen austauschten, während wir das brennend heiße Zeug schluckten ... «*Du pain; prenez, mes amis*», sagte Afrique. «*Mangez comme vous voulez*», rief uns der Koch mit einem Blick über seine gelassene Schulter großmütig zu ... Und wir aßen! Wir hätten glatt die französische Regierung verspeisen können.

Am nächsten Morgen gingen wir wieder spazieren. Es war nicht angenehm und auch nicht unangenehm, im *cour* spazieren zu gehen, während andere im Raum Der Angst litten – es war vielmehr äußerst aufregend.

Am Nachmittag dieses Tages waren wir alle im UNGEHEUREN RAUM, als plötzlich *la commission* hereinkam; Apollyon stolzierte lispelnd hinterher, erklärte, sah geringschätzig über uns hinweg und schwenkte ergeben seine dicken, bösen Arme.

Alle im UNGEHEUREN RAUM sprangen auf und nahmen dabei ihre Mützen ab – mit Ausnahme von *les deux américains,* welche die ihrigen aufbehielten, und vom Zulu, der seinen Hut schon seit langem suchte und immer noch nicht finden konnte. *La commission* reagierte bezeichnend auf den UNGEHEUREN RAUM. Der Polizeihauptmann schaute mißmutig um sich und sah verächtlich überhaupt nichts; die wohlriechende Seife schielte umher und sagte «Pfui» oder was immer ein französischer gutbürgerlicher *avocat* bei schlechtem Geruch sagt (*la commission* stand an der Tür und daher in der Nähe des *cabinet*); der kleine rotköpfige, drachensteigenlassende Gentleman aber blickte geradezu erschrokken drein.

«Befindet sich hier ein Angehöriger österreichischer Nationalität?»

Der Schweiger trat bescheiden vor.

«Warum sind Sie in La Ferté?»

«Ich weiß es nicht», sagte der Schweiger mit Tränen in den Augen.

«Unsinn! Das hat schon seinen Grund, daß Sie hier sind, das wissen Sie so gut wie ich und könnten's auch sagen, wenn Sie nur wollten, Sie Idiot, Sie unverbesserlicher Verbrecher, Sie», schrie Apollyon; dann wandte er sich an den *avocat* und den rotköpfigen kleinen Gentleman, «Er ist ein gefährlicher Ausländer, er gibt's zu, er hat's schon zugegeben – GEBEN SIE ES ZU, JA?» brüllte er den Schweiger an, der seine schwarze Mütze zwischen den Fingern drehte, ohne die Augen aufzuschlagen oder im geringsten die einfache, edle, würdige Haltung zu ändern. «Er ist unverbesserlich», erklärte (leise knurrend) der *Directeur*. «Wenn Sie genug gesehen haben, meine Herren, können wir wohl gehen.» Aber der Rotköpfige betrachtete den Fußboden bei der Tür, wo feierlich sechs Eimer voll Urin standen – drei davon schwappten hin und wieder ein bißchen über auf die stinkenden Bretter ... Und man sagte dem *Directeur, les hommes* müßten der Hygiene wegen eine Blechrinne zum Urinieren haben. Diese Rinne müsse sofort, müsse ohne Aufschub installiert werden. – «Aber natürlich, meine Herren», grinste Apollyon blöde, «ein guter Einfall; wird sofort gemacht; selbstverständlich. Jetzt möchte ich Ihnen noch – gleich draußen –» und komplimentierte sie höchst geschickt hinaus. Und die Tür KNALLTE hinter Apollyon und den DREI WEISEN zu.

Das muß, wie gesagt, gegen Ende November gewesen sein.

Wir warteten eine volle Woche.

Jan hatte uns bereits verlassen. Fritz, der sich monatelang eine Antwort des dänischen Konsulats auf seine Briefe erhofft hatte, die er so oft geschrieben und durch *le bureau* – das heißt den *secrétaire* – abgeschickt hatte, war es gelungen, besagtem Konsul auf irgendeinem ungesetzlichen Weg seinen Aufenthaltsort mitzuteilen; und sobald der Konsul davon erfuhr, wurde Fritz freigelassen und bekam auf einem Schiff im nächsten Hafen einen Platz angeboten. Seine Abreise (eine fröhlichere habe ich nie mehr erlebt) ist bereits in Verbindung mit dem dritten LIEBLICHEN BERG erwähnt worden – wie auch die Abreise von Bommel und Härri nach Précigné. Bill-der-Holländer, Monsieur Pet-äärs, Mexique, der Wanderer, der kleine Maschinen-Einsteller, Pete, Jean le Nègre, der Zulu und Monsieur Auguste (dieser schon zum zweiten Mal) waren einige unserer zurückgebliebenen Freunde, die mit uns die Kommission durchliefen. Zugleich mit uns und diesen prächtigen Leuten wurden auch Gentlemen wie der Regenmantel und der Raufer-Jidd verhört. Man sollte eigentlich meinen, die GERECHTIGKEIT – in Gestalt der DREI WEISEN – verteile verschiedene Schicksale an (zum Beispiel) den Wanderer und den Raufer-Jidd. *Au contraire.* Wie ich früher schon festhielt: die Wege Gottes und der guten und großen französischen Regierung sind gleichermaßen unergründlich.

Bill-der-Holländer, den wir in unser Herz geschlossen, nachdem wir ihn zuerst beinahe gefürchtet hatten, Bill-der-Holländer, der etliche Handtücher und Taschentücher und was noch alles für uns wusch und sie leuchtendrot verfärbt zurückbrachte, Bill-der-Holländer, der so nachdrücklich versucht hatte, dem Jungen Polen das beizubringen, was er nur vom Raufer-Jidd lernen konnte, verließ uns etwa eine Woche nach *la commission.* Wenn ich recht verstanden habe, hatte man beschlossen, ihn unter Bewachung nach Holland zurückzubringen, damit er in seinem eigenen Land als Deserteur eingesperrt werden könne. Einfach herrlich, wie selbstlos *le gouvernement français* in dieser Angelegenheit war. So gern *le gouvernement français* Bill auf eigene Rechnung und zu ihrem eigenen Vergnügen bestraft hätte, übergab sie ihn doch – mit christlichem Lächeln – zur Bestrafung den Klauen einer Schwester- oder Bruderregierung: Ohne Murren verzichtete sie auf den Weihrauch seiner Leiden und die Musik seiner Ängste. Und es ist auch erhebend, die reibungslose Zusammenarbeit von *la justice française* und *la justice hollandaise* in einem kritischen Augenblick der Weltgeschichte zu erleben. Bill hätte fühlen müssen, was für eine große Ehre es war, daß gerade an ihm diese wundervolle Harmonie demonstriert wurde, dieses außergewöhnliche Sichverstehen zwischen den Bestrafungs-Ministerien zweier, oberflächlich gesehen, wenig verwandter Nationen – jedenfalls wenig verwandt, was Bräuche und Sprache betrifft. Ich fürchte jedoch, Bill war sich der wahren Nützlichkeit seines Schicksals gar nicht bewußt. Wenn ich mich recht erinnere, reiste er in einer ziemlich godverdommeten Stimmung ab. Solch eine Unwissenheit!

Der arme Monsieur Pet-äärs kam recht *épaté* vom Verhör zurück. Als wir ihn ausfragten, erzählte er uns, seine Leidenschaft, Pumpen zu erfinden, habe *ces messieurs* sehr gegen ihn eingenommen; und er schüttelte seinen armen, alten Kopf und schniefte verzweifelt. Mexique erschien stillvergnügt wieder, zuckte mit den Achseln und meinte:

«Ich nix wissen. Die sagen, du paar Tage warten, dann du frei», wohingegen Pete bleich und entschlossen aussah und wenig sprach – außer holländisch zum Jungen Kapitän und seinem Maat; dieses Gespann wiederum nahm *la commission* wie ein mehr oder weniger gesundes Bullenkalb sein Futter: Bedachte man, wie unmöglich es den Drei Weisen war, auch nur einen dunklen Punkt in ihrem Charakter zu finden, so konnte man nicht daran zweifeln, daß sie bald *la liberté* zurückgewinnen würden. Der Zulu murmelte schweigend ein paar unergründliche Gesten und meinte dann, wir sollten dieses Gottesurteil jeder mit einem guten, fetten Käse feiern – sein Freund, der Junge Pole, dagegen machte ein Gesicht, als ob besagtes Gottesurteil ihm vorübergehend das Lebenslicht ausgeblasen hätte; er wußte noch nicht, ob er und «*mon ami*» uns verlassen würden: *La commission* hatte im Falle dieser beiden ein beängstigendes Stillschweigen an den Tag gelegt. Jean le Nègre – einer der letzten, die verhört wurden – hatte es sehr aufregend gefunden; denn die geschliffenen Werkzeuge der *gouvernement français* vermochten sein Geheimnis weder in französisch noch in englisch freizulegen – er kam tanzend und singend auf uns zu; dann unterdrückte er plötzlich jedes Zeichen einer inneren Bewegung und streckte uns feierlich einen Papierstreifen hin, auf dem stand:

CALAIS

und sagte: «*Qu'est-ce que ça veut dire?*» – und als wir ihm das Wort vorlasen, «*m'en vais à Calais, moi, travailler à Calais, très bon!*» – und er hüpfte und lachte und steckte den Zettel in die Tasche und begann das Lied der Lieder:

«*après la guerre fini...*»

Ein Trio, das von den Drei Weisen getroffen, sehr schwer getroffen wurde, waren der Wanderer und der Maschinen-Einsteller und Monsieur Auguste – der Wanderer war wegen der Mutter von *Chocolat* (die auch als Zeugin auftrat) beleidigt worden und hatte sich offenbar mit einigen Bemerkungen frisch von der Leber weg à propos GERECHTIGKEIT gerächt (O Wanderer, glaubtest du an die Ehre der Ehrbaren?); dem Maschinen-Einsteller war das Wort abgeschnitten worden: mitten in seinem leidenschaftlichen Flehen um Gnade oder wenigstens ehrliches Spiel, wenn auch nicht für ihn selbst, so doch für seine Frau, die durch die Trennung schon völlig zerrüttet sei; Monsieur Auguste war gefragt worden (was die ehrenwerten Untersuchungsbeamten ihn schon drei Monate vorher gefragt hatten), Warum sind Sie bei Kriegsausbruch mit Frau und Kind nicht nach Rußland zurückgekehrt? – und er hatte mit Tränen in den Augen und jener sanften Wildheit, die ihn zuweilen überkam, geantwortet,

«*Par-ce-que je n'en a-vais pas les moy-ens. Je ne suis pas un millio-naire, mes-sieurs.*»

Der Kindsentführer, der Regenmantel, der Botenjunge, der Raufer-Jidd und derlei Leute durchliefen die Kommission, ohne daß ihre unangenehmen Charaktere die geringsten sichtbaren Spuren davontrugen.

Kurz nachdem Bill-der-Holländer abgereist war, entschwanden auch zwei der LIEBLICHEN BERGE – und zwar der Wanderer und Chorhemd. Blieben noch der Zulu und Jean le Nègre... Brown und ich verbrachten die meiste Zeit des Spaziergangs damit, schöne buntfarbige Blätter im *cour* zu sammeln. Diese Blätter wurden in eines meiner Notizbücher gelegt – zusammen mit all den Farben, die wir auf Zigarettenschachteln, Schokoladenumhüllungen, den verschiedenartigsten Etiketten und sogar auf Briefmarken fanden. (Ein brillantes Rot bekamen wir aus einem Stoffetzen.) Jedermann (einschließlich der *plantons*) staunte unbeschreiblich über unseren Eifer; das war nicht weiter verwunderlich; schließlich wußte jedermann nicht, daß wir auf diese höchst einfache Weise Farbstudien für die – landläufig sogenannte – «abstrakte» oder auch «gegenstandsfreie» Malerei betrieben.

Trotz diesem begreiflichen Staunen war jedermann (außer den *plantons*) sehr freundlich und bereicherte unsere Farbensammlung oft durch wertvolle Funde. Hätte ich – heute und jetzt in New York – das restlose Vertrauen von auch nur einem Zwanzigstel so vieler Menschen, dann würde ich die GROSSE AMERIKANISCHE ÖFFENTLICHKEIT nicht so schnell als die ästhetisch unfähigste Institution bezeichnen, die je dazu geschaffen wurde, längst verstorbene Ideale und Ideen zu verewigen. Freilich hat die GROSSE AMERIKANISCHE ÖFFENTLICHKEIT einen Hemmschuh, den meine Freunde in La Ferté im allgemeinen nicht hatten – die Erziehung. Bitte, kein Protestgeschrei! Ich verweise auf die Tatsache, daß für einen gebildeten Mann oder für eine gebildete Frau Erschaffen in erster Linie Zerstören heißt – denn es gibt nicht und kann niemals so etwas geben wie eine legitime Kunst, ehe die *bons trucs* (mit denen wir gelehrt werden, die sogenannte Welt zu sehen und auf Leinwand und in Stein und mit Worten nachzuahmen) durch diesen langen und schmerzhaften Prozeß des NICHT-DENKENS gänzlich und durchweg und völlig annulliert sind; ein Prozeß, aus dem ein Minimum rein persönlichen EMPFINDENS erwachsen kann. Dieses Minimum ist KUNST.

Nun ja, die Revolution – ich meine natürlich die Revolution des Geistes – bahnt sich an; ist vielleicht näher, als so mancher denkt, klopft vielleicht schon an die Pforte des Großen Mister Harold Bell Wright[5)] und der Großen Kleinen Miss Pollyanna[6)]. Es mag sein, daß man im Verlauf der nächsten zehntausend Jahre LIEBLICHE BERGE finden kann, ohne erst ins Gefängnis zu müssen – in die Gefangenschaft meine ich, *Monsieur Le Surveillant* –, und es mag sein (wage ich zu behaupten), daß man LIEBLICHEN BERGEN begegnen wird, die nicht im Gefängnis sind...

Der Herbst verging.

Hin und wieder fiel kein Regen: Hin und wieder leckte ein ungesundes Kaum-Licht aus dem großen, welken Körper des Himmels und brachte uns für einen Augenblick die verödete Landschaft in Sicht. Hin und wieder verweilte das Auge, das, mit fast ängstlichem Unbehagen, auf einmal nicht mehr die endlosen Entfernungen der frostigen und süßlichen Luft durchwanderte, auf der unglaublichen Nähe des trostlosen Ohne-Bewegung-Herbstes. Jene unbeholfene und feierliche Klarheit, welche die sinnlosen Schreie und das heisere Lachen der nicht sichtbaren Huren in ihrem schmutzigen Hof verstärkte, jene Klarheit, welche mit kühlem Finger auf die alberne und grausame Gruppe von männlich geformten, sich im Dreck unter vier oder fünf kleinen Bäumen zusammendrängenden Wesen zeigte und in meinem Gehirn den Bild-Eindruck drolliger, gräßlicher und wundervoller Possen von Irren hervorrief. Immer wieder spürte ich eine völlige Herrschaft über mich selbst, die *la promenade* spielend zu einem unlängst entdeckten Mechanismus herabminderte; oder zur Vorführung einer Auswahl lebhafter und langweiliger Spielzeuge, um die mit kaum glaublichem Heldenmut bewachende schemenhafte *plantons* kreisten und närrisch auf und ab marschierten –: verstümmelte, sture Puppen meiner Phantasie. Einmal saß ich für mich allein auf dem Träger aus schweigendem Eisen und hatte plötzlich stufenweise die umfassende, einzigartige Erfahrung des Todes …

Es wurde erstaunlich kalt.

Eines Abends teilten sich Brown und ich und noch einer – ich glaube, es war der Maschinen-Einsteller – in die Wärme einer *bougie* dicht neben oder eigentlich zwischen unseren Ambulanz-Betten, als die Tür aufging, ein *planton* eintrat und hastig eine Liste von Namen (wir verstanden keinen einzigen) vorlas und hinzufügte (wie bei den letzten *partis*, einschließlich des Wanderers und Chorhemds):

«*Soyez prêts partir demain matin de bonne heure*»

– und die Tür schloß sich schnell und laut. Nun hatte aber einer der aufgerufenen Namen so ähnlich wie «Bruum» geklungen, und so bemächtigte sich unser eine dunkle Unruhe. Sollte dies etwa «Brown» geheißen haben? Wir fragten einige unserer Freunde, die näher beim *planton* gestanden hatten als wir. Und wir erfuhren, es kämen Pete und der Regenmantel und der Raufer-Jidd und Rockyfeller weg – doch ob «Brown» dabei war, konnte niemand beschwören. Nicht daß sie überhaupt von nichts wußten. Sie wußten sogar alle etwas – aber ihre Ansichten gingen völlig auseinander. *Les hommes* waren in zwei Lager gespalten; die einen meinten, daß der geheimnisvolle Laut wie «Brown» geklungen habe, die anderen, daß der ein wenig asthmatische *planton* plötzlich ungewollt gegrunzt oder geseufzt habe, und dieses Seufzen oder Grunzen habe man irrtümlich für einen Namen gehalten. Unsere Unsicherheit wurde durch die Unruhe vergrößert, die etwas abseits im UNGEHEUREN RAUM entstanden war, wo der Raufer-Jidd ein paar Zuhörern eine Rede hielt über das aufschlußreiche Thema: Was ich nicht tun werde, wenn ich in Précigné bin. Tief im Gespräch mit dem Badehaus-John beobachteten wir den Jungen, der vor einiger Zeit während *la soupe* auf den Platz neben mir geglitten war – Pete, den Geist, weiß und entschlossen, blond und zerbrechlich: Pete, den Schatten ...

Ich weiß nicht mehr wer, aber jemand – ich glaube, es war der kleine Maschinen-Einsteller – bestätigte dann, daß am andern Morgen ein Amerikaner wegkomme, und der Name des besagten Amerikaners sei *Brun*.

Worauf Brown und ich plötzlich sehr geschäftig wurden.

Als der Zulu und Jean le Nègre gehört hatten, Brown sei unter den *partis*, kamen sie zu unseren Betten herüber und setzten sich, ohne ein Wort zu sagen. Der Zulu teilte uns durch eine verhaltene Partitur des Schweigens mühelos und restlos seinen Schmerz über die Verschickung mit; Jean le Nègre war mit seinem gesenkten Kopf und seiner feinfühligen Zurückhaltung, die in dem empfindlichen, harten, geschmeidigen Körper lag, ein ganzes Universum des Grams.

Der kleine Maschinen-Einsteller regte sich mächtig auf; nicht nur weil sein Freund in eine Diebes- und Räuberhöhle kommen sollte, sondern auch weil sein Freund in der Gesellschaft dieses *crapule* (Rockyfeller) und der *deux mangeurs de blanc* (nämlich des Regenmantels und des Raufer-Jidds) reisen mußte. «*C'est malheureux*», sagte er ein ums andere Mal und schüttelte seinen armen, kleinen Kopf in Wut und Verzweiflung – «ist doch kein Platz für einen jungen Mann, der überhaupt nichts angestellt hat ... *pour la durée de la guerre* soll der mit Zuhältern und Halsabschneidern eingesperrt werden ... *le gouvernement français a bien fait!*» Und er wischte sich mit einer verzweifelten, schnellen, kleinen Geste eine Träne aus dem Auge ... Am meisten jedoch ärgerte den Maschinen-Einsteller, daß Brown und ich getrennt wurden – «*M'sieu' Jean*» (er berührte mich sacht am Knie), «die haben kein Herz, *la commission;* die sind nicht bloß ungerecht, die sind grausam, *savez-vous?* Menschen sind so nicht, das sind keine Menschen, das sind Herrgottnochmal ichweißnichtwas, die sind schlimmer als Tiere, und so was nennt sich GERECHTIGKEIT» (er zitterte von Kopf bis Fuß vor Verachtung), «GERECHTIGKEIT! Mein Gott, GERECHTIGKEIT!»

All dies vermochte uns natürlich nicht gerade aufzuheitern.

Und als wir gepackt hatten, tranken wir ZUM LETZTEN MAL miteinander: der Zulu und Jean le Nègre und der Maschinen-Einsteller und Brown und ich; und Pete-der-Schatten schwebte heran, weißer als ich ihn je gesehn, und sagte schlicht zu mir:

«Ich paß' auf dein' Freund auf, Johnny»,

... und schließlich kam *lumières éteintes;* und *les deux américains* lagen in ihren Betten in der kalten, feuchten Finsternis, sprachen leise von der Vergangenheit, von Petruschka, von Paris, von diesem tollen und verrückten und unmöglichen Etwas: Leben.

Morgen. Weißlich. Unvermeidlich. Tödlich kalt.

Viel Eile und Getummel im UNGEHEUREN RAUM. Männer rannten in dem schweren Halbdunkel hin und her. Männer sagten zu Männern Lebewohl. Sagten Lebewohl zu Freunden. Sagten Lebewohl zu sich selbst. Wir lagen und schlürften den schwarzen, teuflischen, langweiligen Alles-bloß-kein-Kaffee; lagen angezogen auf unseren Betten, zitterten vor Kälte, warteten. Warteten. Einige der *hommes*, die wir kaum kannten, kamen zu Brown und gaben ihm die Hand, wünschten alles Gute und sagten Lebewohl. Die Dunkelheit schwand schnell aus der langweiligen, schwarzen, teuflischen stinkenden Luft. Brown fiel plötzlich ein, daß er kein Geschenk für den Zulu hatte; er fragte einen prächtigen Norweger, dem er seinen Ledergürtel gegeben hatte, ob er, der Norweger, ihm diesen wieder zurückgeben könne, weil er einen sehr lieben Freund vergessen habe. Der Norweger nahm freundlich lächelnd den Gürtel ab und sagte «Natürlich» ... er war in Bordeaux geschnappt worden, als er von seinem Schiff an Land ging und im Rausch drei Büchsen Sardinen stahl ... ein großer und gefährlicher Verbrecher ... er sagte «Natürlich» und schenkte Brown ein freundliches Lächeln, das freundlichste Lächeln der Welt. Brown schrieb seine Anschrift und seinen Namen in den Gürtel und erklärte dem Jungen Polen auf französisch, daß der Zulu, wann immer er ihn erreichen wolle, nur seinen Gürtel zu Rate zu ziehen brauche; der Junge Pole dolmetschte; der Zulu nickte, der Norweger lächelte verständnisvoll; der Zulu empfing den Gürtel mit einer Haltung, der Worte nicht im geringsten gerecht werden können –

Ein *planton* stand im UNGEHEUREN RAUM, ein *planton* brüllte und fluchte und schrie «*Dépêchez-vous, ceux qui vont partir*». – Brown verabschiedete sich von Jean und Mexique und dem Maschinen-Einsteller und dem Jungen Kapitän und Badehaus-John (dem er seinen Sanitäts-Rock geschenkt hatte, und der darüber geradezu verrückt-stolz war) und dem Norweger und dem Waschmaschinen-Mann und dem Hut und vielen von *les hommes,* die wir kaum kannten. – Der Schwarze Halfter dröhnte:

«*Allez, nom de dieu, l'américain!*»

Ich ging mit Brown und Pete durch den Saal und schüttelte

beiden an der Tür die Hand. Die andern *partis*, alias der Regenmantel und der Raufer-Jidd, waren schon auf dem Weg nach unten. Der Schwarze Halfter verfluchte uns und mich im besonderen und knallte mir die Tür wütend vor der Nase zu –

Durch das kleine Guckloch erhaschte ich noch einen Schimmer von ihnen, als sie auf die Straße hinaustraten. Ich ging zu meinem Bett und legte mich in meinem großen Umhang still hin. Der Lärm und Schmutz des Saales hellte sich auf, wurde ferner und verblaßte. Ich hörte die Stimme des fröhlichen Elsässers:

«*Courage, mon ami, votre camarade n'est pas mort; vous le verrez plus tard*», und danach nichts mehr. Vor und auf und in meinen Augen plötzlich ein starkes und sanftes und dunkles Schweigen.

Die DREI WEISEN hatten ihre Pflicht getan. Doch Weisheit darf nimmer ruhen …

Vielleicht hielten sie gerade in diesem Augenblick Hof in einem andern La Ferté und lieferten ein paar Verbrecher, die lediglich vollkommen unglücklich waren, an die mit nichts zu vergleichende Angst aus: kleine und große, zitternde und tapfere Verbrecher – alle bleich und sprachlos, alle mit schmalen, blauen Lippen und großen, flüsternden Augen, alle mit müden und gekrümmten und uralten Händen … verzweifelten Händen, die sich tastend um das letzte lauwarme Stückchen Leben schlossen, das ihnen sanft und säuberlich ins Vergessen entglitt.

ICH SAGE LA MISÈRE LEBEWOHL

Um dem Leser zu beweisen, daß diese Geschichte frei erfunden ist (und zwar recht billig und gewaltsam erfunden), benötigte ich wahrscheinlich nichts weiter als jenen althergebrachten Trick der Kitsch- und Schauerroman-Schreiber: das HAPPY-END. Aber es ist mir völlig gleich, ob einer, der bis hierher an meinen Irrfahrten teilgenommen hat, glaubt oder nicht glaubt, daß sie und ich «wahr» sind (wie das unergründliche Tier «Publikum» es nennt). Ich wende mich jedoch entschieden gegen die Vermutung eines Lesers, der da denkt, das Ende dieses meines letzten Kapitels bedeute auch nur annähernd so etwas wie Glück. Während ich noch einmal aufrollte (weiß Gott, schwerfällig und unzulänglich genug), was ich zwischen Ende August 1917 und den ersten Januartagen 1918 erlebte, schälte sich zu meiner Freude heraus (wenn schon nicht zur Freude von sonst jemand), daß ich in La Ferté Macé mit den LIEBLICHEN BERGEN um mich herum glücklicher war, als es die stärksten Worte beschreiben können. Ich möchte behaupten, es kommt ganz darauf an, was man unter Glück versteht. Aber an einer Definition des Glücks will ich mich hier gewiß nicht versuchen; ich kann und möchte jedoch so viel sagen: *La Misère* in dem Bewußtsein – schlimmer noch: in dem Gefühl – zu verlassen, daß etliche der besten Menschen auf der Welt dazu verdammt sind, dort für wer-weiß-wie-lange gefangen zu sein, dazu verdammt sind, vielleicht für Jahre und Jahrzehnte und all die furchtbaren Jahre zwischen ihnen und ihrem Tod in der grauen und unteilbaren NICHT-Existenz zu verharren, aus der man ohne jede Entschuldigung in die Realität zurückkehrt – das kann selbst bei viel Phantasie nicht als HAPPY END eines großen und persönlichen Abenteuers aufgefaßt werden. Wenn ich dieses Kapitel trotzdem schreibe, dann nur in der naiven und vielleicht unbegründeten Hoffnung, ich könnte durch die Darstellung bestimmter Ereignisse mithelfen, ein bißchen Licht in eine schreckliche Dunkelheit zu werfen ...

Lassen Sie mich von vornherein erklären, daß alles, was unmittelbar nach der Abreise von Brown und Pete und den Jidds und Rockyfeller nach Précigné geschah, ziemlich peinlich verschwommen ist; ich muß gestehen, daß dies auf die Niedergeschlagenheit zurückzuführen ist, welche sich durch diese Abreise meiner allzumenschlichen Natur bemächtigte. Das Urteil der DREI WEISEN hatte mich – um einen besonders deutlichen (ja kraftvollen) Mode-Ausdruck meiner Zeit zu verwenden – völlig aus den Pantinen gekippt. Ich verbrachte die Tage zwischen dem Abschied von «*votre camarade*» und meiner etwas übernatürlichen Entlassung in die Freiheit damit, wenigstens einigermaßen wieder zu mir zu kommen. Als ich schließlich abreiste, war der Teil von mir, den man landläufig als «Kopf» bezeichnet, immer noch leicht benebelt, wenn nicht verwirrt. Erst nachdem die amerikanische Kost einige Wochen lang mein Äußeres erneuert hatte, kam auch mein Inneres wieder in eine normale Verfassung. Ich bin wegen dieser (man könnte beinahe sagen) Gemütskatastrophe weder besonders beschämt noch stolz. Nicht mehr beschämt oder stolz als auf jene Infektion an drei Fingern, die ich als kleines Zeichen von La Fertés gutem Willen nach Amerika mitnahm. Und ich habe auch wahrhaftig kein Recht, mich damit zu brüsten, selbst wenn ich es gern wollte; denn Brown nahm nach Précigné eine Krankheit mit, die sein Vater nach Browns Ankunft im HEIM DES HELDEN als Skorbut[7] diagnostizierte – und gegenüber diesem Skorbut war mein Leiden nicht mehr wert als dreißig Cents. Eine meiner lebhaftesten Erinnerungen an La Ferté ist ein Nacheinander von knisternden Lauten, die zwangsläufig entstanden, wenn mein Freund sich auszog. Ich erinnere mich, daß wir zusammen zu Monsieur Rii-schaar gingen; Brown wegen seines Schorfs und ich wegen meiner Hand und etlicher wunden Stellen, die jenen Teil meines Gesichts zierten, der mühsam versuchte, sich einen Schnurrbart zuzulegen. Monsieur

Rii-schaar verordnete Brown ein Bad – das hieß: er durfte kurz in eine große Zinnwanne tauchen, in der sich ein bißchen nicht ganz lauwarmes Wasser befand. Ich dagegen erhielt ein Kleckschen Zinksalbe auf einem winzigen Stofffetzen und mußte dafür herzlich dankbar sein. Diese Details dürften des Lesers ästhetisches Gefühl wohl kaum mehr verletzen, als es gewisse Einzelheiten über die sanitären Einrichtungen in des *Directeur* lieblichem Heim für heimatlose Jungen und Mädchen schon getan haben – daher will ich mich nicht damit aufhalten, mich beim Leser zu entschuldigen, sondern will, genau oder ungenau, mit meiner Geschichte fortfahren.

«*Mais qu'est-ce que vous avez*», fragte *Monsieur le Surveillant* im Ton tiefsten, ja sogar freundlichen Erstaunens, als ich wenige Tage nach dem Weggang der *partis* einsam zur *soupe* trottete.

Ich blieb stehen und starrte ihn blöde an, ohne zu antworten, denn ich hatte wahrhaftig nichts zu sagen.

«Warum sind Sie denn so traurig?» fragte er.

«Vermutlich vermisse ich meinen Freund», sagte ich.

«*Mais – mais* –» prustete er und keuchte wie ein alter, fetter Kerl, der mit dem Fahrrad einen Berg hinaufzustrampeln versucht – «*mais vous avez de la chance!*»

«Vermutlich», antwortete ich nicht gerade begeistert.

«*Mais-mais-parfaitement – vous avez de la chance – ähä – ähä – parce que – comprenez-vous – votre camarade – ähä – a attrapé prison!*»

«Ähä», sagte ich müde.

«Sie dagegen», fuhr Monsieur fort, «Sie nicht. Sie sollten doch dankbar und glücklich sein!»

«Ich wäre lieber mit meinem Freund ins Gefängnis gegangen», stellte ich klar; trat in den Speisesaal und ließ den *Surveillant* nicht wenig verwundert und ähähend zurück.

Ich glaube wahrhaftig, meine Verfassung hat ihn beunruhigt, so unglaublich es auch scheinen mag. Zu jener Zeit gab ich weder einen außergewöhnlichen noch besonderen

Pfifferling für *Monsieur le Surveillant* und «*l'autre américain*», alias mich selbst. Durch einen Nebel gleichgültigen Nichtbegreifens spürte ich verschwommen, daß alle – mit Ausnahme der *plantons* und Apollyons natürlich – redlich versuchten, mir zu helfen; daß der Zulu, Jean, der Maschinen-Einsteller, Mexique, der Junge Kapitän, sogar der Waschmaschinen-Mann (mit dem ich öfters im *cour* spazierenging, wenn niemand sonst danach zumute war, das einfach abscheuliche Wetter zu genießen) gut, sehr gut, besser als ich sagen kann, zu mir waren. Was Afrique und den Koch betrifft – es gab damals nichts, was ihnen zu gut für mich gewesen wäre. Ich bat den Koch, für ihn Holz spalten zu dürfen, und wurde nicht nur als Säger angenommen, sondern auch noch mit seinem besten Kaffee gestärkt, mit echtem Zucker *dedans*. Auf dem kleinen Platz vor der *cuisine*, zwischen dem Haus und dem *cour*, sägte ich einen Vormittag lang mit großer Befriedigung und stapfte ab und zu auf ein geheimes Signal von Afrique meinen holzbeschuhten Weg in des Chefs Domäne. Nachmittags saß ich mit Jean oder Mexique oder dem Zulu auf dem langen Träger schweigenden Eisens, dachte eingehend über nichts nach und antwortete rein mechanisch auf ihre Fragen oder Bemerkungen. Ich fühlte mich schließlich wie eine Puppe – die man gelegentlich zum Spielen hervorholte und dann wieder ins Bett steckte und ihr befahl, zu schlafen ...

Eines Nachmittags lag ich auf meinem *paillasse*, dachte an das übliche NICHTS, als plötzlich ein greller Schrei durch den UNGEHEUREN RAUM sang:

«*Il tombe de la neige – Noël, Noël!*»

Ich setzte mich auf. Der *Garde-Champêtre* stand am nächsten Fenster, tanzte beängstigend hin und her und rief:

«*Noël, Noël!*»

Ich ging zum anderen Fenster und schaute hinaus. Wahrhaftig. Es fiel Schnee, fiel langsam und wundervoll, fiel schweigend durch den dichten, lautlosen Herbst ... Er kam mir unsagbar schön vor, der Schnee. Er hatte so etwas unaussprechlich Frisches und Eigenartiges, etwas Vollkommenes und Winziges und Sanftes und Schicksalhaftes ... Der Schrei des *Garde-Champêtre* löste tief in meinem Kopf ein Gedicht aus, ein Gedicht über den Schnee, ein französisches Gedicht, das anfing *Il tombe de la neige, Noël, Noël.* Ich sah dem Schnee zu. Erst lange danach kehrte ich zu meinem Lager zurück und legte mich hin, schloß die Augen, fühlte das winzige und frische, das sanfte und eigenartige Fallen des Schnees, der vollkommen und geschwind durch den dichten, lautlosen Herbst meiner Phantasie fiel.

«*L'américain! L'américain!*»

Da meint jemand mich.

«*Le petit belge avec le bras cassé est là-bas, à la porte, il veut vous parler ...*»

Ich ging durch den Saal. Der UNGEHEURE RAUM ist voll einer neuen und schönen Dunkelheit, der Dunkelheit des Schnees da draußen, der fällt und fällt mit der schweigenden, gegenwärtigen Geste, die das lautlose Land meines Gemüts berührt hat wie ein Kind ein geliebtes Spielzeug berührt ...

Durch die geschlossene Tür hörte ich ein nervöses Flüstern: «*Dis à l'américain que je veux parler acvec lui.*» – «*Me voici.*»

«Legen Sie Ihr Ohr ans Schlüsselloch, M'sieu' Jean», sagte die Stimme des Maschinen-Einstellers. Die sehr aufgeregte Stimme des Maschinen-Einstellers. Ich tue es – «*Alors. Qu'est-ce que c'est, mon ami?*»

«*M'sieu' Jean! Le Directeur va vous appeler tout de suite!* Sie müssen sich gleich fertigmachen. Waschen und rasieren, ja? Er ruft Sie sofort. Und nicht vergessen: Oloron! Bitten Sie darum, nach Oloron Sainte-Marie gehen zu dürfen, wo Sie malen können! Oloron Sainte-Marie, Basse Pyrenées! *N'oubliez pas, M'sieu' Jean! Et dépêchez-vous!*»

«*Merci bien, mon ami!*» – Ich erinnere mich jetzt wieder: Der kleine Maschinen-Einsteller und ich hatten uns unterhalten. *La commission* hatte anscheinend entschieden, daß ich kein Verbrecher, sondern nur verdächtig sei. Als Verdächtiger konnte ich mich überall in Frankreich niederlassen, vorausgesetzt, daß es nicht an der Küste oder in ihrer unmittelbaren Nähe war – damit ich nicht versuchte, aus Frankreich zu fliehen. Der Maschinen-Einsteller hatte mir geraten, nach Oloron Sainte-Marie zu gehen. Ich solle sagen, daß mir als Maler die Pyrenäen besonders lägen. «*Et qu'il fait beau, là-bas!* Der Schnee auf den Bergen! Und es ist dort gar nicht kalt. Und was für Berge! Sie können da ganz billig leben. Als Verdächtiger müssen Sie sich lediglich einmal im Monat bei dem Gendarmen von Oloron Sainte-Marie melden. Er ist ein alter Freund von mir. Ein feiner, lieber Kerl, dick und rotbackig. Er wird's Ihnen nicht schwer machen, *M'sieu' Jean*, und Ihnen behilflich sein, wenn Sie ihm sagen, Sie seien ein Freund des kleinen Belgiers mit dem verkrüppelten Arm. Sagen Sie ihm, ich hätte Sie geschickt. Sie werden's dort gut haben und können endlich malen: solch eine Landschaft zum Malen! Mein Gott – das ist was anderes, als was Sie hier vom Fenster aus sehen. Ich rate Ihnen, unbedingt nach Oloron zu gehen.»

Daran mußte ich denken, als ich vor Judas' Spiegel mein Gesicht einseifte.

«Du reibst nicht fest genug», riet mir der Elsässer, «*il faut frotter bien.*» Ein paar Mitgefangene schauten meiner Toilette überrascht und anerkennend zu. Ich entdeckte im Spiegel einen erschreckenden Bart und eine dicke Schmutzkruste. Ich arbeitete rasch, beraten von mehreren Stimmen, gerügt vom Elsässer, ermuntert von Judas persönlich. Nach dem Waschen und Rasieren fühlte ich mich beträchtlich frischer.

Bums!

«*L'américain en bas!*» Es war der Schwarze Halfter. Ich zog langsam den Waffenrock an und folgte ihm.

Der *Directeur* besprach sich gerade mit dem *Surveillant*, als ich in dessen Büro trat. Apollyon saß an einem Schreibtisch und betrachtete mich grimmig. Sein Untergebener ging auf und ab, verschlang und wand die Finger hinter seinem Rükken und beäugte mich beinahe wohlwollend. Der Schwarze Halfter bewachte den Eingang.

Le Directeur wandte sich mir wütend zu und rief: «*Votre ami est mauvais, très mauvais, Savez-vous?*»

Ich antwortete ruhig, «*Oui? Je ne le savais pas.*»

«Er ist ein übler Bursche, ein Verbrecher, ein Verräter, eine Kulturschande», schrie mir Apollyon ins Gesicht.

«So?» sagte ich wieder.

«Sie sollten sich lieber in acht nehmen!» brüllte der *Directeur*. «Wissen Sie, was mit Ihrem Freund geworden ist?»

«*Sais pas*», sagte ich.

«Er sitzt im Gefängnis, da gehört er auch hin», röhrte Apollyon. «Begreifen Sie, was das heißt?»

«*Peut être*», antwortete ich – ich fürchte, ein wenig frech.

«Sie können von Glück sagen, daß Sie nicht mit ihm dort sind, verstehen Sie?» donnerte *Monsieur Le Directeur*. «Und das nächste Mal suchen Sie sich Ihre Freunde besser aus, sage ich Ihnen, sonst geht's Ihnen wie ihm – Gefängnis Für Die Dauer Des Krieges!»

«Mit meinem Freund zusammen wäre ich im Gefängnis ganz zufrieden», sagte ich gleichmütig und versuchte, durch ihn hindurch auf die Wand hinter seinem schwarzen, großen, spinnenhaften Körper zu blicken.

«Himmelnochmal, was für ein Narr!» bellte der *Directeur* verärgert – und der *Surveillant* antwortete beschwichtigend: «*Il aime trop son camarade, c'est tout.*» – «Aber sein Kamerad ist ein Verräter und ein ganz übler Bursche obendrein!» meinte der Böse Feind mit sich überschlagender Stimme – «*Comprenez-vous: votre ami est Un Salaud*!» schoß er mir entgegen.

Er fürchtet anscheinend, daß ich ihn nicht verstehe, überlegte ich. «Ich verstehe sehr gut, was Sie sagen», versicherte ich ihm.

«Aber Sie glauben es mir nicht, wie?» kreischte er, bleckte die Fangzähne und sah auch sonst wie ein höchst gefährlicher Irrer aus.

«*Je ne le crois pas, Monsieur.*»

«Herrgottnochmal!» brüllte er. «Was für ein Narr, *quel idiot*, so ein saublöder Dummkopf!» Und er sprudelte etwas über seine schaumbedeckten Lippen, das entfernt an Lachen erinnerte.

Hierauf mischte sich der *Surveillant* wieder ein: Ich sei im Irrtum. Es sei ein Jammer mit mir. Doch das könne man mir leider nicht begreiflich machen. Aber man solle mich nur nach – «Sie müssen wissen, daß Sie als Verdächtiger eingestuft worden sind», sagte *Monsieur le Surveillant* zu mir, «Sie können also wählen, wohin Sie gehen wollen.» Apollyon schnaubte und keuchte und stotterte ... wand seine riesigen, roten Hände.

Ich wandte mich an den *Surveillant*, ohne Apollyon zu beachten. «Wenn's möglich ist, ginge ich gern nach Oloron Sainte-Marie.»

«Und warum?» explodierte der *Directeur* bedrohlich.

Ich erklärte, ich sei von Beruf Maler und hätte schon immer gewünscht, einmal die Pyrenäen zu sehen. «Die Umgebung von Oloron würde für einen Künstler recht anregend sein –»

«Wissen Sie, daß Oloron an der spanischen Grenze liegt?» schnappte er nach mir.

Ich wußte es, deshalb antwortete ich mit betont kindlicher Einfalt: «Spanien? Ach – wie interessant.»

«Sie wollen aus Frankreich fliehen, sagen Sie's nur», knurrte der *Directeur*.

«Oh, das glaube ich nicht», besänftigte der *Surveillant*, «er ist Künstler, und Oloron ist wirklich der ideale Ort für einen Maler. Ein entzückender Ort. Ich kann mir nicht denken, daß der Wunsch, nach Oloron zu gehen, ein Grund zum Verdacht ist. Ich finde diesen Wunsch sogar sehr begreiflich.» – Sein Vorgesetzter knurrte abermals.

Nach einigen weiteren Fragen unterschrieb ich mehrere Papiere und wurde dann von Apollyon entlassen.

«Wann werde ich wohl wegkommen?» fragte ich den *Surveillant*.

«Oh, das ist nur eine Sache von Tagen, einigen Wochen vielleicht», versicherte er wohlwollend.

«Sie kommen weg, wenn Sie dran sind», prustete Apollyon, «verstanden?»

«Jawohl. Und vielen Dank», antwortete ich mit einer Verbeugung und ging. Auf dem Weg zum UNGEHEUREN RAUM fuhr mich der Schwarze Halfter an:

«*Vous allez partir?*»

«*Oui.*»

Er sah mich an mit einem Blick, der das Bein eines Mahagoniklaviers in ein Häufchen rauchender Asche hätte verwandeln können, und stieß den Schlüssel ins Schloß.

Sofort umdrängten mich alle. «Was Neues?»

«Ich habe sie gebeten, als Verdächtiger nach Oloron entlassen zu werden», erzählte ich.

«Du hättest besser auf meinen Rat gehört und wärst nach Cannes gegangen», tadelte mich der dicke Elsässer. Er hatte mich tatsächlich vorher deswegen bearbeitet – aber ich traute dem kleinen Maschinen-Einsteller mehr.

«*Parti?*» sagte Jean le Nègre mit großen Augen und berührte mich sanft.

«*Non, non. Plus tard, peut-être. Pas maintenant*», versicherte ich ihm. Und er klopfte mich auf die Schulter und lächelte, «*Bon!*» Und wir rauchten eine Zigarette zu Ehren des Schnees, den Jean – im Gegensatz zu den meisten *hommes* – einfach großartig fand. «*C'est joli!*» konnte er ausrufen und dabei wundervoll lachen. Am nächsten Morgen gingen er und ich allein zum Spaziergang, ich in meinen Holzschuhen, Jean in neuen Pantoffeln, die er (nach vielen Bitten) auf dem *bureau* gefaßt hatte. Und wir gingen im verschlammten *cour* auf und ab und staunten wortlos *la neige* an.

Eines Tages nach dem Schneefall erhielt ich aus Paris das vollständige Werk Shakespeares in der Volks-Ausgabe. Mir war völlig entfallen, daß Brown und ich – nachdem es uns mit William Blake nicht gelungen war – den besser bekannten William bestellt und bezahlt hatten; bei diesem Kauf war uns

Monsieur Pet-äärs behilflich gewesen. Es war ein eigenartiges und bemerkenswertes Gefühl, das ich beim Aufschlagen von «Wie es euch gefällt» empfand ... wie ich erfuhr, waren die Bände vom *secrétaire* genau geprüft worden, damit sie auch keine wertvollen oder gefährlichen Gegenstände enthielten. In diesem Zusammenhang lassen Sie mich noch erwähnen, daß der *secrétaire* oder (wenn nicht er) seine Vorgesetzten nur zu gut wußten, was wertvoll – wenn auch nicht gefährlich – war. Das weiß ich, weil meine Familie mir öfters Socken schickte, die jedesmal Zigaretten enthielten; ich bekam jedoch die Socken immer *sans* Zigaretten. Vielleicht ist es ungerecht, die Beamten von La Ferté eines solch gemeinen Diebstahls zu beschuldigen; ich sollte vielleicht besser die Ehrlichkeit jenes französischen Zensors anzweifeln, der Browns Briefe abgefangen hatte und damit den Anstoß gab, daß wir von der *Section Sanitaire* wegkamen. Der Himmel weiß, daß ich (wie die DREI WEISEN) der Gerechtigkeit geben möchte, was der Gerechtigkeit ist.

Irgendwie jedoch war die Lektüre Shakespeares nicht das Richtige für mich. Ein paarmal versuchte ich es mit «Hamlet» und «Julius Cäsar» und gab es dann auf, nachdem ich einem Mann – der fragte «Schä-key-spär, wer ist Schä-key-spär?» – erklärt hatte, Mr. S. sei der Homer der englisch sprechenden Völker – welche Bemerkung dem Fragesteller zu meiner Überraschung eine ganz bestimmte Vorstellung zu geben schien, denn er verschwand durchaus zufrieden. Den größeren Teil der zeitlosen Zeit verbrachte ich auf dem Spaziergang in Regen und Schloßenhagel mit Jean le Nègre, im Gespräch mit Mexique und im Austausch großer Geschenke des Schweigens mit dem Zulu. An Oloron glaubte ich nicht, und ich scherte mich auch nicht darum. Würde ich wegkommen – gut; würde ich hierbleiben, solange Jean und der Zulu und Mexique da waren – gut. «*M'en fous pas mal*» war so ziemlich meine ganze Philosophie.

Wenigstens ließ mich der *Surveillant* auf meinem *Soi-Même*-Standpunkt in Ruhe. Nach dem kurzen Besuch beim Satan schwelgte ich wieder im Luxus des Verdreckens. Und niemand kümmerte sich darum. Im Gegenteil, irgendwie bewunderten alle meine Schlampigkeit (sie stellten sich anscheinend vor, die Freude am Verdrecken sei die Voraussetzung für jede große Kunst). Es machte mir einfach Spaß, mit meinem Verlottern gegen alles zu protestieren, was sauber und ordentlich und bigott und schwülstig war und meine guten Freunde quälte. Und meine guten Freunde verstanden mich, weil sie meine guten Freunde waren. Als ich den Gipfel meiner Verwahrlosung erreicht hatte – im Kalender stand, glaube ich, der 21. Dezember –, rasselte der Schwarze Halfter in den UNGEHEUREN RAUM und verkündete mit aufgeregtem und wütendem Gesicht:

«*L'américain! Allez chez Le Directeur. De suite.*»

Ich wehrte schwach ab, ich sei doch nicht salonfähig –

«*N'importe. Allez avec moi*», und ich ging mit, zur Verwunderung aller und zu meiner eigenen Belustigung. «Mein Gott, laß d e n mich nur sehen», brabbelte ich vor mich hin ...

Der *Directeur* sagte nichts, als ich eintrat.

Der *Directeur* hielt mir ein Blatt Papier hin, und ich las es.

Der *Directeur* sagte, mit dem Versuch zur Liebenswürdigkeit, «*Alors, vous allez sortir.*»

Ich schaute ihn mit hundertfünfzigprozentigem Erstaunen an. Ich war im *bureau de Monsieur le Directeur du Camp de Triage de la Ferté Macé*, Orne, Frankreich, und hielt in der Hand ein Blatt Papier, auf dem stand, wenn hier ein Mann namens Edward E. Cummings sei, so solle er unverzüglich zur amerikanischen Botschaft nach Paris gebracht werden – und ich hatte soeben die Worte gehört:

«*Alors, vous allez sortir*»,

und diese Worte erklangen in einer solch leisen, befangenen, gütigen und einschmeichelnden Stimme, daß ich mir nicht vorstellen konnte, wem sie gehören sollte. Doch sicher nicht dem Bösen Feind, Apollyon, dem Herrn der Hölle, Satan, *Monsieur le Directeur du Camp de Triage de la Ferté Macé* –

«Machen Sie sich fertig, Sie kommen sofort weg.»

Da erst bemerkte ich den *Surveillant*. Auf seinem Gesicht lag ein Beinahe-Lächeln. Er gab meinen Blick zurück und sagte: «Ähä, ähä, *Oui*.»

«Das ist alles», sagte der *Directeur*. «Sie bekommen Ihr Geld im *bureau* des *Gestionnaire,* ehe Sie abreisen.»

«Gehen Sie und machen Sie sich fertig», sagte der Fechter, und jetzt lächelte er wirklich ...

«Ich? Komme? Nach? Paris?» flüsterte jemand, der bestimmt nicht ich war.

«*Parfaitement*.» – Verdrießlich. Apollyon. Aber wie umgestülpt. Wer zum Teufel bin ich? Wo zum Teufel bin ich? Was ist Paris – ein Ort, ein Irgendwo, eine Stadt, Leben, leben: Infinitiv, Präsens, 1. Singular, ich lebe. Du lebst. Der *Directeur*. Der *Surveillant*. La Ferté Macé, Orne, Frankreich. «Edward E. Cummings wird sofort entlassen.» Edward E. Cummings. Der *Surveillant*. Ein gelbes Blatt Papier. Der *Directeur*. Ein Halstuch. Paris. Leben. *Liberté*. *La liberté*. «*La Liberté*» – hätte ich beinahe in meinem Freude-Schmerz hinausgeschrieen.

«*Dépêchez-vous. Savez-vous, vous allez partir de suite. Cet après-midi. Pour Paris.*»

Ich drehte mich um, ich drehte mich so plötzlich um, daß ich beinahe den Schwarzen Halfter umgerannt hätte, den Schwarzen Halfter und alles; ich kehrte zur Tür, ich kehrte zum Schwarzen Halfter, ich kehrte in Edward E. Cummings, ich kehrte in das, was tot und wieder lebendig geworden war, ich kehrte in eine Stadt, ich kehrte in einen Traum –

Ich stehe zum letzten Mal im UNGEHEUREN RAUM. Ich sage Lebewohl. Nein, nicht ich bin es, der Lebewohl sagt. Es ist in Wirklichkeit ein anderer, womöglich Ich-Selbst. Vielleicht habe ich einer kleinen Kreatur die Hand geschüttelt, einer kleinen Kreatur mit verkrüppeltem Arm, einer kleinen Kreatur, in deren Augen, wer weiß warum, Tränen standen; vielleicht auch einem stillen Jungen (Mexique?), der lächelnd und brüchig sagt:

«Leb wohl, Johnny, ich ver-gesse dich nicht»,
vielleicht auch einem verrückten, alten Kerl, der irgendwie in Browns Waffenrock gekommen war, und der gestikuliert und schreit und lacht; vielleicht auch einem helläugigen Mann, der mir auf den Rücken klopft und sagt:

«Lebe wohl und alles Gute»
(ist das womöglich der Junge Kapitän?); vielleicht auch einer Menge hungriger, zerlumpter, großartiger Menschen – mein Bett habe ich dem Zulu vermacht, mein Gott, und der Zulu muß es sogar jetzt bewachen, und sein Freund, der Junge Pole, hat mir die Adresse von «*mon ami*» gegeben, und in den Augen des Jungen Polen stehen Tränen, und ich komme mir erstaunlich groß vor und bin ohne Tränen – und da ist der gute Norweger, der in Bordeaux einen Rausch hatte und drei (oder waren es vier?) Sardinenbüchsen stahl ... und jetzt spüre ich einen andern vor mir, dem auch die Tränen in den Augen stehen, einen, der tatsächlich weint, einen, den ich als stark und jung spüre, während er mich ruhig umfängt mit seinen festen, kräftigen Armen und mich auf beide Wangen und die Lippen küßt ...

«Leb wohl, du»,
– Oh, lebe wohl, lebe wohl, Jean, ich gehe; alles Gute dir, und lache dein Lachen, wenn *la neige* kommt ...

Und dann stehe ich irgendwo mit erhobenen Armen. «*Si tu as une lettre, sais-tu, il faut dire.* Wenn ich einen Brief bei dir finde, dann geht's dem schlecht, der ihn dir zum Rausschmuggeln zugesteckt hat.» Schwarz. Na ja, der Schwarze Halfter. Untersucht mein Gepäck nicht. Warum wohl? «*Allez!*» Jeans Brief an seine *gonzesse* in Paris ruht sicher in der kleinen Tasche unter meinem Gürtel. Haha, mein Gott, habe ich dich reingelegt, du Schwarzer Halfter, du Ganz Schwarzer Halfter. Habe ich dich reingelegt. Froh, daß ich dem Koch Lebewohl gesagt habe. Warum habe ich dem *cordonnier,* dem kleinen Freund von Monsieur Auguste, nicht mehr als sechs Francs fürs Flicken meiner Schuhe gegeben? Er sah so beleidigt aus. Ich bin ein Narr, und ich gehe auf die

Straße, und ich gehe allein ohne *planton* auf die kleine Straße der kleinen Stadt La Ferté Macé, die eine kleine, sehr kleine Stadt in Frankreich ist, wo ich, es war einmal, Wasser für einen alten Mann holte ...

Ich habe dem Koch bereits die Hand gegeben, ebenso dem *cordonnier,* der meine Schuhe so prächtig geflickt hat. Ich sage Lebewohl zu den *deux balayeurs*. Noch einmal schüttle ich dem kleinen (dem sehr kleinen) Maschinen-Einsteller die Hand. Ich habe ihm einen Franc gegeben, ich habe Garibaldi einen Franc gegeben. Eben noch tranken wir auf meine Rechnung einen miteinander. Die Schenke liegt genau gegenüber dem *gare*, in dem bald ein Zug einlaufen wird. Ich werde in das Bald des Zuges steigen und in das Jetzt von Paris fahren. Ach nein, was ihr sagt, ich muß in einer Station namens Briouse umsteigen? Lebt wohl, *mes amis, et bonne chance!* Sie verschwinden, schieben und ziehen einen Karren, *les deux balayeurs ... de mes couilles* ... mein Gott, was für ein Blechgeratter kommt da an, sieh nur den hölzernen Lokomotivführer, er macht völlig gelassen eine komische Geste (schweigend und äußerst gelassen), eine komische Geste, die nichts anderes heißt als *merde. Merde! Merde*. Ein winziges, dünnes, irres Pfeifen kommt von nirgendwo, kommt von draußen zu mir. Zwei Männer mir gegenüber. Wenige Häuser, ein Zaun, eine Mauer, ein bißchen *neige* schwebt närrisch vorbei und durch ein Fenster. Diese Gentlemen in meinem Abteil wissen anscheinend nicht, daß *La Misère* existiert. Sie reden über Politik. Glauben, ich verstünde sie nicht. Herrje, sind die aber falsch gewickelt. «Verzeihen Sie, meine Herren, muß ich nach Paris an der nächsten Station umsteigen?» Natürlich überrascht. «Ja, Monsieur, an der nächsten.» Himmelnochmal, haben die aber geglotzt ...

Was sind das für Millionen, Trillionen, Nichtillionen junger Männer? Alle stehen. Ich stehe. Wir sind in- und auf- und über- und untereinander eingekeilt. Sardinen. Kannte mal einen Mann, der eingesperrt wurde, weil er Sardinen gestohlen hatte. Ich Sardine schaue auf drei Sardinen, drei Millionen Sardinen, auf einen Wagen voll Sardinen. Wie bin ich hierhergekommen? Ach ja, natürlich. Briouse. Gräßlicher Name «Briouse». Bluffte ein wenig, indem ich für mein Billett *troisième classe*, das mir *les deux balayeurs* gekauft hatten, *deuxième classe* fuhr. Gentleman im Abteil sprach französisch mit mir, bis der Schaffner kam. «Die Fahrkarten, bitte.» Einfältig hielt ich ihm die meine hin. Er blickte mich an. «Nanu! Sie haben aber dritter Klasse.» Ich schaue gekonnt blöde drein. «*Il ne comprend pas français*», sagt der Gentleman. «Ah!» sagt der Schaffner, «das sain ain driite Klass Karrte. Sie sain in sweite Klass. Sie wollen biite glaich ge-en in die driite Klass?» So haben sie mich doch noch erwischt. In der dritten ist es dafür unterhaltsamer, wenn auch gottverdammt heiß bei diesen Sardinen, samt mir natürlich. Ach ja, natürlich. *Poilus en permission*. Ganz alte dabei. Andre die reinen Kinder. Kannte mal einen *planton*, der noch nie ein Rasiermesser gesehen hatte. Doch er war *réformé*. *C'est la guerre*. Ein paar von uns steigen an einer kleinen Wasser-Station aus, um sich die Beine zu vertreten. Vorn zischt irgendwo in der Dunkelheit die Lokomotive. Warten. Sie lassen ihre *bidons* füllen. Wünschte, ich hätte auch eine *bidon*, eine *dis-donc bidon n'est-ce pas*. *Faut pas t'en faire*, wer hat das nur gesagt oder gesungen?

Pfüüü-t …

Los geht's.

Halb bin ich im Schlaf. Oder ich selbst. Was ist denn nun los? Die Sardinen krümmen sich, schmeißt sie raus, dafür ist hier doch kein Platz. Ruck.

«Paris.»

Morgen. Morgen in Paris. An diesem Morgen war mein Bett voll von Flöhen, die sich nicht fangen ließen, obwohl ich mich redlich darum bemühte, denn ich fürchtete, man könne die Flöhe in meinem Bett entdecken – in meinem Bett im Hotel der Saints Pères, wohin ich in einem *fiacre* gefahren war und von dem der Kutscher gar nicht wußte, wo es lag. Wundervoll. Da ist die amerikanische Botschaft. Ich muß ja komisch aussehen in meinem Umhang. Danke Gott für das

Frühstück. Irgendwo aß ich ... hübsches Mädchen in der Vermittlung, *Parisienne*. «Gehn Sie nur hinein, Sir.» IA Englisch, bei Gott. Das hier ist also der Mensch, bei dem sich Edward E. Cummings unverzüglich zu melden hat.

«Mr. Cummings?»

«Ja.» Ein noch recht junger Mann, sehr junger Mann sogar. Himmel, muß ich komisch aussehen.

«Bitte, nehmen Sie Platz. Wir haben in der ganzen Welt nach Ihnen gesucht.»

«Ach.»

«Zigarette?»

«Gern.»

Mein Gott, der gibt mir ein ganzes Päckchen Bull. Die sind ja großzügig auf der amerikanischen Botschaft. Darf ich mir eine drehen? Ich darf. Ich tu's.

Konversation. Freut sich, mich kennenzulernen. Dachte schon, ich sei verschütt gegangen. Hatte alles versucht, mich ausfindig zu machen. Jetzt erst herausbekommen, wo ich steckte. Wie ist es denn da so gewesen? Ach, wirklich? Was Sie nicht sagen! Ist ja nicht zu glauben! Nun sagen Sie mal, dieser Brown, was ist das eigentlich für einer? So? Wie interessant! Man braucht sich ja bloß seine Briefe anzusehen. Ich habe mir gleich gedacht, ein Mann, der so schreibt, kann nicht gefährlich sein. Ein bißchen meschugge vielleicht. Halten Sie ihn nicht auch für etwas komisch? Das dachte ich mir. Nun rate ich Ihnen aber, Frankreich schleunigst zu verlassen. Sie lesen hier augenblicklich alle von der Ambulanz auf, die in Paris nichts zu suchen haben. Wollten Sie gleich mit dem nächsten Schiff fahren? Ich rat' es Ihnen. Gut. Haben Sie Geld? Wenn nicht, bezahlen wir Ihnen selbstverständlich die Überfahrt. Oder wenigstens die Hälfte. So, Sie haben genug. Natürlich, Norton Harjes. Macht es Ihnen nichts aus, wenn Sie Zweiter fahren müssen? Schön. Ist auf dieser Linie sowieso kein großer Unterschied. Jetzt nehmen Sie die Papiere hier und gehen zu ... Dürfen keine Zeit verlieren, sie läuft morgen aus. Das wär's. Nehmen Sie sich ein Taxi, und vorwärts.

Wenn Sie die Unterschriften zusammen haben, bringen Sie mir alles zurück, dann mache ich es fertig. Besorgen Sie sich zuerst die Schiffskarte, hier ist ein Brief an den Direktor der Compagnie Générale. Anschließend müssen Sie gleich zum Polizeipräsidium. Wenn Sie sich beeilen, schaffen Sie's. Wir sehn uns also noch. Machen Sie rasch, ja? Adieu!

Die Straßen. *Les rues de Paris*. Ging an Notre Dame vorbei. Ich kaufte Tabak. Juden handeln mit Waren amerikanischer Herkunft; ich glaub', in ein paar Tagen ist Weihnachten. Himmel, ist das kalt. Schneematsch. Hastende Menschen. *La guerre*. Immer *la guerre*. Und eisig. Dringt sogar durch diese dicken Fausthandschuhe. Morgen bin ich auf See. Ging ja glänzend mit dem Paß. Saß den ganzen Tag im Taxi; ein Zweizylinder, der bloß mit einem fuhr. Überall Schlangen. Ich schob mich gleich nach vorn und wurde von den Beamten der großen und guten französischen Regierung bedient. Mensch, das war was. Das ist schon so was mit *le gouvernement français*. Das ist was. *Les rues sont tristes*. Vielleicht fällt Weihnachten aus, vielleicht hat die französische Regierung Weihnachten verboten? Der Beamte bei Norton Harjes war offensichtlich erstaunt, mich zu sehen. Gott, ist das kalt in Paris. Alles sieht so hart aus im Lampenlicht, vielleicht weil's Winter ist. Alles rennt. Alles geschäftig. Alles kalt. Alles drängelt. Alles lebendig; lebendig; lebendig.

Soll ich dem Mann fünf Francs geben fürs Verbinden meiner Hand? Er sagt «ganz, was Sie wollen, Monsieur». Schiffsärzte sind vielleicht gut bezahlt. Vielleicht auch nicht. Muß mich beeilen, wenn ich noch zum Essen kommen will. Gräßlicher Gestank, kein Wunder hier im Vorschiff. Ein kleiner Kerl aus der Besatzung über einem Eimer versunken in die Frage, was darin sein könnte; stöhnt hin und wieder auf, torkelt, wenn das Schiff schlingert. «*Merci bien, Monsieur!*» Das war genau das richtige. Jetzt zum – da komme ich nie hin – hier ist die *première classe* – ein Hafen im Sturm . . . Nun ist's mir wieder besser. Hätte um ein Haar den amerikanischen Offizier verfehlt, erwischte ihn aber gerade noch. War es gestern oder heute, als wir der VATERLAND begegneten – diesem Dings da, wie war das noch? dem größten Schiff der Welt. Verdammt stürmisch. Schnee fällt. Diesmal wäre ich beinahe durch die Reeling gerutscht. Schnee. Der Schnee fällt ins Meer; das ihn still empfängt: in dem er restlos und friedlich verschwindet. Ein Akademiker, der aus Spanien zurückkommt, kein übler Bursche, unterhält sich auf spanisch mit dem fetten Argentinier. – Tinier? – *Tinish*[8)], vielleicht. Alles dasselbe. Mit andern Worten: *Tin.* Keiner am Tisch weiß, daß ich englisch spreche und Amerikaner bin. Herrje, da hab ich keinen reingelegt. Da hab ich mir mit keinem einen netten, kleinen Spaß gemacht. Glauben, ich sei Franzose. Unterhalte mich meistens mit den paar Franzosen, die irgendwo in die Nähe New Yorks auf *permission* fahren. Einer hat ein Akkordeon. Mag die zweite Klasse. Warten Sie, bis Sie den *gratte-ciel* sehen, erzähle ich Ihnen. Sie sagen «*Oui?*» und glauben's nicht. Ich werde es ihnen beweisen. Amerika. «Das Land des Flohs und die Heimat der Makkaronis» – Abkürzung für Makkaronifresser natürlich. Mein Geist erholt sich zusehends. Komisches Weihnachten, den zweiten Tag auf See. Möchte wissen, ob wir bis Neujahr einlaufen. Mein Gott, was für eine Schlagseite nach Steuerbord. Man sagt, ein Stewart habe sich den Arm gebrochen; der Ballast sei übergeschossen. Aber ich glaub's nicht. Doch irgendwas stimmt nicht. Jedenfalls bin ich beinahe die Treppe hinuntergestürzt . . .

Mein Gott, was für eine häßliche Insel. Hoffentlich bleiben wir hier nicht lange. All die Vollblütigen erster Klasse schrecklich aufgeregt wegen so ein bißchen Land. Einfach scheußlich hier, find' ich.

Heyo!

Die große, unmöglich große, unvergleichlich große Stadt, die ins harte Sonnenlicht emporgedrängte, leicht aneinandergelehnt in den Oktaven ihrer parallelen Konturen, drängte aneinandergelehnt empor ins feste, harte, schneeige Sonnenlicht; die Laute Amerikas, sie näherten sich im Pulsschlag von Rauch und wimmelnden Punkten, die Männer sind und Frauen sind und Dinge sind, die neu und seltsam und hart und fremd und schwingend und riesig sind, steigen mit großem Wellenschritt geradenwegs ins unsterbliche Sonnenlicht . . .

ANMERKUNGEN

[1]) LIEBLICHER BERG

E. E. Cummings hat für seine Dichtung mehrmals Begriffe aus dem religiösen Erbauungsbuch «The Pilgrim's Progress from this World to that which is to come» übernommen, das der englische Kesselflicker und Laienprediger einer Baptistengemeinde JOHN BUNYAN (1628-1688) schrieb. «The Pilgrim's Progress» steht für den gläubigen Engländer und viele Amerikaner auch heute noch nur der Bibel an Bedeutung nach. Es lag für E. E. Cummings nahe, daß er seine Erlebnisse in La Ferté Macé mit denen des Pilgers CHRIST von JOHN BUNYAN verglich. Auch CHRIST begegnet auf seiner Wanderung einigen Menschen, die er als LIEBLICHE BERGE (delectable mountains) bezeichnet, als Stationen zur «ewigen Seligkeit». Ebenso weisen die Überschriften des I., III. und VII. Kapitels – «Ich beginne eine Pilgerfahrt», «Die Pilgerreise zur ewigen Seligkeit», «Ich nähere mich den lieblichen Bergen» – auf das volkstümliche Buch BUNYANS hin; desgleichen die, vor allem im VI. Kapitel – «Apollyon» –, allegorischen Gestalten: TEUFEL, SATAN, DÄMON, BÖSER FEIND, JUDAS.

[2]) WILLIAM S. HART

In den ersten amerikanischen Wild-West-Filmen war William S. Hart der König aller Cowboys und wurde dadurch zu einem festen Begriff für den transatlantischen Kinobesucher.

[3]) Zu diesem Fünf-Zeiler schrieb E. E. Cummings an die Übersetzer: «Mein alter Freund Ezra Pound parodierte den englischen Dichter Housman in seiner unsterblichen Parodie:

London is a woeful place,
Shropshire is much pleasanter.
Then let us smile a little space
Upon fond nature's morbid grace.
Oh, Woe, woe, woe etcetera …

Ich habe also den Parodisten Ezra Pound parodiert.»

[4]) Hierzu schreibt E. E. Cummings an die Übersetzer: «Das Mekka der Ehrbarkeit, der große weiße Thron der Unschuld, drei Manegen, drei!» ist die Ankündigung eines Ausrufers, der vor einem Zirkuszelt steht und die Leute so lange neugierig macht, bis sie sich zum Kauf einer Eintrittskarte entschließen. Was sie drinnen vorfinden, ist weder «übermäßig ehrbar, noch übermäßig rein – insofern sind die ersten beiden Schlag-

worte glatte Übertreibungen –, ‚drei Manegen, drei' jedoch entspricht der Wahrheit, da im amerikanischen Zirkus in drei Manegen gleichzeitig Vorstellungen gegeben werden. Genau so war Graf Bragard für mein Gefühl eine Mischung von übertriebener, falscher Ehrbarkeit und echter menschlicher Kompliziertheit.»

[5]) Mister Harold Bell Wright

Der 1872 geborene amerikanische ehemalige Laienpfarrer H. B. Wright hatte mit seinen Büchern «The Shepherd of the Hills» (1907) und «The Winning of Barbara Worth» (1911) besonders auf dem Lande einen langanhaltenden, starken Erfolg. Seine Romane sind wortreiche Auseinandersetzungen zwischen Gut und Böse und stets in einem klaren, einfachen Stil geschrieben.

[6]) Miss Pollyanna

«Pollyanna» ist der Titel eines Romans der Amerikanerin Eleanor H. Porter, die mit diesem 1913 veröffentlichten höchst optimistischen Buch einer Welt des Guten einen solchen Widerhall fand, daß ihr Name noch heute sehr oft mit dem ihres Buchtitels gleichgesetzt wird.

[7]) Skorbut

Im Original «scurvy» = Skorbut. Die Beschreibung von Browns Krankheit legt jedoch den Verdacht nahe, daß es sich vielmehr um «scurf» = Schorf, also um eine Hautinfektion handelte.

[8]) Tinish

Die Ableitung von Argentinier – Tinier – Tinish – Tin ist nicht ins Deutsche zu übertragen, da Tinish blechern bedeutet und Tin Blech.